그림을 통한
심리진단 및 평가 Ⅱ

| 김갑숙 · 이미옥 · 전영숙 · 기정희 공저 |

학지사

머리말

현대인들은 그 어느 때보다 급격한 시대적 변화에 직면해 있고, 가정 및 사회구조와 가치관의 변화는 많은 혼란을 초래하여 심리적 문제마저 야기하고 있다. 이처럼 심리적 문제가 다양하고 복잡해질수록 심리검사에 대한 요구 또한 증가되고 있다. 심리적 문제를 객관적으로 평가하는 것은 임상장면에서 내담자를 이해하고 성장으로 나아가도록 돕기 위한 중요한 과정이다. 그뿐만 아니라 내담자 스스로 문제를 인식하도록 하는 한편, 치료계획을 세우고 적절한 처치를 할 수 있도록 돕는 과정이다.

특히 그림을 통한 투사적 심리검사는 유아 · 아동에서 노인에 이르기까지 모든 연령에 적용하기가 용이하며, 언어적으로 유창한 사람은 물론 언어적인 표현에 어려움을 겪는 사람들에게까지 적용할 수 있어 매우 유용하다. 즉, 자신의 생각을 말로 충분히 표현하지 못하는 유아, 자폐 등 발달의 문제를 겪고 있는 아동, 정신장애를 겪고 있는 사람, 다문화 대상, 치매노인 등의 심리적 문제마저도 그림을 통해 평가할 수 있다는 점에서 그림검사는 큰 주목을 받고 있다. 이에 그림검사에 대한 정확한 시행과 해석의 필요성이 절실히 요구되고 있다.

한국에서의 그림검사는 한국 미술치료학(이하 미술치료)의 발달 과정과 맥을 같이한다. 한국의 미술치료는 제도권 교육에서 전공학문으로 출발했다기보다는 학회를 중심으로 미술치료사 양성을 위한 교육에서 시작되었다. 이러한 교육과정에서 그림검사는 많은 비중을 차지하였다. 그러나 시간이 제한된 상황에서 검사의 실시방법과 평가를 중심으로 그림검사에 대한 교육이 실시된 탓에 그림검사에 대한 전체적인 이해보다는 단편적인 지식을 전달하는 정도에 머물렀다. 이후 대학원 과정에 미술치료 전공 과정이 개설되고, 그에 따른 심화된 교육과 연구를 통하여 그림검사의 오류 중 많은 부분이 수정되고 보완되었으나 문제는 여전히 남아 있다. 그 문제는 미술치료의 교육과 연구의 측면으로 요약할 수 있다.

교육의 측면에서 볼 때, 그림검사의 문제는 대학원 과정과 미술치료 관련 기관에서의 교육과 연관되어 있다. 국내의 많은 대학에서 미술치료 전공 과정이 특수대학원을 중심으로 개설되었고, 그림검사에 대한 교육이 비전공자에 의해 행해짐으로써, 그림검사에 대한 단편적 지식이 전달되는 데서 오는 문제이다. 또한 일부 미술치료 관련 기관에서 행해지는 자격 취득만을 위한 교육의 문제이기도 하다. 단기간에 미술치료사 자격을 취득하기 위한 교육으로는 그림검사에 대한 내용을 부분적으로 학습할 수밖에 없어 이에 대한 이해가 상당 부분 부족하다. 물론 단편적 지식의 전달과 내용에 대한 부분적 학습의 문제는 그림검사뿐 아니라 미술치료 교육 전반에 적용되는 문제라고 볼 수 있지만, 이러한 문제가 그림검사 영역에서 특히 강조되는 이유는 심리적 문제의 진단과 평가가 결코 소홀히 다루어져서는 안 될 중요한 부분이기 때문이다.

연구의 측면에서 볼 때, 그림검사의 문제는 논문과 저서에 나타나는 연구의 내용과 방법에 관련되어 있다. 한국교육학술정보원의 자료에 따르면, 2018년 12월 현재 그림검사에 대한 연구는 1,000편 이상이 발표되어 있어 연구의 양적 측면에서는 매우 고무적이라고 할 수 있다. 그러나 질적 측면에서 볼 때, 그림검사의 개발 목적과는 관련성이 부족한 영역으로까지 확대 적용함으로써 타당화의 문제가 제기되고 있다. 또한 검사의 실시방법이나 해석에서의 잘못된 정보가 그대로 인용되고, 연구의 주제와 대상 및 방법이 단순 반복됨으로 인해 연구의 독창성과 질적 수준에 대한 문제도 제기되고 있다. 그뿐만 아니라 국외에서 개발된 그림검사를 국내에 도입하고 적용하는 과정에서 한국사회의 문화적 특성이나 윤리적 문제를 고려하지 않아 해석의 문제가 초래되는 경향도 있다.

이 책은 앞에서 언급한 그림검사의 교육과 연구에 나타난 문제들을 보완하기 위하여 기획된 것이다. 그런 만큼 이 책에서는 그림검사의 연구자와 검사자로 하여금 그림검사를 정확하게 이해하고 종합적으로 해석할 수 있도록 그림검사에 대한 정확하고 체계적인 정보를 제공하고자 한다.

이 책의 구성은 다음과 같다. 첫째, 그림검사를 종합적이고 체계적으로 이해하기 위한 전제로서 그림검사의 개념과 역사, 해석이론 그리고 시행과 평가를 검토하였다. 둘째, 그림검사를 단일검사와 시리즈 검사로 구분하고, 특히 단일검사를 주제에 따라 인물, 가족, 자연 등으로 유목화하였다. 셋째, 검사별로 구성 틀을 마련하여 개요, 시행방법, 평가기준 및 해석, 해석의 적용과 연구동향으로 나누어 기술하였다.

이 같은 방대한 내용을 정리하다 보니 부득이하게 이 책을 두 권으로 나누어 집필하게 되었다. 먼저 1권은 3부로 나뉘어 있다. 제1부에서는 투사적 그림검사의 이해를 위하여 그림검사의 개념과 역사, 그림검사의 해석이론, 그림검사의 시행과 평가에 대해 기술하였다. 제2부에서는 인물이 있는 그림검사로 인물화, 빗속의 사람 그림, 사과나무에서 사과를 따는 사람, 다리 그림에 대해 기술하였다. 제3부에서는 가족 관련 그림검사로 동적 가족화, 동그라미 중심 가족화, 새둥지화, 모자화에 대해 기술하였다. 2권은 자연 관련 그림검사와 자극그림 및 시리즈 그림검사로 구성되어 있다. 제1부에서는 나무검사, 집-나무-사람 그림, 동적 집-나무-사람 그림, 풍경구성기법, 별-파도 검사, 좋아하는 날 그림에 대해 기술하였다. 제2부에서는 발테그 그림검사, 실버 그림검사, 이야기 그림, 얼굴자극평가, 진단적 그림 시리즈에 대해 기술하였다.

이 책이 나오기까지 많은 시간과 노력이 소요되었다. 그림검사 개발자의 원 텍스트에 근거한다는 것이 저자들의 기본입장이었고, 그런 만큼 자료를 수집하는 데도 상당한 시간이 걸렸다. 이 책의 집필은 3년 이상의 기간 동안 매월 1회 스터디 형식으로 진행되었고, 그 후 몇 차례의 윤독 과정을 거쳤다. 저자들의 이러한 노력이 미술치료의 교육이나 연구 및 임상에서 그림검사를 제대로 이해하고 연구하는 데 작은 보탬이 될 수 있다면 참으로 다행일 것이다. 그리고 이 책은 대학원에 개설된 미술치료 전공수업에서 적절한 교재로 활용될 수 있을 것으로 기대한다.

이 책이 나오기까지 도움을 주신 분들이 많았다. 먼저, 책이 나올 수 있도록 사례와 그림을 제공해 주신 분들께 이 자리를 빌려 깊은 감사를 드린다. 아울러 이 책의 출판을 기대하며 협조를 아끼지 않은 학지사 김진환 사장님, 그리고 세심한 교정과 편집을 위해 수고해 주신 이영민 선생님과 편집부에 감사드린다.

2019년 10월

저자들 쓰다

차례

그림을 통한 심리진단 및 평가 I 차례

제1부 투사적 그림검사의 이해

제2부 인물이 있는 그림검사

제3부 가족 관련 그림검사

그림을 통한 심리진단 및 평가 Ⅱ 차례

제1부 자연 관련 그림검사

제2부 자극그림 및 시리즈 그림검사

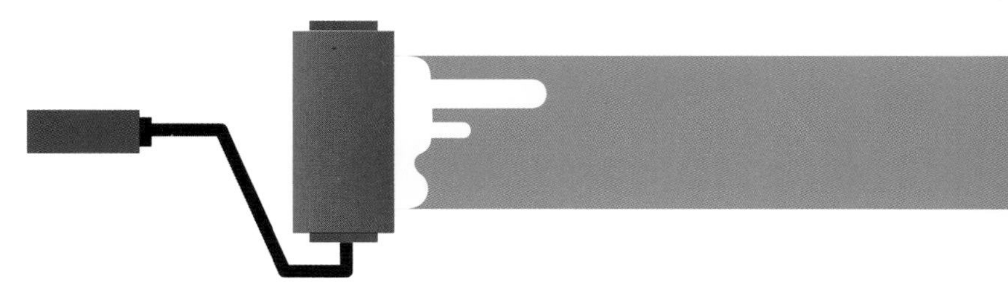

제1부

자연 관련 그림검사

나무검사

- **개발자**: Koch(1949)
- **목　적**: 발달적 · 성격적 측면의 파악
- **준비물**: 11.9″ × 8.3″(A4) 용지, 중간 정도의 부드러운 연필(HB~2B연필), 지우개
- **지시어**: "열매가 열리는 나무를 (가능한 한 잘) 그려 주세요(Zeichnen Sie bitte einen Obstbaum, so gut Sie es können)".

1. 개요

나무검사(Baumtest: BT)는 1949년 스위스의 임상심리학자 Koch가 체계화한 투사적 그림검사이다. 그러나 처음으로 나무 그림을 심리검사로 이용한 사람은 1928년 직업상담사였던 Emil Jucker이다(Koch, 1952). Jucker는 임상활동에서 상담사가 내담자 인격의 심층을 직관적으로 알 수 있는 간단한 방법의 필요성을 느꼈고, 여기서 BT가 출발하였다. Jucker는 서양의 문화와 신화의 역사를 오랫동안 연구하여 나무를 실제 임상장면에서 이용하였고, 그 경험적 관찰결과를 순차적으로 정리하며 그 타당성과 가능성에 대한 견해를 제시하였다(松下, 2006).

Jucker의 견해에 따라 많은 직업상담사가 나무 그림을 사용하였으며, 나무 그림에 대한 해석은 처음에는 대부분 직관에 의존하였으나 많은 자료가 축적되면

서 체계적으로 구체화되었다(Koch, 1952). 1949년 Koch가 BT에 관한 첫 번째 중요 저서 『나무검사: 정신진단 보조수단으로서의 나무검사(Der Baum-Test: der Baumzeichenversuch als psychokiagnostisches Hilfsmittel)』를 발표하면서, BT가 투사적 그림검사로서 공식적으로 출발하였던 것이다. Koch는 나무 그림의 투사적 성질을 검토하였고, 필적학의 방법을 연구하였으며, Pulver의 필적학적 공간상징의 문제를 참고로 하여 공간도식에 초점을 맞추었다(Castilla, 1994).

BT에 대한 Koch의 기본사상은 다음의 두 가지 점에 집약되어 있다. 첫째, 나무 그림에서 피검자의 내면세계가 투사되는 것은 나무형태의 구성이다. 이와 관련하여 Koch는 로르샤흐 검사(RT)와 관련된 견해, 즉 내면세계가 투사되기 위해서는 중심을 축으로 하는 구성이 필요하다는 견해를 제시하였다. 둘째, 동물체계가 폐쇄계인데 반하여 식물인 나무는 중심이 항상 젊고 스스로를 낳으며 본질적으로 성장하는 개방형이다. 나무의 성질은 마음이 항상 변화하고 계속 성장하는 인간의 성질과 동일하다. 나무와 인간은 항상 변화하고 성장하는 공통점을 가지고 있어, 마음이 나무에 투사되어 마음의 상태가 나무의 모습으로 표현된다(松下, 2006).

나무는 식물의 씨앗이 땅에 떨어져 일정한 조건이 충족되면 발아한 후, 흙 속의 양분과 수분을 흡수하여 뿌리를 내리고, 크고 긴 줄기가 성장하며, 줄기를 분화시켜 가지와 잎이 뻗어 나고, 태양빛을 받아 광합성 작용으로 꽃을 피우고 열매를 맺는다. 이처럼 나무는 매년 삶을 갱신하며 계속 성장하고 가지와 잎을 뻗어 균형을 취한다. 뿌리는 땅속에서 개방된 상태로 양분을 빨아올려 줄기를 만들고 지탱하는데, 이것이 무의식의 이미지와 연결된다(松下, 2006). 나무 그림에서 의식적·분화적인 것은 나무의 윗부분에 위치하고, 근원적·원시적·무의식적인 것은 나무의 아랫부분에 위치한다(Koch, 1952). 나무의 모습은 무의식의 상징이며, 상징으로서의 나무는 심적 자기에 상응한다. 눈으로 볼 수 없는 존재 자체를 나무라는 형태를 통하여 눈으로 볼 수 있게 하므로(Avé-Lallemant, 2002) 피검자가 그린 나무는 피검자를 표현한 것이다(Koch, 1952).

따라서 BT는 피검자 성격의 심층부분을 파악하는 데 매우 유용하다. 나무 그림의 세부에는 피검자의 보다 깊은 내부의 감정이나 태도가 드러나기 때문에, BT는 피검자의 자기상이나 정체성을 알아보기 위한 진단도구로서도 유용하다. 또한 BT는 용지에 피검자의 내적인 자기상을 투사하는 비언어적인 검사로서 환경요인을 포함하는 심리상황을 잘 반영하고 있어, 아동이나 청소년의 우울 수준을 사정하는 도구로서 활용할 수 있음이 확인되었으며(기정희, 2016a, 2016c), BT는 정서발달에 대한 적합한 검사도구로서 발달장애인의 증상에 대한 평가에 활용되고 있다(大山, 廣澤, 2006). 뿐만 아니라 BT에는 알코올중독증, 약물남용, 성적문제와 관련된 정신적 증상들이 특징적으로 투사되어 있어, 이를 위한 평가도구로도 활용되고 있다(Castilla, 1994). 이와 같이 BT는 대체로 준비물과 실시방법이 간단한 성격검사로서, 어린아이에서 성인에 이르는 폭넓은 대상에게 적용할 수 있다는 장점이 있다.

2. 실시방법

1) 준비물

- 11.9″ × 8.3″(A4) 용지, 중간 정도의 부드러운 연필(HB~2B연필), 지우개

2) 시행절차

BT의 지시어는 Koch에 의해 제시되었지만, 국가와 연구자에 따라 상이하게 사용되고 있다.

(1) 지시어

① Koch의 지시어

- BT는 검사자가 피검자에게 중간 정도의 부드러운 연필(HB~2B연필)과 A4

용지를 세로 방향으로 건네주고, "열매가 열리는 나무를 그려 주세요."라고 지시한다.

- 『나무검사』 초판(1949)에 따르면, BT의 "나무를 그려 주세요."라는 지시어는 나무를 그리는 사람으로 하여금 여러 가지 형태의 나무를 그려 자유롭게 자신을 표현하게 하였다. 나무 그림은 잎이 있는 나무, 전나무, 공간적으로 넓게 퍼져 있는 나무, 하늘 높이 뻗은 포플러 나무 등 다양한 형태로 나타났다. 이러한 다양한 형태의 나무가 심리학적으로 의미가 없는 것은 아니지만, 표현형식에 대한 체계적 검토와 고찰을 어렵게 하였다. 따라서 Koch는 BT의 지시를 다음과 같은 세 가지 형태로 발전시켰다. 즉, "잎이 달린 나무를 그려 주세요." "전나무가 아닌 나무를 그려 주세요." "열매가 열리는 나무를 그려 주세요."가 그것이다. Koch는 이 지시어들을 사용한 BT를 여러 차례 실시한 후, 세 번째 지시어인 "열매가 열리는 나무를 그려 주세요."를 BT의 지시어로 사용하기로 결정하였다. Koch는 이 지시어가 피검자에게 특별히 열매를 그리도록 강조하지 않으면서도, 자연스럽게 열매를 그리도록 유도할 수 있다고 생각했던 것이다.

② 연구자에 따라 상이하게 사용되는 지시어

- Avé-Lallemant(2002): "한 그루의 나무를 그려 주세요."라는 지시어를 사용하였다.
- Castilla(1994): 세 그루의 나무를 그리게 하는 지시어를 사용하였다. Castilla는 세 장의 용지를 차례로 제시하며, 첫 번째 용지에서는 "한 그루의 나무를 그려 주세요.", 두 번째 용지에서는 "또 한 그루의 나무를 그려 주세요. 첫 번째와 같은 나무를 그려도 좋고 다른 나무를 그려도 좋습니다." 세 번째 용지에서는 "상상의 나무, 즉 가장 아름답다고 생각되는 나무로 정원에 심고 싶은 나무나 가장 인상에 남는 한 그루의 나무를 그려 주세요."라는 지시어를 사용하였다.
- Stora(1975): 네 그루의 나무를 그리게 하는 지시어를 사용하였다. 첫 번째

지시어는 "전나무 외에 한 그루의 나무를 그려 주세요."이고, 두 번째 지시어는 "또 한 그루 전나무 외에 앞에 그린 것과는 다른 나무를 그려 주세요." 이며, 세 번째 지시어는 "꿈속의 나무, 상상의 나무, 현실에 존재하지 않은 나무를 그려 주세요."이다. 마지막 네 번째 지시어는 "눈을 감고 나무를 그려 주세요."라고 하였다.

- 일본의 연구자들은 "열매가 열리는 나무를 그려 주세요."(国吉, 小池, 津田, 篠原, 1962; 石井, 藤元, 2017; 佐渡, 別府, 2011)라는 지시어를 사용하거나, "나무를 그려 주세요."(高橋, 1999)라는 지시어를 사용하기도 하였다.
- 한국의 연구자들은 대체로 Koch가 제시한 세 번째 지시어인 "열매가 열리는 나무를 그려 주세요."(기정희, 2016a; 김경남, 김갑숙, 2011; 서복희, 이근매, 2011; 이명희, 제석봉, 2010)를 사용하였다. 그러나 일부 연구자는 "나무를 그려 주세요."(최외선, 박인전, 이명희, 2007)라는 지시어를 사용하였고, 또 일부 연구자는 "나무를 한 그루 그려 주세요."(박금순, 정영인, 2017)라는 지시어를 사용하였다.

(2) 그림을 그린 후의 질문지

- Post Drawing Interrogation(이하 PDI): Koch는 BT의 PDI를 제시하지 않았다. 그러나 中島(2016)가 지적하듯이 BT를 심리평가의 일환으로 사용할 경우, "어떤 나무를 그렸습니까?"를 질문하여 나무의 종류를 파악하는 경우도 있다. 나무의 종류를 아는 것은 나무를 이해하는 데 중요하기 때문이다(中島, 2016). 같은 맥락에서, Fernandez(2005)에 따르면 PDI를 사용하여 질문하면 피검자 자신이 투사되어 있는 그림에 피검자에게 환기시키는 것(주관적 표현)이 발견된다. PDI는 나무에 나타난 사인을 분석하는 데 도움이 되는 것이다. 이런 입장에서 Fernandez는 다음과 같이 10개 항목으로 구성된 BT의 PDI를 제시하였다.

– 이 나무는 어떤 나무(종류)입니까 ?

– 이 나무는 몇 살입니까?

– 이 나무는 무엇과 혹은 누구와 닮았습니까? 이 나무의 어디가 그런 인상을 줍니까?

– 이 나무는 살아 있습니까? 만약 살아 있는 나무라면, 죽어 있는 부분은 없습니까? 있다면 어떤 부분입니까? 무엇 때문에 그렇게 생각합니까?

– 이 나무는 능동적입니까? 혹은 수동적입니까? 그림에서 그렇게 생각되는 것은 어떤 부분입니까?

– 이 나무는 과거의 나무입니까? 아니면 미래의 나무입니까? 그림에서 그렇게 생각되는 것은 어떤 부분입니까?

– 이 나무는 성장하고 있는 나무입니까? 아니면 성장이 멈춘 성인이 된 나무입니까? 그림에서 그렇게 생각되는 것은 어떤 부분입니까?

– 이 나무는 뭔가를 필요로 합니까? 그림에서 그렇게 생각되는 것은 어떤 부분입니까?

– 이 나무를 보고 이전에 어딘가에서 본 듯한 느낌이 듭니까? 그렇다면, 어떤 부분에서 그런 생각이 듭니까?

– 이 나무는 보통으로 성장했습니까? 아니면 어렵게 성장했습니까? 그림의 어느 부분에서 그렇게 생각했습니까?

3) 유의점

- 불충분하게 그려진 그림: 그려진 그림이 너무 현학적이거나 부자연스럽거나 어떤 이유로 충분히 그려지지 않은 경우, 다시 말해 피검자를 잘 파악할 수 없다는 생각이 들 경우에는 검사를 반복하여 실시할 수 있다. 이때 지시어는 "앞서 그린 것과 다른, 열매가 열리는 나무를 다시 한 번 그려 주세요. 만약 첫 번째 그린 나무가 잎이 많은 나무였다면, 이번에는 가지가 있고 열매가 열리는 나무를 그려 주세요."이다(Koch, 1949).
- 그리기에 대한 거부: 피검자가 그림을 그릴 능력이 없다고 그리기를 거부할 경

우에는 그 상황을 고려하겠다고 말함으로써 피검자의 거부를 줄일 수 있다 (Koch, 1949).

- 그리기 재료: Koch는 그리기의 재료로서 중간 정도의 부드러운 연필을 제시하고 있으나, Fernandez(2005)와 Castilla(1994)은 BT의 기본도구로 검은색 볼펜이나 잉크를 제시하였다. 특히 Fernandez(2005)의 경우, 채색용 도구를 사용할 수 있으며 이 경우 색채의 상징적 해석도 가능함을 언급하였다.
- 용지의 방향: 피검자가 세로로 주어진 용지를 가로로 놓고 그리는 경우, 피검자를 잘 관찰하고 대략의 시간을 기록해 두면 유용한 경우가 있다(Fernandez, 2005).
- 용지의 크기: 피검자에 따라 용지의 크기를 선택하게 하는 방법도 있다. 예를 들어, 조현병 환자나 신경쇠약 환자의 경우에는 작은 용지를 선호하고 과대망상증 환자는 큰 용지를 사용하려고 하는 경향이 있기 때문이다(Fernandez, 2005).

3. 평가기준 및 해석

1) Koch의 해석기준과 지표

(1) 해석의 관점과 평가지표

Koch는 BT 그림을 해석하기 전에 먼저 전체적인 인상을 기록할 것을 권하였다. 또한 Koch는 BT에 마음의 전부가 표현된다고 주장해서는 안 된다는 BT의 한계를 지적하였다(Koch, 1949).

Koch에 따르면, 나무의 전체 모습은 인간의 신체와 같고, 나무의 세부적 요소는 인간의 요소와 비슷하며, 인간의 특성과 나무의 특성이 유사하다. Koch는 BT라는 매개를 통하여 인간을 보려고 하였던 것이다. 이런 입장에서 Koch는 BT를 해석할 때, 나무 그림을 회화적 특징에 초점을 맞추어서 검토하는 동시에 전체로서

도 신중히 고려해야 하며, 특히 세부를 검토하기 전에 전체적인 인상을 기록해 둘 것을 권하였다. 그리고 세부에 대해 검토할 지표로서 나무의 줄기, 가지, 수관, 열매 · 잎 · 꽃, 뿌리, 풍경(나무 외에 그려진 것), 나무의 표현방식 등의 지표를 제시하였다.

Koch는 BT의 구체적인 평가와 관련하여, 초판을 보완한 제3판(1957)에서 Pulver의 필적학적 공간상징과 Grünwald의 공간도식(spatial schema)을 도입하고 주로 발달적 관점에서 58개의 평가지표를 제시하였다. 구체적으로는 다음과 같다. 줄기 10개(줄기의 윤곽, 줄기의 형태, 줄기 끝의 처리, 밑둥치 등), 가지 15개(주 가지의 윤곽, 주 가지의 방향, 주 가지의 형태, 가지 끝의 처리, 주 가지가 붙어 있는 부분의 위치, 갈라진 가지 등), 수관 5개(형태와 구성 등), 열매 · 잎 · 꽃 8개(있음, 장소, 크기, 달린 방식, 다른 종류의 열매 등), 뿌리 2개(뿌리의 윤곽 등), 표현 11개(연필로 어둡게 칠함, 낙하표현, 방황함, 절단표현, 덩어리형 묘사방식, 규칙적 묘사방식, 일그러진 형태, 지면에서 벗어남 등), 나무 외 그려진 것 7개(나무에 달린 것, 풍경, 기타)이다(〈표 1-1〉).

〈표 1-1〉 BT의 평가지표(Koch, 1957)

나무의 부위	구분	지표
줄기	줄기의 윤곽	한 선 줄기
		한 줄 선 줄기(윤곽이 있는 줄기)
	줄기의 형태	수관이 없는 줄기, 줄기에 달린 가지
		전나무형 줄기
		비전나무형 줄기
		원추형 줄기
		줄기의 상흔, 잘린 흔적
	줄기 끝 처리	톱으로 자른 듯한 줄기
	밑둥치	잎의 가장자리로부터의 밑둥치
		직선의 밑둥치
가지	주 가지의 윤곽	한 선 가지
		일부 한 선 가지
		두 개의 한 선 가지

가지	주 가지의 방향	전체 수평 가지
		일부 수평 가지
		십자형
	주 가지의 형태	직선 가지
	가지 끝의 처리	관상형
		톱으로 자른 듯한 가지
	주 가지가 붙어 있는 뿌리의 위치	지면까지의 가지
		일부 낮은 곳의 가지
		앞으로 돌출된 가지
	갈라진 가지	전체 직각으로 갈라진 가지
		일부 직각으로 갈라진 가지
		역방향의 갈라진 가지
수관	형태와 구성	태양형과 꽃형
		음영방식의 수관
		원형 수관
		구불구불한 형태의 원형 수관
		선으로 얽혀 있는 수관
열매·잎·꽃	있음	열매
		잎
		꽃
	장소	줄기 속의 꽃과 열매
		공중의 열매
	크기	지나치게 큰 열매와 잎
	달린 방식	거꾸로 달려 있음
	다른 종류의 열매 등	수관에서 주제의 변화
뿌리	뿌리의 윤곽	한 선 뿌리
		두 선 뿌리
표현	연필로 어둡게 칠함	어둡게 칠해진 줄기
		어둡게 칠해진 가지
		어둡게 칠해진 잎

표현	낙하표현	떨어지거나 떨어진 열매, 잎, 가지
	방황함	방황하는, 지나치게 긴 가지
		방황하며 공간을 메움
	절단표현	잘린 가지, 꺾어진 가지, 꺾어진 줄기
	덩어리 형태의 묘사	덩어리 형태
	규칙적 묘사방식	스테레오 형태
	일그러진 형태	변질형
	지면을 벗어남	위의 가장자리를 벗어남
나무 외 그려진 것	나무에 달린 것	부속물
	풍경	말뚝과 받침대
		사다리
		울타리, 전선
	기타	많은 풍경
		암시된 풍경
		새와 언덕 형태

(2) 평가지표의 상징과 의미

Koch(1957)가 제시한 대표적인 평가지표의 상징과 의미는 다음과 같다.

① 뿌리

뿌리는 생명의 원천의 상징이다. 뿌리는 나무의 버팀목으로, 움직임을 방지하고 나무를 안정시킨다. 뿌리는 불, 물, 바람, 흙이라는 기본원소의 하나인 흙 속에 산다. 흙은 나무의 기반이고 모든 나무의 공통원소이다. 이런 의미에서 뿌리는 나무의 원형, 원래 이미지이다. 그래서 나무 그림에서의 뿌리는 이후에는 통제하기 힘든 성격특성으로 나타날 수 있다. 눈에 보이는 것은 뿌리에서 뻗어 나오는 것, 나무 그 자체이다. 또한 뿌리는 줄기의 근원과 동일하여, 고착되고 고정되어 움직일 수 없다. 줄기의 근원에서 뿌리와의 유사성이 강조되면 그 표현에는 움직이기 어려운 것, 무거운 것이라는 해석, 살아 있으나 죽은 것이라는 해석이 가능하게 된다. 예를 들어, 정신장애자의 그림에는 종종 나무보다 큰 뿌리가 그려져 있으며, 알코올중독자의 그림에서는 뿌리가 지나치게 강조되어 있다. 그리고 나무 그림에서 하나의 선으로 그려진 뿌리는 일반아동의 그림에서는 극히 낮은 빈도인 반면에, 경도발달장애아동의 그림에서는 상당히 높은 빈도로 나타난다. 하나의 선으로 그려진 뿌리는 원시적인 심성과 같은 인상을 주지만, 발달지체와 직접적인 관련은 없다. 뿐만 아니라 하나의 선으로 그려진 뿌리는 머리를 별로 사용하지 않는 반숙련공의 그림에서도 많이 나타난다.

② 나무껍질

나무껍질은 줄기의 표면으로 보호의 지표이고, 원래의 줄기를 보호하는 피부이다. 표면은 내부세계와 외부세계, 나와 당신, 나와 주위세계 사이에 있는 접촉면이다. 표면은 반들반들한, 상처 입은, 갈라진, 거친, 딱지 앉은, 울퉁불퉁한, 얼룩진, 음영 등으로 표현되며, 선에 의해 예리한 형태, 모난 형태, 쭉 곧은 형태, 둥근 형태 등으로 나타난다. 겉으로 드러난 성격이 얼마나 내적 성격에서 유래했는지는 하나의 지표만으로는 도출할 수 없으며, 행동의 동기도 하나의 지표로 도출할 수 있는 것은 아니다. 거친 표면은 반들반들한 표면보다는 주위와 마찰을 일으킨다고 말할 수 있다. 그러나 그 관계에는 양면성이 있다. 거친 것은 반들반들한 것보다 비판적이지만, 이와 동시에 자신을 비판하는 경우도 있다. 거친 것은 신경과민과 관련되는데 한편으로는 강한 감수성이 나타난 것이며, 다른 한편으로는 예리하고 비판적 관찰의 결과로 일종의 마찰을 초래한 것이다.

③ 풍경

나무는 항상 풍경 속에 서 있고 풍경과 함께 전체의 형태를 만든다. 풍경 없는 나무는 대부분 하나의 추상이라고 말할 수 있다. “열매가 열리는 나무를 그려 주세요.”라는 지시 때문에 풍경을 그리는 사람이 많지는 않지만, 일부 사람들은 망설이지 않고 산, 언덕, 태양 등을 그리기도 한다. 유아의 경우, 태양은 대개 사람의 얼굴로 그려지며, 아동의 경우에는 나무에 여러 가지 것을 그려 넣어 그 자체만으로는 정적인 나무에 활력을 준다. 사람이나 새 등이 활동하는 형태로 묘사된 것은 아니지만 그 자체가 동적인 체험의 요소를 포함하고 있으며, 비와 눈보라의 묘사도 동일한 역할을 한다. 그럼에도 불구하고 아동에게 물어보면, 순수하게 정적인 특징과 동적인 체험을 구별하기는 어렵다. 게다가 질문을 통하여 아동이 원래는 생각하지 않았던 것이 나타나는 경우도 있다. 풍경은 BT의 하나의 지표이고 연령이 낮은 경우에 많이 나타나며 연령이 증가함에 따라 퇴행적인 의의를 가진다. 나무 그림에서 풍경은 사춘기의 우울이 표현된 것으로 보이지만, 여기에는 긍정적인 측면도 있다. 즉, 피검자의 재능, 감수성, 표상능력, 재능에 의해 아름다운 통일성이 초래된 것이다.

④ 싹

나무 그림에서 싹은 그려지는 경우가 희박하여 지표에서 간과될 정도이다. 자연에서는 싹 그 자체보다도 싹이 나오는 것을 중시하는 것이 보통이다. 싹이 실제로 나오는 것은 봄이 되고 나서가 아니라, 잎이 떨어지기 전의 가을이기 때문이다. 그려진 싹의 특징은 실제의 발달지체를 나타낸다. 즉, 나무 그림에서 싹은 발달의 시기가 연기되는 것, 그래서 성장정지나 동면 상태와 같은 것을 의미한다.

⑤ 꽃

나무의 꽃은 풍부한 상징성을 지니고 있다. 특히 장미 혹은 낭만주의의 파란 꽃이 지닌 상징적 의미는 매우 다양하다. 꽃은 죽음, 삶, 생명의 영생, 이후의 생(Nachleben), 재생을 의미한다. 또한 나무 그림에서 꽃은 가끔 여성의 그림에서 나타난다.

⑥ 잎

잎(Blätter)과 관련하여, 그리스에서는 제물로 바치는 것의 머리에 잎사귀를 놓았다. 잎사귀로 장식하는 것은 종교적인 풍습이고, 장식된 자를 축성하는 것을 의미한다. 잎사귀의 장식은 왕관과 같은 것이고 시대의 흐름과 함께 승리의 표식, 훈장이 되었다. 또한 「요한묵시록」 22장 2절에는 다음과 같이 쓰여 있다. "나뭇잎은 사람들을 치유하는 것에 사용된다." 잎은 나무의 장식이고 호흡기관이다. 잎은 열매보다 먼저 있었고 열매보다 오래 남는다. 잎(Laub: 집합적 의미로서의 잎)은 떨어지기 쉽지만, 꽃과 열매보다 단명하는 것은 아니다. 성장하고 번식하며 부패하는 것으로 생의 상징이다. 잎(Blätter: 개별적 의미로서의 잎)은 나무의 표면에 있고, 동시에 움직이는 것, 쉽게 움직이는 것이다. 잎은 모든 연령에서 그려진다. 경도발달지체아의 경우 명확하게 표준보다 낮은 빈도로 그리지만, 9세까지는 감소하고, 그 후에는 상승하다 점차 감소한다.

⑦ 열매

열매는 풍요의 상징으로, 생명을 초래하는 것이다. 열매는 최초에 있는 것이 아니다. 그전에 꽃이 있고, 그다음으로 열매의 성숙이 가능하게 된다. 열매는 긴 성숙 과정의 최종결과이기도 하다. 열매는 시간을 필요로 하며, 최후의 것이자 목표이다. 성장과 풍요의 결과인 동시에 번식의 종을 잉태하고 있다. 열매는 아동들의 그림에서 자주 나타나지만, 아동이 성장함에 따라 아동의 그림에서는 열매를 그린 빈도가 서서히 줄어든다. 그 이유는 외관과 현실을 구별할 수 있게 되고, 외관을 그렇게 중요한 것으로 생각하지 않게 되기 때문이다. 한편, 성인의 그림에서 낙엽 속의 열매와 떨어진 열매는 상실의 지표이다. 떨어진 것은 잃어버린 것, 상실한 것, 단념한 것, 포기한 것을 의미한다. 이 지표는 아동의 그림에서 양도하는 것, 선물로 증여하는 것을 의미하지만, 성인의 그림에서는 그 속에 죽음과 재생의 의미가 포함되어 있다. 이 지표는 종종 죽음이 임박한 사람에게서도 보인다. 나무 그림에서 떨어지는 것은 동적인 요소의 하나로서, 난민의 그림에서 종종 보인다.

2) Avé-Lallemant의 BT 해석의 단계

Avé-Lallemant(2002)은 주로 사춘기 아동의 그림과 관련하여 BT 해석의 단계를

5단계로 제시하였으며, 그 내용은 다음과 같다.

- 제1단계: 나무에 대한 최초의 인상으로, 힘이 있는 나무인지, 바람에 상처받은 나무인지를 보는 것이다.
- 제2단계: 공간배치(공간상징)이다. 그려진 나무의 위치를 보는 것이다.
- 제3단계: 살아 있는 유기체로서의 나무이다. 여기서는 다음의 질문을 활용한다. 즉, "이 나무가 살아 있는 유기체인지, 그 뿌리는 나무를 지탱하기에 충분한 힘이 있는지, 뿌리에서 줄기까지 살아 있는지, 줄기는 어떤 모습인지?"이다.
- 제4단계: 선의 분석이다. 선의 분석은 Avé-Lallemant의 별-파도 검사(SWT)와 동일한 방법으로 행해진다. 여기서는 나무의 어느 부분에 어떤 특징적인 선이 있는지를 확인한다.
- 제5단계: 생활상황이다. 이것은 현재 피검자의 생활상황 맥락 속에서 나무를 이해하고 해석하는 것을 의미한다.

3) 기정희의 해석기준

기정희(2016a, 2016b)는 Koch의 연구를 비롯하여 BT에 대한 선행연구를 참조하여, 15개의 평가지표를 BT의 해석기준으로 제시하였다. 기정희(2016a, 2016b)의 연구에서는 BT를 아동과 청소년의 우울 수준을 평가하는 도구로 활용할 수 있는가를 검토하기 위하여, BT에 대한 선행연구의 검토와 BT에 대한 예비조사의 분석을 바탕으로 15개의 평가지표, 즉 7개의 전체 지표인 필압, 스트로크, 위치, 크기, 기저선, 풍경, 나무의 수와 8개의 세부지표인 줄기(상흔, 잘림, 나무껍질), 가지(잘림), 열매, 꽃, 잎, 뿌리를 설정하였다. 각 지표의 평가기준은 다음과 같다.

- 필압은 그림을 그리는 사람이 손에 힘을 주는 정도에 따라 강, 중, 약으로 구분한다.
- 스트로크는 그려진 선이 연속적인가 불연속적인가에 따라 연속과 불연속으

로 구분한다.

- 위치는 그려진 용지를 4등분으로 접어 나무가 그려진 위치에 따라 중, 좌, 우, 상, 하로 구분한다.
- 크기는 용지의 ⅔를 기준으로 적절한 크기와 부적절한 크기로 구분한다.
- 기저선과 풍경은 묘사 여부에 따라 무와 유로 구분한다.
- 나무의 수는 해당 개수를 확인하여 한 그루와 두 그루 이상으로 재분류하여, 한 그루와 두 그루 이상으로 구분한다.
- 줄기의 상흔과 잘림 및 나무껍질, 가지(잘림), 열매, 꽃, 잎, 뿌리는 묘사 유무에 따라 무와 유로 구분한다. 여기서의 꽃, 잎, 열매의 유무는 떨어지고 있거나 떨어져 있는 꽃, 잎, 열매의 유무에 해당한다.

4. 해석의 적용

1) 여대생의 사례

[그림 1-1]은 휴학 중인 21세 여대생이 그린 것이다. 그녀는 현재 선천성 안면비대칭(현재 안면 수술을 받고 있는 중)으로 통원치료와 미술치료를 받고 있다. 어린 시절에는 리더십이 강하고 에너지가 넘치며 활동적인 성격이었으나, 중학교 때 남학생들에게 외모로 인한 놀림을 받은 후 대인관계로 인하여 불안 수준이 높아졌다. 그녀의 설명에 따르면, "그려진 나무는 크고 좋은 나무였지만, 현재는 성장이 멈춰 열매가 전혀 없는 겨울나무이며, 줄기에는 다람쥐 집인 구멍이 그려져 있다."

앞서 언급한 BT의 해석기준을 적용하여 이 그림을 분석하면 다음과 같다. 그림의 전체적 인상은 불안과 우울 및 쓸쓸함을 느끼게 한다. 이를 세부적으로 살펴보면, 나무는 강한 필압과 연속적인 선으로 그려졌으며, 용지의 중앙 가까이에 위치한다. 나무는 지나치게 크고 열매가 없으며, 줄기에는 커다란 상흔과 나무껍질이 그려져 있다. 강한 필압과 연속적인 선은 피검자의 강한 자긍심과 많은 에너지

[그림 1-1] 21세 여성의 그림

를 나타내고 있으나 나무의 크기에서는 피검자의 불안이 나타나며, 나무의 열매가 없음은 생명력의 부족을 의미하는데, 이것은 주위의 관심과 지지를 받지 못하는 피검자의 성장 과정이나 열악한 환경을 상징한다. 다시 말해, 여기에는 대인관계가 원만하지 못한 피검자의 상황이 시사되어 있다. 잘려진 가지 역시 자아가 투사된 것, 다시 말해 과거의 충격적인 사건이나 상처를 상징하는 것으로, 어린 시절 외모로 인해 받은 상처가 아직도 존재함을 말해 준다. 줄기의 상흔과 나무껍질 역시 이를 뒷받침하고 있으며, 특히 거친 나무껍질에서는 주변과의 마찰이라는 원만하지 못한 대인관계를 시사하고 있다. 뿐만 아니라 나뭇잎(떨어지는 잎 포함)과 풍경(잔디)이 그려져 있고 나무의 아랫부분에는 몇 개의 선이 그려져 있다. 나무줄기는 중앙에서 오른쪽으로 약간 치우쳐 있고 나뭇가지에 의해 오른쪽이 조금 강조되어 있으며 지면선이 없다. 떨어지는 잎과 나무 아랫부분의 선에서는 외모로 인한 자긍심의 상실 및 대인관계에 대한 불안을 나타내고 있고, 풍경에서는 우울을 나타내고 있다. 또한 나뭇가지들에 의한 오른쪽의 강조와 지면선의 없음은 피검자의 불안과 자아의 약함을 시사할 뿐만 아니라 피검자의 우울이 내부의 충돌 내지 내적 불균형의 결과임을 말해 주고 있다.

이 그림에는 자긍심이 높고 에너지가 많았으나, 외모가 초래한 상처와 심리적 위축으로 인한 원만하지 못한 대인관계와 그로 인한 피검자의 불안 및 우울이 표현되어 있다.

2) 기혼 여성의 사례

[그림 1-2] 50세 여성의 그림

[그림 1-2]는 미술학원을 운영하면서 미술치료전공 대학원에 재학 중인 50세 여성이 그린 그림이다. 피검자의 말에 따르면 "자신의 성격은 활발하고 적극적이며, 자신의 문제는 자녀들의 진로문제에 대한 걱정이다." "그려진 나무는 20세의 살아 있는, 성장하고 있는, 미래가 밝은, 열매가 많이 열린 사과나무이며, 줄기에는 과일을 먹으러 가는 벌레가 그려져 있다."

나무는 강한 필압과 연속적인 선으로 그려졌으며, 용지의 중앙에서 왼쪽 아래로 약간 치우쳐 있다. 나무의 크기는 대체로 적당하고 가지에는 많은 열매가 달려 있다. 그러나 가지는 모두 잘려진 것이고, 줄기에는 열매로 다가가는 벌레가 그려져 있다. 꽃과 나뭇잎은 생략되었고, 지면의 아랫부분에는 지면선, 풍경(잔디와 벌레), 떨어진 열매 및 뿌리가 그려져 있다. 강한 필압과 연속적인 선 및 나무의 크기에서는 피검자의 강함과 많은 에너지가 나타나고 있다. 잘려진 줄기와 잘려진 가지는 억제된 경향과 과거의 상처를 상징하는 것으로, 이는 자신의 욕구를 억제하여 단념하거나 상실한 것에 대한 피검자의 상처가 존재함을 말해 주는 것이며, 이러한 상처는 벌레에서도 나타나 있다. 열매는 생명과 번식의 지표이자 죽음과 재생의 지표이다. 달려 있는 열매는 재생의 지표이고, 떨어진 열매는 상실의 지표이다. 나무의 줄기에 달려 있는 열매와 떨어져 있는 열매에는 피검자가 살아오면서 포기하거나 단념한 것을 다시 소생시키려는 피검자의 상황을 암시하거나 취업에 의한 자녀들의 밝은 미래라는 일종의 보상심리가 시사되어 있다. 이러한 상황은 살아 있음과 동시에 죽음을 의미하는 뿌리에서도 동일하게 나타난다. 또한 지면선과 풍경(잔디)에서는 재생 혹은 소생의 불확실성에서 오는 다소의 불안과 우울이 표현됨과 동시에 피검자의 재능이나 감수성이 나타나 있다.

이 그림은 과거에 단념하거나 상실한 것에 대한 상처와 그것을 재생시키려는 피검자의 자아가 투사된 것이거나, 자신의 삶에서 단념하거나 상실한 것을 자녀들의 밝은 미래에서 보상받으려는 피검사의 바람이 투사된 것으로 볼 수 있다.

5. 연구동향

BT의 연구동향은 BT에 관한 내용을 처음으로 공식적으로 발표한 Koch의 『나무검사(Der Baum-Test)』의 성격을 간략하게 검토한 후, 국외 연구동향과 국내 연구동향으로 구분하여 살펴보고자 한다.

1) 국외 연구동향

(1) Koch의 『나무검사』의 성격

Koch의 『나무검사』는 1949년에 출판되었다. 이미 1948년 한 학회에서 BT에 관한 발표(Fernandez, 2005)를 하였지만, 원문은 입수할 수 없어 그 내용은 확인할 수 없다. Koch의 원저는 1949에 초판(『Der Baum-Test』)이 출간되었고, 1952년 이에 대한 영어판(『The Tree Drawing Test』)이 출간되었다.[1] 그 후 1954년에 제2판(『Der Baumtest』)이 출간되었고, 이어서 1957년에 개정된 제3판이 출간되었다.

『나무검사』 초판(1949)에서는 5~16세의 정상아를 대상으로 약 50개 지표의 출현율이 조사되었고, 그중에서 8개 지표에 대하여 연령에 따른 출현율의 추이가 보고되었다. 또한 초판에서는 다섯 사례가 소개되었으며, 정서면에서의 발달장애와 퇴행의 사인이 되는 15개의 지표가 소개되었다. Koch 저작의 초판과 영어판에 대한 평가는 다음과 같다. Koch의 『나무검사』 초판은 88쪽의 적은 분량으로 1949년에 스위스에서 발행되었다. 이 책은 1952년에 영어로 번역되어 스위스에서 출간되었지만, 불행하게도 영어에 정통하지 못한 번역이었으며, 이것이 미국의 심리학자들이 Koch의 업적에 친숙하지 않은 첫 번째 이유가 되었다.

『나무검사』 제2판(1954)은 내용이 88쪽에서 239쪽으로 대폭 확대되고, 발달적 측면에 관한 내용이 매우 충실해졌다. 여기서는 나무의 발달적 변화를 조사하기 위해 두 종류의 최면실험을 실시하였다. 하나는 '그림표현에 관한 실험'으로, 암시에 의한 특정한 심리상태와 나무 그림의 연관을 조사한 것이다. 다른 하나는 '최면상태에서 발달심리학적 조사'로서, 암시로 피검자의 연령을 조작하고 각 연령에서 그려진 나무 그림의 발달적 변화를 조사한 것이다. 게다가 6~16세의 정상아와 지적 장애아동 약 1,400명을 대상으로 58개 지표의 출현율을 조사하였고, 그 결과를 「발달검사로서의 나무검사」의 장으로 정리하였다. 그리고 유아기에 나타나 학

---

1) 영어판에는 저자명이 Karl Koch가 아니라 Charles Koch로 표기되었다.

령기에 소실하는 지표를 검토하였고, 정서면의 발달장애와 퇴행의 사인이 되는 지표들을 조기형으로 명명하고 조기형의 목록을 작성하였다. 또한 새로이 다섯 사례를 추가하였다. 마지막으로, 초판의 원저서명은『Der Baum-Test』였으나, 제2판에서는『Der Baumtest』로 수정되었다.

『나무검사』 제3판에서는 유치원아부터 성인의 그림 4,163점을 분석하여 이전 판의 내용이 수정되었다. 특히 제3판에서는 Grünwald의 공간도식을 도입하였는데, 공간에는 영역에 따른 상징적 의미가 있다는 공간상징이론을 충실히 적용하며 BT의 해석원리를 발전시켰다. Koch가 여기서 제시한 공간상징은 Pulver의 필적학적 공간상징과 Grünwald의 공간도식이 조합된 것이다. Grünwald의 공간도식이 도입됨에 따라 BT의 지시어를 수정하였다. 초판(1949)의 지시어는 "열매가 열리는 나무를 가능한 잘 그려 주세요. 지면의 전체를 사용해 주세요(Zeichnen Sie bitte einen Obstbaum, so gut Sie es können. Sie dürfen das ganze Blatt benützen)."였다. 이 지시어가 제3판에서는 "지면의 전체를 사용해 주세요(Sie dürfen das ganze Blatt benützen)."라는 문장은 생략하고, "열매가 열리는 나무를 가능한 한 잘 그려 주세요."로 수정하였다. Grünwald의 공간도식은 지면에서의 나무 전체상의 배치, 나무 각 부위의 배치, 줄기와 가지가 뻗는 방향 등에 나타난 공간이 가지는 상징적인 의미를 파악하기 위한 해석가설이다. 그런 만큼 지시어에서 지면의 사용영역과 관련된 부분을 삭제한 것으로 추정할 수 있다. 또한 제3판에서는 발달적 측면과 관련하여, 조기형과 신경증의 연관을 시사하는 Städeli의 논문이 소개되었고, 조기형의 목록에 새로운 지표로서 '다수의 나무를 그리는 것'을 추가하였다. 뿐만 아니라 제3판에서는 나무 그림에 나타난 상흔을 심적 외상의 흔적으로 간주하고, 그 상흔의 위치에서 심적 외상을 입었을 때의 연령을 산출하는 방법인 Wittgenstein의 지수를 소개하였다(中島, 2016).

제3판은 독일어권 외에도 프랑스어권과 스페인어권에서도 번역되고 연구되었다. 그러나 Bolander(1977)가 지적하듯이, 미국에서는 심리학에 정통함과 동시에 필적의 분석에 숙련된 사람이 매우 적어, 필적학이 성격연구의 방법으로 발전하지 못했다. 이와 달리 유럽에서는 BT를 비롯한 그림검사들이 심리평가와 상담 장면에서 널리 이용되었다. 말하자면 영어권에서 BT가 발전하지 못했던 것은 필적학이 발달하지 못했고, Koch의 저작에 대한 번역이 오역이 많은 것에서 기인된 것으로 볼 수 있다. 이런 사정에 의해 영어권에서는 Koch의 BT가 심리평가의 도구로 사용되지 않았다.

(2) 일본 연구동향

BT에 대한 국외 연구동향은 BT가 가장 많이 사용・연구되고 있는 일본의 연구동향을 중심으로 살펴본다. 일본에서 BT에 대한 연구는 Koch의 영어판(1952)이 1958년 일본어판으로 출간되면서 시작된 이래 지금까지 꾸준히, 더구나 계속적으로 증가하는 추세를 보이며 BT의 다양한 측면이 연구되고 있다. BT에 관해서는 현재(2019. 4.) 452편의 문헌(https://ci.nii.ac.jp/)이 있다. 따라서 여기서는 BT의 연구동향을 연구주제와 연구방법으로 구분하여 간략하게 살펴보고자 한다.

① BT의 연구주제

BT 연구에서 특히 많이 다루어진 주제는 발달요인, 발달장애, 고령자, 외상체험 등이다. 첫째, 발달요인과 관련된 연구(深田, 1959)는 주로 유아 내지 아동의 발달과 나무의 특징이 가진 상호연관성을 검토한 것으로서 1980년대 이전까지의 연구에서 주류를 이루었다. 둘째, 발달장애에 관한 연구들은, 연구의 초기로부터 2000년 이전까지는 지적 장애(竹島, 1982; 一谷, 西川, 村澤, 1984)를 다루었으나, 2000년대 이후에는 발달장애(近藤, 森, 2006; 大山, 廣澤, 2006)를 다루었다. 이는 연구대상이 변화되었음을 보여 준다. 셋째, 노인과 관련된 연구에서는 BT를 장수나 고령화 및 치매(小沢, 坂本, 鈴木, 中村, 1987; 吉岡久, 2003; 小林, 1990; 黒瀬, 2013)와 관련시켜 다루었다. 넷째, 외상체험에 관한 연구에서는 BT를 외상후 스트레스 장애(PTSD)나 학대와 관련시켜 다루었다(津田, 西尾, 長屋, 1982). 노인과 외상체험을 다루는 연구는 2000년 이후 계속적으로 증가되는 추세이며, 이 연구들에서는 BT를 당시 임상심리학계나 정신의학계에서 관심을 가졌던 질환과 증상(原千, 2003; 佐々木, 上里, 2003) 혹은 성격(鈴木, 2011)을 연구하는 도구로서 사용하였다. 이런 입장에서,

특히 2005년 이후에는 BT를 임상적으로 활용하는 연구(村山, 井関, 藤城, 長嶋, 新井, 佐藤, 2009)가 증가하였다. 이 외에도 뇌과학의 입장에서 BT를 다룬 연구(臺, 2000)와 BT를 정보과학(분석이나 화상처리기술)과 관련시킨 연구(落合, 溝口, 井澤, 1992)가 있다. 뇌과학의 입장에서 BT를 다룬 연구는 뇌과학이 급속하게 성장하는 현대 정신의학의 흐름 속에서 BT를 이해하려는 시도이다. 그리고 BT를 정보과학(분석이나 화상처리기술)과 관련시킨 연구들은 컴퓨터 기술의 발전에 따라 나무의 해석에 정보과학을 도입하려는 시도이며, 이는 BT의 임상적 유용성에 관한 것이라기보다는 시대의 흐름을 반영한 연구라고 할 수 있다.

② BT의 질적 연구와 양적 연구

BT의 연구방법은 질적 연구와 양적 연구로 구분할 수 있다. 여기서의 질적 연구는 BT를 진단도구로 사용하여 분석한 사례연구를 말하는 것이고, 양적 연구는 BT를 연구하기 위한 조사연구를 말한다.

BT의 질적 연구는 BT를 치료의 흐름과 관련시켜 치료 과정에서의 변화를 알아보기 위한 진단도구로 사용하여 그 내용을 분석한 연구가 주를 이루었다. 예를 들어, BT를 조현병 환자의 치료 과정에서 사용하여 나무 그림을 분석한 연구(榎戸芙, 平口, 鳥居, 柳下, 吉本, 滝, 1985; 山上, 前田, 1994), 정신장애자의 치료 과정에 사용하여 나무의 형태변화를 주목한 연구(泉, 志村, 1985) 등이 있다. 이 외에도 BT를 활용하여 운동이 미치는 심리적 변화를 분석한 연구(岡田, 堀, 菊池, 1990), 등교거부아동에게 실시한 나무 그림을 분석한 연구(川原, 田中, 二宮, 玉井, 寺嶋, 2006; 藤河, 2015), 발달장애아의 증상을 평가하는 데 활용한 연구(大山, 廣澤, 2006) 등이 있다.

BT의 양적 연구는 기초적 연구, 즉 BT의 용지 크기나 테두리에 관한 연구, 해석가설 및 해석지표에 관한 연구, BT를 다른 검사와 비교 · 검토한 연구, 그리고 기타연구로 구분된다.

첫째, BT 용지의 크기에 대한 연구로는 井手와 岩淵(1991), 沼田, 小林, 大館와 石井(2016), 佐田(2018)의 연구 등이 있다. 井手와 岩淵(1991)는 나무의 크기와 위치를 검토하기 위하여 건강한 대학생 집단 93명과 정신과 환자와 당뇨병 환자 집단 43명에게 나무검사를 실시 · 분석하여, 나무의 크기가 지나치게 크거나 작은 것은 장애의 지표가 되는 경우가 많다는 사실을 밝혔다. 沼田 등(2016)은 용지의 크기와 테두리의 관계를 검토하였으며, 佐渡(2015)와 佐田(2018)는 용지의 크기와 방향의 관계를 검토하였다. 佐渡(2015)는 용지의 방향과 크기를 바꾸어 나무표현과의 관련성을 검토하였다. 동일한 대상에게 나무검사를 2회 실시(A4 용지를 가로와 세로로 제시하거나 A4 용지와 B5 용지를 세로로 제시)하여, 용지의 크기 및 방향과 나무표현의 관련성을 검토하였다. 佐田(2018)는 대학생 263명(남: 115명, 여: 145명)을 대상으로 용지 크기와 방향의 선택 및 나무표현 특징의 관련성을 검토하였다. 여기서는 B5(18.2 × 25.7cm) 용지와 A5(148 × 210cm) 용지를 제공하고, 용지의 크기와 방향에 대해서는 자유롭게 선택하게 하였다. 분석의 결과는 다음과 같다. A4 용지에 그린 1명과 B5 용지와 A5 용지 양쪽에 그린 7명은 제외하고, B5 용지에 그린 사람은 174명, A5 용지에 그린 사람은 81명이었다. B5 용지의 나무는 대부분 세로로 그렸고(97.1%), A5 용지에 그린 나무는 가로 방향이 많고, 세로 방향은 69.1%였다. 이는 A5 용지에서 가로 방향의 선택은 A5 용지가 가로 방향으로 사용되는 것이 일반적이라는 것에 기인한다고 볼 수 있다. 그리고 A5 용지 그림에서, 특히 세로 방향에서는 벗어난 표현은 많이 보이지 않았다. 이것은 피검자가 미리 나무의 심적 이미지를 그리고 거기에 맞춰 용지를 자발적으로 선택할 수 있었음에 기인하는 것이다. 이 결과는 피검자가 표현해야 하는 것이, 지면의 제한을 받아 피검자 고유의 심적 공간에 규정되어 있다는 Koch(1957)의 견해를 지지한다.

둘째, BT의 해석지표에 관한 연구로는 石関, 中村와 田副(1988), 高橋와 高橋(2010), 黒瀬(2013), 佐田와 菊池(2015)의 연구 등을 들 수 있다. 高橋와 高橋(2010)는 나무의 위치와 크기에 대한 해석가설을 검토하였고, 黒瀬(2013)는 알츠하이머치매의 진행예측과 관련하여 BT의 해석지표를 검토하였다. 佐田와 菊池(2015)는 대학생을 대상으로 당뇨병 환자에게 나타나는 지표를 검토하였다. 이 외에도 石関, 中村와 田副(1988)와 児玉(2009)는 나무의 형태지표, 즉 하나의 가지나 하나의 줄기에 대한 해석지표를 설정하여 제시하였으나, 지표선택의 이론적 근거는 제시하지 않았다. 이러한 상황은 정신기능을 위한 지표를 설정한 연구(臺, 三宅, 斉藤,

丹羽, 2009), 불안지표에 관한 연구(大平, 1989, 1998)의 경우에도 마찬가지이다. 또한 滝浦(2017)는 BT의 지표에 관한 문헌을 검토하였다. 즉, 滝浦(2017)는 BT의 문헌연구를 통하여, 학년과 BT 지표출현율의 관계에 미치는 피검자의 성별과 시대의 영향, 학년단계 · 학교단계와 지표출현율의 관계 및 거기에 미치는 피검자의 성별과 시대의 영향을 검토하였다. 검토대상은 유치원생부터 대학생에게 실시된 BT지표출현율 자료이고, 그 결과는 다음과 같다. 첫째, 학년과 남녀별 지표출현율의 관계는 1990년대를 기점으로 이전 시대보다 이후 시대(새로운 시대)에서 가지와 잎이 없는 나무가 증가하였는데, 佐渡, 岸本와 山中(2014)는 이러한 나무를 "약간 단조롭게 보인다."라고 말하며, 그것을 시대에 따른 줄기 끝 처리양식의 변화와 관련시켰다. 둘째, 학년단계 · 학교단계와 지표출현율의 관계에서, 시대의 영향이 인정되는 지표는 가지 없음, 두 줄선 가지, 잎이었다. 가지 없음은 유치원생에서 고등학생까지는 새로운 시대에 출현율이 높은 것으로 나타났다. 그러나 대학생의 경우에는 2007년 이후에야 가지없음에 대한 출현율이 높았다. 두 줄선 가지는 유치원생에서 고등학생에서는 학년단계 · 학교단계의 범위설정도 거의 없고 연구 수가 적어, 시대의 영향에 대한 검토는 생략했다. 대학생의 경우에는 새로운 시대에서의 출현율이 낮은 것으로 나타났다. 잎의 경우에는 유치원생과 대학생의 경우에는 새로운 시대의 출현율이 높았고, 중학생과 대학생에서는 새로운 시대의 출현율이 낮은 것으로 나타났다. 요컨대 발달에 따른 BT 지표출현율의 변화에서 성별에 따른 차이는 거의 없었고, 시대에 따른 출현율의 변화가 보인 지표는 가지 없음, 두 줄선 가지, 잎으로 보고되었다.

셋째, BT를 다른 검사와 비교하여 검토한 연구들을 살펴보면 다음과 같다. 즉, BT를 로르샤흐 검사, 문장완성검사(SCT), YG성격검사(Yatabe–Guilford Personality Inventory), 성격특성이나 자기평가질문지와 비교한 연구(本田, 天本, 堀, 米村, 1996; 小野, 1969; 佐々木, 柿木, 1999), BT를 행동평가질문지와 비교한 연구(道廣, 玉木, 日下部, 2010), BT를 우울 척도와 관련시킨 연구(藤原, 蔵, 宮田, 阿部, 神農, 2009), BT를 풍경구성기법(LMT)과 비교한 연구(熊上, 2004; 岸川, 2015), BT를 동적 학교생활화(KSD)와 비교한 연구(田中, 2015), BT를 만다라와 관련시킨 연구(一谷, 小林, 1997),

흑백BT그림과 색채BT그림을 비교한 연구(村田, 村田, 名島, 2001) 등이 있다. 이 연구들의 공통점은 BT의 임상적 활용 가능성을 탐색한 것이다. 道廣 등(2010)은 색채BT와 CBCL을 실시하여 색채BT에 나타난 유아의 특징과 CBCL의 결과와의 관련성을 검토하기 위하여, 보육원 소속의 유아 23명(남: 11명, 여: 12명)을 대상으로 색채BT와 CBCL을 실시하여 분석하였다. 그 결과, CBCL의 총점이 낮은 집단에서는 나무 위치는 왼쪽 편이고, 꽃은 그리지 않으며, 열매를 그리는 것이 공통사항이었다. 또한 나무형태, 줄기, 가지, 수관, 나뭇잎, 뿌리, 지평선 등은 그리지 않았다. 나무 위치가 왼쪽 편이라는 것은 내면으로 향할 수 있고, 친밀한 친구가 없으며, 과거에 대한 회귀, 어머니에 대한 집착이라는 의미가 있다. 이것을 CBCL의 문항과 비교하면, CBCL에는 이러한 의미가 포함되어 있는 내용이 없었기 때문에, 이 내용은 색채BT에서만 측정할 수 있다. CBCL의 총점이 높은 집단에서는 줄기의 윤곽선이 약하고, 나무 위치는 중앙이며, 잎사귀는 그려지지 않았고, 꽃, 뿌리, 지평선 등이 그려졌다. 이 그림들의 특징을 보면, 약한 선에는 에너지의 부족, 우울, 무기력, 주저함, 불안정 등의 의미가 있다. 이것을 CBCL의 결과에 대응시키면, 나무줄기의 윤곽을 약한 선으로 그린 경우는 '불안 · 우울 척도'의 점수가 높고, '염려한다' '사람에게 신경 쓰인다'는 항목에 체크되어 있다. 나무를 중앙에 그린 경우는 상식적, 성실, 중용, 노력, 안정, 자기의 위치 확보라는 의미가 있는데, 이것을 CBCL의 결과에 대응시키면 나무를 중앙에 그리는 경우는 공격적 행동 척도의 점수가 높고, '완고함, 불안정' '자만하다'라는 항목에 체크되어 있어 이 내용은 중앙에 그린 경우와 대응하지 않았다. 따라서 줄기 윤곽선을 약하게 그리는 경우는 CBCL의 '불안 · 우울 척도'의 점수가 높고, 이 행동특징은 색채BT에서 측정할 수 있으나, 중앙에 그린 것에 대해서는 대응이 없었음이 제시되었다.

넷째, BT의 기타 연구로서, BT의 구조적 특징(青木, 1985), 지시방법(石井, 藤元, 2017), BT의 변법(佐渡, 別府, 2011), BT의 재검사신뢰성(佐渡, 松本, 田口, 2013; 佐渡, 松本, 田口, 2013) 연구 등이 있다. 佐渡 등(2013)은 기존 연구에서 재검사 신뢰성이 높은 것으로 알려진 BT의 재검사 신뢰성을 재검토하여 개인의 표현에 대한 이해를 목적으로, 강의를 수강 중인 학생들을 두 집단으로 구성하여 대상으로 삼았다.

집단 1은 대학생 69명(남: 60명, 여: 9명)을 대상으로 같은 날에 2회에 걸쳐 BT를 실시하였다(138점). 집단 2는 여대생 42명을 대상으로 1주간 간격을 두고 2회에 걸쳐 BT를 실시하였다(84점). 이 작품들에 대하여 3명의 평가자가 10개의 범주별 지표(용지용도, 선의 성질, 줄기구조, 줄기표면, 가지 수, 가지구조, 수관, 뿌리, 열매, 기타)와 그에 따른 27개의 개별 지표를 평가하였다. 분석의 결과는 다음과 같다. BT에 대한 개인의 표현은 개별 지표에서는 0~30%, 범주별 지표에서는 10~40% 변화 가능성이 있었다. 이 결과는 개인의 BT 표현이 비교적 안정되어 있어, BT의 재검사 신뢰성은 높다고 말할 수 있음과 동시에 개인의 BT 표현에는 변화가 있음도 간과할 수 없음을 시사한다고 보고하였다.

이와 같이 살펴본 BT의 일본 연구동향에 나타난 특징은 다음과 같다. 첫째, BT의 연구주제는 논문의 수가 증가함에 따라 다양하게 확대되었고, 이러한 현상은 BT가 다양한 영역에서 사용되고 연구되었음을 말해 주며, 특히 2000년 이후에는 BT를 임상적으로 활용하는 연구가 증가되고 있음을 말해 준다. 뿐만 아니라 BT를 뇌과학과 정보과학과 관련시킨 연구들에 의해 BT의 주제도 정신의학의 흐름 속에서 혹은 정보과학의 시대라는 시대의 흐름 속에서 이해하고 있음을 보여 주고 있다. 둘째, BT의 연구방법의 추이를 살펴보면, 양적 연구는 BT가 도입된 초기부터 현재까지 연구방법의 주류를 이루는 반면, 질적 연구는 연구 수는 많지 않지만 매년 증가하는 추세이다. 양적 연구의 경우에는 해석지표 내지 유형화에 관한 연구는 수적으로는 다수이지만, 대부분 나무의 부분에 한정된 부분지표가 제시되었고, 나무의 전체를 대상으로 하는 전체 지표의 표준화된 작업은 행해지지 않았다. 이와 더불어 신뢰도에 관한 연구는 극히 소수이다. 이렇게 볼 때, BT의 일본연구에는 다음과 같은 과제가 주어져 있음을 알 수 있다. 즉, 연구대상과 관련해서는, 연구대상이 확대는 되었으나 조현병 환자나 발달장애인, 그리고 초등학생 및 대학생에게 대체로 한정되어 있어, 더 확대될 필요가 있다. 연구방법과 관련해서는 양적 연구의 수는 많으나 BT의 특정한 세부지표에만 주목하는 경향이 있어, BT의 전체 지표에 관한 연구가 필요하다고 할 수 있다. 따라서 향후 연구에서는 연구대상의 확대와 BT의 전체 지표에 근거한 BT의 해석 작업이 요구된다고 할 수 있다.

2) 국내 연구동향

BT의 국내 연구동향은 연구대상을 중심으로 살펴본다. BT에 대한 국내 연구는 1980년대 초등학교 정상아동을 대상으로 나무 그림의 형태와 발달경향을 검토한 연구(신수현, 1983)에서 시작되어, BT를 일반아동과 농아의 나무 그림의 반응특성을 비교분석한 연구(조숙자, 1983), 지적 장애아의 성격진단에 관한 연구(조영미, 1989) 이래, 1990년대 말까지 BT에 관한 연구는 특수교육적 관점에서 정신장애를 가진 아동과 일반아동의 나무 그림을 비교하여 심리적 특성을 분석하는 연구(백혜정, 1999 등) 등으로 행해졌다.

그러나 2000년대 이후 연구에서는 연구대상을 장애아동으로부터 일반아동으로의 변화, 즉 장애아동의 심리적 특성을 분석하는 것에서 벗어나 일반아동을 대상으로 심리적 특성을 분석하는 연구로 변화하였을 뿐만 아니라, 일반아동을 대상으로 한 BT를 질문지 검사 등 다른 검사와 접목한 연구들이 다양하게 행해졌다. 초등학생의 나무 그림의 특징에 관한 연구(이은주, 임호찬, 최은영, 2005), BT와 자존감을 접목한 연구(기정희, 2015), BT와 창의성 검사의 관계에 대한 연구(최진희, 전경원, 전경남, 2010), BT와 욕구좌절과 분노표현의 관계를 다룬 연구(이명희, 제석봉, 2010), BT와 스트레스의 관계에 대한 연구(김경남, 김갑숙, 2011), BT와 우울, 공격성 간의 관계를 다룬 연구(허은정, 정광조, 2011; 기정희, 2016a, 2016c) 등이 있다. 또한 피학대아동과 일반아동의 나무 그림 반응특성을 비교한 연구(신현복, 이근매, 2011) 등이 있다.

최진희 등(2010)은 초등학교 1학년생 76명(남: 40명, 여: 36명)을 대상으로 BT와 초등도형 창의성 검사를 실시하여, BT와 창의성 검사의 상관관계를 알아보고자 하였다. 결과는 창의성의 하위요소인 유창성, 독창성, 민감성과 창의성 총점은 BT 총점과 유의미한 부적 상관을 보였으나 개방성과 BT 총점과의 상관은 유의하지 않았다. 유창성, 독창성, 민감성, 창의성 총점이 높을수록 BT 총점은 낮은 것으로 나타났다. 창의성 검사와 BT 하위요소의 관계에서는 개방성, 민감성, 창의성 총점은 가지와 유의미한 부적 상관을 보였다. 개방성, 민감성, 창의성 총점이 높을수록 가지의 점수가 낮은 것으로 나타났다. 이 결과를 통하여, BT의 점수가 높은 아동은 그렇지 않은 아동에 비해 일상생활에서나 개인 내적으로 정서적 불안정성이 높거나 부적응 등을 가지고 있음을 시사하였다.

김경남과 김갑숙(2011)은 초등학교 4~6학년생 188명(남: 98명, 여: 90명)을 대상으로 BT와 정신건강검사 척도를 실시하여, 초등학생의 스트레스 정도와 BT의 반응특성의 관계를 검토하였다. 그 결과, 스트레스가 높은 집단은 낮은 집단보다 나무줄기의 음영과 기저선을 그리지만 가지는 그리지 않는 경향이 있는 것으로 나타났다. 또한 사회적 스트레스가 높은 집단은 가지를 그리지 않고 줄기표면의 재질감과 풍경묘사가 많은 것으로, 학업적 스트레스가 높은 집단은 가지를 그리지 않고 떨어지는 잎을 그리며 풍경묘사가 많은 것으로, 가정적 스트레스가 높은 집단은 기저선을 그리는 것으로 나타났다. 이러한 결과를 통하여, 이 연구에서는 나무검사가 초등학생의 스트레스를 파악하는 도구로서 사용할 수 있음을 확인하였다.

신현복과 이근매(2011)는 아동학대예방센터에 피학대아동으로 신고된 초등학교 4~6학년생 50명과 4~6학년생 일반아동[K-CBCL(아동 · 청소년 행동평가 척도)의 문제행동 점수에서 T점수 60 이하로 임상증후가 보이지 않는 아동, 성별무시] 50명을 선정하여 BT를 실시하고 피학대아동과 일반아동의 나무 그림 반응특성을 검토하여 형태적 · 내용적으로 분석하여 피학대아동의 심리적 특성을 알아보고자 했다. 그 결과는 다음과 같다. 피학대아동 나무 그림의 형식적 분석에서는 그림자/음영과 지면선 항목을 제외한 크기/기울기와 위치, 필압/선의 성질과 지우기 항목에서 통계적으로 유의미한 것으로 나타났고, 내용적 분석에서는 줄기, 가지, 수관, 기타에서 통계적으로 유의미한 것으로 나타났다. 이 결과에서는 나무검사를 통하여 피학대아동의 심리적 불안, 위축과 충동적 행동특성을 엿볼 수 있어, 나무검사가 피학대아동을 선별하는 보조도구로서 활용 가능성이 높은 것으로 나타났다.

2004년 이후에는 연구대상이 청소년, 나아가 성인으로 확대되었다. 중학생을 대상으로 한 BT와 직업흥미검사의 관계, BT와 성별 및 상태불안 수준의 관계에 대한 연구(김연수, 2010; 김순자, 최광규, 기정희, 2018), 재미 한인 청소년을 대상으로 BT와 학교생활만족도의 관련성에 대한 연구(정영심, 2007), 청소년을 대상으로 BT와 우울의 관계에 대한 연구(기정희, 2016b), 고등학교 남학생을 대상으로 BT와 자기개념 검사와의 관계에 대한 연구(이희경, 2004), 고등학생을 대상으로 하여 자살사고와 BT 반응의 관계에 대한 연구(정계영, 2008), 대학생의 자아정체감에 따른 BT의 반응특성에 대한 연구(서복희, 이근매, 2011), 중년여성의 우울에 따른 BT의 반응 차이 연구(주정향, 2011), 중년남성 직장인의 직무스트레스와 나무 그림 반응특성 연구(서옥지, 2011), 노인의 자아통합감과 나무 그림 반응특성 연구(최외선 외, 2007), 치매여성노인과 일반여성노인의 나무 그림 비교연구(박금순, 정영인, 2017) 등이 있다. 그 외에도 심리진단의 전문가 시스템 방법론(이은영, 2009) 등 다양한 연구가 행해졌다.

기정희(2016b)는 중고등학교 1～2학년생 414명(남: 216, 여: 198명)을 대상으로 우울 척도(BDI)와 BT를 실시하고, 청소년의 우울 정도에 따른 BT의 반응특성을 검토하여 우울사정도구로서 BT의 활용 가능성을 알아보고자 하였다. 그 결과, 청소년의 우울 정도에 따라 통계적으로 유의미한 차이가 있는 지표는 필압, 스트로크, 위치, 크기, 기저선, 풍경, 줄기(상흔), 줄기(수피), 꽃, 잎, 뿌리로 나타났다. 우울이 낮은 청소년이 우울이 높은 청소년보다 필압에서 중, 스트로크에서 불연속, 위치에서 중, 크기에서 적당, 기저선과 풍경에서 무의 비율, 줄기(상흔)와 줄기(수피) 및 잎을 그리는 비율이 높았고, 꽃과 뿌리는 그리지 않은 비율이 높았다. 이들 유의미한 차이가 있는 지표에 대한 판별분석의 결과는 필압, 크기, 풍경, 줄기(상흔), 줄기(수피), 꽃, 잎, 뿌리가 유의미한 변인으로 나타났으며, 판별력은 72.2%로 나타났다. 이러한 연구결과를 통하여, BT가 청소년의 우울 정도를 사정하는 진단도구로 활용할 수 있음이 확인되었다.

서복희와 이근매(2011)는 남여 대학생 106명(남: 43명, 여: 63명)을 대상으로 자아정체감검사와 BT를 실시하여, 대학생의 자아정체감에 따른 나무 그림의 형식적 · 내용적 반응특성과 대학생의 자아정체감에 관한 심리검사의 보완도구로서의 BT의 유용성을 알아보고자 하였다. 그 결과는 다음과 같다. BT의 형식적 분석에서는 위치항목에서 유의미한 차이가 있었고, 내용적 분석에서는 가지의 유무항목에서

유의미한 차이가 있는 것으로 나타났다. 이 결과를 통하여 BT는 대학생의 심리적인 상태와 내면의 감정을 용이하게 표현할 수 있음이 확인되었다.

최외선 등(2007)은 신체적 · 인지적 손상이 없는 노인 278명(남: 116명, 여: 162명)을 대상으로 BT와 자아통합감 척도를 실시하여, 양자의 상관성을 파악하고자 하였다. 그 결과, 노인의 자아통합감은 보통 수준이며 성별에 따라 유의미한 차이가 있어 여자가 남자보다 자아통합감이 높은 것으로 나타났다. 수평구조와 나무크기에서도 성별에 따른 유의미한 차이가 있었다. 남자가 여자보다 나무를 상단에 그리고, 나무를 크게 그리는 비율이 높은 것으로 나타났다. 노인의 자아통합감은 나무크기, 잎, 나무 나이−피검자 나이, 전체조화성에서 통계적으로 유의미한 차이가 있는 것으로 나타났다. 이러한 결과를 통하여, BT는 자아통합감을 진단할 수 있는 도구로 활용할 수 있음이 확인되었다. 박금순과 정영인(2017)은 여성노인 258명(치매여성노인: 53명, 일반여성노인: 205명)을 대상으로 한국판 간이정신상태평가(K−MMSE)와 BT를 실시하고 나무 그림의 반응특성의 차이를 통하여 이들의 심리특성을 알아보고자 하였다. 그 결과, 형식적 분석의 반응특성은 나무크기, 지면선, 위치 수직, 위치 수평, 전체 공간구조, 전체 필압에서 유의미한 차이가 있었고, 내용적 분석의 반응특성은 줄기의 형태, 줄기 테두리, 가지 수, 수관의 형태, 뿌리, 수피, 특수한 나무, 주변 환경묘사에서도 유의미한 차이를 보였다. 이러한 결과를 통하여, BT는 여성노인의 심리적 특성뿐만 아니라 치매검사의 보완도구로서 활용 가능성을 제시하였다.

BT의 타당화 작업에 나타난 신뢰도는 다음과 같다. 최외선 등(2007)에서는 Pearson 상관관계 계숫값이 .84∼.96으로 제시되었고, 박금순과 정영인(2017)에서는 A−B는 .96, B−C는 .98, A−C는 .95로 제시되었다. 또한 기정희(2016a, 2016b)에서는 Cohen의 Kappa 지수에 의한 채점자 간 일치도가 .84∼1.00, .84∼1.00로 제시되는 등 BT는 비교적 높은 수준의 신뢰도를 보여 주었다.

이와 같은 BT의 국내 연구동향의 특징은 다음과 같다. 첫째, 연구대상의 변화를 들 수 있다. 즉, BT의 연구대상이 2000년대를 기점으로 장애아동과 일반아동을 비교하는 연구에서 일반아동으로 변화하였고, 2004년 이후에는 연구대상이 아동으로부터 청소년, 나아가 성인으로 확대되는 경향을 볼 수 있다. 둘째, 투사적 그림검사의 타당성을 고려하여, BT를 자기개념, 학교생활만족도, 직업홍미검사, 자아정체감, 자존감, 공격성, 우울 척도 등 질문지 검사와 관련시켜 연구함으로써 BT의 연구영역을 확대하였음을 알 수 있다. BT에 대한 국내 연구동향은 연구대상을 확대하였고, 주로 타당화 연구에 집중되어 있다. 그러나 대부분의 연구는 건강한 집단을 대상으로 하고, 연구마다 상이한 해석기준을 적용하고 있다. 그런 만큼 BT에 대한 향후 연구에서는 연구동향 분석을 포함하는 기초적 연구와 아울러 임상 집단을 대상으로 한 연구 및 BT의 표준화 작업이 요구되는 상황이다.

참고문헌

기정희(2015). 초등학생의 자존감 수준에 따른 나무검사(Baum test)의 반응특성. 미술치료연구, 22(5), 1233-1245.

기정희(2016a). 초등학생의 우울사정도구로서의 나무검사(Baum test)의 활용가능성 탐색. 미술치료연구, 23(6), 1569-1584.

기정희(2016b). 청소년의 우울사정도구로서의 나무검사(Baum test)의 활용가능성. 미술치료연구, 23(2), 685-700.

기정희(2016c). 초등학생의 공격성 정도에 따른 나무검사의 반응특성에 대한 연구. 예술심리치료연구, 12(2), 173-188.

김경남, 김갑숙(2011). 초등학생의 스트레스 정도에 따른 나무그림검사(Baum Test)의 반응특성 연구. 미술치료연구, 18(5), 1023-1039.

김순자, 최광규, 기정희(2018). 청소년의 성별과 상태불안수준에 따른 나무검사의 반응특성. 임상미술심리연구, 8(2), 69-86.

김연수(2010). 중학생 나무그림 검사와 직업흥미검사의 관계. 영남대학교 환경보건대학원 석사학위논문.

박금순, 정영인(2017). 치매 여성노인과 일반 여성노인의 나무그림검사 비교 연구. 교육치료연구, 9(2), 367-382.

백혜정(1999). 나무그림형태분석을 통한 특수학교 정신지체아의 심리적 특성. 우석대학교 교육대학원 석사학위논문.

서복희, 이근매(2011). 대학생의 자아정체감에 따른 나무그림 반응특성. 미술치료연구, 18(4), 875-892.

서옥지(2011). 중년남성 직장인의 직무스트레스와 나무그림 반응특성. 조선대학교 디자인대학원 석사학위논문.

신수현(1983). 나무그림검사에 대한 한국정상아동의 반응에 관한 일연구. 이화여자대학교 일반대학원 석사학위논문.

신현복, 이근매(2011). 피학대아동과 일반아동의 나무그림 반응특성. 임상미술심리연구, 1(1), 99-121.

이명희, 제석봉(2010). 아동의 욕구좌절특성에 따른 나무그림 반응. 미술치료연구, 17(4), 835-860.

이은영(2009). 나무그림을 통한 심리진단의 전문가시스템 방법론. 고려대학교 경영정보대학원 석사학위논문.

이은주, 임호찬, 최은영(2005). 초등학생의 나무그림 묘사 특징. 미술치료연구, 12(4), 763-779.

이희경(2004). 나무그림검사와 자기개념검사의 관계. 연세대학교 교육대학원 석사학위논문.

정계영(2009). 고등학생의 자살사고에 따른 나무그림검사 반응 특성. 서울여자대학교 특수치료전문대학원 석사학위논문.

정영심(2007). 재미한인 청소년의 나무그림의 특성에 따른 학교생활만족도 하위영역별 관계. 대구대학교 재활과학대학원 석사학위논문.

조숙자(1983). 나무그림검사에 의한 정상아와 농아의 비교연구. 이화여자대학교 일반대학원 석사학위논문.

조영미(1989). 정신지체아의 성격진단을 위한 나무그림검사에 관한 연구. 특수교육연구, 2, 7-19.

주정향(2011). 중년여성의 우울증상에 따른 나무그림검사의 반응 차이 연구. 평택대학교 사회복지대학원 석사학위논문.

최외선, 박인전, 이명희(2007). 노인의 자아통합감과 나무그림 반응특성 연구. 미술치료연구, 14(3), 555-576.

최진희, 전경원, 전경남(2010). 창의성검사와 나무그림검사와의 관계. 창의력교육연구, 10(1), 67-84.

허은정, 정광조(2011). 아동의 우울 수준과 나무그림 검사 반응과의 관련성 연구. 예술심리치료연구, 5(2), 47-73.

榎戸芙 佐子, 平口 真理, 鳥居 方策, 柳下 道子, 吉本 博昭, 滝 良明(1985). 精神分裂病者と樹木画一治療経過との関連の中 で. 臨床精神医学, 14(12), 1823-1831.

岡田 督, 堀 祐子, 菊池 由美子(1990). 運動がおよぼす高齢者の心理的変化—バウムテストの質的分析を通して. 老人問題研究, 10, 123-131.

高橋 雅春, 高橋依子(2010). 樹木画テスト. 京都: 北大路書房.

国吉 政一, 小池 清廉, 津田 舜甫, 篠原 大典(1962). バウムテスト(Koch)の研究(1)−発達段階における児童(正常児と精薄児)の樹木画の変遷. 児童精神医学とその近接領域, 3(4), 237-246.

近藤 陽子, 森範行(2006). バウムテストでたどる発達障害児の不安症状の消失と心理的成長過程. 北海道教育大学教育 実践総合センター紀要, 8, 95-100.

吉岡久 美子(2003). 老人性疾患治療病棟において回想法グループに参加した痴呆高齢者一事例の変化—バウムテストを 指標として. 長崎国際大学論叢, 3, 127-133.

臺 弘(2000). 脳とこころは「ことば」〈カタチ〉で出会う. 臨床精神病理, 21(3), 205-214.

臺 弘, 三宅 由子, 斉藤 治, 丹羽 真一(2009). 精神機能のための簡易客観指標. 精神医学, 51(12), 1173-1184.

大山 卓, 廣澤 愛子(2006). 高機能広汎性発達障害の子どもの心理臨床査定についての一考察. 愛知教育大学教育実践総 合センター紀要, 10, 15-24.

大平 典明(1989). 樹木画テストの不安指標. 静岡大学教育学部研究報告(人文社会科学篇), 40, 267-277.

大平 典明(1998). 樹木画テストの状態不安指標. 静岡大学教育学部研究報告(人文社会科学篇), 48, 171-182.

道廣 倫子, 玉木 健弘, 日下部 典子(2010). 幼児期における色彩バウムテストとCBCLの関係. 福山大学こころの健康相談 室紀要, 4, 75-82.

藤河 周作(2015). 慢性頭痛を主訴に不登校となった思春期男子に対する心理面談. 徳島赤十字病院医学雑 誌, 20(1), 113-117.

藤原 徹, 蔵 琢也, 宮田 周平, 阿部 麟太郎, 神農 雅彦(2009). 樹木画試験の特徴量と抑うつ性尺度の関係. 電子情報通信 学会技術研究報告, 108(479), 139-142.

落合 優, 溝口 武史, 井澤 純(1992). パーソナルコンピューターによるバウムテスト解釈援助プログラムの作成. 横浜国立大学教育紀要, 32, 309−327.

鈴木 郁子(2011). バウムテスト2枚施行法における樹木画の特徴とパーソナリティ特性との関連. 浜松学院大学研究論集, 7, 51−60.

本田 優子, 天本 まりこ, 堀 みゆき, 米村 健一(1996). 女子大学生の心理理解におけるバウムテストの有用性: バウムテストとY−G性格検査あるいは自己評価との関連. 熊本大学教育学部紀要: 自然科学, 45, 223−231.

山上 竜也, 前田 正治(1994). バウムテストからみた分裂病者との治療関係の変化についての1考察. 九州神経精神医学, 40(2), 244−250.

石関 ちなつ, 中村 延江, 田副 真美(1988). バウムテストチェックリスト作成の試み. 心理測定ジャーナル, 24(3), 14−20.

石井 雄吉, 藤元 祥子(2017). 樹木画テストにおける教示方法の違いが実の出現に及ぼす影響. 心理臨床学研究, 35, 422−426.

小林 敏子(1990). バウムテストにみる加齢の研究—生理的加齢とアルツハイマー型痴呆にみられる樹木画の変化の検討—. 精神神経学雑誌, 92(1), 22−58.

小野 智康(1969). 樹木画テストと不安傾向テスト研究—児童の変容をとおして. 教育心理ジャーナル, 5(8), 7−9.

沼田 和恵, 小林 理絵, 大館 徳子, 石井 早由里(2016). 精神障害者のバウムテスト枠づけ二枚法からみた'枠' があることの意味. 心理臨床学研究, 34(1), 27−38.

小沢 真, 坂本 真理, 鈴木 ひとみ, 中村 紀子(1987). 施設老人と在宅老人とのパーソナリティの比較—バウムテストを使っ て. 心理測定ジャーナル, 21(3), 20−25.

松下 姫歌(2006). バウムテストに見られる肥満児の心理的特徴. 広島大学大学院教育学研究科紀要, 3(55), 219−226.

深田 尚彦(1959). 学童の樹木描画の発達的研究. 心理学研究, 30(2), 107−111.

児玉 恵美(2009). バウムの幹先端処理に示される境界的側面の研究−日本版境界尺度との関連から. 九州ルーテル学院 大学心理臨床センター紀要, 8, 27−32.

岸川 加奈子(2015). 風景構成法における「木」とバウムテストの比較: 構成度による分類. ヒューマンサイエンス, 18, 65−68.

原千 恵子(2003). 痴呆性高齢者への包括的心理療法—芸術療法を中心として. 臨床描画研

究, 18, 142−157.

熊上 崇(2004). 風景構成法とバウムテスト: 風景の中の自己イメージ. 日本芸術療法学会誌, 34(1), 81.

一谷 彊, 西川 満, 村澤 孝子(1984). バウムテストにみられる精神遅滞者の反応特徵. 京都教育大学紀要 Ser. A, 65, 1−27.

一谷 彊, 小林 敏子(1997). 高齢者におけるバウムテストでの樹木描出と信仰的傾向—曼荼羅との関係から. 京都教育大 学紀要 Ser. A, 90, 1−25.

蔵琢 也, 藤原 徹, 宮田 周平, 阿部 麟太郎, 神農 雅彦(2009). 各次モーメントとフーリエ変換を用いた樹木画試験の画像解析. 電子情報通信学会技術研究報告, 109(127), 19−24.

井手 正吾, 岩淵 次郎(1991). 樹木画のサイズと位置についての検討: 臨床描画法に関する研究(1). 旭川医科 大学紀要. 一般教育, 12, 61−71.

佐渡 忠洋(2015). 用紙の向きとサイズを変えて実施したバウムテストにおける「はみ出し」表現の検討. 臨床 心理身体運動学研究, 17(1), 25−36.

佐渡 忠洋, 別府 哲(2011). バウムテストの変法に関する一考察: バウムテスト文献レビュー(第四報). 岐阜大学教育学部研究報告. 人文科学, 59(2), 169−182.

佐渡 忠洋, 松本 香奈, 田口 多恵(2013). バウムテストにおける再検査信頼性の見なおし. 岐阜女子大学紀要, 42, 29−39.

佐渡 忠洋, 岸本 寛史, 山中 康裕(2014). 今昔の中学生のバウムテスト表現の検討−1960年代との發達指標を通して−. 明治安田こころの健康財団研究助成論文集, 49, 77−86.

佐田 吉隆, 菊池 義人(2015). 大学生のバウムテストにおける「糖尿病患者に出現する指標」の検討. 鳥取臨床 心理研究, 7, 27−34.

佐田 吉隆(2018). 大学生のバウムテストにおける用紙サイズと向きについての検討. 健康科学研究, 2(1), 27−38.

佐々木 直美, 上里 一郎(2003). 特別養護老人ホームの軽度痴呆高齢者に対する集団回想法の効果の検討—MMS, 行動評価, バウムテストを用いて. 心理臨床学研究, 21(1), 80−90.

佐々木 直美, 柿木 昇治(1999). バウムテストの定量的評価とMMS得点との関係—老人ホーム入所群とデイサービス通所 群を対象として. 保健の科学, 41(5), 383−387.

田中 志帆(2015). バウムテストと動的学校画: 小学生と中学生を対象とした調査から. 文教大学人間科学 研究, 37, 35−49.

井手 正吾, 岩淵 次郎(1991). 樹木画のサイズと位置についての検討: 臨床描画法に関する研究(1). 旭川医科 大学紀要. 一般教育, 12, 61−71.

竹島 洋一(1982). バウムテストによる精神遅滞児の発達指標に関する研究ー普通児との比較. 心理測定ジャーナル, 18(1), 13−18.

中島 ナオミ(2016). バウムテストを読み解くー 發達的側面を中心に. 東京: 誠信書房.

川原 恭子, 田中 英高, 二宮 ひとみ, 玉井 浩, 寺嶋 繁典(2006). 起立性調節障害を伴う不登校小児の樹木画. 心身医学, 46(2), 138−143.

泉 澄子, 志村 実生(1985). 精神障害者のバウムテスト2枚法にみられる形態変化. 九州神経精神医学, 31(2), 185−191.

青木 健次(1985). バウム表現の発達とその表現心理学的考察ー投影描画法の構造特性をふまえて. 京都大学学生懇話室紀要, 14, 1−27.

村山 憲男, 井関 栄三, 藤城 弘樹, 長嶋 紀一, 新井 平伊, 佐藤 潔(2009). 抑うつ傾向を有する高齢者の脳機能および心理的特徴ーキバウムテストを含めた検討.精神医学, 51(12), 1187−1195.

村田 敏晴, 村田 陽子, 名島 潤慈(2001). 黒色バウムと色彩バウムの比較ー描画の順序効果とバウム内容の検討. 山口大学心理臨床研究, 1, 23−27.

滝浦 孝之(2017). バウムテスト個別指標の男女別出現率の区間推定−文獻的検討. いわき明星大学研究紀要, 2, 71−87.

黒瀬 直子(2013). アルツハイマー型認知症の進行を予測するバウムテストにおける指標の検討. 心身医学, 53(5). 404−407.

Avé−Lallemant, U. (2002). *Baum−Tests: mit einer Einführung in die symbolisch und graphologische Interpretation. 5 Auflage.* München und Basel: Ernst Reinhardt Verlag.

Bolander, K. (1977). *Assessing personality through tree drawings*. New York: Basic Books.

Castilla, D. (1994). *Le test de l'arbre: relation humaines et probèmes actuels*. Paris: Masson.

Fernandez, L. (2005). *Le test de l'arbre: Un dessin pour comprendre et interpréter*. Paris: In Press Éditions.

Koch, C. (1952). *The tree drawing test as aid in psychodiagnosis.* New York: Grune & Stratton Inc.

Koch, K. (1949), *Der Baum-Test: Der Baumzeichenversuch als psychodiagnostiches Hilfsmittel*. Bern: Verlag Hans Huber.

Koch, K. (1957). *Der Baumtest: der Baumzeichenversuch als psychodiagnostisches Hilfsmittel. 3. Auflage*. Bern: Verlag Hans Huber.

Pulver, M. (1931). *Symbolik des Hanschkift*. Zurich: Orell Verlag.

Stora, R. (1975). *Le test du dessin de l'arbre*. Paris: Delarge.

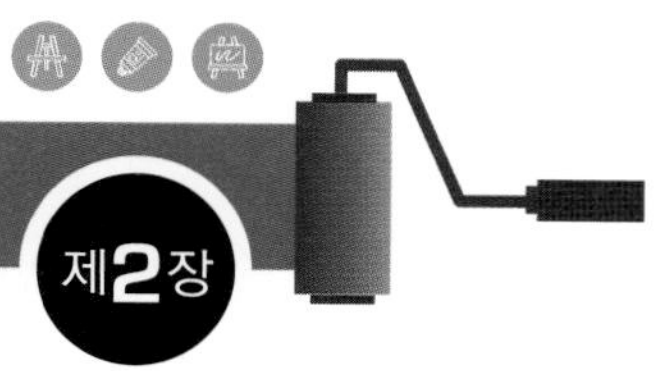

집-나무-사람 그림

- **개발자**: Buck(1948)
- **목　적**: 성격특성, 행동양식, 대인관계에 대한 정보 제공
- **준비물**: HTP 양식지(7″ × 8½″) 6장, 지우개가 달린 연필 몇 자루(No. 2(HB)), 스톱워치, 왁스 크레용(빨강, 녹색, 파랑, 노랑, 갈색, 검정, 보라, 주황)
- **지시어**: "준비된 연필 한 자루로, 집을 가능한 한 잘 그려 주세요. 당신이 원하는 어떤 종류의 집도 그릴 수 있으며, 그것은 전적으로 당신에게 달려 있습니다. 당신이 원하는 부분을 지울 수 있으며, 이것이 당신에게 불리하게 작용하지는 않을 것입니다. 그리고 당신이 필요한 만큼 시간을 사용할 수 있습니다. 집을 가능한 한 잘 그려 주세요(Take one of these pencils, please, I want you to draw me as good a picture of a house as you can. You may draw any kind of house you wish, it's entirely up to you. You may erase as much as you like, it will not be counted against you. And you may take as long as you wish, just draw me as good a house as you can)."(Buck, 1970, p. 18)
  그다음 "나무를 가능한 한 잘 그려 주세요."
  그다음 "사람을 가능한 한 잘 그려 주세요."
  (The examiner will then, in turn, ask the subject to draw as good a Tree and as good a Person as he can.)

1. 개요

집-나무-사람 그림(House-Tree-Person Drawing: HTP)검사는 1948년 Buck

에 의해 개발되었다. Buck(1948)의 HTP는 지능을 평가하기 위해 개발된 Goodenough(1926)의 인물화(Draw-A-Person: DAP)를 확장시킨 것으로 DAP와 같은 채점체계를 사용하여 양적으로 지능을 측정했다. Buck(1948)은 HTP가 피검자의 지능적인 요소 이외에도 피검자의 성격에 관한 정보를 제공한다는 것을 발견함에 따라, 이를 개인의 내면세계(inner world)를 이해하는 데 도움을 주는 투사적 그림기법으로 사용하였다. HTP의 성격특성을 측정하는 투사기법은 주로 검사자의 주관적 해석과 가설을 사용하여 분석되었다. 이러한 해석과 분석은 주로 질적이며 사례연구(Buck, 1948; Machover, 1949)의 형태로 발전되었다.

수년 동안 HTP 검사를 꾸준히 발전시키고 개선시키는 동안 Buck은 모든 연령대의 피검자가 집, 나무, 사람을 친근하게 느낀다는 것을 알았다(Buck, 1949, 1951). 그리고 다른 대상보다 집, 나무, 사람을 그릴 때 피검자들의 저항이 가장 적었고, 솔직하고 자유로운 언어표현이 가능하다는 것도 발견하였다. HTP의 개발 또한 개인의 그림이 자신의 내면세계를 포함한다는 가정에 기반했다. Wyatt(1949)는 HTP가 다른 투사검사보다 더 깊고 더 근본적인 갈등을 다룬다고 했다. 그리고 Buck과 Hammer(1969) 또한 심리검사에 따라 각기 다른 깊이의 성격을 나타내는데, HTP, 로르샤흐 검사, TAT, MMPI 순으로 성격의 깊은 면을 나타내 준다고 했다. HTP는 피검자의 민감성, 성숙도, 효율성, 융통성 및 성격 통합의 정도를 나타내는 상징적 의미가 풍부하여 피검자에 대한 상세한 정보를 제공한다(Buck, 1948). HTP는 성격 통합의 정도는 물론 환경과의 상호작용에 관한 상세한 정보를 제공하는 것을 목적으로 계획되었다.

성격 평가로서 HTP의 사용은 수년 동안 증가하여 성격 평가에서 사용된 검사 중 상위 10개 안에 들어간다(Goh, Teslow, & Fuller, 1981; Lubin, Wallis, & Paine, 1971). HTP 검사는 심리검사 중에서도 개인의 심층적인 측면을 잘 드러내는 검사로 진단도구, 치료도구, 선별도구, 신뢰감 형성 도구 등 여러 가지 방법으로 사용되어 왔다. HTP는 피검자의 전체 성격을 알아내는 것으로, 혹은 치료의 예후를 알아내는 진단 선별용으로 사용된다. Zucker(1948)는 초기 정신증의 발병을 탐지하는 데 있어서 HTP가 로르샤흐 검사보다 더 민감한 예측도구라고 했다. HTP는 더 깊은 수준의 통찰력을 위한 자유연상을 촉진하는 치료도구로도 사용되어 왔다(Buck, 1970). 또한 청소년이나 아동을 대상으로 하는 미술치료에도 사용될 수 있으며, 분석적 집단치료의 보조도구로도 사용될 수 있다. HTP는 치료적 변화를 측정하기 위한 선별도구로도 사용된다(Buck, 1970). 그리고 치료면접 동안 피검자와의 신뢰감 형성을 도와주는 도구로 사용되기도 한다. 집, 나무, 사람과 같은 특정 항목은 다른 항목보다 더 많은 개방적인 언어를 끌어내는 것이 확인되었다(Buck, 1992).

HTP의 실시방법에 있어서 Buck(1948)은 성격에 대한 두 단계의 접근방식을 사용하였다. 첫 번째 단계는 연필을 사용하여 그림을 그리는 단계로 비언어적이고 창의적이며 비구조화되어 있다. 두 번째 단계는 그린 그림에 대한 질문단계(PDI)로 언어적이고, 통각적(apperceptive)이고, 형식적으로 구조화된 단계이다. 얼마 후 Buck(1951)은 HTP에 크레용을 사용하여 그리는 방법을 도입하였다. 그것은 색을 사용하여 연필보다 더 무의식적인 수준을 드러낼 수 있다고 보았기 때문이다. 이러한 이유로 HTP 실시방법을 연필을 사용한 HTP(이후 연필 HTP) 단계, 연필 HTP 후의 질문단계(이후 연필의 PDI), 크레용을 사용한 HTP(이후 크레용 HTP) 단계, 크레용 HTP 후의 질문단계(이후 크레용의 PDI) 등 네 단계로 구성하였다.

첫 번째 단계는 연필 HTP이다. 연필을 사용하여 제일 먼저 '집'을 그리게 하는데, 이는 피검자의 가정생활과 가족관계의 양상을 드러낸다. 두 번째로 그리는 '나무'는 피검자의 무의식적이고 감춰진 감정을 반영한다. '사람'은 가장 의식적인 그림내용이므로 피검자의 방어기제 사용을 최소로 줄이기 위해 제일 나중에 그린다. 사람은 자기 자신이나 이상적 자기상에 대한 인식의 표현으로(Wenck, 1977) 인물화 검사와 유사하게 해석한다.

두 번째 단계는 연필 HTP의 PDI이다. 여기서는 집, 나무, 사람에 관한 질문지를 사용해서 피검자가 자신이 그린 그림을 보고 이야기를 만들게 하는 단계이다. 질문의 순서는 사람, 나무, 집으로 시작하다가 어느 시점부터는 그림내용의 순서와 상관없이 섞이게 되는데, 이것은 그림종류에 대한 피검자의 방어기제를 최소한으로 줄이기 위해서이다. 이 질문 과정에서는 피검자의 사고능력이나 자아개념, 정

서형태, 통찰력, 가정 내의 인간관계, 개념을 다루는 능력 등을 파악한다.

세 번째 단계는 크레용 HTP 단계이다. 이 단계는 연필 대신 크레용을 사용하여 그림을 그리는 단계로 크레용을 쓰는 이유에 관한 이론적 근거는 다음과 같다. 첫째, 크레용은 색깔에 대한 정서적인 충격을 일으킨다. 둘째, 색깔과 연상되어 있는 어린 시절의 사건과 관련된 기억을 떠올리게 한다. 셋째, 연필 HTP 후에 실시되는 크레용 HTP의 반복적인 그림단계로 인하여 연필 HTP와는 또 다른 피검자의 심리적 특성을 알 수 있다. 네 번째 단계는 크레용 HTP의 PDI 단계이다. 이 단계에서는 피검자의 상태에 따라 전체 PDI를 하거나 축소된 PDI를 사용한다. 축소된 PDI는 시간이 부족하거나, 피검자가 피곤해할 때 사용한다.

Buck(1948)의 HTP는 사람의 그림을 한 장만 그리는 방법이지만, 高橋(1974)는 Buck(1948)의 HTP 인물 그림에서 먼저 그린 사람과 다른 성(性)의 사람을 한 장 더 그리는 방법을 채용하여 HTPP라고 부르고 있다. HTPP는 연필 그림 그리기와 그린 그림에 대한 질문단계(PDI)의 두 단계로 구성된다. 한국에서는 이러한 검사들을 혼용하여 사용하는 경향이 있다.

Buck이 HTP에 대한 본래의 양적 표준화 작업을 했을 때, 그는 성인과 대학생을 대상으로 했다. 그러나 흥미롭게도 많은 연구자는 Buck이 아동을 평가하기 위해 HTP를 개발했다고 생각했다(Burns & Kaufman, 1972; Knoff & Prout, 1985; Van Hutton, 1994). HTP는 그 이후로 아동과 성인을 함께 대상으로 하기에 이르렀다. 또한 아동과 성인 사이의 그림 특성 차이를 식별하는 HTP 해석 가이드(Buck, 1992)도 이용할 수 있게 되었다. 이 가이드에는 HTP가 8세 이상 어린이부터 성인에게 가장 적합하다고 제시하고 있다.

2. 실시방법

1) 준비물

- HTP 양식지 두 세트[1](연필 HTP, 크레용 HTP): 백지 용지(7″ × 8½″), 첫 번째 종이에는 피검자의 이름, 검사 날짜 등이 기록된다. 두 번째 종이의 상단에 집이라는 단어가 인쇄되고, 세 번째 종이의 상단에 나무라는 단어가, 네 번째 종이의 상단에 사람이라는 단어가 인쇄된다.
- HTP 채점 용지(네 장)
- HTP 그림 그린 후 질문지[2](연필 HTP 네 장). 크레용 HTP에는 축소판을 사용한다.
- 지우개가 달린 몇 자루의 연필. 2번 연필(HB)의 사용이 필수적이다. 2번 연필(HB)은 피검자의 운동 통제와 선의 질을 다른 번호의 연필보다 더 섬세하게 반영하는 것으로 밝혀졌으며, 표현된 음영의 정확한 질적 평가를 하는 데 도움이 된다.
- 8색 이상의 왁스 크레용 세트(빨간색, 녹색, 파란색, 노란색, 갈색, 검정색, 보라색, 주황색)
- 스톱워치
- HTP 매뉴얼

2) 시행절차

(1) 1단계: 연필 HTP

① 집 그림에서는 '집'이라고 인쇄된 용지를 가로로 놓는다. 나무와 사람 그림에

---

1) HTP 재료 구입: Western Psychological Services 12031 Wilshire Blvd. Los Angeles, Calif., 90025.

2) 이 장에서 제시한 PDI는 성인을 대상으로 한 것이므로 만 15세 이하의 피검자는 Jolles' Children's Revision of the Post-Drawing Interrogation 사용을 권장함(Buck, 1970)

서는 용지를 세로로 놓는다. 그리고 다음의 지시를 한다. “준비된 연필 한 자루로 집을 가능한 한 잘 그려 주세요. 당신이 원하는 어떤 종류의 집도 그릴 수 있으며, 그것은 전적으로 당신에게 달려 있습니다. 당신이 원하는 부분은 지울 수 있으며, 이것이 당신에게 불리하게 작용하지는 않을 것입니다. 그리고 당신이 필요한 만큼 시간을 사용할 수 있습니다. 집을 가능한 한 잘 그려 주세요.”라고 지시한다. 피검자가 “예술가가 아니다.”라고 하면서 거부하면, “HTP는 예술적 능력을 시험하는 것이 아니라 그림을 어떻게 그리는지를 보는 것이니 편안하게 그리세요.”라고 말한다. 피검자가 자를 요청하거나, 어떤 물체를 자를 사용하여 그리려고 한다면, 검사자는 “그냥 손으로만 그려 주세요.”라고 말한다.

② 검사자는 종이를 세로로 제시하면서 “나무를 가능한 한 잘 그려 주세요.”라고 지시한다.

③ 검사자는 종이를 세로로 제시하면서 “사람을 가능한 한 잘 그려 주세요.”라고 지시한다.

④ 검사자는 피검자에게 그림을 그리도록 지시한 후, 다음의 사항에 대해 각 그림에 기록한다.

- 피검자에게 지시를 한 후부터 그림 그리기 직전까지 걸리는 시간(초기 지연 시간)
- 가능한 한 세밀하고 구체적으로 관찰하면서, 각각 그려진 순서에 따른 집의 세부사항에 대한 이름과 개수
- 피검자가 그림을 그리다가 잠깐 멈추면, 멈추는 시점에서 세부사항을 그리는 순서
- 피검자가 그림을 그리면서 스스로 한 말과 각 세부사항을 그리는 순서
- 피검자가 표현한 특정한 정서, 세부사항의 순서에 따른 정서
- 피검자가 그림을 그리는 데 사용한 총시간

⑤ 똑같은 절차를 나무와 사람 그림에서도 따른다.

(2) 2단계: 연필 HTP의 PDI

피검자가 집, 나무, 사람의 연필 그림을 완성하면, 검사자는 피검자에게 그려진 대상과 각각의 환경에 대해 정의하고 설명하며 해석하고 그들과 연관시킬 수 있는 기회를 제공해야 한다. PDI는 60개의 질문으로 구성되어 있다. 질문의 내용은 매우 직접적이고 구체적인 것에서부터 매우 간접적이고 추상적인 것에 이르기까지 다양하다. 집에 관한 질문은 H, 나무에 관한 질문은 T, 사람에 관한 질문은 P라는 글자가 질문내용 앞에 있다. 각 질문 뒤에 추가적인 이름으로, 연상에는 A, 억압에는 P, 현실검증에는 R을 나타내는 글자가 한 개 이상 있다. 억압은 피검자의 행동에 긍정적 혹은 부정적 영향을 줄 수 있는 모든 요소를 의미한다.

P1. 이 사람은 남자입니까? 여자입니까? (소년 혹은 소녀) (R)

P2. 이 사람은 몇 살입니까? (R)

P3. 이 사람은 누구입니까? (A)

P4. 이 사람은 친척입니까? 친구입니까? 아니라면, 어떤 관계의 사람입니까? (A)

P5. 그림을 그리는 동안 누구를 생각하고 있었습니까? (A)

P6. 이 사람은 무엇을 하고 있습니까? 이 사람은 그것을 어디에서 하고 있습니까? (R & P)

P7. 이 사람은 무엇을 생각하고 있습니까? (A & P)

P8. 이 사람의 기분은 어떻습니까? (P) 이유는? (P)

T1. 이 나무는 어떤 종류의 나무입니까? (R)

T2. 이 나무는 실제로 어디에 위치해 있습니까? (A)

T3. 이 나무는 몇 년쯤 된 나무입니까? (R & P)

T4. 이 나무는 살아 있습니까? (R & P)

질문 T5는 두 부분으로 나눠진다. 피검자가 나무가 살아 있다고 대답하면, T5의 1의 질문을 피검자에게 한다.

T5. 1. (a) 이 나무가 살아 있다는 인상을 주는 부분은 어디입니까? (R & P)

(b) 이 나무에 죽은 부분이 있습니까? (P) 어느 부분입니까? (P)

(c) 그 부분이 죽은 이유는 무엇이라고 생각합니까? (P)

(d) 그 부분이 죽은 지 얼마나 되었습니까? (P)

피검자가 T4에서 나무(전체 나무)가 죽었다고 대답했을 때 T5의 2를 사용한다.

T5. 2. (a) 이 나무가 죽은 이유는 무엇이라고 생각합니까? (P)

(b) 이 나무가 죽은 지 얼마나 되었습니까? (P)

T6. 이 나무는 남자와 여자 중 어느 쪽을 더 닮아 보입니까? (A & R)

T7. 이 나무의 어떤 점이 당신에게 그런 인상을 줍니까? (R & A)

T8. 이것이 나무가 아니라 사람이라면, 이 사람은 어디를 바라보고 있습니까? (P)

T9. 한 그루만 있는 나무입니까? 숲속에 있는 나무입니까? (P)

T10. 저 나무는 당신보다 위에 있습니까? 아래에 있습니까? 혹은 나란히 서 있습니까? (R)

T11. 이 그림에서 날씨는 어떻습니까? (하루 중 시각, 하늘, 기온) (P & R)

T12. 이 그림에서 바람이 불고 있습니까? (P & R)

T13. 바람이 어느 방향으로 불고 있습니까? (R)

T14. 어떤 종류의 바람입니까? (P & R)

H1. 이 집은 몇 층짜리 집입니까? (R)

H2. 이 집은 무엇으로 만든 집입니까? (R & A)

H3. 이 집은 당신의 집입니까? 누구의 집입니까? (A)

H4. 그림을 그리는 동안 누구의 집이라고 생각했습니까? (A)

H5. 이 집이 당신 소유의 집이기를 원합니까? 이유는? (P & A)

H6. 이 집이 당신의 집이고, 이 집에서 당신이 원하는 것은 무엇이든지 할 수 있다면,

(a) 당신은 어느 방을 갖고 싶습니까? (P) 이유는? (P)

(b) 당신은 누구와 함께 이 집에 살고 싶습니까? (P) 이유는? (P)

H7. 저 집이 당신 가까이 있는 것 같습니까? 멀리 있는 것 같습니까? (R)

H8. 저 집은 당신보다 위에 있습니까? 아래에 있습니까? 혹은 당신과 나란히 서 있습니까? (R)

H9. 저 집을 보면 무엇이 생각납니까? 혹은 무엇이 떠오릅니까? (A)

H10. 그 외에 더 생각나는 것이 있습니까? (A)

H11. 행복하고 친근한 느낌을 주는 집입니까? (A & P)

H12. 당신에게 그런 인상을 주는 것은 무엇입니까? (A & P)

H13. 대부분의 집이 그렇습니까? (P & A) 그렇게 생각하는 이유는 무엇입니까? (P & A)

H14. 이 그림에서 날씨는 어떻습니까? (하루 중 시각, 하늘, 기온) (P & R)

T15. 이 나무를 보면 무엇이 생각납니까? 혹은 무엇이 떠오릅니까? (A)

T16. 그 외에 더 생각하는 것이 있습니까? (A)

T17. 이 나무는 건강한 나무입니까? (R & P)

T18. 당신에게 이러한 인상을 주는 것은 무엇입니까? (R & P)

T19. 이 나무는 강한 나무입니까? (R & P)

T20. 당신에게 이러한 인상을 주는 것은 무엇입니까? (R & P)

P9. 이 사람을 보면 무엇이 생각납니까? (A)

P10. 그 외에 더 생각나는 것이 있습니까? (A)

P11. 이 사람은 건강합니까? (P & R)

P12. 어떤 면이 당신에게 그런 인상을 줍니까? (P & R)

P13. 이 사람은 행복합니까? (P & R)

P14. 어떤 면이 당신에게 그런 인상을 줍니까? (P & R)

P15. 대부분의 사람에 대해 그렇게 느낍니까? (P & R) 이유는? (P & A)

P16. 당신은 이 사람에게 호감을 느낄 것 같습니까? (P & R) 이유는? (A & P)

P17. 이 그림에서 날씨는 어떻습니까? (하루 중 시각, 하늘, 기온) (P & R)

P18. 이 사람을 보면 누가 생각납니까? (A) 이유는? (A & P)

P19. 이 사람이 가장 필요로 하는 것은 무엇입니까? (P & A) 이유는? (P & A)

T21. 이 나무를 보면 누가 생각납니까? (A) 이유는? (A & P)

T22. 이 나무가 가장 필요로 하는 것은 무엇입니까? (P & A) 이유는? (P & A)

H15. 당신은 이 집을 보면 누가 생각납니까? (A) 이유는? (A & P)

H16. 이 집이 가장 필요로 하는 것은 무엇입니까? (P & A) 이유는? (P & A)

H17. 이것이 나무나 관목 또는 집 자체의 일부가 아니라 사람이라면 누구일 것 같습니까? (A)

T23. 이것이 새나 원래 그린 나무의 일부가 아니라 사람이라면 누구일 것 같습니까? (A)

P20. 이 사람은 어떤 종류의 옷을 입고 있습니까? (R)

(3) **3단계: 크레용 HTP(Chromatic Drawings)**

① 피검자에게 8색 이상의 왁스 크레용 세트(빨강, 녹색, 파랑, 노랑, 갈색, 검정, 주황, 보라 등)를 준다.

② 검사자는 피검자에게 제공된 크레용 색상의 이름을 물어본다.

③ 만약 피검자가 색상을 말하지 못하면, 검사자는 피검자의 색맹 여부를 주의 깊게 살펴보고 정식으로 색맹검사를 하게 한다.

④ 피검자에게 크레용을 사용하여, 집을 가능한 한 잘 그려 달라고 요청한다. 피검자에게 연필 HTP의 집과 반드시 다르게 그릴 필요는 없다고 알려 준다. 왜냐하면 피검자는 연필 HTP의 집을 그대로 복제해서는 안 된다고 생각할 수 있기 때문이다. 이 단계에서는 피검자가 원하는 색의 크레용을 선택할 수 있지만, 연필과 지우개는 사용할 수 없다고 말한다.

⑤ 나무, 사람은 집과 같은 방식으로 그린다.

⑥ 검사자는 피검자에게 그림을 그리도록 지시를 한 후, 각 그림에 '연필 HTP' 그림의 내용과 동일한 사항에 대하여 기록한다(56쪽 ④ 참조).

⑦ 피검자가 크레용 HTP를 그린 후, 바닥선(groundline)과 태양을 그리지 않았

으면 각 그림에 그리도록 요청한다.

(4) 4단계: 크레용 HTP의 PDI(Post-Drawing-Chromatic-Interrogation)

① 피검자가 크레용 HTP 그림을 완성했을 때 너무 피곤해하지 않고, 검사자와 신뢰감이 잘 형성되어 있으며, 시간이 허락한다면 전체 PDI를 사용할 수 있다.

② PDI는 22개의 질문으로 구성되어 있다. 검사자는 크레용 PDI를 구성하는 다음의 질문은 반드시 해야 한다.

- 사람 그림
  가. 이 사람은 남자입니까? 여자입니까? (소년 혹은 소녀)
  나. 이 사람은 몇 살입니까?
  다. 이 사람은 누구입니까?
  라. 이 사람은 무엇을 하고 있습니까? (이 사람은 어디에서 그것을 하고 있습니까?)
  마. 이 사람의 기분은 어떻습니까? (이유는?)
  바. 이 사람은 어떤 사람입니까?
  사. 이 그림에서 날씨는 어떻습니까?
  아. 이 사람이 가장 필요로 하는 것은 무엇입니까? (이유는?)
  자. 이 사람은 어떤 종류의 옷을 입고 있습니까?

- 나무 그림
  가. 이 나무는 어떤 종류의 나무입니까?
  나. 이 나무는 몇 년쯤 된 나무입니까?
  다. 이 나무는 살아 있습니까? (죽었다면, 나무의 어느 부분이 죽었으며, 그 부분이 죽은 이유는 무엇입니까? 그리고 이 나무는 언제 다시 살아날 것 같습니까?)
  라. 이 나무는 남자와 여자 중 어느 쪽을 더 닮아 보입니까?

마. 이 나무의 어떤 점이 당신에게 그런 인상을 줍니까?

바. 이 그림에서 날씨는 어떻습니까?

사. 바람이 어느 방향으로 불고 있습니까?

아. 이 나무가 가장 필요로 하는 것은 무엇입니까?

• 집 그림

가. 이 집은 몇 층짜리 집입니까?

나. 이 집은 누구의 집입니까?

다. 이 집이 당신의 집이고, 이 집에서 당신이 원하는 것은 무엇이든지 할 수 있다면,

다-1. 당신은 어느 방을 갖고 싶습니까? (이유는?)

다-2. 당신은 누구와 함께 이 집에서 살고 싶습니까? (이유는?)

라. 이 그림에서 날씨는 어떻습니까?

마. 이 집이 가장 필요로 하는 것은 무엇입니까? 이유는?

집단 HTP 실시상의 유의점(Buck, 1970)

집단 HTP는 개인으로 실시할 때와 거의 동일하지만 아래 몇 가지 점에서 차이가 있다.

- 집단 PDI에는 T5-1, T5-2의 질문 문항 없음.
- 집단 PDI에는 질문 뒤 괄호 속의 문자(A, P, R 등) 없음.
- 집단 PDI에서는 생략된 태양과 바닥선을 그려 달라는 지시사항이 PDI 용지에 인쇄되어 있음.
- 집단실시에서는 시간이 부족할 경우 크레용 HTP와 크레용 PDI를 생략함.

3. 평가기준 및 해석

HTP 해석이란 HTP 그림을 통하여 성격의 여러 면을 밝혀 나가는 것이다. 이 해석은 HTP 그림검사와 함께 사용하는 다른 심리검사의 결과와 PDI 등을 참고하는 동시에 피검자와의 면접 외에 행동관찰과 검사 시의 태도 등에서 얻는 임상소견 등도 함께 고려해야 한다. 즉, 그림만 가지고 성격의 단면을 추론하는 맹분석(blind analysis)을 해서는 안 된다. 다른 투사적 그림검사와 마찬가지로 HTP에서도 피검자의 그림에 대한 해석은 매우 조심스럽고 신중하게 이루어져야 하며, 피검자의 환경(과거, 현재)에 대한 충분한 지식을 가진 후에 해석하는 것이 중요하다.

Buck은 세부사항, 비율(크기관계), 시점(공간 관계), 소요시간, 선의 질, 태도, 운동성, 색, PDI 등 다양한 측면에서 HTP 해석방법을 제시했다. 이 장에서는 HTP 그림 해석을 일반적 그림 특성과 구체적 그림 특성으로 분류하여 제시할 것이다. 일반적 그림 특성에 속하는 많은 부분의 해석은 이 책의 1권 제3장 '투사적 그림검사의 시행과 평가'에 상세히 설명되어 있으므로, 여기서는 1권에서 빠졌거나 HTP 해석에서 특히 중요한 부분을 중심으로 살펴보고자 한다. 사람 그림에 대한 해석 또한 이 책의 1권 제4장 '인물화 검사'의 해석 부분을 참고하기 바란다.

1) 그림의 일반적인 특성

(1) 세부사항

세부사항(details)은 일반적으로 사용된 세부사항의 유형과 수, 표현방법, 그림 그리는 순서, 강조 등을 말하는 것으로 일상생활에 대한 피검자의 인식, 관심, 반응에 대한 지표로 간주될 수 있다.

① 세부사항의 유형과 수

- 관련 세부사항(relevant details): 그림 전체의 필수적인 부분을 구성하는 것으로 여기에는 본질적인 세부사항(essential details)과 비본질적인 세부사항

(non-essential details)이 있다. 본질적인 세부사항은 꼭 필요한 1차적이고 기본적인 것으로 하나의 본질적인 세부사항만 없어도 심각한 것으로 간주된다. 특히 집과 나무에서 본질적인 세부사항을 최소한으로 사용하는 것은 생략된 세부사항과 관련된 영역에서 철수(withdrawal)와 갈등이 있음을 나타낸다. 뇌 손상을 입거나, 우울한 피검자는 각 그림에 대해 최소한의 세부사항만 그리는 경향이 있다. 집, 나무, 사람 그림에서 기본적인 구성요소가 생략될 경우는 지능이 낮거나 심리적인 거부, 부적응을 나타내며, 세부사항의 결여는 일상생활의 인식과 흥미가 낮은 것을 의미한다. 6세 이상의 피검자가 본질적인 세부사항 중 하나라도 빠뜨리고 그린다면 인지적 혹은 정서적 문제를 고려해 보아야 한다. 비본질적인 세부사항은 그림을 완성하고 풍부하게 하는 2차적이고 기본적인 것이다. 일반적으로 비본질적인 세부사항을 지나치게 사용하지 않는 것은 현실을 잘 검증하는 것을 암시하며 환경과의 상호작용이 잘 이루어지는 것을 의미한다.

- 관련 없는 세부사항(irrelevant details): 관련 없는 세부사항은 그림을 풍부하게 만들지만 검사자의 요청이 아니라 피검자의 의지에 따라 그려진다. 관련 없는 세부사항들이 제한적으로 사용될 때는 약간의 기본적인 불안감을 암시하거나 좀 더 안전하게 그 상황을 구조화하고자 하는 욕구를 나타낸다. 관련 없는 세부사항을 많이 사용할 경우는 세부사항이 상징하는 부분에서 잠재하는 막연한 불안을 암시한다.
- 기괴한 세부사항(bizarre details): 기괴한 세부사항은 피검자의 현실 검증이 심각하게 손상된 주요 성격장애를 암시한다. 기괴한 세부사항은 거의 볼 수 없다.

HTP 그림검사의 세부사항에 대한 내용을 정리하면 〈표 2-1〉과 같다.

〈표 2-1〉 HTP 그림의 세부사항

구분	하위영역	집	나무	사람
관련 세부사항	본질적인 세부사항	지붕, 하나의 벽, 하나의 창문, 하나의 문, 굴뚝[3]	줄기, 하나의 가지	머리, 몸통, 팔과 다리, 얼굴특징 (눈, 코, 입, 귀)
	비본질적인 세부사항	창문커튼 벽 · 굴뚝 · 지붕 재료를 상세히 표현 또는 음영 표시	나뭇잎, 가지체계, 나무껍질 등을 상세히 표현 또는 음영 표시	목, 손, 발, 머리카락, 옷 등
관련 없는 세부사항	집 근처	관목, 산책로, 잔디	풀, 가지에 자리 잡은 새	공, 끈에 묶인 개, 자전거
	멀리 있는 세부사항	태양, 달, 구름, 하늘의 새, 산, 배경 등		
기괴한 세부사항	집을 지탱하는 사람의 다리 태양에 그려진 눈, 코, 입(어린 아동 그림 제외)			

② 표현방법(presentation method)

- 1차원적 표현: 집 그림에서는 1차원적 세부묘사는 거의 발견할 수 없다. 나무줄기에서 1차원 줄기와 가지를 그리는 것은 일반적이다. 때때로 사람은 머리를 원이나 타원형으로 그린다. 그러나 몸통, 팔, 다리는 모두 1차원이다. 일반적으로 1차원적 세부묘사는 지적 장애인이나 지능이 높지만 매우 악화된 기질성 장애 피검자에게서 나타난다.
- 2차원적 표현: 보통 성인 피검자는 집, 나무, 사람의 모든 세부사항을 2차원으로 그린다.
- 전체 음영: 피검자는 집 그림에서 벽 전체를 음영으로 처리하여 벽의 재료를 표현할 수 있다. 나무 그림에서 가지의 전체 부분을 음영으로 처리함으로써 가지와 잎을 그리지 않고 나무의 가지와 잎을 표현할 수 있다. 사람 그림에서 몸통 전체를 음영으로 처리하여 사람이 옷을 입었다는 것을 나타낼 수

3) 전기난방이 사용될 경우 굴뚝은 본질적인 세부사항에 포함되지 않음

있다. 음영으로 그림을 그리는 경우는 불안하다고 보고 있지만 반드시 그렇지는 않다. HTP에서 건강한 음영은 적절하게 통제된 상태에서 빠르고 경쾌하게 그려지며, 보강(reinforce)을 하지 않는다. 건강하지 않은(병적인) 음영은 불필요한 시간사용, 지나친 힘, 지나친 세심함, 부족한 통제, 보강 중 하나 이상의 특징을 가지고 있다.

- 자세(position): 사람의 얼굴을 옆모습으로 그렸다면, 눈과 귀가 하나씩만 보일지라도 두 개의 눈과 두 개의 귀를 가진 사람이라고 가정해야 한다.

③ 그림 그리는 순서(detail sequence)

검사자는 피검자가 세부사항을 그리는 순서를 기록해야 한다. 대부분의 피검자는 지붕, 벽, 문과 창문(창문과 문) 혹은 바닥선, 벽, 지붕의 순서로 집을 그리기 시작한다. 간혹 불안정한 피검자는 대칭적(symmetrically, 2개의 굴뚝, 2개의 창문, 2개의 문)으로 그림을 그린다. 심각한 부적응을 경험한 피검자는 가끔 단편적(segmentally, 세부묘사에는 치중하지만 세부사항의 상호관계나 완성된 전체와의 관계를 고려하지 않고)으로 그림을 그린다. 나무를 그리는 순서는, 첫째, 줄기, 가지, 잎 혹은, 둘째, 나무의 꼭대기 가지에서 시작하여 줄기, 밑둥치로 내려가는 순서이다. 사람 그림은 보통 머리, 얼굴 특징(눈, 코 등), 목, 몸통, 팔(손가락이나 손), 다리와 발(다리와 발의 순서를 바꾼 것)의 순서로 그린다. 사람을 병리적으로 그리는 순서는 발부터 그리기 시작하여 머리와 얼굴의 특징을 마지막에 그리는 것이다.

④ 강조(emphasis)

피검자는 다양한 방법으로 특정 세부사항이 자신에게 특별한 의미가 있음을 나타낸다. 피검자는 다음과 같이 적극적으로 강조할 수도 있다. 첫째, 그림을 그리기 전, 그리는 동안, 그린 이후 그리고 PDI를 하는 동안에 세부사항에 대한 자신의 감정을 명확히 드러낸다. 둘째, 그림을 그리는 일반적인 순서에서 벗어나 세부사항을 표현한다. 셋째, 지나친 지우개 사용으로, 특히 지우고 다시 그린 그림이 향상되지 않은 경우, 그림을 그리는 동안 그렸던 세부사항으로 한 번 이상 되돌아가는 경우, 세부사항을 그리는 데 지나치게 많은 시간이 걸리는 경우는 세부사항에 대한 특이한 관심을 나타낸다. 넷째, 일탈된 혹은 기괴한 방식으로 세부사항을 표현한다(예: 머리에서 튀어나온 팔). 다섯째, 그려진 세부사항을 집요하게 반복적으로 표현한다. 여섯째, 세부묘사에 대해 적나라하게 말한다(자발적으로 혹은 검사자의 질문에 대한 응답).

피검자는 다음과 같이 소극적으로 강조할 수도 있다. 첫째, 본질적인 세부사항을 하나 이상 생략한다. 둘째, 세부사항을 불완전하게 표현한다. 셋째, PDI에서 어떤 부분이나 전체에 대해 회피하거나, 말하기를 단호하게 거부한다.

(2) 소요시간

그림검사의 소요시간(time consumed)은 지시를 내린 후부터 그림을 완성할 때까지 걸리는 시간을 말한다. 세 장의 그림을 완성하는 데 걸리는 시간은 보통 2~30분 정도이다. 그런데 세 장의 그림을 완성하는 데 걸리는 시간이 2분 이하로 짧을 때와 30분 이상 걸릴 경우는 부적응의 요인이며 그림을 그리라는 지시를 받고 30초가 지났는데도 그리기를 시작하지 않는 경우는 그 그림을 그리는 것에 대해 어떤 갈등을 가지고 있는 경우가 많다. 따라서 검사자는 PDI에서 이러한 갈등의 원인을 확인하려는 노력을 해야 한다. 피검자가 어떤 그림에서 5초 이상 멈추는 것도 강한 갈등 요소를 갖고 있다고 본다. 정지 이후에 그린 것은 갈등의 근원을 나타낼 수 있으므로 PDI 과정에서 다루어야 한다.

(3) PDI

피검자가 그린 그림(연필, 크레용 그림)에 대해 질문을 하고 응답하는 과정을 통해 PDI(post drawing interrogation)는 명확하지 않은 그림을 명확히 하고, 피검자의 감정, 욕구, 목표 및 태도를 표현할 수 있는 기회를 제공하는 것이다. 적응을 잘 하는 사람은 집에 사람이 살고 있으며, 나무와 사람이 살아 있는 것으로 본다. 집이 일시적으로 비어 있거나 버려진 것, 나무가 죽은 것, 사람이 병들거나, 죽은 것으로 응답한 경우는 부적응을 드러내는 것이다.

(4) 색

Buck은 색(color)을 통해서 피검자의 참을성, 통제능력, 부가적인 정서반응을 알 수 있으며, 색을 어떻게 선택하느냐와 어떻게 사용하느냐를 통해 성격의 중요한 측면을 알 수 있다고 했다. 또한 Buck은 대부분의 아동이 집에서는 세 가지에서 다섯 가지 색을, 나무에서는 두세 가지 색을, 사람에서는 세 가지에서 다섯 가지 색을 사용한다고 했다. 한국의 정상아동을 대상으로 한 장연집(1978)의 HTP 연구에서는 집에서 네다섯 가지 색을, 나무에서 두세 가지 색을, 사람에서 네다섯 가지 색을 사용하는 것으로 나타나 Buck의 기준보다 집과 사람에서 한 가지 색을 더 많이 사용하는 것으로 나타났다.

2) 그림의 구체적인 특성

그림의 구체적인 특성(figure-specific drawing features)에서 먼저, 집과 나무 그림의 본질적인 세부사항에 대한 설명을 할 것이며, 세부사항, 비율, 시점, 운동성과 색 적합성은 〈표 2-2〉에서 제시하고자 한다.

(1) 집

집 그림은 피검자가 성장해 온 가정상황을 나타낸다. 자신의 가정생활과 가족관계를 어떻게 인지하며, 그것에 대해 어떤 감정과 태도를 가지고 있는가를 보이는 경우가 많다. 지붕은 피검자의 정신생활 특히 생활의 공상영역을 상징한다. 벽은 집을 지탱해 주고, 내부와 외부를 분리시키는 경계이며 외부 환경으로부터 집의 내부를 보호해 주는 역할을 한다. 따라서 집 그림에서 벽의 선은 자아강도와 직접적으로 관련되어 있다. 문은 집과 외부 환경과의 직접적인 상호작용을 하는 부분으로 대인관계에 대한 피검자의 태도를 나타낸다. 창문은 사람의 눈과 같은 것으로 문보다 적극적인 것은 아니다. 창문은 세상을 내다보고, 세상과 타인이 집안을 들여다볼 수도 있는 통로로서 환경과의 수동적인 접촉을 나타낸다. 굴뚝은 집 안에서 가족이 난로를 피우고 모여 앉아 있거나 요리를 할 때 사용되는 것으로

서 보다 친밀한 가족관계와 애정, 그리고 온정적이고 따뜻한 느낌과 관련이 있다. 드물지만 경우에 따라서는 남근을 상징한다는 점에서 성적인 욕구나 충동을 반영하기도 한다.

(2) 나무

HTP에서 나무와 사람 그림은 피검자의 신체상 혹은 자기개념과 같은 성격의 핵심적 측면을 나타낸다. 특히 나무 그림에서는 보다 심층적인 수준에서의 자기와 자기개념이 부여된 무의식적인 핵심감정이 투사되는 반면, 사람 그림에서는 좀 더 의식적인 수준에서 피검자가 현실에서 경험하는 자신과 환경과의 관계를 투사한다. 따라서 나무 그림을 통해서 피검자의 무의식적 자아상, 성 심리적 적응과 성숙도, 그리고 현실과의 접촉을 알 수 있다. 줄기는 나무를 지탱해 주는 중심이 되는 것으로 피검자의 에너지, 성격구조의 견고함, 자아강도 및 내면화된 자기대상의 힘을 나타낸다. 가지는 영양분을 흡수하여 성장하고 세상을 향해 뻗어 나가는 부분으로 피검자가 환경에서 만족을 추구하고 대인관계를 통해 무엇인가를 성취하고자 하는 힘을 나타낸다. 뿐만 아니라 피검자 자신이 소유하고 있는 능력, 가능성, 적응성을 어떻게 보고 있는지를 나타낸다. 수관(crown)은 나무의 내부와 외부가 연결되며, 신진대사와 호흡을 하는 부분이다. 줄기의 윗부분은 갈라진 잔가지와 잎에 의해 수관을 이루는 것이 보통이다. 수관을 보기 위해서는 먼저 줄기의 길이와 수관 크기의 비율을 검토해 보아야 한다. 뿌리는 땅과 접촉하는 부분으로 나무가 땅에 든든히 기반을 잡고 서 있도록 해 주는 부분이다. 따라서 그려진 뿌리는 피검자 자신에 대한 안정감, 자신의 근본적인 모습에 대한 이해, 과거와의 연결 그리고 현실을 지배하는 자신의 능력에 대한 인지와 관련된다.

〈표 2-2〉 집, 나무 그림의 세부사항, 비율, 시점, 운동성과 색 사용

집	나무
세부사항	
■ 세부사항에 대한 전체적 인상 • 지나치게 상세함: 강박신경질환자, 불안 • 지나치게 부족함: 철수(어린 아동: 일반적) • 기괴함: 조현병(어린 아동: 일반적) ■ 본질적인 세부사항: 지붕, 벽, 문, 창문, 굴뚝(어린 아동: 일반적으로 생략됨) • 지붕 –강조: 내향성, 공상(지붕만 강조): 정신병 –한 줄: 위축, 공상능력 없음 –강조된 처마: 의심 • 벽 –얇거나 희미한: 약한 자아 경계 –강조: 자아 통제를 위한 노력 –부재: 빈약한 현실 접촉 –이중 시점: 퇴행(어린 아동: 일반적) –투명성: 현실검증 손상, 성인: 조현병, 어린 아동: 일반적 • 문 –부재: 접근하기 어려운, 고립 –잠금장치: 방어 –열림: 따뜻함의 욕구 –생략: 생략된 부분과 관련된 갈등 –손잡이 강조: 방어, 예민한 성격, 편집증 • 창문 –강조: 사회적 양면성 –부재: 철수 –많음: 노출증 –열림: 빈약한 자아통제 –작음: 철수 –유리 없음: 적개심 • 굴뚝 –강조: 성적 관심	■ 세부사항에 대한 전체적 인상 • 지나치게 상세함: 강박신경질환자, 불안 • 지나치게 부족함: 철수(어린 아동: 일반적) • 기괴함: 조현병(어린 아동: 일반적) ■ 본질적인 세부사항: 줄기, 가지 • 줄기 –넓은 밑둥치: 의존성 –긴 줄기: 퇴행, 부적절함 –상흔: 외상 –1차원(단선) 줄기: 기질성 장애 –동물: 퇴행(어린 아동: 일반적) –수직 강조: 빈약한 현실 접촉, 성적 관심(어린 아동: 일반적) –좁은 밑둥치: 통제력 상실 • 가지 –많음: 보상, 조증 –매우 큼: 정신병 –솜으로 가려짐: 죄책감 –뿌리와 같은 모양의 가지: 정신병 –2차원 가지 끝이 열림: 충동표현능력 부족 • 수관 –구름 같음: 공상 –낙서: 불안정성 –눌러놓은 듯이 납작함: 환경적 압력, 거부 • 바닥선 –바닥선에 그려진 나무: 우울, 부적절함. –언덕 꼭대기에 그려진 나무: 거대자신감, 고립감 • 열쇠구멍: 반대, 적대감 • 생략: 생략된 부분과 관련된 갈등 • 분리: 정신병, 기질성 장애

–생략: 가정 내 온기 부족 –많은 연기: 가정에서의 심한 긴장 –기울어짐: 퇴행(아동: 일반적) –좌우로 갈라진 연기: 정신병	• 유형 –과일나무, 크리스마스 나무: 의존성, 미성숙(어린 아동: 일반적) –죽은 나무: 심한 장애 –묘목: 퇴행 –바람: 환경적 압력
■ 비본질적인 세부사항 • 커튼 강조: 철수, 회피 • 홈통 강조: 방어력, 의심 • 셔터가 닫힌 상태: 철수	■ 비본질적인 세부사항 • 나무껍질 강조: 불안, 우울 • 나무껍질을 꼼꼼하게 칠함: 강박신경질 환자 • 잎이 달리지 않음: 대처기제의 실패 • 잎이 큼: 보상 • 뿌리 생략: 불안 • 발톱 모양의 뿌리: 편집증 • 지면을 통해 뿌리가 보임/죽은 뿌리: 약한 현실 접촉, 기질성 장애 • 덩굴: 통제력 상실 • 과일: 의존성, 떨어지는 과일: 거부(어린 아동: 일반적)
■ 관련 없는 세부사항 • 구름, 그림자: 불안 • 산: 방어 • 계단과 통로(길거나 좁은): 철수 • 관목–과잉: 불안전감	■ 관련 없는 세부사항 • 구름, 음영: 불안 • 관목–과잉: 불안전감
■ 기괴한 세부사항(어린 아동: 일반적)	■ 기괴한 세부사항(어린 아동: 일반적)
■ 세부사항 차원 • 평면도: 심각한 갈등, 편집증, 기질성 장애	■ 세부사항 차원 • 1차원: 만족감 결여–자원추구
■ 세부묘사 음영 • 많음: 불안	■ 세부묘사 음영 • 많음: 불안
비율(크기)	
• 집의 지붕: 지나치게 큼: 공상 속에 몰두, 고립, 위축 • 벽의 수평 강조: 환경적 압력 • 벽의 수직 강조: 빈약한 현실접촉, 성적 관심(어린 아동: 일반적) • 매우 큰 문: 타인에 대한 의존성	• 작은 줄기에 큰 가지: 부적절함 • 크고 메마른 줄기에 작은 가지: 좌절 • 줄기의 밑둥치보다 윗부분이 지나치게 넓은: 자아통제의 붕괴 • 2차원으로 그려진 줄기의 위 · 아래 폭 동일: 조현병

• 매우 작은 문: 과묵함, 부적절함, 우유부단함 • 지나치게 큰 굴뚝: 성적 관심, 노출증 • 지나치게 작은 굴뚝: 가정에서의 따뜻함 부족	
시점(공간)	
• 위에서 내려다본 그림(Bird's eye view): 기존체제의 거부, 가정의 개념 거부 • 아래에서 올려다본 그림(Worm's eye view): 가정에서의 거부, 고립	• 위에서 내려다본 그림: 우울, 패배 • 아래에서 올려다본 그림: 언덕 위의 나무: 고립
운동성	
• 지붕이 날아가거나 벽이 무너짐: 외부의 압력이나 개인적 압력에 의한 자아의 병적 붕괴 • 부서진/폐허: 자살, 발기부전	• 바람에 휘어진 나무: 극심한 환경적 압력을 받지만 균형유지를 위해 노력함 • 나뭇잎이 떨어지는 나무: 심리적 박탈감, 죄책감 • 떨어지거나 떨어진 사과: 거부감 • 부러지거나 죽은 가지: 환경적 압력에 대처하는 능력 상실, 자살
관례적으로 사용하는 색	
• 굴뚝: 빨강, 검정, 갈색 • 연기: 검정, 갈색 • 지붕: 검정, 녹색, 빨강, 갈색 • 벽: 검정, 갈색, 녹색, 빨강, 노랑, 파랑 • 문과 창틀: 검정, 갈색, 녹색, 빨강, 파랑 • 커튼: 보라색을 제외한 모든 색 • 셔터: 검정, 녹색, 갈색, 파랑, 빨강	• 줄기: 갈색, 검정 • 가지: 갈색, 검정 • 나뭇잎: 초록, 노랑, 빨강, 갈색, 검정 • 과일: 빨강, 노랑, 녹색 • 꽃: 빨강, 노랑, 주황, 파랑, 보라
색 사용	
• 색 선택(느리고 우유부단함): 일반적인 장애 • 기괴한 혼합: 심각한 장애 • 윤곽선에만 사용하는 색: 피상성, 과묵함, 저항 • 흰색을 색으로 사용: 소외 • 검정색이나 갈색만 사용하고 이것을 연필처럼 사용할 경우: 감정 회피 • 윤곽선 밖으로 나간 색: 충동성, 미숙함, 기질성 장애 • 매우 특이한 색 사용: 심각한 장애, 부적응 • 많은 색 사용(밝은색: 아동>성인): 매우 감정적임 • 용지의 3/4 이상 채색: 감정표현을 적절하게 통제하지 못함	

* 출처: Buck, J. N. (1992). *The house-tree-person projective drawing technique: Manual and interpretive guide*(Rev. ed.). Los Angeles: Western Psychological Services. (1992). pp. 18-21에서 발췌하여 수정함

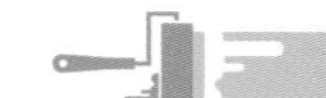

3) 아동과 성인의 그림 특성 차이

Buck(1992)은 HTP를 8세 이상의 아동에서 성인에게 실시하는 것이 가장 적합하다고 하였다. 따라서 다양한 학자가 연구한 결과를 토대로 발달단계에 따른 그림의 일반적 특성을 〈표 2-3〉에, 집 그림에 대한 특성을 〈표 2-4〉에, 나무 그림에 대한 특성을 〈표 2-5〉에 제시하였다.

〈표 2-3〉 발달단계에 따른 그림의 일반적 특성

<table>
<tr><th>그림 특성</th><th>8세 이하</th><th>9~12세</th><th>13~16세</th><th>17~64세</th><th>65세 이상</th></tr>
<tr><td>지나친 지우개 사용</td><td></td><td></td><td></td><td>불확실함 안절부절못함 (Schildkrout, Shenker, & Sonnenblick, 1972)</td><td>드물게 나타남 (Ogdon, 1977)</td></tr>
<tr><td>중심</td><td colspan="2">자기지향성 (Levy, 1950)</td><td>자기만족 (Hammer, 1968) 정중앙: 경직성 (Urban, 1963)</td><td></td><td></td></tr>
<tr><td>아래쪽</td><td colspan="2">신경증 가능성 (DiLeo, 1973)</td><td></td><td>우울 (Mursell, 1969)</td><td></td></tr>
<tr><td>위 왼쪽 귀퉁이</td><td>일반적 (Jolles, 1952)</td><td></td><td colspan="2">퇴행(Barnouw, 1969; Buck, 1969)</td><td></td></tr>
<tr><td>매우 약한 필압</td><td colspan="2">낮은 에너지 수준, 억압 (Urban, 1963; Levy, 1958)</td><td colspan="2">망설임, 우유부단함 (DiLeo, 1973)</td><td></td></tr>
<tr><td>비정상적으로 큰 그림</td><td>일반적 (Koppitz, 1968)</td><td></td><td colspan="2">공격성, 행동화 경향, 과대망상(Urban, 1963)</td><td></td></tr>
<tr><td>비정상적으로 작은 그림</td><td>일반적 (Britain, 1970)</td><td></td><td colspan="2">열등감, 부적절감 (DiLeo, 1973; Mundy, 1972)</td><td>일반적 (Britain, 1970)</td></tr>
</table>

<table>
<tr><td>스케치풍 스트로크</td><td></td><td></td><td>부족한 자기개념, 낮은 자신감 (Schildkrout et al., 1972)</td><td>불안 (DiLeo, 1973) 소심함 (Jolles, 1964)</td><td></td></tr>
<tr><td>지나친 음영</td><td colspan="2">적응문제(Koppitz, 1964) 일반적(Machover, 1960)</td><td colspan="3">불안, 우울 (Buck, 1966; Exner, 1962; Wolk, 1969)</td></tr>
<tr><td>기괴한 세부사항</td><td colspan="2">심하게 분열된 성격 (DiLeo, 1973)</td><td colspan="3">정신병 가능성 (Buck, 1969; Mursell, 1969)</td></tr>
<tr><td>전반적인 왜곡</td><td colspan="2">스트레스하에서는 정상 (Britain, 1970) 부족한 적응과 학업성취의 부족(Koppitz, 1966)</td><td>부족한 자기 개념 (Bodwin & Bruk, 1960)</td><td colspan="2">기질적 정신병, 지적 장애, 기질성 장애 (McElhaney, 1969)</td></tr>
<tr><td>뚜렷한 비대칭</td><td colspan="2">지나친 공격성, 기질성 장애 가능성(Koppitz, 1968)</td><td colspan="3">기질성 불안, 신체적 부적응, 기질성 장애 (Mundy, 1972)</td></tr>
<tr><td>투명성</td><td>일반적 (Urban, 1963)</td><td>미성숙, 적응문제 (Hiler & Nesvig, 1965)</td><td>부족한 자기개념, 부적응(Hiler & Nesvig, 1965)</td><td colspan="2">빈약한 현실 접촉, 관음증의 가능성, 노출증 (Schildkrout et al., 1972)</td></tr>
</table>

* 주의: 이러한 연령 범위는 대략적이며, 많은 경우 이러한 연령 집단 중 2개의 발달단계에서만 차별적 해석이 보고됨(〈표 2-4〉 〈표 2-5〉 동일)

* 출처: Buck, J. N. (1992). *The house-tree-person projective drawing technique: Manual and interpretive guide*(Rev. ed.). Los Angeles: Western Psychological Services. pp. 112-113. (〈표 2-4〉 〈표 2-5〉 동일)

〈표 2-4〉 발달단계에 따른 집 그림 특성

그림 특성	8세 이하	9~12세	13~16세	17~65세	65세 이상
본질적인 세부사항 생략 (창문, 벽, 지붕, 굴뚝)	6세 이하: 일반적 (Beck, 1955; Buck, 1948)	본질적인 세부사항을 하나라도 생략한 경우도 인지적 왜곡 혹은 심한 정서적 장애 암시 (Beck, 1955; Buck, 1948)			
튤립, 데이지 같은 꽃	일반적(Buck, 1948; Hammer, 1954a)		미성숙(Buck, 1966; Hammer, 1954a)		
의인화된 집	일반적 (Jolles, 1964)		퇴행(Meyer, Brown, & Levine, 1955) 낮은 정신력과 기질성 장애(Jolles, 1964)		
기울어진 벽	일반적 (JoIles, 1964)			퇴행, 낮은 정신력, 기질성 장애 (Jolles, 1964)	
벽: 이중 시점	일반적 (Jolles, 1952)			퇴행적 방어 (Jolles, 1952) 낮은 정신력 기질성 장애 (Buck, 1950; Jolles, 1952)	
벽: 단일 시점	8세: 일반적 (Jolles, 1952)			수용 가능한 페르소나의 유지 (Buck, 1950) 회피성 (Hammer, 1954b)	
투명한 벽	일반적 (Hammer, 1958)			손상된 판단력과 현실 검증력의 손상, 강박성, 낮은 정신력 (Jolles, 1964)	

〈표 2-5〉 발달단계에 따른 나무 그림의 특성

그림 특성	8세 이하	9~12세	13~16세	17~65세	65세 이상
본질적인 세부사항: 줄기, 하나의 가지	7세 이하: 일반적 (Buck, 1948)	본질적인 세부사항 생략 (7세 이상의 평균 지능을 가진 사람): 지적 저하(퇴행) (Buck, 1948; Jolles, 1964)			
사과나무	의존 욕구: 사과가 땅에 떨어져 있으면 거부감 (Buck, 1966)	7세 이상: 미성숙 혹은 퇴행 (Fukada, 1969)		자녀를 갖고 싶은 욕구 (Jolles, 1964) 여성의 의심 (Marzolf & Kichner, 1972)	
거대한 나무	권위에 대한 반항 (Landisberg, 1969)			공격 가능성 (Buck, 1948) 사고와 행동의 과잉보상 (Buck, 1950)	
남근 모양의 나무	8세 이하: 일반적 (Jolles, 1964)		부적응: 심리성적 관심, 미성숙함(9~10세 이상의 남성) (Allen, 1958)		

4. 해석의 적용

Buck, Jolles와 Hammer의 HTP 해석방법이 가장 널리 알려져 있으며, 각각에는 독특한 해석 스타일이 있다. Buck(1970)은 연필로 그린 집, 크레용으로 그린 집, 연필로 그린 나무, 크레용으로 그린 나무, 연필로 그린 사람, 크레용으로 그린 사람 등의 순서로 그림을 분석하였다. 각각의 그림 특성과 이에 대한 해석의 분석기준은 세부사항, 비율(크기), 시점(공간), 시간, 색(크레용), 선의 질, 비판(criticality), PDI 등의 순이다.

최근에는 그림을 해석하는 데 있어서 각각의 그림 특성에 대한 해석을 따로 구분하지 않고 종합적으로 한다. 따라서 여기서는 연필로 그린 그림과 크레용으로 그린 그림, 그리고 집, 나무, 사람을 하나로 묶어서 Buck(1970)의 분석기준에 따라 그림의 특성만을 제시하고, 그림에 대한 종합적인 해석을 하고자 한다.

[그림 2-1] 중학교 여학생의 연필 HTP

[그림 2-2] 중학교 여학생의 크레용 HTP

[그림 2-1]과 [그림 2-2]는 중학교 3학년에 재학 중인 여학생이 그린 그림이다. 피검자는 또래관계의 어려움, 학교부적응으로 인한 무단결석 및 등교거부, 어머니와의 갈등 등으로 가출을 했다. 피검자는 1남 3녀 중 첫째 딸로 태어나 어려서부터 조부모, 부모, 동생 3명 등 총 8명의 가족과 함께 좁고 열악한 환경에서 성장했다.

1) 그림 특성

- 세부사항: 집, 나무, 사람의 본질적인 세부사항이 모든 그림에 나타나 있다. 세부사항을 그린 순서는 일반적이다. 집 그림(연필, 크레용)에 꽃, 풀 등의 관련 없는 세부사항을 집이나 나무 가까운 곳에 적당하게 그렸으며, 나무 그림에 상흔(옹이)을 그렸다. 집 그림의 지붕을 물결 모양(연필)과 여러 개의 창문과 색(크레용)으로 강조였으며, 특히 연필로 그린 집의 굴뚝에서 연기가 나는 모습을 그렸다. 집 그림(크레용)에서 벽을 그려 놓고도 방 안의 모습을 보이도록 투명하게 그렸다. 나무 그림(연필, 크레용)에서 피검자는 뿌리가 보이는 과일나무, 특히 사과나무를 그렸으며 나무의 줄기를 길게 표현하였다. 사람 그림에서 사람의 귀가 모두 생략되었으며, 몸통을 길게 그렸다(연필, 크레용). 크레용으로 그린 머리와 몸통이 그대로 연결되어 목이 없는 것처럼 보이게 사람을 그렸고 사람의 팔을 길게 그렸으며, 두 발이 서로 반대방향을 향하도록 그렸다. 연필로 그린 사람의 다리는 짧고 가늘게 표현되었고, 발이나 신발을 단순화시켜 둥글게 그렸으며 속눈썹을 그렸다.
- 비율(크기): 연필로 그린 집, 나무, 사람 그림은 보통 크기이다. 연필로 그린 그림보다 크레용으로 그린 집, 나무, 사람의 크기가 크지만 병리적인 수준은 아니다. 피검자는 연필로 그린 사람의 팔은 짧게 그렸으나 크레용으로 그린 사람의 팔은 길게 그렸다. 그리고 사람의 몸통(연필, 크레용)은 모두 길게 그렸다.
- 시점(공간): 사람이 아래쪽에 있다(연필, 크레용). 연필로 그린 집과 나무, 크레용으로 그린 나무가 중앙에 있다.
- 시간: 연필 그림에서 집(4분 11초), 나무(4분 19초), 사람(3분 40초)을 그리는 데 사용된 시간은 적절하였다. 크레용 그림에서도 나무(6분 45초)와 사람(6분 47초)을 그리는 시간 또한 적절하였으나 집(17분 34초)을 그리는 데에는 지나치게 많은 시간이 걸렸다. 크레용 그림에서 집이 피검자에게 특히 민감한 장소임을 나타낸다.
- 색: 피검자는 쉽게 색을 선택했으며, 집 그림에서 사람 그림으로 갈수록 색이

잘 통제되고 안정적으로 칠해졌다. 선택한 색의 수에 있어서도, 집 그림에서는 세 가지 색, 나무 그림에서는 두 가지 색, 사람 그림에서는 다섯 가지 색으로 적절하였으며, 적절한 색이 각각의 그림에 사용되었다.

- 선의 질: 선의 질이 일정하며 일반적이다.
- 비판(criticality): 피검자는 자신이 그린 그림에 대한 비판적 태도를 보이지 않았다.
- PDI: 집 그림에서 피검자는 가족(엄마, 아빠, 자신, 동생들)이 행복하게 살고 있는 자신의 집을 그렸다. 피검자는 위층의 방을 갖고 싶다고 했으며, 집이 피검자와 가까운 곳에 나란히 서 있다고 대답했다. 나무 그림에서 피검자는 30년 된 나무이며 나뭇가지는 죽은 지 오래되었고 혼자 있는 나무라고 했다. 그리고 이 나무는 피검자보다 아래에 있고, 살아 있는 강한 나무이며, 앞을 바라보고 있다고 대답했다. 사람 그림에서 피검자는 사람의 나이를 23세(연필), 60세(크레용)로 표현하였고, 연필로 그린 그림에서 이 사람은 아무 생각도 하지 않는다고 대답하였다. 크레용으로 그린 사람의 기분은 그저 그렇다는 말로 대답했고 사람이 서서 웃고 있으며(연필) 길을 가고 있다(크레용)고 했다.

2) 종합적 해석

피검자는 좁고 열악한 환경에서 많은 가족과 함께 생활했으며, 특히 자신이 가족의 공동공간인 거실에서 생활하는 것에 대해 자주 불평을 했다. 이러한 피검자의 불평은 집 그림을 그리는 데 지나치게 많은 시간을 사용하였고, 이 집이 가족(엄마, 아빠, 자신, 동생들)과 행복하게 살고 있는 자신의 집이며, 위층에 있는 방을 갖고 싶다고 대답한 것을 통해서 알 수 있다. 특히 나무와 사람의 나이가 많으며, 나무의 가지가 죽은 지 오래되었다는 대답을 통해 피검자의 환경에 대한 불만이 오래되었음을 의식적 · 무의식적 수준에서 투사하고 있음을 알 수 있다. 뿐만 아니라 피검자는 할아버지의 신체적 학대와 친구의 놀림으로 인해 상처를 많이 받

았는데, 이러한 피검자의 심리적 상처가 나무의 상흔(옹이)을 통해 표현된 것으로 보인다.

피검자는 부모님의 어려운 상황과 장녀에 대한 부모님의 기대, 조부모의 강압적이고 지시적인 태도와 잔소리 때문에 힘들어했으며, 그러한 감정을 어머니에게 표현해도 받아들여지지 않자 결국 가출을 했다. 어머니의 사랑과 관심을 받고 싶어 하는 피검자의 마음을 과일나무, 특히 사과나무를 그리고 어머니를 생각나게 하는 나무라고 표현한 것을 통해서 알 수 있다. 따라서 피검자는 애정욕구와 의존욕구가 매우 높으며 어머니의 사랑에 목말라 있는 상태임을 알 수 있다. 그리고 집 그림에서 벽을 그려 놓고도 방 안의 모습을 보이도록 투명하게 그렸는데, 이 연령대에서는 미성숙이나 적응문제로 해석될 수 있다. 이러한 경향은 나무의 뿌리를 보이도록 그린 것을 통해서도 확인된다. 그리고 발이나 신발을 단순화시켜 둥글게 그린 것으로 보아 자율성의 발달이 매우 미숙한 수준임을 알 수 있다.

사람 그림이 용지의 아래쪽으로 그려졌고, 그 사람이 아무 생각도 하지 않고 있으며, 나무가 혼자 있으며 피검자보다 아래쪽에 있다고 대답한 것 등으로 보아 피검자는 가정에 대하여 기본적인 불안감과 불안전감을 느끼고 있다. 이것으로 보아 피검자가 우울, 내적 불안감, 회피적 태도, 고립감 등을 경험하고 있음을 알 수 있다. 뿐만 아니라 지붕의 강조(물결무늬, 여러 개의 창문)를 통해 공상에 몰두하고 있는 모습이 보인다. 내적인 고립감과 위축감을 느끼는 우울한 아동이 보이는 소망 충족적 욕구와 자신의 모습이 드러나는 것을 감추고 싶어 하는 마음도 알 수 있다.

연필로 그린 사람의 팔다리를 짧고 가늘게 표현한 것에서 세상에 대처하는 데 대한 부적절감, 억제 경향성 및 수동적인 태도를 알 수 있다. 이러한 경향은 크레용으로 그린 사람의 팔을 길게 그려 세상과 교류하는 능력에 대한 부적절감을 과잉보상하려는 것과 같은 맥락으로 해석할 수 있다.

그러나 피검자가 연필로 그린 사람이 웃고 있으며, 기분이 좋다고 표현한 점, 연필과 크레용 그림 모두에서 집 주위에 나무, 꽃, 풀 등을 그린 것 등으로 보아 자신에 대해 긍정적으로 생각하고 있으며, 내적 생동감과 에너지가 있다는 것을 알 수 있다.

5. 연구동향

1) 국외 연구동향

HTP에 관한 초기 연구는 Jolles(1952), Hammer(1953a, 1953b), Lyons(1955), Cassel, Johnson과 Burns(1958), Moll(1962), Wildman(1963)에 의해 이루어졌다. Jolles(1952)는 5~12세 아동(남: 1,393명, 여: 1,308명)의 HTP 그림 2,701점을 활용하여 연구한 결과, 피검자가 자신과 같은 성(性)의 사람을 그리는 경향이 있다는 것을 밝히고 그려진 사람의 성(性)은 피검자가 느낀 성역할을 나타낸다는 Buck의 가설을 지지했다.

Lyons(1955)는 17~61세의 성인 피검자 50명(남: 39명, 여: 11명)에게 HTP의 나무 그림 위에 상흔(옹이)을 그리게 하고 일생 중에서 가장 나빴던 사건을 보고하도록 요청했다. 그리고 이 피검자 중 21명에게는 자신의 일생 중에서 가장 좋았던 일을 물어보았다. 그 결과, 나무 상흔의 상대적인 높이와 가장 나쁜 사건이 일어난 나이 사이에는 의미 있는 상관관계가 나타나 나무 그림에 표현된 상흔 등이 외상적 체험을 의미한다고 볼 수 있으나, 상흔의 위치와 가장 좋은 사건과는 유의미한 상관관계가 없는 것으로 나타났다.

Hammer(1953a)는 불임시술을 받으려는 피검자의 그림 20점과 다른 수술을 받는 피검자의 그림 20점을 비교했다. 결과는 거세 불안과 관련된 54개 정서지표 중 26개에서 통계적으로 유의미한 차이를 보였다. Hammer(1953b)의 또 다른 연구에서는 1~8학년까지의 흑인 아동(148명)과 백인 아동(252명)의 HTP 그림 400점을 비교했다. 그 결과, 백인 아동이 흑인 아동보다 좌절감, 공격성, 적대감에서 더 낮은 점수를 받았다.

Cassel 등(1958)은 검사자, 자아방어와 HTP 검사와의 관계에 대한 연구를 위해 130명의 백인 성인(검사자가 있는 집단: 72명, 검사자가 없는 집단: 58명)에게 HTP를 실시하였다. 그 결과 검사자가 있는 집단이 그린 집과 사람 그림에서 세부사항이 적고 크기도 훨씬 작게 나타났다. 나무 그림에서는 검사자의 영향을 적게 받았기 때문에, 이것은 나무가 성격통합의 깊은 수준을 나타낸다는 Hammer(1954b)의 가정을 입증하였다. Moll(1962)은 나뭇잎이 없고 가지만 그려진 나무의 진단적 의미를 알아보기 위해 총 269명의 남자대학생에게 HTP 검사를 가을학기와 겨울학기로 나누어 실시하였다. 그 결과, 나무의 잎들은 계절의 영향을 받는 것으로 나타났다. 그러므로 나무 그림에서 잎이 그려지지 않은 나무를 해석할 때는 보다 신중해야 한다.

Wildman(1963)은 편집증과 사람 그림에 나타난 팔과 무릎 관절의 그림이 관련 있다는 가설을 검증하였다. 병원 환자에게 HTP를 실시하여 팔과 무릎에 관절을 그린 집단(30명)과 그리지 않은 집단(30명)을 구분한 결과 편집증과 팔, 무릎 관절 그림은 유의미한 상관이 있는 것으로 나타났다.

Marzolf와 Kirchner(1970)는 393명의 남자대학생과 457명의 여자대학생에게 HTP를 실시하여 73개의 세부항목 존재 유무를 관찰한 결과, 29개의 세부항목에서 남녀 간 차이가 나타난다는 점을 발견하였다. 사람의 기본구성요소는 Buck과 일치했는데, 남자가 같은 성을 그린 것은 80.4%, 여자가 같은 성을 그린 것은 60.8%로 나타났다. 나무의 상흔은 약 35%로 Lyons(1955)의 연구에 비해 5% 높게 나왔다. 1972년에 다시 세부사항을 108개로 확장하여 760명의 대학생(남: 306명, 여: 454명)에게 HTP를 실시한 후 16PF(Personality Traity)를 실시하여 이들의 관계를 알아보았다. 그 결과 HTP 요인과 측정된 성격특징 간에는 낮지만 신뢰할 만한 관계가 있다는 것이 밝혀졌다.

여러 연구를 통해 HTP는 성 학대에 대한 정서지표를 얻는 데 효과적이라는 것이 밝혀졌다(Blain, Bergner, Lewis, & Goldstein, 1981; Kaufman & Wohl, 1992; Van Hutton, 1994; Palmer, Farrar, Valle, Ghahary, Panella, & DeGraw, 2000; Louw & Ramkisson, 2002; Sanders, 2006). Lewis와 Goldstein(1981)은 5~12세 아동 109명(신체적으로 학대받은 임상 집단: 32명, 신체적으로 학대받지 않은 임상 집단: 32명, 정상 집단: 45명)을 대상으로 HTP를 실시했다. 그 결과, 집 그림에서는 굴뚝에서 연기가 나옴, 1층에 창문이 없음, 사람 그림에서는 팔과 다리의 크기가 아주 다름, 그림이 기하학적임, 발 생략, 머리가 전체 크기의 1/4을 넘음의 6개 항목에서 학대받은 아동이 구별되었다.

Blain 등(1981)의 연구에서도 HTP 검사가 신체 학대를 받은 아동을 확인하는 데 사용할 수 있는지를 알아보기 위해 5~12세의 아동 109명(학대 피해 아동: 32명, 학대를 받지 않았지만 장애가 있는 아동: 32명, 잘 적응한 아동: 45명)을 대상으로 하였다. 그 결과, HTP는 학대받은 아동과 잘 적응한 아동은 구별하였으나, 학대받는 아동과 학대받지 않았지만 장애가 있는 아동은 구별하지 못하는 것으로 나타났다. 학대받은 아동의 집 그림에서는 창문이 없고, 사람 그림에서는 팔과 다리의 크기가 다르고, 발을 생략하며, 머리가 크고 그리고 그림의 크기가 작다는 특징이 있다.

Kaufman과 Wohl(1992)은 HTP와 DAP가 성 학대에 대한 객관적인 지표를 제공할 수 있는지를 알아보기 위해 6~7세 아동 54명(성 학대가 없는 아동: 18명, 무선 표집: 18명, 성 학대 피해자: 18명)을 대상으로 연구를 하였다. 그 결과, 나무줄기와 수관의 분리, 열쇠구멍 모양의 나무, 죽은 나무, 나뭇잎이 없고, 큰 이빨과 코(얼굴의 1/3보다 큰), 입을 벌린 모습, 대머리, 긴 머리, 왕관을 쓰고 있는 머리, 괴물 같은 인물상, 생식기 부분의 투명성, 발톱 그리기 등의 13개 지표에서 성 학대 피해 아동과 다른 집단이 구별되었다. Van Hutton(1994) 또한 HTP와 DAP를 사용하여 성 학대 가능성이 있는 아동(7~11세)을 선별하기 위한 새로운 채점 체계를 만들었다.

Sanders(2006)는 성 학대를 받은 청소년을 평가하기 위해 HTP 그림검사를 활용하였으며, Palmer 등(2000)도 아동 성 학대의 심리적 평가에 있어서 집, 나무, 사람 투사적 그림의 임상적 활용에 대해 조사했다. 그 결과 HTP 그림검사가 아동기와 청소년기의 성 학대를 가능한 한 빨리 확인하고 치료할 수 있는 유용한 도구임을 입증하였다. Louw와 Ramkisson(2002) 또한 인도에서 아동 성 학대의 확인을 위해 Roberts의 아동통각 검사(Roberts Apperception Test for Child: RATC), HTP, 및 DAP의 적합성에 대한 탐색적 연구를 하였으며, Lopez와 Carolan(2001)은 성범죄자를 조기에 식별할 수 있는 도구로 집, 나무, 사람 그림의 활용에 대한 예비연구를 하였다.

Marzolf와 Kirchner(1973)가 299명의 남녀 대학생(남: 146명, 여: 153명)을 대상으로 16PF(Personality Factor Questionnaire)와 크레용 HTP 그림검사를 실시하여 성격특성과 색의 선택과의 관계를 연구한 결과, 여러 색 중에서 특히 초록색만은 시

기심이나 까다로움 그리고 푸른 초원을 동경하는 성격의 소유자가 많이 사용하는 것으로 나타났는데, 이 같은 색의 선택은 성격 차이보다는 오히려 성별 차이에 의해 나타난다고 했다.

Finger(1997)는 치료 과정에서 HTP의 변화에 대한 민감도를 조사하기 위해 사례 접근법을 사용했다. 이 연구에서 Finger(1997)는 연필로 그린 그림은 그림을 그리는 사람이 무엇이 되고자 하는 것을 암시하는 경향이 있는 반면, 크레용으로 그린 그림은 그림을 그리는 사람이 감추고자 하는 것을 드러내는 경향이 있다고 주장하였다.

Zannis(2003)는 HTP 중 나무 그림의 임상적 타당성과 활용에 대해 조사했다. 아동 가족부서(Department of Children and Families)와 청소년 정의국(Juvenile Justice Department)의 법원 명령위 평가로부터 온 6~16세 아동이 그린 420점의 HTP 그림의 수집된 표본을 사용하여, 나무 그림의 상흔을 조사하였다. 그 결과 신체적 · 성적으로 학대받은 아동의 나무 그림보다 가정폭력을 목격한 아동의 나무 그림에서 상흔을 더 많이 그리는 경향이 있음을 발견하였다.

최근에는 회복탄력성에 대한 관심이 증가하면서 Boogar, Talepasand와 Dostanian (2016)은 유치원 아동 42명을 대상으로 집-나무-사람 그림검사를 바탕으로 회복탄력성과 사회-정서적 자산에 대한 예측을 하였으며, Roysircar, Colvin, Afolayan, Tompson과 Robertson(2017)도 아이티에서 아동(131명, 연령 6~15세)이 그린 집, 나무, 사람 그림을 조사하여 2010년 아이티 지진 이후의 회복탄력성과 취약성을 평가했다. 뿐만 아니라 Afolayan(2015)은 아이티 아동의 집, 나무, 사람 그림을 통해 세계적인 유사성과 문화적 차이를 확인했다.

HTP의 신뢰도와 타당도에 대한 증거는 Buck(1948, 1970)의 매뉴얼에 제시되어 있지 않다. 즉, Buck은 HTP의 신뢰도와 타당도에 대한 연구를 발표하지 않았다. 신뢰도에 관한 연구를 한 다른 연구자들의 채점자 간 신뢰도는 r=.42~.92까지인 것으로 확인된다(Kuhlman & Bieliauskas, 1976; Marzolf & Kirchner, 1972; Vass, 1998).

Marzolf와 Kirchner(1970)는 HTP 신뢰도를 파악한 결과, 4~6주까지의 검사-재검사 안정성을 확인했다. 표본 집단은 대학생 136명(남: 49명, 여: 87명)이었고, 처음에 그린 그림과 두 번째로 그린 그림 사이에 뚜렷한 변화가 없는 것으로 나타났다. 대학생 760명(남: 306명, 여: 454명)을 대상으로 한 또 다른 연구에서, Marzolf와 Kirchner(1972)는 2명의 평가자가 그림을 분석한 결과, 채점자 간 신뢰도가 90% 이상인 것으로 확인했다.

Kuhlman과 Bieliauskas(1976)는 흑인과 백인 청소년 각각 30명의 HTP를 분석했을 때 r=.88~.92의 신뢰도를 확인했다. Cohen과 Phelps(1985)는 두 부분으로 나누어 신뢰도에 대한 연구를 하였다. 첫 번째 단계는 89명의 근친상간 아동피해자와 4~18세 사이의 정서장애아동 77명에게 HTP를 그리도록 했다. 이때 그림의 채점자 간 신뢰도가 r=.82로 분석되었다. 이 연구의 두 번째 단계에서는 각 집단에서 40점의 피검자의 그림을 사용했다. 10명의 새로운 평가자가 그림을 분석하였으며, 채점자 간 신뢰도는 r=.42로 연구의 첫 번째 단계보다 상당히 낮게 나타났다. Vass(1998)는 17~46세 성인 51명(남: 10명, 여: 41명)의 HTP 그림을 3명의 훈련받은 평가자가 평가하도록 한 결과, 사람 그림에서 r=.57, 나무와 집 그림에서 r=.53의 채점자 간 신뢰도가 나타났다.

이와 같이 HTP 그림검사에 대한 국외 연구동향은 일반인, 입원 환자, 수감자, 학대 가해자나 피해자 등과 같은 다양한 유형과 연령을 대상으로 한 연구가 이루어지고 있다. 초기에는 일반인(아동, 성인, 대학생)을 대상으로 나무의 상흔, 나무 그림의 계절적 영향, 성적 상징성, 자아방어, 인종 간 좌절, 공격성 비교 등에 대한 연구와 불임시술을 받으려는 피검자의 불안, 편집증과 팔·무릎 관절과의 관련성을 연구하였다. 그 이후에는 HTP를 통해 성 학대, 신체 학대 등에 대한 객관적 지표로서의 활용 가능성을 보고한 연구가 많았으며, 최근에는 회복탄력성에 대한 연구가 이루어지고 있다.

2) 국내 연구동향

국내에서 HTP에 대한 연구는 조현병 환자에게 정신치료를 받기 이전과 이후 각 1회씩(2회) HTP 검사를 실시한 양원숙(1977)의 연구가 시초이다. 연구결과, 조현

병 환자의 증세가 호전될수록, 집 그림은 용지의 상단과 우측으로 그렸으며, 나무 그림은 용지의 하단과 좌측으로 그렸다. 또한 지나치게 크게 그린 집과 나무 줄기는 감소되었고 나뭇가지가 우측으로 치우친 그림이 증가하였다. 그리고 사람 그림의 귀 생략, 검정과 갈색의 사용이 줄었다. 장연집(1978)은 한국 정상아동의 HTP 검사반응을 파악하기 위해 초등학교 1~6학년 420명(남: 210명, 여: 210명)을 대상으로 Buck의 HTP 그림분석 기준을 활용하였다. 연구결과, 그림을 그리는 데 걸리는 시간(연필과 크레용)은 평균 26분이며 여아가 남아보다 오래 걸렸다. 집을 그리는 데 시간이 가장 오래 걸렸으며 사람, 나무 순으로 점차 짧게 걸렸다. Buck이 말한 집, 나무, 사람 그림의 필수 구성요소 중 집에서는 굴뚝(86%)이 나타나지 않았고, 나무에서는 새로운 요소인 나뭇잎(93%)이 나타났으며, 사람에서 귀(82%)가 나타나지 않았다. 이는 Buck의 기준과 일치하지 않은 결과이다. 또한 질문단계에서 묻는 질문내용과 이와 관련된 상징화에서 신체적 열등감이나 심리적 부적응으로 인한 심한 질병상태를 나타내는 질문과 성적 동일시의 대상과 관련된 질문에서만 Buck의 기준과 일치하였다. 각 그림의 위치는 수평적 위치상에서 볼 때, 집이 중심에서 제일 가깝고 다음이 나무, 사람의 순으로 점차 멀어져 갔으며, 학년이 올라갈수록 각 그림이 중심으로 향하였는데, 이는 Buck의 기준과 일치하는 결과였다.

이후 1980년대에는 불안과 관련된 장애를 보이는 아동의 HTP 그림검사 반응에 관한 연구(이영호, 양익종, 김중술, 1984)에서 불안장애아동 102명과 정상아동 2,446명을 비교한 결과, 불안군의 아동도 정상군과 마찬가지로 필수 구성요소를 그림에 포함시키고 있으나 정상군에 비해 세부사항에 대한 묘사가 적었다. 즉, 불안군이 세부묘사(집 그림에서 기와, 지붕, 커튼)가 적었으며 창문과 문의 비율이 불균형했으며 측면그림을 그리는 경향이 있었다. 나무 그림에서 불안군이 바닥선에 닿게 그리는 경향과 곁가지가 없거나 분열된 가지가 많으며 잎을 윤곽으로 함축적으로 그린 경우가 많고 열매를 강조하는 경향이 많았다. 불안군의 아동이 어깨를 과장하는 경향이 있으며 웃는 표정을 그리는 경향이 적었다. 사람이 종이바닥에 닿게 그리는 경우가 많았으며 사람을 크게 그리는 경향이 나타났다.

김숙희(1985)는 한국 정상인과 비정상인의 HTP 검사 반응 비교를 위해 정상집단 대학생 91명(1~3학년)과 비정상 집단 49명(정신과 입원 환자 및 외래 환자)을 대상으로 Buck(1948), Marzolf와 Kirchner(1972)의 지표를 사용하였다. 그 결과, 정상 집단은 집을 중앙에 많이 그리는 데 비해 비정상 집단은 좌측과 좌측상단에 많이 그렸다. 두 집단 모두 나무를 중앙에 가장 많이 그렸으며, 비정상 집단이 정상 집단보다 좌측상단에 나무를 더 많이 그렸으며, 사람을 좌측과 상단에 더 많이 그렸다. 그림의 필수 구성요소 중 창문은 정상 집단이 비정상 집단보다 그리는 비율이 의미 있게 높았으며, 두 집단 모두 굴뚝과 문, 사람의 귀는 그리지 않았다. 그림의 세부사항을 살펴보면, 정상 집단에서 큰 집이 더 많이 나타났고, 비정상 집단에서는 작은 집이 더 많이 나타났다. 외국의 경우와 달리 기와집과 초가집, 지붕 위의 박, 고추, 장독대 등이 새로운 요소로 첨가되었다. 정상 집단에서 큰 나무가 더 많으며, 나무의 뿌리는 비정상 집단에서 나타났다. 정상 집단은 큰 사람을 많이 그렸으며 벌거벗은 사람은 비정상 집단에서 더 많이 그렸다. 눈동자가 없는 눈과 옷의 무늬도 비정상 집단에서 더 많이 나타났다.

1990년대 이후부터는 HTP에 대한 연구가 활발하게 진행되었다. 1990년대 이후 HTP를 사용한 국내 연구에는 성격, 심리적 특성, 반응 차이, 선별도구, 척도개발로 나누어 살펴볼 수 있다.

첫째, HTP와 성격검사와의 관련성을 살펴본 연구에는 성격5요인검사(손성희, 2015), Zigler의 성격검사(손성화, 강영심, 김지훈, 2006), MMPI-2(유주연, 2013) 등이 있다. 손성희(2015)는 성격5요인에 따른 HTP 그림검사의 반응특성을 살펴보기 위해 대학생 783명(남: 308명, 여: 475명)을 대상으로 HTP 그림검사와 NEO-II 성격검사를 실시하였다. 그 결과, 집 그림에서는 43개 항목 가운데 20개의 항목(크기, 위치, 필압, 선의 성질, 집의 형태, 지붕형태, 굴뚝, 창문의 종류, 창문의 수, 창문의 크기, 울타리, 울타리의 상태, 베란다, 나무, 꽃, 개집, 우물, 지붕 위 창문 상태, 해, 연못 또는 강의 유무)에서, 나무 그림에서는 27개 항목 가운데 14개의 항목(크기, 필압, 선의 성질, 줄기음영, 뿌리의 위치, 옹이, 동물, 가지와 줄기의 조화, 열매, 꽃, 여백의 잔디, 가지 모양, 줄기에서 뻗은 작은 가지, 줄기 모양)에서, 사람 그림에서는 33개 항목 가운데 20개의 항목(크기, 눈의 형태, 속눈썹, 코표현, 입 모양, 귀 상태, 목 굵기, 얼굴표현, 두상 비율, 두 팔 균형, 다리 길이, 다리 모양, 얼굴 표정, 머리카락, 옷 칼라, 단추, 넥타이, 신발 표현, 그림의 성별, 팔 모양)에서 유의미한 결과가 나타났다. HTP 그림검사 해석에 있어서 성격5요인 및 그 하위요인에서 의미하는 바를 해석기반으로 하였을 때 기존의 선행연구 및 미술치료에서 일반적으로 해석하는 바와 거의 맥을 같이하였다.

둘째, 심리적 특성이 HTP에 반영된 연구에는 자아존중감(김영희, 2003; 이선주, 박영애, 2002; 주익덕, 2012), 사회성(김영희, 2003; 최성희, 2007), 정서지능(이선주, 박영애, 2002), 정신건강(백원대, 2017), 불안(이영호 외, 1984), 문제행동을 보이는 사람(김영희, 2003; 김현경, 2007; 이태호, 2004; 한성민, 2004) 등이 있다.

이선주와 박영애(2002)는 초등학교 저학년(1~3학년) 아동 193명(남: 112명, 여: 81명)을 대상으로 HTP 반응특성과 자아존중감 및 정서지능과의 관계를 살펴보았다. 이를 위해 김선애(1993)의 HTP 그림 채점기준과 자아존중감 검사(박영애, 1995)와 정서지능검사(박영애, 최영희, 박인전, 2000)를 활용하였다. 연구결과는 초등학교 저학년 아동의 사람 그림에서 성별에 따른 차이와 학년에 따른 차이를 보였고, 여아보다 남아의 부적응 수준이 높은 경향을 보였다. 전체적으로 남아의 HTP 그림검사 점수는 정서지능과 여아의 HTP 그림검사 점수는 자아존중감과 더 높은 상관을 보이는 것으로 나타났다. 또한 HTP 그림검사는 자아존중감보다 정서지능을 추정하거나 예측하는 데 더 유용하게 쓰일 수 있는 도구라고 보고하였다.

셋째, 반응 차이를 알아본 연구에는 정상인과 비정상(김숙희, 1985), 조현병 입원병동 환자와 사회복귀시설 환자(김민경, 2005), 조현병 환자와 정상인(황걸, 박상학, 김학렬, 김상훈, 조용래, 2002), 비행청소년과 일반청소년(김현경, 2007), 정상아동과 지적 장애아동(이명화, 1994)과 같이 다양한 대상에 대한 반응특성 비교연구가 이루어졌다.

이명화(1994)는 정상아 30명과 지적 장애아 30명, 총 60명의 HTP 그림을 수집하여 Buck과 김선애(1993)의 연구를 참고로 그림을 분석하였다. 그 결과, 지적 장애아의 그림은 집의 공간배치와 가옥구조의 형태가 불명확하였고 나무는 지면과의 연결이 불분명하고 가지와의 구성이 미숙한 형태로 나타났다. 사람은 신체표면의 조직 구조가 지나치게 단순하여 사람의 형태로 보기 어려운 그림이 많았는데, 이는 기하학적인 형태와 구조 등에 대한 인식 부족 때문으로 보았다. 또한 양 집단의 HTP 그림표현에서 유의미한 통계상 차이가 나타났으므로 HTP 그림검사가 지적 장애아의 판별도구로 활용 가능하다고 하였다.

넷째, 선별도구로 활용한 연구에는 유아의 정서 · 행동문제 선별도구(정미라, 이정은, 박혜성, 2013), 정서장애아동 판별(김선애, 1993), 청소년의 공격성과 비행예측 사정도구(이태호, 2004; 최종순, 2016), 두뇌손상 환자의 감별진단(이임순, 김중술, 1988) 등이 있다. 김선애(1993)는 HTP 그림검사가 일반학급에 있는 정서장애아동을 판별할 수 있는지 알아보기 위해 초등학생 271명(저학년 정상: 83명, 고학년 정상: 82명, 저학년 정서장애: 33명, 고학년 정서장애: 73명)에게 HTP 그림검사를 실시하였다. 그 결과 정서장애아동과 정상아동, 두 집단 전체의 부적응 총점에서 차이가 나타났으며, 이러한 점수 차이는 고학년보다 저학년이 더 크게 나타났다. 또한 t 검증결과로 24개의 정서장애아동 변별항목을 선정하였다. 정서장애아동의 그림에서는 강한 선으로 힘을 주어 그리거나 지우개를 많이 쓰거나 묘사가 단순하고 미숙한 경향을 발견할 수 있었다. 그러나 정서장애아동을 판별할 때, HTP 그림검사만을 분석해서는 근거가 부족하며 다른 심리검사도구를 병행해서 활용하는 것이 좋다고 했다.

다섯째, 척도개발 연구로 HTP 평가항목 간편화(정현희, 이화영, 2012), HTP 리커트 평가항목 개발(박희진, 2011)과 같이 다양한 대상에게 맞는 사정도구의 개발과 타당화를 위한 연구가 이루어지고 있다. 특히 최근에는 모바일 디바이스 기반의 앱 개발(손성희, 2015; 윤영인, 2015)과 컴퓨터(구은진, 2015)를 활용한 연구도 이루어지고 있다.

박희진(2011)은 HTP의 객관성 확보의 필요성을 제기하며 HTP 평가기준을 리커트 척도화한 후 HTP와 자기역량, 문제행동, 대인관계 척도검사의 상하 집단에 따른 점수 차이를 검증함으로써 HTP의 변별타당도를 입증하였다.

HTP 그림검사가 국내에 소개된 이후로 HTP 그림검사의 신뢰도에 대한 연구의 대부분은 채점자 간 신뢰도로 제한되어 있으며, 채점자 간 신뢰도는 전반적으로 높게 나타났다. 이임순, 김중술(1988)은 97.8%, 이영호 등(1984)은 $r=.96(.76\sim$

.10), 김선애(1993)는 95% 이상(78.0~1.00), 박희진(2011)은 집 그림에서 90.4%(85.0~98.3), 나무 그림에서 90.6%(85.0~96.7%) 사람 그림에서 91.8%(86.7~98.3%), 최종순(2016)은 r=.95~.99, 손성희(2015)는 r=.97로 높은 채점자 간 신뢰도를 나타냈다. 그리고 1주일 간격으로 채점자 내 신뢰도를 평가한 박희진(2011)의 연구에서도 집 그림 평균 93.7%(90.0~98.3), 나무 그림 평균 93.5%(90.0~96.7), 사람 그림 평균 94.8%(93.3~98.3)로 높게 나타났으며, HTP 평가기준의 신뢰인 Cronbach α=.68~.71로 신뢰할 만한 수준으로 나타났다. 그러나 검사-재검사 신뢰도는 이임순과 김중술(1988)의 연구에서 r=.40으로 낮게 나타났다.

이와 같이 HTP 그림검사에 대한 국내 연구동향 또한 다양한 유형과 연령을 대상으로 이루어지고 있다. HTP 그림검사에 대한 객관성이 부족하다는 단점을 보완하려는 시도가 이루어지고 있으며, 채점자 간 신뢰도가 높은 것으로 보아 HTP 그림검사를 신뢰성 있는 도구로 판단할 수 있다. 그러나 HTP 그림검사에 대한 대부분의 연구에서 채점자 간 신뢰도에 대해 언급하지 않았다. 특히 채점자 내 신뢰도나 검사-재검사 신뢰도를 제시한 연구는 소수에 불과하다. 따라서 앞으로 이러한 문제점을 잘 보완할 수 있는 추가적인 연구가 지속적으로 이루어져야 할 것이다.

참고문헌

구은진(2015). 퍼지 추론을 이용한 아동 HTP 검사 결과 분석에 관한 연구. 부산대학교 대학원 석사학위논문.

김민경(2005). 정신분열병 입원병동환자와 사회복귀시설 환자의 HTP 비교. 나사렛대학교 재활복지대학원 석사학위논문.

김선애(1993). HTP 투사그림기법의 정서장애아동 판별기능 연구. 단국대학교 대학원 박사학위논문.

김숙희(1985). 한국 정상인과 비정상인의 H-T-P 검사 반응에 대한 비교 연구. 이화여자대학교 대학원 석사학위논문.

김영희(2003). 초등학생의 HTP 반응특성과 자아존중감, 사회성, ADHD와의 상관연구. 아주대학교 교육대학원 석사학위논문.

김현경(2007). 가족의 정서적 환경과 아동의 우울 및 불안이 신체화 증상에 미치는 영향. 충북대학교 대학원 석사학위논문.

박영애(1995). 부모의 양육행동 및 형제관계와 아동의 자존감과의 관계. 고려대학교 대학원 박사학위논문.

박영애, 최영희, 박인전(2000). 아동의 정서지능과 자아존중감의 특성 및 상호관계. 아동학회지, 21(3), 5-23.

박희진(2011). HTP 평가기준 개발-리커트 척도화-. 동의대학교 대학원 석사대학원 석사학위논문.

백원대(2017). HTP 검사에 나타난 그린캠프 입소 병사들의 정신건강. 청소년 연구, 24(1), 103-122.

손성화, 강영심, 김지훈(2006). 정신지체학생의 성격유형에 따른 HTP 반응특성 비교. 특수교육학연구, 41(1), 17-38.

손성희(2015). 모바일 기반 HTP그림검사 앱 개발을 위한 표준화 연구-성격5요인에 따른

HTP 반응특성을 중심으로. 대구대학교 대학원 박사학위논문.

양원숙(1977). 정신요법상에서의 H · T · P 반응 연구. 최신의학, 20(7), 117-123.

오영환(1997). 비행 유형에 따른 청소년의 H · T · P 반응 특성 연구. 대구대학교 재활과학대학원 석사학위논문.

유주연(2013). HTP의 공간구성과 MMPI-2 성격특성의 상관성 연구. 한양대학교 이노베이션대학원 석사학위논문.

윤영인(2015). 모바일 디바이스 기반의 아동용 HTP검사 어플리케이션 개발. 디자인융복합연구, 14(4), 293-310.

이명화(1994). 정상아동과 정신지체아동의 HTP 표현특성에 관한 연구. 단국대학교 교육대학원 석사학위논문.

이선주, 박영애(2002). 초등학교 저학년의 HTP 반응특성과 자아존중감 및 정서지능과의 관계. 놀이치료연구, 5(1), 55-67.

이영호, 양익홍, 김중술(1984). 불안과 관련된 장애를 보이는 아동의 H · T · P반응. 정신의학보, 8(1), 374-377.

이임순, 김중술(1988). 두뇌손상환자의 감별진단을 위한 HTP 검사의 유용성. 한국심리학회 대외심포지움, 243-258.

이태호(2004). 요보호소년의 비행예측에 관한 연구-HTP검사를 중심으로-. 숭실대학교 대학원 박사학위논문.

장연집(1978). 한국 정상아동의 HTP 검사 반응에 관한 일연구. 이화여자대학교 교육대학원 석사학위논문.

정미라, 이정은, 박혜성(2013). 유아의 정서 및 행동문제 선별도구로서 집-나무-사람 그림 검사의 활용가능성. 유아교육연구, 33(6), 367-386.

정현희, 이화영(2012). HTP 평가항목 간편화. 미술치료연구, 19(2), 231-244.

주익덕(2012). 자아존중감 향상 프로그램을 통한 다문화가정 자녀의 HTP 그림검사 변화 특성 연구. 광주교육대학교 교육대학원 석사학위논문.

최성희(2007). 대인관계 성향과 HTP 반응 연구-초등학교 5, 6학년 중심으로-. 한국예술치료학회지, 7(2), 19-38.

최종순(2016). 청소년의 공격성 사정도구로서 HTP 활용가능성 연구. 대구대학교 재활과

학대학원 석사학위논문.

한성민(2004). 교사가 지각한 유아행동문제와 HTP그림검사 관계연구. 우석대학교 교육대학원 석사학위논문.

황걸, 박상학, 김학렬, 김상훈, 조용래(2002). 정신분열병 환자의 집-나무-사람 검사 반응과 정신병리. *The Medical Journal of Chosun University, 27*(1), 135-145.

高橋 雅春(1974). 描画テスト入門-HTPテスト. 東京: 文教書院.

Afolayan, A. (2015). Haitian children's House-Tree-Person Drawings: Global similarities and cultural differences. Abimbola. Antioch University, ProQuest Dissertations Publishing, 2015. 3734561.

Allen, R. M. (1958). *Personality assessment procedures*. New York: Harper.

Barnouw, V. (1969). Cross-cultural research with the House-Tree-Person test. In J. N. Buck & E. F. Hammer (Eds.), *Advances in the House-Tree-Person technique: Variations and applications*(pp. 417-447). Los Angeles: Western Psychological Services.

Beck, H. S. (1955). A study of the applicability of the H-T-P. *Journal of Clinical Psychology, 11*, 60-63.

Blain, G. H., Bergner, R. M., Lewis, M. L., & Goldstein, M. A. (1981). The use of objectively scorable House-Tree-Person indicators to establish child abuse. *Journal of Clinical Psychology, 37*(3), 667-673.

Bodwin, R. F., & Bruck M. (1960). The adaptation and validation of the Draw-A-Person test as a measure of self concept. *Journal of Clinical Psychology, 16*, 427-429.

Boogar, I. R., Talepasand, S., & Dostanian, A. (2016). The prediction of resilience and social-emotional assets among preschoolers based on The House-Tree-Person™ projective drawing. *Turk Psikoloji Dergisi, 31*(77), 1-14.

Britain, Susan D. (1970) Effect of manipulation of children's affect on their family drawings. *Journal of Projective Techniques and Personality Assessment, 34,* 234-237.

Buck, J. N. (1948). The H−T−P technique: A qualitative and quantitative scoring manual. *Journal of Clinical Psychology, 4(2)*, 317−396.

Buck, J. N. (1949). The H−T−P technique. *Journal of Clinical Psychology, 15,* 37−74.

Buck, J. N. (1950). Administration and interpretation of the H−T−P test. *Proceedings of the H−T−P workshop held at Veterans Administration Hospital, Richmond,* VA. Los Angeles: Western Psychological Services.

Buck, J. N. (1951). The quality of the quantity of the H−T−P. *Journal of Clinical Psychology, 7*(4), 352−356.

Buck, J. N. (1966). The House−Tree−Person technique: *Revised manual*. Los Angeles: Western Psychological Services.

Buck, J. N. (1969). The use of the H−T−P in the investigation of intra−familial conflict. In J. N. Buck & E. F. Hammer (Eds.), *Advances in the House−Tree−Person technique: Variations and applications*(pp. 347−379). Los Angeles: Western Psychological Services.

Buck, J. N. (1970). *The House−Tree−Person technique: A revised manual.* Los Angeles: Western Psychological Services.

Buck, J. N. (1992). *The House−Tree−Person projective drawing technique: Manual and interpretive guide* (Rev. ed.). Los Angeles: Western Psychological Services.

Buck, J. N., & Hammer, E. F. (Eds.). (1969). *Advances in the House−Tree−Person technique: Variations and applications.* Western Psychological Services.

Burns, R. C., & Kaufman, S. H. (1972). *Actions, styles and symbols in Kinetic Family Drawings: An interpretative manual*. Brunner/Mazel.

Cassel, R. H., Johnson, P., & Burns, W. H.(1958). Examiner, ego defense, and the H−T−P test. *Journal of Clinical Psychology, 14*(2), 157−160.

Cohen, F. W., & Phelps, R. E. (1985). Incest markers in children's artwork. *The Arts in Psychotherapy, 12*(4), 265−283.

DiLeo, J. H. (I973). *Children's drawings as diagnostic aids.* New York: Brunner/Maze1.

Exner, J. E. (1962). A comparison of the Human Figure Drawings of psychoneurotics, character disturbances, normals, and subjects experiencing experimentally−induced fear. *Journal of Projective Techniques, 33*(26) 324–397.

Finger, D. R. (1997). Child case study Alan, before and during therapy. In E. F. Hammer (Ed.). *Advances in projective drawing interpretation* (pp. 263~267). Springfield, IL: Charles C Thomas Publisher.

Fukada, N. (1969). Japanese children's tree drawings. In J. N. Buck & E. F. Hammer (Eds.), *Advances in the House–Tree–Person technique: Variations and applications* (pp. 403–417). Los Angeles: Western Psychological Services.

Goh, D. S., Teslow, J., & Fuller, G. B. (1981). The practice of psychological assessment among school psychologists. *Professional Psychology, 12*(6), 696.

Goodenough, F. L. (1926). *Measurement of intelligence by drawings.* New York: World Book.

Hammer, E. F. (1953a). An investigation of sexual symbolism: A study of HTPs of eugenically sterilized subjects. *Journal of Projective Techniques, 17*(4), 401–413.

Hammer, E. F. (1953b). Frustration–aggression hypothesis extended to socio–racial areas: comparison of negro and white children's HTP's. *Psychiatric Quarterly, 27*(1), 597–607.

Hammer, E. F. (1954a). Guide for qualitative research with the H–T–P. *Journal of General Psychology, 51,* 41–60.

Hammer, E. F. (1954b). A comparison of H–T–P's of rapists and pedophiles. *Journal of Projective Techniques, 18*(3), 346–354.

Hammer, E. F. (1958). *The clinical application of projective drawings*. Springfield, IL: Thomas.

Hammer, E. F. (1964). *The House–Tree–Person (HTP) clinical research manual*. Western Psychological Services.

Hammer, E. F. (1968). Projective drawings. In A. L Rabin (Ed.), *Projective techniques in personality assessment* (pp. 366–393). New York: Springer.

Hiler, E. W., & Nesvig, D. (1965). An evaluation of criteria used by clinicians to infer pathology from figure drawings. *Journal of Consulling Psychology, 29*, 520–529.

Jolles, I. (1952). A study of the validity of some hypotheses for the qualitative interpretation of the H−T−P for children of elementary school age: II. "phallic tree" as an indicator of psycho−sexual conflict. *Journal of Clinical Psychology, 8*(3), 245−255.

Jolles, I. (1964). *A catalogue for the qualitative interpretation of the H−T−P*. Los Angeles: Western Psychological Services.

Kaufman, B., & Wohl, A. (1992). *Casualties of childhood: A developmental perspective on sexual abuse using projective drawings.* New York: Brunner.

Knoff, H. M., & Prout, H. T. (1985). *Kinetic drawing system for family and school:* A handbook. Los Angeles, CA: Western Psychological Services.

Koppitz, E. M. (1964) *The Bender−Gestalt test for young children*. New York: Grune & Stratton.

Koppitz, E. M. (1966) Emotional indicators on Human Figure Drawings of children: A validation study. *Journal of Clinical Psychology, 22*, 313−315.

Koppitz, E. M. (1968). *Psychological evaluation of children's Human Figure Drawings.* New York; Grune & Stratton.

Kuhlman, T . L., & Bieliauskas, V. J. (1976). A comparison of Black and White adolescents on the H−T−P. *Journal of Clinical Psychology, 32*(3), 728−731.

Landisberg, S. (1969). The use of the H−T−P in a mental hygiene clinic for children. In J. N. Buck & E. F. Hammer (Eds.), *Advances m the House−Tree−Person technique: Variations and applications*(pp. 101−132). Los Angeles: Western Psychological Services.

Levy, S. (1950). Figure drawing as a projective test. In L. E. Abt & L. Bellak (Eds.), *Projective psychology* (pp. 257−297). New York: Knopf.

Levy, S. (1958). Projective figure drawing. In E. Hammer (Ed.), *The clinical application of projective drawings* (pp. 83−112; 135−161). Springfield, IL: Thomas.

Lewis, M. L., & Goldstein, M. A. (1981). The Use of Objectively Scorable House−Tree−Person Indicators to Establish Child Abuse. *Journal of Clinical Psychology, 37*(3),

667–672.

Lopez, J. R., & Carolan, R. (2001). House–Tree–Person drawings and sex offenders: A pilot study. *Art Therapy, 18*(3), 158–165.

Louw, A. E., & Ramkisson, S. (2002). The suitability of the Roberts Apperception Test for Children (RATC), the House–Tree–Person (HTP) and Draw–A–Person (DAP) scales in the identification of child sexual abuse in the Indian community: An exploratory study. *Southern African Journal of Child and Adolescent Mental Health, 14*(2), 91–106.

Lubin, B., Wallis, R. R., & Paine, C. (1971). Patterns of psychological test usage in the United States: 1935–1969. *Professional Psychology, 2*(1), 70.

Lyons, J. (1955). The scar on the H–T–P tree. *Journal of Clinical Psychology, 11*(3), 267–270.

Machover, K. (1949). *Personality projective in the drawings of the human figure.* Springfield, IL: Thomas.

Machover, K. (1960). Sex differences in the developmental pattern of children seen in Human Figure Drawings. In A. I. Rabin & Mary Haworth (Eds.), *Projective techniques with children.* New York: Grune & Stratton.

Marzolf, S. S., & Kirchner, J. H. (1970). Characteristics of House–Tree–Person drawings by college men and women. *Journal of Projective Techniques and Personality Assessment, 34*(2), 138–145.

Marzolf, S. S., & Kirchner, J. H. (1972). House–Tree–Person drawings and personality traits. *Journal of Personality Assessment, 36,* 148–165.

Marzolf, S. S., & Kirchner, J. H. (1973). Personality traits and color choices for House–Tree–Person drawings. *journal of Clinical Psychology, 29*(2), 240–245.

McElhaney, M. (1969). *Clinical psychological assessment of the Human Figure Drawing.* CC Thomas.

Meyer, B. C., Brown, F., & Levine, A. (1955) Observations on the House–Tree–Person drawing test before and after surgery. *Psychosomatic Medicine, 6*, 428–454.

Moll, R. P. (1962). Further evidence of seasonal influences on Tree Drawings. *Journal of Clinical Psychology, 18*(1), *109.*

Mundy, J. (1972). The use of projective techniques with children. In B. B. Wolman (Ed.), *Manual of child psychopathology* (pp. 791–819). New York: McGraw–Hill.

Mursell, G. R. (1969). The use of the H–T–P with the mentally deficient. In J. N. Buck & E. F. Hammer (Eds.), *Advances in the house–tree–person technique: Variations and applications* (pp. 195–221). Los Angeles: Western Psychological Services.

Ogdon, D. P. (1977). *Psychodiagnostics and personality assessment*: A handbook. Los Angeles: Western Psychological Services.

Palmer, L., Farrar, A. R., Valle, M., Ghahary, N., Panella, M., & DeGraw, D. (2000). An investigation of the clinical use of the House–Tree–Person projective drawings in the psychological evaluation of child sexual abuse. *Child maltreatment, 5*(2), 169–175.

Roysircar, G., Colvin, K. F., Afolayan, A. G., Thompson, A., & Robertson, T. W. (2017). Haitian children's resilience and vulnerability assessed with House–Tree–Person (HTP) drawings. *Traumatology, 23*(1), 68.

Sanders, Charles W.(2006). Using the House–Tree–Person test to assess sexually abused adolescents. Walden University, ProQuest Dissertations Publishing, 2006. 3255223.

Schildkrout, M. S., Shenker, I. R., & Sonnenblick, M. (1972). *Human Figure Drawings in adolescence.* New York: Brunner/Mazel.

Urban, W. H. (1963). *The Draw–A–Person catalogue for interpretive analysis.* Los Angeles: Western Psychological Services.

Van Hutton, V. (1994). *House–Tree–Person and Draw–A–Person as measures of abuse in children: A quantitative scoring system.* Odessa, FL: Psychological Assessment Resources.

Vass, Z. (1998). The inner formal structure of the H–T–P drawings: An exploratory study. *Journal of Clinical Psychology, 54*(5), 611–619.

Wenck, L. S. (1977). *House–Tree–Person drawings: An illustrated diagnostic handbook.* Western Psychological Services.

Wildman, R. W. (1963). The relationship between knee and arm joints on Human Figure Drawings and paranoid trends. *Journal of Clinical Psychology, 19*, 460–461.

Wolk, R. L. (1969). Projective drawings (H–T–P–P) of aged people. In J. N. Buck & E. F. Hammer (Eds.), *Advances in the House–Tree–Person technique. Variations and applications* (pp. 315–345). Los Angeles: Western Psychological Services.

Wyatt, F. (1949). The case of Gregor: Interpretation of test data. *Journal of Projective Techniques, 13,* 155–205.

Zannis, M. D. (2003). Child maltreatment and projective drawings: The role of holes in trees. *Dissertation Abstracts International: Section B: The Sciences and Engineering, 64*(1–B), 437.

Zucker, L. (1948). A case of obesity. Projective techniques before and after treatments. *Journal of Projective Techniques, 12,* 202–215.

제3장

동적 집-나무-사람 그림

- **개발자**: Burns(1987)
- **목　적**: 인간발달의 이해. 개인적 변화 과정 및 집, 나무, 사람의 관계와 상호작용 파악
- **준비물**: 8½″ × 11″(21 × 27cm)의 용지 1매, 연필, 지우개
- **지시어**: "이 용지에 집, 나무 그리고 어떤 행동을 하는 사람의 전신을 그려 주세요. 만화나 막대기 모양으로 그리지 말고 사람의 전체 모습을 그려 주세요(Draw a house, a tree, and a whole person on this piece of paper with some kind of action. Try to draw a whole person, not a cartoon or stick person)."

1. 개요

동적 집-나무-사람 그림(Kinetic-House-Tree-Person Drawings: K-HTP)검사는 Burns(1987)에 의해 개발된 기법으로, Buck(1948)의 집-나무-사람 그림(House-Tree-Person Drawing: HTP)검사에 역동성을 부여한 것이다. HTP는 각각 독립적으로도 특별한 의미를 가지고 있지만, 임상적 가치를 제한하는 세 가지 요인이 지적(Burns, 1987)되고 있다. 먼저 HTP는 정신과 환자를 대상으로 개발되고 표준화되었다. 많은 HTP 관련문헌이 기질성 질환, 조현병 등과 같은 정신병리학적 병명을 나타내는 진단적인 용도에 중점을 두고 있다. 둘째, HTP에 대한 지시는 각각의 종이에 집, 나무, 사람을 그리도록 했기 때문에 역동성이나 상호작용을 파악할 수 없다. 셋째, HTP의 모든 자료와 상징은 Freud학파의 정신분석이론적 맥락에서 해석되었다. K-HTP는 이러한 HTP의 단점을 보완하기 위해 집, 나무, 사람 세 요소를 한 장의 용지에 그리게 하여 하나의 조화된 그림을 얻고자 하였다. 이를 통해 K-HTP는 집, 나무, 사람 각각의 그림에서 얻을 수 있는 정보는 물론, 이들을 전체적으로 봄으로써 역동성과 상호작용을 파악하고자 하였다.

Burns는 동적 체계의 그림검사에 관심을 가졌다. 즉, 그림에 활동성을 부여하여 관계가 드러나게 하고 행위를 통하여 이야기가 있는 그림을 그리게 하였다. Burns는 K-HTP의 개발 이전인 1970년과 1972년에 이미 Kaufman과 함께 동적 가족화(Kinetic Family Drawing: KFD)를 개발하였다. 이처럼 Burns는 동적 체계의 그림을 통하여 전체로서의 인간을 이해하고자 하는 노력을 시도해 왔다. K-HTP 역시 동적 체계의 그림검사로서, HTP에 무엇인가 행동을 하고 있는 사람을 그리게 하는 동적 차원이 더해짐으로써 생명력을 가지게 되었다. 또한 집과 나무가 동시에 표현되어 시각적 은유와 함께 어떤 이야기를 제공해 줌으로써 언어적인 사고나 비유와는 비교할 수 없는 깊이 있는 통찰을 경험하게 한다. 따라서 피검자에 의해 창조된 집, 나무, 사람 간의 상호작용 및 관계는 언어의 한계를 벗어난 시각적 상징을 반영(Burns, 1987)하게 되는 것이다. Burns는 20년 동안 피검자들에게 한 장의 종이에 집과 나무, 어떤 행동을 하는 사람을 그리게 하고 그 그림들을 수집했으며, 이를 통해 HTP에서 볼 수 없었던 활동내용, 표현양식, 상징들을 파악하였다.

HTP를 비롯한 투사적 그림검사의 발전은 정신분석 이론가들에 의해 주도되었고, HTP를 개발한 Buck은 정신분석가로서 정신병리를 가진 환자를 대상으로 Frued 이론의 맥락에서 주로 그림을 해석하였다(Burns, 1987). Frued학파의 사고는 우리에게 통찰을 주었지만, 인간의 건강한 면보다는 병리적인 면이 더 강조되었다. 또한 비교적 폐쇄체계(Closed system)로 결정론적이며 환원주의적이라 할 수 있다.

이에 비해 K-HTP의 해석은 '전체'로서의 인간을 바라보고자 한 Maslow의 발달이론에 근거하고 있다. 즉, 피검자의 건강하지 못한 면뿐만 아니라 건강한 면도 보고자 하였으며, 한계성뿐만 아니라 잠재력까지도 주목하였다. Maslow는 발달적 모델을 제시하여 성장의 수준을 파악할 수 있도록 하였다. Maslow의 체계는 개방체계(Open system)로, 정상적인 것과 성장에 대해 더 많은 관심을 기울이며 변화와 새로운 것을 받아들이고자 한다. 이와 같이 K-HTP는 Maslow의 욕구위계(need hierarchy)설을 근거로 한 발달모형을 이용하여 집, 나무와 사람의 상징을 해석하여 피검자의 발달 수준을 파악하고자 한 것이 큰 특징이라 할 것이다.

2. 실시방법

1) 준비물

8½″ × 11″(21 × 27cm) 용지 1매, 연필, 지우개

2) 시행절차

준비한 용지를 가로로 제시하며, "이 용지에 집, 나무 그리고 어떤 행동을 하는 사람의 전신을 그려 주세요. 만화나 막대기 모양으로 그리지 말고 사람의 전체 모습을 그려 주세요."라고 지시한다. 그 외의 질문에 대해서는 "자유입니다."라고 대답한다.

3. 평가기준 및 해석

1) 해석을 위한 발달모형(developmental model)

K-HTP의 해석은 수정된 Maslow의 '욕구위계' 5수준 발달모형을 적용하였다.

1~3수준은 접근자(approachers)-회피자(avoiders)로 나누고 있다. 일반적으로 K-HTP에 대한 분석에서 집은 우리 생활의 물리적 측면을, 나무는 생활의 에너지와 에너지의 방향이며, 사람은 감독자를 상징한다고 말한다. 집과 나무와 사람 그림에 나타난 상징을 발달 수준과 연결해 볼 수 있다. Maslow의 수정된 발달모형의 수준을 Burns(1987)가 제시한 해석 매뉴얼에 근거하여 설명하고자 한다.

(1) 수준1: **생존에 속함**(Belonging to life). **생명력, 생존, 안전, 안정에의 욕구**

이 수준에 있는 피검자는 생존이나 죽음에의 욕망에 대한 문제 외에는 신경 쓰지 않는다.

① 접근자: 집은 보안과 안전을 위한 장소로, 요새나 감옥 같은 구조가 많다. 주로 출입이 제한되어 있으며, 문이나 손잡이가 없다. 집은 사람들로부터 안전하게 지키는 성역이다. 나무는 발톱 모양의 뿌리를 가졌거나 무언가를 파내고 있는 듯한 모양일 수 있다. 가시가 있거나 접근을 막기 위한 특성이 있을 수 있고 성장의 모습이 보이지 않는다. 사람은 호전적인 모습의 표현인 경우가 많다. 무장을 했거나 위험스러운 모습일 수 있다.

② 회피자: 집은 부서지기 쉽고, 무너지고 있으며 낡고 약하다. 집은 비어 있으며 오래가지 못할 것처럼 보인다. 나무는 죽었거나 죽어 가고 있고, 줄기는 가늘고 잎이 없거나 엉성하다. 나무의 생장상태가 좋지 않다. 가지와 잎이 아래로 처져 있거나 가지가 부러지거나 죽어 있다. 사람은 이 세상을 떠나려는 생각을 하고 있다. 사람의 얼굴특징이 생략되었거나 매우 슬프다. 내적으로 혹은 남몰래 죽음을 드러내고 있다. 인물상은 자기파괴적일 수 있다.

(2) 수준2: **신체에 속함**(Belonging to body). **신체에 대한 수용**

① 접근자: 집의 부분이 강조된다. 굴뚝이 문이나 창문같이 세밀히 그려져 있다. 촛대나 화환 혹은 남근 상징을 포함한 성적 상징들로 집이 장식될 수 있다. 집은 감각적이며 쾌락주의를 반영하고 환영한다. 나무는 감각적 특징을 나

타낼 수 있다. 나무껍질 혹은 잎의 표면이 강조될 수 있다. 잎이나 큰 가지가 남근 모양일 수 있다. 사람은 신체가 강조되며 감각적 · 성적인 특성이 종종 강조되며 유혹적일 수 있다. 남성에게는 근육이 강조되며, 여성에게는 가슴, 엉덩이 등을 포함한 성적 특징이 강조된다. 몸매를 아름답게 표현하거나 운동을 하는 모습을 표현하기도 한다.

② 회피자: 집의 부분이 생략되거나 지워지고 숨겨져 있을 수 있다. 부분이 음영으로 칠해져 있거나 회피되었을 수 있다. 집을 그리는 데 주저하는 경향이 있다. 집은 감각적이지 못하다. 거부감이 존재한다. '×'의 상징은 신체에서 갈등을 겪는 부분을 반영하는 것일 수 있다. 나무는 생략된 부분이 있거나 부분적으로 감춰지고 음영이 그려질 수 있다. 색은 감각적이지 못하다. 사람은 몸이 숨겨져 있다. 일부가 생략되거나 가려지고 신체에 대해 부끄러워한다.

(3) 수준3: **사회에 속함**(Belonging to society). **지위, 성공, 존경 그리고 힘의 추구**

① 접근자: 집은 성공, 지위, 권력, 존경에의 욕구를 반영한다. 이 수준에서의 집은 현대적이며 비싼 모습을 나타낸다. 격식 있고 잘 치장된 정원을 표현하기도 한다. 나무는 강력한 나무로 크고 잘 꾸며졌으며 현대적이다. 가지는 무언가를 쥐거나 소유하기 위해 밖으로 뻗어나가 나무가 균형이 잡히지 않는다. 사람은 세련되고 성공적인 모습이다. 중요한 분위기와 지위를 나타내며 존경을 요구한다. 사회에서 통용되는 권력의 상징과 일치한다.

② 회피자: 집은 성공과는 거리가 먼 모습이다. 집이 비싸거나 현대적으로 보이지 않는다. 나무는 수동적으로 보인다. 가지는 크지만 뻗어 나가지 못하고 한쪽으로 기울어져 있기도 하다. 사람의 옷이 세련되지 못하고 시대에 뒤떨어진 낡고 오래된 옷이 표현되기도 한다. 성공하지는 못했지만 약하지는 않다.

(4) 수준4: 자기와 자기 아닌 것에 속함(Belonging to self and not-self). 열정, 보살핌, 사랑

더 이상 접근과 회피가 없는 우호적인 수준이다. 집은 화목하며 온화한 분위기이다. 보살핌과 따뜻함의 감정이 표현된다. 나무는 그늘을 제공하며 올라갈 수 있는 장소이다. 바닥에 떨어지거나 상하지 않은 열매가 그려질 수 있다. 사람의 그림은 완전하며 얼굴 표정에 보살핌이나 사랑의 감정이 보인다. 보살핌과 양육의 행동이 표현되며 열정적이다.

(5) 수준5: 살아 있는 모든 것에 속함(Belonging to all living things). 사랑을 주고받음, 자아실현, 행운의 느낌, 창조성, 삶의 축복

가정에는 행복과 기쁨이 흘러나오고 집은 따뜻하고 자연과 조화롭게 어울려 있다. 나무는 풍성하고 전체적이며 위쪽과 바깥쪽으로 향해 있다. 가지는 연속적이며 부러지지 않았다. 화합적인 분위기 안에서 주변 환경과 조화를 이룬다. 사람은 삶의 기쁨을 반영한다. 전체적이고 균형 잡힌 사람을 그리며 종종 창의적이다. 사랑, 행운, 베풂과 수용 등이 표현되며 즐거움을 주고받는다. 인생의 가능성에 대한 긍정적 기대가 나타난다.

2) 그림 해석의 요소

K-HTP에서 집, 나무, 사람 간의 상호작용 및 관계는 피검자에 의해 창조된 언어의 한계를 벗어난 시각적 상징을 반영하게 된다. 그림을 해석할 때, 우선 전체적인 측면에 관심을 가져야 할 것이다. 그림에 대한 첫인상은 어떠한지, 그림이 무엇을 이야기하고 있는지, 무슨 일이 일어나고 있는지, 그림에 대한 느낌이 어떤지를 전체적으로 파악한다.

다음은 집, 나무, 사람 각각의 표현에 대한 형식과 내용을 파악한다. 예를 들면, 집이 적대적인 세계로부터의 도피처인지, 집이 붕괴되고 텅 비어 있으며 활기가 없는지, 집이 안전하고 따뜻한 곳인지, 살고 싶은 집인지 등을 살펴본다. 나무는 죽었는지 살았는지, 나무가 약하거나 부러져 있지는 않은지, 균형이 잡혀 있는지, 상처입거나 잘리지는 않았는지, 당신이 나무라면 이 나무가 되고 싶은지 등을 확인한다. 사람은 공격적이거나 적대적으로 표현되어 있는지, 활기가 있어 보이는지, 신체의 부분이 숨겨져 있거나 생략되어 있는지, 기쁘고 생동감 있어 보이는지 등을 확인한다.

그 외에도 그림에서 에너지(크기, 압력, 움직임)가 많은 부분은 어디인지, 그림 간의 거리는 어떠한지, 각 그림의 특성은 어떠한지, 어떤 행위가 묘사되어 있는지, 그림의 상징은 무엇인지, 집, 사람, 나무 간의 상호작용은 어떠한지에 주목해야 할 것이다. 여기서는 해석을 위해 특별히 관심을 가져야 할 그림의 요소에 대해 Burns(1987)가 제시한 해석 매뉴얼에 근거하여 설명하고자 한다.

(1) 부착(attachment)

부착은 둘 또는 그 이상의 그림이 붙어 있는 경우이다. 집과 나무, 집과 사람, 사람과 나무가 부착되거나, 혹은 집, 나무, 사람 모두가 부착된 경우가 있다. 이는 피검자들이 삶의 여러 단면을 분리시키거나 풀어 나가는 데 있어서의 어려움을 나타낸다. 세 가지 그림이 모두 부착된 경우는 성장을 저해하고 복잡하게 얽혀 있는 피검자에게서 볼 수 있다.

(2) 순서(order)

그림을 그릴 때 지시대로 집, 나무, 사람을 순서대로 그릴 수도 있다. 그러나 대부분의 사람은 K-HTP에 그들 나름대로의 순서로 그림을 그릴 것이다. 그림의 해석에서 가장 먼저 그려진 그림을 중요하게 생각하는데, 그 의미는 다음과 같다.

① 나무가 가장 먼저 그려진 경우

나무를 가장 먼저 그리는 사람은 생활에너지와 성장을 가장 중요하게 생각한다. 이것은 성장하려고 하는 사람이나 살아 있는 전형적인 사람의 유형이다. 좀 더 나아지려고 노력하는 사람, 즉 성장하고자 하는 사람은 주로 나무를 먼저 그린다. 그러나 자살하고 싶은 충동을 가진 사람 혹은 삶의 의지를 잃어버린 사람들도 종종 나무를 먼저 그리기도 한다. 물론, 해석을 가치 있게 하려면 전체 K-HTP의 부분으로서 나무를 보아야 한다. 나무가 죽었는지, 부착되어 있는지, 어떤 나무인지 등의 정보를 종합적으로 파악해야 할 것이다.

② 집이 먼저 그려진 경우

집을 먼저 그리는 것은 여러 가지 의미를 나타낼 수 있다. 이는 세상에 소속되고자 하는 욕구(생존을 위한 욕구), 신체에 소속되고자 하는 욕구(신체 욕구 혹은 강박관념을 의미할 수 있음), 사회에 소속되고자 하는 욕구(집은 성공 혹은 성공에의 경멸을 의미할 수 있음)를 나타내는 것일 수 있다. 또한 양육을 위한 가정, 양육을 주고받기 위한 가정(창조적이고 즐거운 장소)을 나타내는 것일 수 있다.

③ 사람이 먼저 그려진 경우

사람을 먼저 그리는 것은 세상에 대한 감정의 통제와 관련된 관심을 나타낸 것이기도 하고, 신체를 숨기거나 과시하려는 것, '성공'을 보여 주거나 혹은 '성공'에 대한 경멸을 나타내는 것일 수도 있다. 또는 양육적인 사람을 나타내거나, 즐거움을 주고받기를 좋아하는 사람을 나타내기도 하고, 만일 자신 이외의 사람이 그려져 있다면 그것은 특별한 사람, 예를 들면 죽은 가족구성원, 사랑하는 사람, 미워하는 사람, 영웅이나 폭군 등에 대한 강박관념에 사로잡혀 있다는 것을 반영하는 것일 수 있다.

(3) 활동내용

K-HTP는 그림 사이에서 에너지의 흐름을 느낄 수 있다. 사람에게서 집으로, 집으로부터 나무로 흐르는 에너지를 느낄 수 있고, 그림 속의 활동을 통하여 그 에너지가 시각적으로 보이기도 한다.

집은 비생명체이므로 집 그림에서의 활동성은 이해하기 힘들 수도 있다. 그러나 무너지거나 기울어진 집 그림에서 피검자의 상태를 읽을 수도 있고, 높이 뻗어 오른 집 그림에서 권력이나 환상에 대한 피검자의 욕구를 파악할 수 있다.

나무 그림의 경우, 나무에 새나 다람쥐와 같은 동물이 그려질 때가 있다. 그림에 덧붙여진 어떤 동물이나 조류는 피검자의 동일시 대상임을 나타낸다(Burns, 1987). 나무의 형태에서도 휘어진 나무, 나뭇가지가 처져 있는 나무, 가지가 위로 뻗어 나간 나무, 가지가 옆으로 뻗은 나무, 원형으로 그려진 나무, 가지와 잎이 풍성한 나무, 과일이 있는 나무, 열매가 떨어져 썩어 있는 나무 등 다양한 형태의 나무가 그려질 수 있다. 나무를 그릴 때 피검자는 자신의 개인적 변화 과정을 반영시키게 되므로 이를 통해 피검자의 심리상태를 파악할 수 있다.

사람 그림에서는 동적 체계의 다른 그림들, 즉 동적 가족화(KFD)나 동적 학교생활화(KSD) 등과 같이 사람이 어떤 행위를 하고 있는지에 관심을 기울여야 한다. 피검자는 사람 그림을 통하여 나무나 집과 상호작용하는 자신 혹은 자아의 역할을 그림에 반영시키게 된다.

(4) 표현양식

동적 그림 체계에서 나타날 수 있는 표현양식을 제시하면 다음과 같다.

- 부착: 앞에서도 언급했듯이 두 요소가 부착된 경우 피검자가 인생에서 그들의 삶을 풀어 나갈 수 없거나, 곤란을 겪고 있을 때 빈번히 나타나는 상징적 관계로서 주로 성장을 방해한다. 특히 집, 나무, 사람 세 요소가 모두 부착되었다면, 인생이 너무 복잡하게 얽혀 있는 경우라고 할 수 있다.
- 조감도: K-HTP 그림 전체나 집이나 사람 등 각각의 그림에서 나타날 수 있다. 이는 그 대상과 거리를 둠으로써 불안을 조절하려는 것이 반영된 것이다.
- 구분: 하나 혹은 그 이상의 직선을 이용하여 그림에서 사물들을 의도적으로 분리시키는 것이다. 구분을 통하여 피검자 자신이나, 자신의 감정을 분리시키거나 뒤로 물러서려고 한다(Burns, 1982; Burns & Kaufman, 1970; Reynolds, 1978). 또한 구분은 타인으로부터 거부당하는 느낌 또는 그들에 대한 두려움을 나타내거나(Burns & Kaufman, 1970; Reynolds, 1978), 중요한 감정에 대해 부

정하거나 수용이 어려운 경우이거나(Burns & Kaufman, 1970; Reynolds, 1978), 개방적인 의사소통이 어려운 경우(Reynolds, 1978)에 나타난다. 나이가 많은 소년은 어린 소년보다 구분하려는 경향이 더 많이 나타난다(Meyers, 1978).

- 가장자리: 그림을 용지의 가장자리에 그리는 것이다. 이는 직접적인 상호작용이나 개입 없이 수동적으로 관여하려는 욕구(Burns & Kaufman, 1972), 친밀하고 깊은 수준으로 연관되는 것을 거부하는 방어적인 사람에게서 나타난다(Burns & Kaufman, 1970; Reynolds, 1978).
- 포위: 하나 또는 그 이상의 그림이 한 대상을 둘러싸는 선에 의해 갇혀 있는 경우이다. 이는 위협적인 인물을 고립시키거나 없애고 싶은 욕구에 해당한다(Reynolds, 1978).
- 용지 위로 확장되어 윗부분이 잘려 나간 그림: 나무 그림에서 가장 많이 나타난다. 권력과 상승에 대한 욕구와 관련이 있다.
- 용지 아래로 확장되어 아랫부분이 잘려 나간 그림: 사람 그림에서 많이 나타난다. 현실에 기반을 두거나 소속되고 싶은 욕구와 관련이 된다. 신체의 일부를 숨기는 피검자에게서도 보이고, 죄책감이나 열등감과 연관되기도 한다.
- 용지 밑바닥에 선을 긋거나 'X' 표시를 한 그림: 매우 불안정한 가정을 시사하며 안정에의 욕구를 나타내고 있다(Burns & Kaufman, 1970, 1972).
- 용지 상단에 선을 그은 그림: 안정된 아이들에 비해 극심한 두려움이나 걱정이 있거나(Burns & Kaufman, 1970; Reynolds, 1978), 정서적으로 불안정한 아이들에게서 더 많이 나타난다(Burns & Kaufman, 1972).
- 용지 하단에 밑줄을 그은 그림: 강한 기반과 안정성을 필요로 하는 것을 나타내며(Burns & Kaufman, 1970, 1972; Reynolds, 1978; Klepsch & Logie, 1982), 정서적으로 불안한 아동에게서 많이 나타난다(Burns & Kaufman, 1972).
- 각 그림 아래에 밑줄을 그은 그림: 선이나 음영을 그려 넣은 부분을 안정시키려는 것을 나타낸다.
- 시작했던 그림을 거부하고 전체를 다시 그리기 시작함: 처음 그린 그림의 내용과 역할에 겁을 먹고 다시 안전한 그림을 그리려는 것이다(Burns & Kaufman, 1972).

(5) 상징

그림에 나타난 각각의 상징은 많은 의미를 지닌다. 이는 해석하는 사람의 이론적 편향에 따라서도 다양한 의미를 가질 수 있다. 해석을 할 때 그림의 보편적인 상징성에만 의존하거나, 개인이 가진 독특한 환경이 배제된 일률적인 해석을 한다면 잘못된 해석을 할 우려가 크다. 그러므로 보편성뿐 아니라 개인의 특수성이 고려되어야 하며 피검자가 속해 있는 문화권을 고려하여 적합한 해석이 되도록 노력해야 한다.

4. 해석의 적용

1) B의 K-HTP 사례

[그림 3-1]은 17세 소녀(B)의 K-HTP로, 피검자는 폭력가정의 자녀이다. 어머니는 폭력이 심한 아버지와 이혼한 후 재혼하였으나 새아버지로부터 다시 폭력에 시달리던 끝에 또다시 이혼하게 되었다. 그 과정에서 피검자와 새아버지 간의 상당한 갈등이 있었고, 피검자는 친아버지에 대한 원망, 새아버지에 대한 적개심, 어머니에 대한 죄책감 등으로 말할 수 없이 복잡한 감정에 빠져 있었다. 또 새아버지가 이혼에 대한 모든 책임을 피검자에게 돌리면서 죽이겠다는 협박을 하고 있어 두려움과 공포 속에서 지내고 있었다. 이러한 상태에서 학교에 전혀 적응하지 못했으며, 그 누구에게도 말하지 못하고 혼자 고통 속에서 자신을 주체하기에 힘든 상황이었다. 그림을 그릴 당시 B는 상당히 혼란스러운 상태였고 정상적인 학교생활이 어려울 정도였다.

그림의 전체적인 인상은 공허하고 스산한 느낌을 준다. 나무는 시간과 정성을 많이 들여 그렸지만, 잎이나 꽃을 찾아볼 수 없고 생동감이나 생명력이 느껴지지 않는다. 가지가 아래로 처져 있어 우울감과 좌절감이 느껴지고, 앙상히 드러난 가지가 겨울철 메마른 나무나 죽은 나무를 연상케 한다. 그에 비해 집은 가는 단선

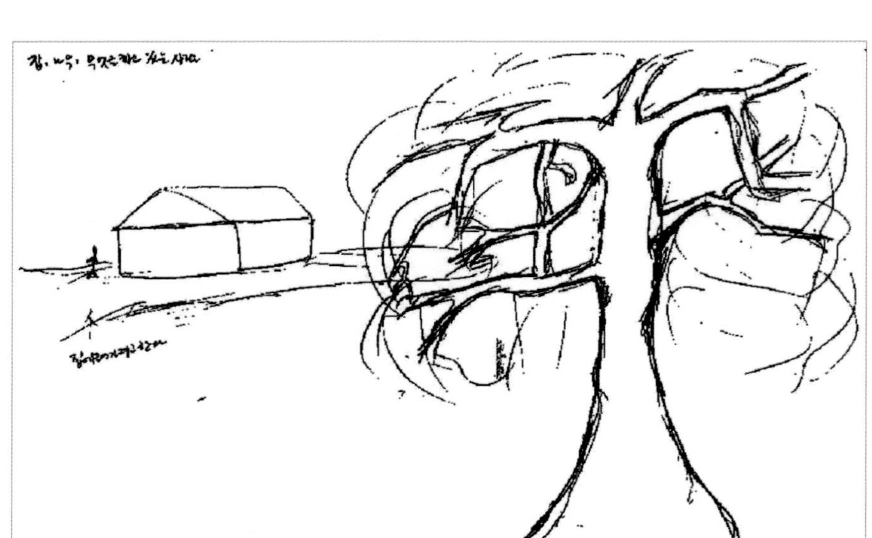

[그림 3-1] B의 K-HTP(17세, 여)

으로 성의 없이 그려졌으며 견고해 보이지 않는다. 특히 사람은 막대기에 가까운 모습으로 아주 작게 그려졌다.

형식과 내용적인 측면에서 살펴보면 나무를 그릴 때 많은 시간이 소요되었으며, 그리고 지우기를 반복하고 덧칠을 하는 등, 나무의 모양에 신경을 쓰면서 그림을 그렸다. 또한 크기도 앞쪽에 자리 잡은 나무가 용지의 절반을 차지할 정도로 크다. 나무줄기에 여러 번 덧칠한 선을 볼 수 있고, 필압 또한 강하여 집이나 사람에 비해 매우 강조되어 있음을 볼 수 있다. 이에 비해 집과 사람은 순식간에 그렸으며, 그림의 뒤쪽에 멀리 작게 묘사되어 있고 나무에 비해 상대적으로 크기가 매우 작다. 위치를 보면 나무는 그림의 앞쪽 오른편에 그려졌고, 집과 사람은 용지의 뒤쪽 왼편에 그려져 있어 집과 나무가 멀리 떨어져 있음을 볼 수 있다. 특히 사람의 그림이 작고 왼쪽에 위치한 것으로 보아 내향적인 성향으로 과거로 퇴행하고자 하는 경향을 엿볼 수 있다. 피검자는 사람이 집으로 들어가려고 한다고 했지만 집 그림에는 문도 창문도 볼 수 없어 매우 공허하고 마치 사람이 살고 있지 않은 것처럼 보인다. 이러한 집그림은 외부세계와의 소통의 부재, 혹은 집에 대한 피검자의 무의식적인 저항감을 나타내고 있다. 막대그림에 가까운 사람의 그림은 너무나 작고 왜소하여 아무런 표정도 활동성도 볼 수 없다. 피검자 자신에 대한 낮은 자존감 혹은 사람일반에 대한 부정적인 인식이 은연중에 드러나고 있다.

그림 순서는 나무–집–사람의 순으로, 가장 먼저 그린 그림은 나무이다. 인물이 보다 의식차원에서의 자기상이라면, 나무는 보다 깊은 심층에서의 무의식적인 자기상과 자신에 대한 감정을 드러낸다. 나무를 가장 먼저 그리는 사람은 삶의 에너지와 성장을 중요하게 생각한다. 그러나 자살하고 싶은 충동을 가진 사람 혹은 삶의 의지를 잃어버린 사람도 종종 나무를 먼저 그리기도 한다(Burns, 1987). B의 경우도 나무를 제일 먼저 그렸다. 또한 그림에서 나무는 메말라 가지가 드러나 있고 수관은 잎이 없이 앙상히 메말라 있으며 가지가 아래로 처져 있어 삶의 의욕이 좌절된 듯한 인상을 준다. 나무의 크기 또한 전체 화면의 절반 이상을 차지하는 것으로 보아 B는 현재 자기의 삶에 대한 관심이 가장 크게 자리 잡고 있음을 나타내고 있다. 다만 그것이 성장의 방향이 아닌 절망과 좌절의 모습이며, 자신을 파괴하려는 방향으로 에너지가 집중되고 있음을 확인할 수 있다.

Maslow의 발달단계에 따르면 B의 그림에서 집과 나무는 1단계 접근자, 사람은 1단계 회피자에 해당한다. 피검자의 경우 거듭되는 살해위협과 죄책감에서 오는 자기비난은 자살생각으로 몰아갔고, 삶과 죽음에 대한 갈등에 빠지게 했다. 이러한 혼돈상태에서의 감정이 자신과 가족에 대해서는 물론 타인에게도 부정적으로 드러나고 있었다. 이는 나무 그림뿐 아니라 아무도 살지 않는 듯한 견고하지 못하고 무미건조한 집의 그림과 생동감 없는 사람의 모습에서 자기에 대한 인식, 가정에 대한 인식 그리고 환경과의 관계를 확인할 수 있고, 무엇보다 그림을 보고 나눈 피검자와의 대화를 통해 보다 분명히 파악할 수 있었다.

[그림 3-2] B의 HPT

[그림 3-2]는 B가 그린 HTP이다. 여기서 K-HTP와 그 특성을 비교해 보고자 한다. HTP의 경우, 검사자의 지시에 따라 집-나무-사람의 순서로 그리기 때문에 순서에 따른 역동을 살펴볼 수가 없다. 그러나 K-HTP의 경우, 피검자가 순서를 결정하여 그리기 때문에 피검자가 무엇에 관심을 가지고 있는지 파악할 수 있다. B의 경우, K-HTP에서 나무를 제일 먼저 그림으로써 피검자가 자신을 가장 중요하게 생각하고 있음을 알 수 있다. 또한 집 그림도 HTP에서는 일반적인 형태인 도식적인 집 그림인 데 비해 K-HTP에 나타난 그림은 선의 질과 세부묘사가 부족한 그림으로, 피검자가 집에 대해 느끼는 감정이나 외부세계와의 관계가 더욱 잘 드러나 있다. 사람 그림의 경우, 피검자가 HTP에서는 사람을 그리지 못했다. 사람에 대한 극심한 두려움으로 인해 용지 왼쪽 하단 모퉁이에 검은 눈동자만 계속 칠하고 있을 뿐이었다. 피검자가 이 그림을 그릴 당시, 교실에 바로 앉지 못했으며 자기를 쳐다보는 친구나 교사의 눈이 두려워 하루 종일 책상에 엎드려 있는 상황이었다. 이러한 상황에서 사람의 그림을 그리는 것조차 불가능했다. 그러나 K-HTP의 그림에서는 아주 작게나마 사람을 표현하였고 독립적으로 사람만 그리는 HTP에 비해 자기에 대한 인식, 타인에 대한 인식은 물론 집과 나무와 관련한 자기의 모습에 대한 인식을 파악할 수 있다는 점에서 차이를 발견할 수 있었다. 따라서 사람 그림에 대한 거부감이 있는 피검자의 경우 한 장의 종이에 사람을 따로 그리는 HTP보다 K-HTP의 적용이 더 부담이 적을 수 있고, B가 처한 환경이나 관계를 파악할 수 있다는 점에서 유용하다 할 수 있다.

2) P의 K-HTP 사례

[그림 3-3] P의 K-HTP(16세, 여)

[그림 3-3]은 16세 소녀(P)의 K-HTP이다. P는 가출 후 학교로 돌아왔고, 미술치료에 의뢰되었다. P는 경제적으로 어려움 없는 가정에서 자랐으나 어릴 때 아버지의 외도로 친어머니가 일방적으로 쫓겨나고 아버지의 동거녀 밑에서 자랐다. 아버지의 동거녀와의 관계는 원만하지 못했고 아버지가 없는 곳에서는 은밀한 학대가 이루어지고 있었다. 집은 P에게 따뜻한 곳이 아니었고 그 누구와도 이야기할 상대가 없었다. P는 친구에게조차 가정사를 털어놓지 못해 겉으로는 부유하고 누릴 것을 다 누리는 아이로 보였으나 속으로는 엄청난 외로움과 낮은 자존감을 가지고 있었다. P는 자신을 숨기려는 듯 화려한 모습으로 자신을 과시하려 했고, 그러한 행동은 더더욱 스스로를 고립시키는 행위가 되었다. 청소년이 되면서 아버지에 대한 원망과 적개심, 아버지의 동거녀에 대한 분노, 친모에 대한 그리움 등의 감정들이 터져 나와 가출로 이어지게 되었다. [그림 3-3]의 K-HTP에는 이러한 P의 상황과 감정이 고스란히 드러나고 있다.

우선 그림의 전체적인 인상을 보면 얼핏 보기에는 평화로워 보인다. 그러나 지면선을 보면 집과 사람은 이 언덕과 저 언덕으로 나뉘어져 다가가기에는 매우 먼 거리에 있는 것을 알 수 있다. 달과 별이 그려져 있는 것으로 그림 속의 시간이 밤이라는 것을 나타내고 있다. 밤이 되었는데도 사람은 의자에 주저앉아 집으로 돌아가려 하지 않는다. 집의 문은 굳게 닫혀 있어서 아기자기하게 그려진 것과는 달리 쓸쓸함이 풍기는 내용이다.

형식과 내용적인 측면에서 볼 때, 특히 나무의 그림이 매우 작고 단조롭다. 나무를 여러 그루 그렸으나 모두 비슷한 형태이며 줄기가 매우 가늘고 약하여 쉽게 휘거나 꺾일 것 같은 불안정한 모습이다. 수관도 단조롭고 소심하게 그려져 있다. 앞에서 언급했듯이 나무는 자기상을 나타낸다. Buck(1948)은 나무기둥은 피검자의 내적 자아강도에 대한 주관적인 감정을 나타낸다고 하였다. 나무의 줄기는 성장과 발달 과정에서 획득한 에너지를 상징하고, 자아강도에 대한 주관적인 느낌을 반영하며 튼튼한 줄기는 긍정적인 자아상을 보여 준다. 또한 풍부한 수관은 자신감과 야망, 자신의 목표를 위해 노력하는 활동력과 개인의 성장에너지를 의미한다. 자기개념이 높을수록 수관이 울창하다(이희경, 2004)는 점에서 본다면, 작고 힘없이 그려진 P의 나무 그림은 자아강도가 약하고, 자기개념이 낮음을 짐작할 수 있다.

그림을 그린 순서는 집-나무-사람이다. 빈약하게 표현된 나무 그림과는 달리 집 그림은 어느 정도 세부묘사를 하고 있다. 그러나 문과 창문이 닫혀 있고 따뜻함을 상징하는 굴뚝 같은 상징물을 찾을 수 없다. 또한 언덕을 표시하는 선으로 집과 피검자 사이를 분리하여 쉽게 다가가지 못하거나 다가가고 싶지 않은 마음을 드러내고 있다. 멀리 보이는 집 그림은 가정에 근접하기 어려운 감정을 나타내거나 가족에게서 위로를 받을 수 없다는 감정을 나타내고 있다. 또한 사람이 의자에 앉은 모습에서 활동성이 낮고 수동적인 태도를 볼 수 있다. 사람의 방향은 집을 향해 있지만 집을 바라보고 있지는 않으며, 밤이 되었고 집이 멀리 있는데도 일어서서 움직이려는 행동을 하지 않는 그림에서 피검자의 양가감정이 느껴진다. 사람의 주변에는 아무것도 없어 외로움이나 소외감이 전해져 온다.

Maslow의 발달단계에 따르면 P의 그림에서 집은 2단계 접근자, 나무는 1단계

회피자, 사람은 2단계 회피자에 해당한다. 집의 경우 단정하고 적절한 모양이긴 하지만, 문과 창문에 격자 모양에서 방어적으로 보인다. 또한 집을 그릴 때 주저하는 경향이 있었으며 지붕이 견고하지 못한 인상을 준다. 나무는 수관의 내부가 비어 있어 활력이 없다. 줄기가 가늘고 힘이 없으며 나무의 생장상태가 좋지 않은 점에서 피검자가 자기 성장의지에 대한 확신이 부족한 것으로 느껴진다. 또한, 사람은 옆모습이고 앉아 있으며, 로봇처럼 경직된 자세에서 긴장하고 있거나 자신감 없음이 느껴진다. 이러한 그림의 특성은 부유한 집에서 자랐지만 사랑받지 못했던 가정 분위기에서 오는 정서적 거리감과 성장 과정에서 형성된 P의 열등감이 그대로 드러남을 보여 주고 있다.

5. 연구동향

1) 국외 연구동향

K-HTP에 대한 국외 연구는 Burns(1987)가 매뉴얼을 제시한 이후 최근까지 이어져 오고 있지만, 그다지 많이 이루어지지는 않았다. 주로 평가방법이나 채점체계에 대한 연구가 이루어졌는데, 연구자별로 살펴보면 다음과 같다.

Burns(1987)는 HTP가 정신과 환자 집단을 대상으로 표준화되었다는 것을 비판하였지만, 그 자신은 K-HTP를 어떤 집단을 대상으로도 표준화하지 않았다. 그는 자신의 저서에서 9세에서 64세의 광범위한 연령대를 대상으로 얻은 다양한 형태의 그림을 제시하면서 해석의 구체적 사례를 보여 주었다. 그러나 사례가 채택된 방식이 분명하지 않고 해석의 기준이 명확하지 않아 해석의 기준으로 삼기에는 어려움이 있다. Burns는 부착과 자기 이외의 인물표현에 대해서는 점수화하도록 제안하였다. 즉, 부착이 있는지 만약 있다면 무엇과 무엇이 부착되었는지를 표시하고, 자기 이외의 사람이 그려졌다면 부모인지 친구인지 어떤 사람인지를 점수화할 것을 제안하였다. 그러나 항목의 유무를 체크하도록 한 것 이외에 점수화에 대한 정보는 논의되지 않았고, 점수가 의미하는 것이 무엇인지에 대해서도 명확한 결과가 제시되지 않고 있다.

이후 K-HTP는 여러 학자의 연구에 의해 객관적인 평가기준을 마련하기 위한 노력이 이루어져 왔다. Kukanich(2001)은 투사적 그림의 해석을 위해 K-HTP에 대한 기호접근방법과 전체적 방법을 시험하였다. 기호접근방법은 그림으로부터 의미를 얻기 위하여 전통적 지표들을 사용한 것이며, 전체적 방법은 그림을 해석하는 개인의 정서적 반응을 고려하면서 전체적인 느낌, 그리고 그림의 분위기에 중점을 둔 것이다. 그 결과 두 가지 방법이 모두 효율적인 것으로 나타났으나 전체적 방법이 더 많은 임상적 정보를 제공한다고 보고하였다. 또한 Kukanich(2001)은 Millon의 성격유형목록과 K-HTP를 비교한 결과 임상적 성격유형들이 전체적인 K-HTP 해석을 예측할 수 있고, 특히 그림의 느낌에 관한 요소를 예측할 수 있다고 하였다.

Stoddard(2003)는 HTP와 K-HTP 그림에 나타난 정서지표를 비교하는 연구에서 두 그림에서 추출할 수 있는 정서지표가 서로 다르다고 보고하였다. HTP가 집, 나무, 사람의 일반적 그림 특성의 범주에서의 지표를 가진다고 한다면, K-HTP는 행동, 양식, 상징과 같은 범주에서의 지표를 가진다. 따라서 각각의 그림은 서로 대체가 불가능한 나름대로의 가치를 지닌다는 것을 밝혔다.

Burns의 저서에는 신뢰도나 타당도가 제시되지 않았다. Lister와 Rosales(2003)는 발달지체성인을 대상으로 한 K-HTP 연구에서 각 발달모형에 따른 수준과 각각의 요소에서 모든 사람이 적용할 수 있는 구체적인 자료를 제공하려고 하였다. 이들의 연구에서 무작위로 그림을 선택하고 채점하여 채점자 간 신뢰도를 산출한 결과, 71.25~90%의 신뢰도를 보였다. 또한 Li, Chung, Hsiung, Chen, Liu와 Pan(2014)은 정신장애를 가진 사람의 집단에 실시한 K-HTP의 채점체계가 타당성이 있는지를 밝혔다. 66명의 정신장애자와 53명의 대학생을 비교 집단으로 하였고, 정신장애 집단의 절반인 33명이 2주 후에 다시 K-HTP를 그렸다. 그 결과 두 집단 모두 K-HTP 채점체계의 타당성이 입증되었고 허용 가능한 검사-재검사 신뢰도를 나타내었다. K-HTP가 타당하고 신뢰할 만한 평가도구임을 인정하기 위해서는 앞으로도 추가적인 연구가 더 필요할 것이다.

2) 국내 연구동향

국내에서 K-HTP에 관한 연구가 시작된 것은 1997년부터이며, 초기 연구에서는 특정연령층 대상이거나 심리적 특성에 따른 K-HTP 반응특성을 파악하고자 하는 연구가 대부분이었다(김동연, 최외선, 1997; 김동연, 백양희, 장영숙, 1997). 2000년대에 들어서면서 유아동부터 노인에 이르기까지 연구대상의 범위가 확대되었다. 또한 다양한 대상의 비교연구가 이루어졌는데, 재가노인과 시설노인(최외선, 오미나, 2002), 범죄 집단과 일반성인 집단(공마리아, 최은영, 2013), 미혼모와 일반 임산부(양은주, 2004), 지적 장애성인과 일반성인(조은정, 2009)의 K-HTP 반응특성을 비교하는 연구가 진행되었다. 더불어 다른 문화권을 대상으로 한 연구도 이루어졌는데, 미국 성인과 한국 성인(이지현, 주은선, 2003), 한국 대학생과 중국 대학생(단단, 2015) 등과 같이 다양한 집단 간의 비교연구도 이루어졌다. 그 외에도 모래놀이와 K-HTP 표현을 비교하는 연구(이계화, 이정숙, 2006)도 이루어지고 있어 연구의 범위가 넓어지고 있다.

심리적 특성과 K-HTP 반응특성에 관련된 내용으로는 불안과 관련된 연구, 우울과 관련된 연구, 불안과 우울을 함께 살펴본 연구, 자아정체감과 관련된 연구, 자아존중감과 관련된 연구, 자아분화와 관련된 연구, 신경증과 관련된 연구 등으로 구분할 수 있다. 이러한 연구들을 구체적으로 살펴보면 다음과 같다.

불안과 K-HTP의 반응특성을 살펴본 연구는 여러 사람에 의해 실시되어 왔다. 도시 여성의 특성불안과 K-HTP 반응특성을 살펴본 연구(김동연, 최외선, 1997), 장애아 어머니를 대상으로 K-HTP의 반응특성에 따른 특성불안의 차이를 분석한 연구(공마리아, 2002), K-HTP 반응특성을 중심으로 한 미혼모와 일반 임산부의 불안 비교연구(양은주, 2004), K-HTP에 나타난 지적 장애성인의 우울 및 불안 특성 연구(조은정, 2009), 소방공무원의 외상후 스트레스와 불안 및 K-HTP 반응특성에 관한 연구(최수아, 2013), K-HTP의 그림 반응특성을 중심으로 한 알코올중독자의 우울과 불안에 관한 연구(김제영, 2014) 등을 들 수 있다.

불안에 관련된 연구 중에서 장애아동 어머니 55명을 대상으로 한 장애아 부모의 특성불안과 K-HTP 반응특성(공마리아, 2002)을 살펴보면, 특성불안이 낮은 그림의 특성으로는, 집 그림 양식에서 문과 문의 손잡이를 그린 경우 자신감이 높고, 투시성을 보이지 않는 그림의 경우 침착성이 높아 특성불안이 낮았다. 사람 그림 양식에서는 손 길이가 팔 길이의 1/4 정도일 때 가장 자신감이 높고, 손이 생략된 경우 만족감이 높아 특성불안이 낮았다. 또한 전체 그림이 조화를 이룬 경우 특성불안이 낮은 경향을 보였다. 반면, 특성불안이 높은 그림의 특성으로는 나무 그림 양식에서 줄기가 약하고, 뿌리가 생략되었거나 약한 집단이 긴장감이 높아 특성불안이 높은 것으로 나타났다. 또한 사람 그림에서 의복장식이 적당히 그려진 경우 대인관계에서 더 많은 긴장감을 가지게 되어 특성불안이 높았다. K-HTP 반응특성을 중심으로 한 미혼모와 일반 임산부의 불안 비교연구(양은주, 2004)에서는 미혼모가 일반 임산부에 비해 상태불안과 특성불안이 모두 높은 것으로 나타났다. 불안이 높은 경우, 나무 그림에서 가지가 없거나 부조화된 형식으로 그렸으며 활엽수보다는 잎이 없거나 침엽수로 그리고 열매가 적거나 없게 그렸다. 사람의 그림에서도 불안이 높은 경우 다리를 1/4 미만으로 짧게 그리고, 손이 없거나 신체 길이의 1/4로 그렸다. 한편, K-HTP에 나타난 지적 장애성인의 우울 및 불안 특성을 연구한 조은정(2009)의 연구에서 지적 장애성인이 일반인에 비해 우울 및 불안이 더 높은 것으로 나타났다. 불안이 높은 경우, 형식적인 면에서 세부묘사가 완전히 결여되고 거의 상세하지 않으며 완성되지 않은 그림이 많았다. 또 형식적 요소에서 집의 지붕 위에만 사용된 진한 선, 음영이 있는 선, 진한 선, 두꺼운 필압 등의 특징이 나타났다. 또 내용적인 면에서 벽의 한 면만 그리거나 나무껍질을 검게 칠하고 음영이 없는 머리카락을 그렸으며 완성되지 않은 그림이 많았다. 내용적인 요소에서 벽의 지면선 강조, 검거나 진한 나무껍질, 나무줄기의 상흔, 옹이, 속이 빈 구멍을 그리는 특징이 나타났다.

이처럼 특성불안의 구체적 요인과 K-HTP 반응특성의 관계를 밝힌 연구도 있지만, K-HTP에 나타난 불안지표를 제시하고 불안을 나타내는 항목의 유무를 체크하여 점수로 환산하는 방법을 사용하여 차이를 비교하기도 하였다. 이러한 방법으로 최수아(2013)는 소방공무원 59명을 대상으로 소방공무원의 외상후 스트레스와 상태 · 특성불안 및 K-HTP 검사를 실시하였다. K-HTP의 형식적 분석(10문항)과 내용적 분석(17문항)을 통하여 소방공무원의 외상후 스트레스와 상태 · 특성불안이 K-HTP 반응특성과 유의미한 정적 상관이 있다고 밝혔다. 즉, 외상후 스트레스가 높을수록 상태 · 특성불안 및 불안을 나타내는 K-HTP 반응특성이 높아짐을 보고하였다. 불안을 나타내는 반응특성은 형식적 요소에서 희미하게 그린 그림, 매우 짧은 선의 사용, 용지의 윗부분에 그린 그림이며, 내용적 요소로는 가는 줄기의 나무, 나무의 지면선을 강조, 줄기의 윤곽이 약하고 희미하게 그려진 그림 등이다.

우울과 관련된 연구에서 재가 및 시설노인 386명에게 우울 척도와 K-HTP 검사를 실시하여 반응특성을 비교(최외선, 오미나, 2002)한 결과, 우울 수준이 높은 집단이 집 그림에서 문과 창문이 없는 그림이 많았고, 나무 그림에서 가지가 없는 그림이 많았다. 사람 그림에서는 재가노인의 경우 다리 길이가 신체 길이의 1/4 미만 집단이 우울 수준이 높았고, 시설노인의 경우 다리가 생략된 집단이 우울 수준이 높았다. 우울 수준이 높은 집단이 의복에 장식성이 없는 그림이 많았고, 집-나무-사람의 그림이 조화롭지 못하거나 여백처리가 부적절한 경우가 많았다.

K-HTP에 나타난 지적 장애성인의 우울 및 불안 특성을 연구한 조은정(2009)의 연구에서는 우울이 높은 경우 형식적 양식에서 세부묘사의 결여, 거의 상세하지 않음, 완성되지 않은 그림이 많았다. 또 내용적 양식에서 벽의 한 면만 그린 것, 나무껍질을 검게 칠함, 음영이 없는 머리카락, 완성되지 않은 그림이 많았다. 성인 여성 암 환자의 K-HTP 그림에 나타난 심리적 특성에 대한 연구(김미숙, 2014)에서는 사람표현에서 신체의 왜곡 및 생략과, 집표현에서 문과 손잡이의 생략, 창문의 생략이 많이 나타나 암 환자가 외부세계와 상호 인간관계에서 불안감을 느끼고 있음을 보고하였다. 나무의 나이가 너무 많거나 어리고, 인물의 세부표현에서 눈동자 생략, 눈동자와 눈을 점이나 가느다란 선으로 표현하거나 음영이 없는 머리카락표현이 많았으며, 집표현에서 지붕에 빗금을 넣고 벽을 한 면만 그리는 경우가 많았다. 나무표현에서는 종이 밑면 위를 기저선으로 사용하고, 나뭇가지가 없는 경우가 많았는데, 이러한 것은 환자의 우울한 감정을 나타내고 있다. 또한 우울증 척도에 의한 검사의 결과보다 K-HTP 그림검사의 결과에서 우울한 표현

이 두드러지게 나타났으며, 이는 K-HTP 그림검사가 개인의 무의식에 있는 감정을 더 잘 반영하는 것임을 보고하였다.

자아정체감에 관련된 연구로 여대생을 대상으로 자아정체감과 K-HTP의 반응 특성을 살펴본 연구(김동연 외, 1997)에서 전체적인 양식에서는 집-나무-사람의 크기 순서로 그린 집단이 가장 높은 자아정체감을 나타냈고, 집-사람-나무의 순서로 그린 집단이 가장 낮은 자아정체감을 나타냈다. 집 그림 양식에서는 문의 손잡이가 없는 열린 문을 표현한 집단이 문의 손잡이가 있는 닫힌 문을 표현한 집단보다 자아정체감이 높은 것으로 나타났으며, 굴뚝이 없는 집단이 있는 집단보다 자아정체감이 높았다. 나무 그림 양식에서는 잎을 전체적인 형태로 나타냄으로써 잎이 차지한 면적이 넓은 집단이 잎을 침엽수로 나타내어 잎이 차지하는 면적이 적은 집단보다 자아정체감이 높은 것으로 나타났다. 사람 그림 양식에서는 의복에 장식성이 없는 집단이 장식이 있는 집단보다 자아정체감이 높았다. 인물상의 위치가 중심에 가까운 집단이 중심에서 먼 집단보다 자아정체감이 높은 것으로 나타났다. 한편, 대학생의 자아정체감과 K-HTP 그림검사와의 관계를 밝힌 김현진(2015)의 연구에서는 자아정체감과 K-HTP의 각 하위영역별로 모두 유의미한 상관관계가 있음을 보여 주었다. 또한 자아정체감에 대한 변량의 70% 정도를 설명할 정도로 유의미하게 높은 결과가 나왔다. K-HTP 검사의 각 양식별 자아정체감에 대한 변량에 대해 그림양식은 56%, 집 그림 45%, 나무 그림 49%, 사람 그림은 37%를 설명하였다.

그 외에도 K-HTP가 자아존중감을 파악할 수 있는 도구임을 밝히고 있는데, 아동이 지각한 부모의 양육태도에 따라 자아존중감에 유의미한 차이가 있으며, 또한 K-HTP 반응특성에서도 유의미한 차이가 있다(유수옥, 김성희, 2013)고 밝혔다. 대학신입생 102명을 대상으로 자아존중감 척도와 K-HTP 그림검사를 실시한 연구(손봉희, 2011)에서는 K-HTP 분석을 위해 전체적 양식(10문항), 집 그림 양식(10문항), 나무 그림 양식(10문항), 사람 그림 양식(10문항)의 총 40문항을 제시하고 평가하였다. 그 결과 K-HTP 그림검사와 자아존중감 척도검사 사이에는 유의미한 긍정적 상관관계가 있는 것으로 나타났다. 각 양식별로 살펴보면, 전체적 양식 중에서는 통합성, 선과 형태, 필압, 세부묘사, 원근감, 지우기, 부가물, 상호관계에서 집단 간의 차이가 유의미하였다. 집 그림 양식에 있어서는 집의 크기, 지붕, 문, 안정감, 울타리에서 집단 간의 차이가 유의미하였다. 나무 그림 양식에 있어서는 나무의 크기, 줄기, 수관, 뿌리, 안정감에서 유의미한 차이가 있었다. 그리고 사람 그림 양식에서는 인물 크기, 얼굴 표정, 인물 위치 항목에서 유의미한 차이가 있었다. 특히 그림 양식 중 전체적 양식과 나무 그림 양식이 다른 양식에 비해 높은 상관관계를 보였다. 자아존중감을 평가할 수 있는 가장 영향력 있는 그림양식의 요소는 전체적 양식과 나무 그림 양식이었으며, 그중에서도 전체적 양식이 자아존중감을 가장 잘 설명하는 예측변인인 것으로 나타났다.

대학생의 자아분화와 K-HTP 반응특성 연구(정윤정, 2004)를 살펴보면, K-HTP 평가항목은 집 그림 양식(27문항), 나무 그림 양식(22문항), 사람 그림 양식(41문항), 전체 그림의 조화와 관련된 양식(17문항)의 총 107문항으로 이루어져 있다. 대학생의 자아분화 수준은 집 그림 양식에서 굴뚝의 연기와 단층인 경우, 커튼과 지붕이나 기와의 세부묘사를 표현한 경우 그리고 집에 비해 문이 클수록 높았다. 나무 그림 양식에서 나뭇가지와 열매가 있으며, 뿌리의 표현이 없고, 수관이 크고, 가지 끝이 열리고 기울어짐이 없으며, 기저선이 나타나지 않은 경우에 자아분화 수준이 높았다. 사람 그림 양식에서는 얼굴의 생략 없이 전체 모습을 그린 경우, 측면과 등을 보인 인물이거나 딱딱한 자세와 약하고 희미한 선의 표현이 없는 경우, 인물에 운동성이 표현되고 한 명 이상의 인물이 추가된 경우, 그림이 조화롭고 집부터 그리며 타인보다 현재의 가족을 그린 경우에 자아분화 수준이 높았다. 또한 K-HTP 검사에서 그림의 조화, 필압, 그린 순서, 나무의 종류, 나무의 형태, 타인의 존재 여부 등의 항목이 자아분화 수준을 판별할 수 있는 유용한 도구로 활용될 수 있음을 밝혔다.

또한 K-HTP의 국가 간의 비교를 통해 문화적 차이를 설명하고자 한 연구(이지현, 주은선, 2003; 단단, 2015)에서 서로 다른 문화 간에 의미 있는 차이를 발견하였다. 다문화에 대한 미술치료의 요구가 늘어나고 있는 오늘날, 국가 간의 비교연구를 더 확대 시도함으로써 문화적인 차이를 밝히는 것도 의미 있는 일일 것이다.

앞에서 보듯이 K-HTP 그림검사에 관한 연구는 다양한 대상의 심리적 특성과 K-HTP 반응특성에 대한 관계를 밝히기 위한 연구가 이루어져 왔다. 또한 K-HTP 분석에 대한 방법의 변화도 다양하게 시도되어 왔다. K-HTP의 반응을 일일이 열거하면서 심리적 특성과의 관계를 밝히려는 시도도 있었지만, 그림검사의 객관성 확보를 위해 채점항목을 제시하고 점수를 부여하여 분석하는 등의 시도도 있었다. 연구에 따라서는 K-HTP 반응특성의 빈도를 제시하기도 하고, 심리적 특성과 K-HTP 반응특성의 차이나 관계를 알아보기 위해 일원변량분석, 교차분석을 실시하거나 상관분석을 실시하였다. 또한 그림검사의 영향력 관계를 알아보기 위해 다중회귀분석을 실시하거나 심리적 특성을 잘 예측할 수 있는 변인이 무엇인지 파악하기 위하여 단계적 위계회귀분석을 실시하기도 하였다.

실시 및 채점방법에 대해서도 다양한 시도가 이루어졌다. 대부분의 연구자는 Burns(1987)가 제시한 방법을 사용했지만, 박주령과 이근매(2016)의 연구에서는 기존의 방식과는 다르게 K-HTP 그림에 채색하게 하고, 형식요소 미술치료 척도(Formal Elements Art Therapy Scale: FEATS)를 사용하여 분석하는 방법을 시도하였다. K-HTP 그림검사를 개인과 집단으로 대학생 81명에게 실시하여 신경증 수준에 따라 FEATS의 반응특성이 어떠한 차이가 있는지 알아본 결과, 첫째, 개인검사에서는 '공간' '통합성' '사람' 항목에서, 집단검사에서는 '색 적절성' '내적 에너지' '사실성' 항목에서 채점값이 높게 나타났다. 둘째, '통합성' '사실성' '세부묘사 및 환경묘사' 항목에서 피검자의 신경증 수준과 검사맥락 사이에서 상호작용 효과가 나타났다. 집단검사에서 신경증 수준이 낮은 사람은 '통합성'과 '사실성' 항목의 채점값이 높은 반면, 개인검사에서 신경증 수준이 높은 사람은 '세부묘사 및 환경묘사' 항목의 채점값이 높다고 보고하였다.

이와 같이 K-HTP의 타당화 연구에서 보다 객관성을 확보하려는 시도들이 이루어지고 있다. K-HTP의 채점자 간 신뢰도는 양은주(2004)의 연구에서 .90~1.00, 조은정(2009)의 연구에서 .91, 단단(2015)의 연구에서 .90으로 나타나 대체로 .90 이상의 높은 신뢰도를 보이고 있다.

이와 같이 지금까지의 K-HTP 연구동향을 살펴보면 다양한 대상에게 불안이나 우울 등의 심리적 특성을 파악할 수 있는 도구로 사용 가능한지에 대한 연구가 이루어져 왔다. 많은 연구에서 그 타당성을 증명해 왔지만, K-HTP는 연구자마다 사용한 채점기준이 다르고, 대상에 따른 결과 또한 일관성이 없어 일반화해서 적용하기에는 무리가 있다. 채점항목이나 그림양식의 분류도 다르고 일관성이 없어 혼동을 가져오고 있다. 뿐만 아니라 동일한 채점항목에 대해서도 상세항목이 다르고 연구마다 그 내용의 관련성도 낮아 연구의 결과를 단순하게 비교하는 것은 불가능하다. 따라서 앞으로의 연구에서는 보다 객관적인 채점체계 기준을 마련하는 일이 필요할 것이다.

특히 K-HTP의 가장 큰 특징이 Maslow의 발달 수준에 따른 해석인데, 이 부분의 해석기준이 Burns가 제시한 특징만으로는 구분하기에 모호한 점이 있어 진단상의 어려움이 있다. 상징의 해석도 발달 수준에 따라 달리 해석할 수 있지만, 이 점 역시 명확하게 구분하는 것에 어려움이 있다. 국내 연구에서는 미술치료 프로그램의 효과성을 검증하기 위한 수단으로서 프로그램 실시 전후에 K-HTP를 실시하여 발달 수준의 구체적인 분석을 통하여 내담자의 변화를 파악하는 데 활용하였다. 이 경우에도 국내 연구에서는 집, 나무, 사람 그림 중 첫 번째 그린 그림의 발달단계에 중점을 두어 해석하는 사례가 많은 데 비해, 국외 연구(Lister & Rosales, 2003)에서는 집, 나무, 사람 모두의 발달 수준을 해석하여 제시하고 있다. Lister와 Rosales(2003)는 다운증후군의 24세 성인여성을 대상으로 치료 과정에 따라 K-HTP에 나타난 발달 수준을 평가하여 변화를 측정하는 수단으로 사용하면서 세 항목 모두의 변화를 살펴보며 변화를 평가하였다. 따라서 이 부분에 대해서는 국내 연구도 질적 분석 시 참고할 필요가 있을 것이다.

또한 K-HTP 그림의 특징은 집과 나무와 사람 간의 관계성을 살펴보는 것임에도 부착이나 순서, 거리, 그림의 전체적 조화 등이 간과되고 각 그림의 특성에만 초점을 맞추는 연구가 많아 검사 고유의 특성을 살리는 방향으로 연구를 진행해야 할 것이다. 이러한 점이 간과된다면 HTP와의 차별성이 드러나지 않으므로 K-HTP 검사의 목적에 맞추어 사용해야 할 것이다.

6. 통합형 집-나무-사람 그림검사

- **개발자(연도)**: 丸野, 德田와 荻野(1975)
- **목　적**: 성격의 종합적 평가, 자아의 존재방식, 가족 및 사회와의 관계 파악
- **준비물**: A4용지, HB연필 2~3자루, 지우개
- **지시어**: "집과 나무와 사람을 포함하여, 무엇이든 자유롭게 그려 주세요(家と木と人を入れて, 何でも好きな絵を描いてください)."
  이때 "집과 나무와 사람을 그려 주세요."라고 하지 않도록 주의해야 하는데, 이 경우 단순하게 세 요소를 나열할 가능성이 있기 때문이다. 검사 도중 질문에 대해서는 "세 요소를 그려 넣었으면 그다음은 자유롭게 그려 주세요."라고 대답한다.

1) 개요

통합형 집-나무-사람(Synthetic-House-Tree-Person: SHTP) 그림검사는 일본의 丸野, 德田와 荻野(1975)에 의해 개발된 것(三上, 1995, p. 9에서 재인용)으로, Buck(1948)의 HTP를 변형시킨 것이다. HTP는 각각의 용지에 집, 나무, 사람을 그리게 한 것이므로 각 요소 간의 역동성이나 상호 관계를 파악하는 것이 힘들었다. 이에 丸野 등(1975)은 細木, 中井, 大森와 高橋(1971)의 다면적 HTP 기법 중 테두리를 하지 않고 한 장의 용지에 HTP를 그리는 방법에 Diamond(1954)의 이야기 만들기와 자유연상법을 조합하여 SHTP로 발전시키게 되었다. SHTP는 한 장의 용지에 집, 나무, 사람을 그리기 때문에 피검자의 심리적 부담이 적고 시행도 간편하다.

SHTP는 이후 Burns(1987)에 의해 개발된 K-HTP와는 한 장의 용지에 집, 나무, 사람을 모두 그린다는 점에서는 유사하지만, K-HTP에 비해 제한이 적어 보다 자유로운 피검자의 반응이 가능하다는 차이가 있다. 즉, 사람 그림에 있어서 만화나 막대사람을 그리지 말라는 구체적인 지시를 하지 않고, 동작성 역시 피검자 스스로가 움직임을 부여하는지를 살펴볼 수 있어 피검자에게 더 많은 자유를 부여한다고 할 수 있다.

2) 평가기준 및 해석

SHTP의 분석은 서로 간의 관계를 본다. 집과 나무와 사람의 상호관계는 자기와 외부세계, 의식과 무의식 등의 관계성이 선명하게 투사되기 때문에 보다 중요한 판단기준이 된다. 따라서 SHTP는 전체적인 평가를 중심으로 한다. 각각의 요소에 대한 평가를 할 경우에도 세부적인 것보다도 그 요소의 전체적인 평가나 다른 요소와의 관계에 대한 평가를 우선으로 한다.

먼저 전체적인 평가에서는 통합성, 그림의 크기, 부가물, 원근감, 사람과 집과 나무와의 관계, 선과 형체의 확실성, 절단, 수정 등을 살펴본다. 사람의 평가에서는 인물의 수, 크기, 성별, 방향, 운동성, 단순화, 부분 등을 통해 의식에 가까운 부분으로 현실의 자기상과 이상적 자기상 또는 부모나 형제 등 자신에게 있어서 중요한 인물 또는 타인을 어떻게 인식하고 있는지를 파악한다. 집의 평가에서는 크기, 안정감, 벽면의 수, 문과 창, 지붕, 그 외 부속물, 특수한 집을 통해 피험자가 성장해 온 가정상황을 나타내고 가정생활과 가족관계를 어떻게 인식하고 어떤 감정을 가지고 있고 어떤 태도를 취하는지 알 수 있다. 나무의 평가는 풍요로움, 자연스러움, 줄기, 가지 등을 통해 보다 무의식적인 심층의 자기상을 파악한다(三上, 1995).

참고문헌

공마리아(2002). 장애아 부모의 특성불안과 K-HTP 반응특성. 미술치료연구, 9(2), 57-72.

공마리아, 최은영(2013), 성폭력범죄 성인 남성과 일반 성인 남성간의 K-HTP 반응특성에 관한 비교연구. 예술심리치료연구, 9(4), 223-241.

김동연, 백양희, 장영숙(1997). 여대생의 자아정체감과 K-HTP의 반응특성에 관한 연구. 미술치료연구, 4(1), 43-55.

김동연, 최외선(1997). 도시 여성의 특성불안과 K-HTP 반응특성. 미술치료연구, 4(2), 93-106.

김미숙(2014). 성인 여성 암환자의 K-HTP 그림에 나타난 심리적 특성. 부산교육대학원 석사학위논문.

김제영(2014). 알코올 중독자의 우울과 불안에 관한 연구-DAS와 K-HTP의 그림반응 특성과 집단미술치료 효과 중심으로. 원광대학교 대학원 석사학위논문.

김현진(2015). 대학생의 자아정체감과 K-HTP 그림검사와의 관계. 대전대학교 보건의료대학원 석사학위논문.

단단(2015). 한국 학생과 중국 학생간의 K-HTP 반응특성에 관한 연구. 대구한의대학교 대학원 석사학위논문.

박주령, 이근매(2016). K-HTP 그림검사 실시방법과 피검자의 신경증 수준이 형식요소미술치료척도(FEATS)에 미치는 상호작용효과. 예술심리치료연구, 12(2), 1-22.

손봉희(2011). K-HTP 그림검사에 나타난 대학 신입생의 자아존중감 반응특성 연구. 경기대학교 대학원 석사학위논문.

양은주(2004). 미혼모와 일반 임산부의 불안 비교연구-STAI 평가와 K-HTP 반응특성 중심으로. 원광대학교 보건환경대학원 석사학위논문.

유수옥, 김성희(2013). 아동이 지각한 부모의 양육태도에 따른 자아존중감 및 K-HTP 특성. 미술치료연구, 20(5), 903-923.

이계화, 이정숙(2006). 위축된 유아와 일반유아의 모래놀이와 K-HTP 표현 비교 연구. 놀이치료연구, 10(1), 1-14.

이지현, 주은선(2003). 집-나무-사람 동작성 검사의 문화적 요인. 상담학연구, 4(2), 347-358.

이희경(2004). 나무그림검사와 자기개념검사의 관계. 연세대학교 교육대학원 석사학위논문.

정윤정(2004). 대학생의 자아분화와 동적 집-나무-사람 그림 반응특성 연구. 영남대학교 대학원 석사학위논문.

조은정(2009). K-HTP에 나타난 지적장애 성인의 우울 및 불안 특성연구. 대구대학교 대학원 석사학위논문.

최수아(2013). 소방공무원의 외상후 스트레스와 불안 및 K-HTP 반응특성에 관한 연구. 한국예술치료학회지, 13(1), 251-269.

최외선, 오미나(2002). 재가노인과 시설노인의 우울 및 K-HTP 반응특성비교, 미술치료 연구, 9(2), 1-26.

三上 直子(1995). S-HTP法-統合型HTP法による臨床的・發達的アプローチ. 誠信書房.

細木 照敏, 中井 久夫, 大森 淑子, 高橋 直美(1971). 多面的HTP法の試み. 芸術療法, 3, 61-65.

細木, 中井, 大森, 高橋(1971). 多面的HTP法の試み. 芸術療法, 3, 61-65.

丸野, 德田, 荻野(1975). 破瓜病的心像世界へのイメージ絵画療法的接近. 芸術療法, 6, 23-37.

Buck, J. N. (1948). The H-T-P technique. *Journal of clinical psychology, 4*(4), 317-396.

Burns, R. C., & Kaufman, S. H. (1970). *Kinetic Family Drawings (K-F-D): An introduction to understanding children through kinetic drawings*. Oxford, England: Brunner/Mazel.

Burns, R. C., & Kaufman, S. H. (1972). *actions, styles, and symbols in Kinetic Family Drawings(K-F-D)*. New York: Brunner/Mazel.

Burns, R. C. (1982). *Self-Growth in families: Kinetic Family Drawings(K-F-D) reseach and application*. New York: Brunner/Mazel.

Burns, R. C. (1987). Kinetic–House–Tree–Person Drawings (K–HTP): An interpretative manual. Brunner/Mazel.

Diamond, S. (1954). The House and Tree in verbal fantasy: I. Age and sex differences in themes and content. *Journal of projective techniques, 18*(3), 316–325.

Klepsch, M., & Logie, L. (1982). *Children draw and tell*. New York: Brunner/Mazel.

Kukanich, D. M. (2001). Clinician personality traits, the Kinetic House–Tree–Person Drawing, and holistic method assessment: Integrating the evaluator and the technique. *Dissertation Abstracts International: Section B: The Sciences Engineering, 61*(10–B), 5610.

Li, C. Y., Chung, L., Hsiung, P. C., Chen, T. J., Liu, S. K., & Pan, A. W. (2014). A Psychometric study of the Kinetic–House–Tree–Person scoring system for people with psychiatric disorders in Taiwan. *Hong Kong Journal of Occupational Therapy, 24*(1), 20–27.

Lister, S., & Rosales, A. (2003). Kinetic–House–Tree–Person for developmentally delayed adults, Version 3. Unpublished manuscript, Centre for the Arts in Human Development, Concordis University, Montresl, Quebes, Canada.

Meyers, D. (1978). Toward an objective evaluation procedure for the Kinetic Family Drawings(KFD). *Journal of Personality Assessment, 42*, 358–365.

Reynolds, D. K. (1978), A quick–scoring guide to the interpretation of children's Kinetic Family Drawing(KFD). *Psychologry in the schools, 15*, 489–492.

Stoddard, D. A. (2003). *A comparison of the emotional indicators on the House–Tree–Person Drawings and the Kinetic–House–Tree–Person Drawing*. Andrews University Doctoral Dissertation.

풍경구성기법

- **개발자**: 中井(1969)
- **목 적**: 조현병 환자에 대한 진단과 치료
- **준비물**: 8½″ × 11″(A4) 용지, 검정색 사인펜, 24색 크레용
- **지시어**: "지금부터 내가 말하는 것을 테두리 안에 한 가지씩 그려서 전체가 하나의 풍경이 되도록 해 주세요(今から私が言うものを一つ一つ唱えるそばからこの枠の中に描き込んで全体として一つの風景になるようにして下さい)."
  "먼저, 강입니다. 강을 그려 주세요. 다음은 산, 논, 길, 집, 나무, 사람, 꽃, 동물, 돌을 그려 주세요. 내가 말할 것은 여기까지입니다. 마지막으로 부족하다고 생각되는 것을 그려 주세요(まず, 川です. 川を描いてみて下さい. 次は山, 田, 道, 家, 木, 人, 花, 動物, 石です. 石を描いてみて下さい. さて, 私の言うのはこれだけです. 最終に, 足らないと思うものを描いてもらう)."
  "채색해 주세요(さあ, これに色を塗って下さい)."

1. 개요

1) LMT 개발의 목적과 의미

풍경구성기법(Landscape Montage Technique: LMT)은 1969년 일본인 中井(中井 久夫)에 의해 개발된 것이다. LMT는 그림을 매개로 조현병 환자의 치료적 접근 가능성과 조현병 환자에 대한 모래상자기법의 적용 가능성을 검토하기 위하여 개발

된 것이다. 中井는 LMT를 개발하면서 1960년대 미국 미술치료학계에서 많은 영향을 받았다. 당시 미국 미술치료학계는 주로 환자의 그림을 정신분석적으로 해석하고, 그것을 치료와 결부시키는 경향이 있었다. 당시는 환자의 그림에 나타난 특이성을 기술 · 분석하는 것에 비중을 두던 시기를 거쳐, 그림을 임상적 · 치료적으로 활용하는 더욱 실천적인 연구가 성행하던 시기였다(皆藤, 1994). 中井가 그러한 미국 미술치료계에서 특히 영향을 받은 것은 Naumburg의 난화기법(Scribble Technique)이다. 中井은 난화기법의 영향을 받아 LMT를 개발하였는데 개발경위는 다음과 같다.

中井는 종래의 정신병리학이 환자의 언어왜곡을 기술한 것과 관련하여 다음과 같이 말하였다. 정신병리학은 조현병 환자의 언어가 어떻게 왜곡되어 있는가를 기술해 왔다. 그러나 중요한 것은 조현병 증상이 있는 상태에서 언어가 어떻게 가능한가이다(皆藤, 1994). 이런 입장에서 中井은 관점을 전환하여 그것이 조현병 환자의 그림에도 타당성이 있다고 생각하며 그림 연구에 착수하였다. 조현병 환자의 그림 연구에서의 특이성 내지 이상성을 기술하는 것에 일관하던 흐름 속에서 그는 조현병 환자에 대한 심리치료적 접근을 시도하였다. 그리고 조현병 환자의 그림에는 상황의존성이 있음을 지적하고, 이 특징에 의해 그림이 치료적으로 작용하는 상황을 탐구할 수 있음을 주장하였다. 즉, 조현병에 대한 미술치료에서는 치료관계의 성립이 전제조건임을 강조하였다. 이 관점에 입각하여 中井은 조현병 환자의 그리기 활동 전체를 파악할 수 있었고, 그것을 근거로 하여 조현병의 치료에 미술활동을 적용하려는 입장에서 난화기법을 도입하였다(山中 編, 1984). 그런 만큼 中井이 그림을 사용한 것은 조현병 환자에 대한 심리치료적 접근이라는 치료 · 실천적 관심에서 행해진 것이었다고 말할 수 있다. 이러한 中井의 일관된 자세는 LMT의 개발에 크게 도움이 되었다. 中井은 조현병 환자에 대한 그림의 적용을 확대하기 위하여 LMT를 개발하였던 것이다.

中井는 당시 도입된 난화기법과 河合의 모래놀이(Sandplay) 치료에 대한 강연을 계기로 테두리 기법(Fence Technique)을 개발하였고, 그것을 더욱 체계화하여 LMT를 개발하였다. LMT는 치료자가 환자의 눈앞에서 용지에 테두리를 그려 주고 그것을 환자에게 건넨 후 열 가지 요소를 한 가지씩 순서대로 불러 주면 환자는 불러 주는 것을 그려 풍경을 구성하는 것이다. LMT에는 애초 모래상자기법의 적용결정을 위한 예비검사라는 의미가 있었다. 그러나 中井이 LMT를 개발한 애초의 목적과 달리, 조현병 환자들에게 LMT를 실시한 결과, LMT는 모래상자기법의 도입을 위한 예비검사로서 적절하지 않는 것으로 판명되었다(伊集院, 中井, 1988). 다시 말해, 동일인의 모래상자 작품과 LMT 작품 사이에 유사성이 없고, 모래상자를 만들 수 없는 대다수의 조현병 환자도 LMT 작업은 쉽게 할 수 있어, 모래상자기법과 LMT의 적용결과가 완전히 다르다는 결과가 나온 것이다.

요컨대 LMT는 애초의 목적인 모래상자기법의 적용 가능성을 위한 예비검사로서의 가치는 인정되지 않았고, 그 대신 심리치료에서의 진단적 · 치료적 가치가 인정되었다. 이런 입장에서 中井(伊集院, 中井, 1988)는 LMT의 의미를 제시하였다. LMT는 내담자에게 열 가지 요소로 풍경을 구성하게 하는 것이며, 여기에는 두 가지 의미가 있다. 첫째는 진단적 의미이며, 이 경우에는 횡단적으로 시행한다. 이것은 LMT가 모래상자기법 도입의 지표로 개발된 경위와 관련되어 있음을 말해 주는 것이며, 특히 초진 시에 치료적 접근을 선택할 때 이용된다. 둘째는 치료기법으로서의 의미이며, 이 경우에는 종단적 · 순차적 · 정기적으로 시행한다. 이것은 표상에 의한 심상풍경의 구성을 통하여 구체성의 회복, 현실적 구성력의 회복을 도모하려는 것이다.

이와 같이 LMT는 주로 일본에서 치료기법으로 사용되며 연구 · 발전되어 왔으나, 한국의 경우에는 미술치료의 장면에서 진단기법으로 비교적 많이 사용되고 있다. 뿐만 아니라 皆藤(1994)가 지적하듯이, LMT는 中井가 1977년에 제10회 독일어권 표현병리 · 표현치료학회에서 발표한 이래 서독 · 북미 및 인도네시아에서도 시행되어 그 독자적 가치가 인정되었다. 이렇게 볼 때 LMT는 中井에 의해 개발된 이후, 그 연구와 발전을 통하여 심리치료기법뿐만 아니라 진단기법으로서도 확고하게 자리매김하였다고 할 수 있다.

2) LMT의 특성

앞서 언급하였듯이, LMT는 난화기법의 영향을 받으면서 개발된 심리치료기법이자 진단기법이며, 진단기법 중에서도 자유도가 높은 투사기법에 속한다. 그럼에도 불구하고 LMT에는 투사적 특성과 구성적 특성이라는 이중의 특성이 있다.

中井(1971)는 난화기법과 LMT를 비교하여, 심리적 공간의 양상에서 난화기법은 내적 공간의 성질을 띠는 투사적 공간성, LMT는 외적 공간의 성질을 띠는 구성적 공간성을 가지는 그림기법으로 특징지었다.[1] 난화기법은 난화의 선에 의한 형태로 인식되기 이전의 충만한 공간이 자극으로 주어지고, 거기서 하나의 형태가 선택되는 투사적 과정이다. 반면에 LMT는 테두리에 의해 구조화된 흰 공간이 존재하기 때문에, 이 흰 공간에 통합적 지향성을 가지고 전체로서 하나의 풍경이 구성되는 구성적 과정이다. 투사적 공간에서는 전의식과 무의식에서의 선택 과정이 우세한 데 반하여, 구성적 공간에서는 의식적 선택이 우세하다. LMT에는 의식적인 통합으로의 지향이 지속되어야 하지만, 요소를 미리 알 수 없기 때문에 항상 다음에 나올 요소를 예측하고 관련시켜야 하며, 여기서 LMT에서 구성이 현저하게 미래를 지시한다는 사실이 도출되었다(武藤, 2002). 따라서 LMT는 구성적 특징에 의해 치료 초기에 성급하게 치료 가능성을 판단하는 문제점을 유추할 수 있다는 장점이 있다(中井, 1971).

그러나 채색단계에서는 난화기법이 구성적 과정인 반면, LMT는 투사적 과정이다. 皆藤(皆藤 編, 2004)가 지적하듯이, LMT에서의 채색이란 이른바 누리에 작업(윤곽그림에 채색하기)이다. 그러나 LMT의 경우에는 자신이 그린 소묘의 풍경을 채색한다는 점에서 통상적 누리에와 구별된다. LMT의 채색단계에서 환자는 자신이 선으로 그린 풍경을 채색하는 가운데 다양한 감정이 투사되는 것이다. 이렇게 볼 때 LMT는 투사적 그림검사에 속하지만, 여기에는 요소 사이의 구성에 의한 구성

1) 中井가 여기서 말하는 투사란 심리적 반영이나 방어기제가 아니라 구성과 대립되는 것을 의미한다(中井, 1971, p. 42).

적 특성뿐만 아니라 채색에 의한 투사적 성격이 포함되어 있다고 할 수 있다.

3) LMT의 구조

LMT의 구조는 치료자가 내담자의 눈앞에서 행하는 테두리 그리기와 열 가지 요소의 순차적 제시에 따른 풍경의 구성으로 이루어져 있다.

(1) 테두리 그리기

LMT에서 테두리 그리기는 치료자가 내담자의 눈앞에서 테두리를 그리는 것이다. 이것은 조현병 환자가 모래놀이기법에서 종종 책을 주위에 둘러 쌓고 그 안에 모래상자를 둔다는 河合의 강연에서 中井가 착상을 얻은 것이다(伊集院, 中井, 1988). 이러한 사실은 LMT의 테두리에는 모래상자의 테두리와 마찬가지로 자유로운 표현을 보호한다는 의미가 함축되어 있음을 의미한다.

모래상자기법에서 모래상자의 테두리는 상자 그 자체이다. 상자가 내담자의 시야에 크게 들어온다는 것은 전체적 통합을 고려하면서 상자를 제작할 수 있다는 중요한 의미를 가지고 있다. 이것은 모래상자의 테두리는 만드는 사람의 표현을 보호하는 기능을 가지고 있다는 것을 의미한다. LMT의 테두리도 동일한 의미를 가지고 있다. 다시 말해, LMT에서 테두리는 상당히 깊은 수준의 자기표현을 가능하게 한다. 여기서 중요한 것은 테두리가 표현을 보호할 뿐만 아니라, 표현을 강요하는 힘을 가지고 있다는 사실이다. 즉, 테두리는 내담자의 표현을 보호함과 동시에 강요하는 이중의 기능을 가지고 있다.

그러나 LMT에서 테두리 그리기의 의미와 특징은 모래상자의 테두리와는 차이가 있다. 먼저 주목할 것은 모래상자기법에서의 모래상자는 이미 치료실에 만들어져 있는 것인 데 반하여, LMT에서의 테두리는 치료실에서 치료자에 의해 창출된다는 사실이다. 즉, LMT에서 테두리 그리기는 치료자가 내담자의 눈앞에서 행한다는 데 큰 의미가 있다. 이 치료자의 행위 그 자체가 의식적 수준에서 내담자를 보호함과 동시에 강요한다는 의미를 가진다. 따라서 내담자는 치료자의 존재를 의식하면서 그림을 그리게 된다.

이와 같이 내담자의 표현을 보호함과 동시에 강요한다는 테두리 그리기의 이중성에는, 皆藤(1994)가 지적하듯이 테두리뿐만 아니라 테두리를 그리는 치료자 요인도 관여하고 있다. 이러한 치료자 요인은 모래상자기법의 경우에도 마찬가지이다. 모래상자기법에서 모래상자는 단지 그 공간에 놓여 있는 상자에 불과하던 것이 치료자에 의해 비로소 의미를 가지고 내담자 앞에 존재하게 된다. 실제 치료장면에서 "모래상자가 놓인 것이 보입니까?"라는 치료자의 말을 듣고, 내담자는 의자에서 일어나 모래상자와 마주하게 된다. 이와 같이 모래상자기법의 경우에도 치료자 요인의 중요성은 이미 그 도입에서 시작된다고 할 수 있다. 그러나 테두리와 관련하여 모래상자기법과 LMT의 차이는, 모래상자기법에서는 치료자가 테두리를 제시하지만 LMT에서는 치료자가 테두리를 직접 그려 준다는 사실이다. 그러나 양자 모두 그 의미는 皆藤(1994)의 지적대로 치료자로부터 비롯되는 만큼, 테두리의 의미에서 치료자 요인도 매우 중요한 것이라고 할 수 있다.

(2) 열 가지 요소의 순차적 제시

中井(1992)에 의하면 LMT의 특색은 요소의 종류와 제시순서에 있으며, LMT의 독자성은 열 가지 요소로 풍경을 구성하는 것이다. 순차적으로 제시되는 각 요소에 의해, 다시 말해 강으로부터 부가적 요소에 이르는 흐름 속에서 풍경이 구성된다. LMT는 치료자가 요소를 순차적으로 제시하고 그것을 듣고 그리는 사람이 풍경을 구성한다는 주고받기 속에서 행해지는 기법이고, 그 관계성으로부터 그리는 사람의 심리적 특징이 파악되며, 그것이 치료에서 활성화되는 것이다. 임상장면에서 LMT의 사용은 요소의 순차적 제시와 풍경의 구성이라는 주고받기 그 자체가 치료적인 만큼, 그것이 LMT를 사용하는 본질적 의미라고 할 수 있다. 皆藤(1994)는 요소의 순차적 제시에 따라 그림을 그리는 LMT의 작업에는 테두리의 특성과 마찬가지로 내담자의 표현을 보호함과 동시에 강요한다는 이중적 특성이 있음을 지적하였다.

中井(1971)에 의하면 요소의 순차적 제시에서 강이 제1요소라는 것, 즉 강 다음에 산이라는 순서는 풍경의 구성을 곤란하게 하기 위한 의도적인 것으로, 공간분할법에서 힌트를 얻은 것이다(山中 編, 1984). 강에 의해 공간의 깊이와 방향이 결정된다면 강을 가장 먼저 그리는 것은 강에 의한 공간분할이라고도 할 수 있다. 다시 말하자면, LMT에서는 강을 가장 먼저 그리게 함으로써 의도적으로 풍경의 구성을 곤란하게 하도록 설정되었기 때문에, 실제 치료장면에서는 강이 어떻게 그려지고, 강이 이후의 요소에 의해 풍경에서 어떻게 통합되어 가는지에 주목한다.

요컨대 LMT에서 요소의 순차적 제시, 특히 강이 제1요소라는 것은 LMT의 구조적 측면에서 매우 중요하다. 이와 관련하여 山中(山中 編, 1984)는 강이 제1요소라는 것이 LMT의 핵심임을 지적하였다. 이것은 구조적 측면에서 LMT의 진단적·치료적 유효성을 강조한 것이며, LMT는 요소의 제시순서에 의해 치료적 의미를 가지게 되는 것임을 의미한다. 다시 말해, 요소의 순차적 제시는 LMT의 구조적 본질로서 매우 중요한 의미를 가지고 있다고 할 수 있다.

2. 실시방법

1) 준비물

8½″ × 11″(A4) 용지, 검정색 사인펜, 24색 크레용

2) 시행절차

LMT는 풍경 내지 경치라는 개념을 가질 수 있는 6세 이상의 사람에게 적용할 수 있으며, 그 목적은 치료와 진단으로 구분되지만 시행절차는 동일하다(山中 編, 1984). LMT의 시행절차는 개발자인 中井에 의해 제시된 후, 皆藤에 의해 지시와 단계가 부분적으로 수정되고 보완되었으나 본질적으로 변한 것은 없다. LMT의 시행절차에서 핵심적인 것은 치료자의 자세라고 할 수 있는 참여관찰과 내담자

눈앞에서의 테두리 그리기, 그리고 열 가지 요소의 순차적 제시에 의한 풍경의 구성이라고 할 수 있다.

(1) 中井가 제시한 시행절차(山中 編, 1984)

① 지시어

- "지금부터 내가 말하는 것을 테두리 안에 한 가지씩 그려서 전체가 하나의 풍경이 되도록 해 주세요."
- "먼저 강입니다. 강을 그려 주세요. 다음은 산, 논, 길, 집, 나무, 사람, 꽃 동물, 돌을 그려 주세요. 내가 말할 것은 여기까지입니다. 마지막으로 부족하다고 생각되는 것을 그려 주세요."
- "채색해 주세요."

② 시행단계

- 제1단계(준비단계): LMT를 실시하기 전 치료자와 내담자가 자연스럽게 상호작용할 수 있는 분위기를 조성한다. 장소는 적당히 밝고 창이 있으며, 전자기기가 없는 곳이 좋고, 내담자와 치료자의 위치는 책상을 앞에 두고 90도 혹은 마주 보고 앉는 것이 좋다. 책상 위에는 내담자가 다시 그리기를 원할 경우를 대비하여 여러 장의 용지와 사인펜[2] 및 크레용을 준비해 둔다. 용지의 크기는 B4에서 B5까지 사용할 수 있으며, 크레용은 조현병 환자가 색을 겹쳐 칠하지 않는다는 사실을 감안하여 24색 정도가 적당하다. 또 단단하고 가는 필기구를 선호하는 사람들을 위해 가느다란 사인펜, 볼펜, 연필을 준비해 두는 것이 좋다. 그리고 이후의 실시단계에서 치료자는 참여관찰을

2) LMT에서 사인펜을 사용하는 이유는 채색에 의해 볼 수 없게 된 소묘선의 이면을 인식할 수 있고 지우개를 사용하지 않는다는 점 때문이다. 지우개를 사용하지 않는다는 것이 그리는 사람에게는 심적 부담이 되겠지만, LMT가 가지는 구성의 특성을 보호한다는 의미가 있다(山中 編, 1984, p. 9).

하는 것이 바람직하다. 참여관찰은 치료자가 '다음에는 어떻게 그려질까?' 라는 약간은 조마조마한 마음으로 내담자를 지켜보는 것을 의미한다.

- 제2단계(제시설명단계): 치료자는 환자가 보는 앞에서 "지금부터 내가 말하는 것을 테두리 안에 한 가지씩 그려서 전체가 하나의 풍경이 되도록 해 주세요."라고 말하며 사인펜으로 용지에 테두리를 그린 후, "그리고 싶지 않을 경우에는 그렇다고 말해 주세요."라고 말하면서 내담자에게 사인펜을 건네준다. 이런 말을 하는 이유는 적절한 시기가 아닐 경우에는 환자가 그리고 싶어도 그릴 수 없기 때문이며, 이것이 LMT의 특징이기도 하다. 테두리는 용지의 가장자리에서 멀어지면 멀어질수록 테두리성이 강조되지만, 일정한 범위를 넘으면 장방형으로 보인다. 가장자리에서 테두리까지의 거리는 치료자에 따라 개인차가 있으며, 이것은 치료자의 개성이라고도 말할 수 있다. 물론 용지의 크기에 따라 다르겠지만, 일반적으로는 용지의 바깥으로부터 1cm 이내, 즉 새끼손가락 폭 이내가 적당하고, 그 이상이면 그림과 지면이 역전된다.
- 제3단계(구성단계): 치료자는 LMT의 열 가지 요소[3], 즉 강, 산, 논, 길, 집, 나무, 사람, 꽃, 동물, 돌을 순서대로 한 가지씩 불러 주고, 내담자는 그것을 듣고 용지에 그린다. 치료자가 요소를 불러 줄 때, 보통은 가볍고 자연스럽게 말하며 개개 환자에게 적합한 말투를 사용한다. 그리고 열 가지 요소를 모두 불러 준 후 "부족하다고 생각되는 것이 있으면 그려 주세요."라고 말한다. 환자가 도중에 포기하더라도 비난하지 말고, 다른 것을 그려도 주의를 주지 않는다. 드문 경우이지만, 환자가 계속 다른 것을 그리거나 마치 인지하지 못하는 것처럼 테두리를 벗어날 경우에는 "당신에게 맞지 않는 것

---

3) 中井에 따르면, LMT의 각 요소는 개(個)가 아니라 유(類)의 의미이다. 이 '요소'를 달리 부르고자 한다면 '항목'보다는 '아이템'이라고 부르는게 낫다(中井, 1992, p. 239). 이러한 中井의 입장에 따라, 여기서는 일반적으로 사용되고 있는 항목이 아닌 요소라는 용어를 사용한다.

같습니다."라고 말하고 중지시킨다. 이런 경우는 조증 상태 혹은 급성 정신병 상태이기 때문에 중지하는 것이 좋다. 이 단계에서 가장 중요한 것은 치료자가 옆에 있어 준다는 사실이다.

- 제4단계(채색단계): 가능하면 별실에서 내담자가 혼자 채색하게 한다. 그것은 환자가 혼자 할 수 있다는 신뢰감의 표명이고, 내담자에 따라서는 그것을 즐기는 경우도 있기 때문이다. 그러나 환자가 별실에서 혼자 채색을 하는 경우에도 치료자의 존재를 느끼게 하는 것이 중요하다. 구성단계를 마친 후, 치료자는 "다 했군요."라고 말한 후, 그림을 벽에 걸어 두고 내담자와 함께 바라본다. 그런 후 "채색해 주세요."라고 말한다. 채색단계에서는 대화를 하지 않는다. 그러나 예기치 않은 색이 나타날 경우에 치료자는 "뭐지?"라고 생각할 정도로 심리적으로 참여하는 것이 좋다. 앞서 말하였듯이 여분의 장소가 있고 혼자 할 수 있는 환자의 경우에는 별실에서 채색하게 하는 것이 좋지만, 첫 회기에는 치료자가 환자 옆에 있어 주는 것이 좋다. 치료자는 환자가 채색을 하면서 고친 부분이나 추가적으로 그린 요소에는 주의를 기울일 필요가 있다.
- 제5단계(대화단계): 먼저 "드디어 완성했군요."라고 말한다. 이 말은 한 가지 일을 해냈다는 성취감을 보강하고 의식화하여 치료자와 공유하는 것을 의미한다. 그러면서 다시 한 번 그림을 같이 바라본다.[4] 환자도 그림의 전체상을 보는 것은 의외일 것이며, 보통 여기서 치료자와 환자의 긴장이 풀린다. 그러나 환자에 따라서는 계속 긴장하거나 피로를 느끼는 경우도 있다. 치료자는 그림이 완성된 후, 먼저 완성했을 때의 느낌을 물어보는 것이 좋다. "피곤합니까?" "시작할 때부터 어려웠습니까?"라는 식으로 부정적인 면에서 접근하여 지지 · 위로하는 쪽으로 나아가는 것이 좋다. 계절, 시각, 강

---

4) 皆藤에 의하면 이때 치료자는 내담자와 같은 방향에서 그림을 바라본다. 환자와 같은 방향에서 그림을 바라보는 것에 의해 다양한 체험과 질문이 생긴다. 그것은 때로 심리임상에서 의미 있는 지혜를 줄 수도 있다(皆藤 章 編, 2004, p. 51).

의 흐름의 방향과 깊이, 산의 높이, 사람과 집의 관계, 나무의 높이, 꽃의 종류 등을 묻는다. 더 상세한 것은 탄력적으로, 다시 말해 내담자의 연령과 상황에 맞추어 유연하게 질문하는 것이 좋다.

LMT 시행에는 시간제한은 없으나, 보통 10분 내지 20분 정도 소요된다. 조현병 환자의 경우에는 대체로 빨리 그리는 경향이 있다. 이것은 조현병 환자가 단순해서라기보다 재고와 망설임 및 수정이 없고 색을 겹쳐 칠하지 않으며, 긴장의 장(場)에서 빨리 도피하고 싶다고 생각하기 때문이다. 그러나 알코올중독자의 경우에는 매우 긴 시간이 소요되며, 내담자에 따라서는 1시간 이상 소요되기도 한다.

(2) 皆藤(1994)의 LMT 시행절차(지시어와 실시단계의 수정과 보완)

皆藤는 LMT의 지시어와 실시단계를 수정하고 보완하였다. 皆藤는 中井가 제시한 실시방법을 따르되, 풍경을 그리게 하는 것이 확실하게 전달될 수 있도록 지시어를 더 구체적으로 수정하였다. 또한 皆藤는 中井가 제시한 실시단계에서 처음 준비단계는 생략하고 일시와 성명을 기입하는 마지막 단계를 추가하였다(皆藤, 1994).

- 지시어의 수정: “지금부터 내가 말하는 것을 테두리 안에 한 가지씩 그려서 전체가 하나의 풍경이 되도록 해 주세요.”라는 中井의 지시를 다음과 같이 수정하였다. “지금부터 풍경을 그려 주세요. 다만 내가 말하는 순서대로 그려 주세요. 그리기를 마치면 다음에 그릴 것을 말하겠습니다. 전부 열 가지를 말하겠습니다. 열 가지를 그려 하나의 풍경이 되게 합니다. 따라서 내가 말하는 순서에 따라 하나의 풍경을 그려 주세요.”
- 실시단계의 수정: 테두리 그리기 단계, 소묘단계(中井에서의 소묘단계), 채색단계, 질문단계, 뒷면에 날짜와 성명의 기입단계로 설정하였다. 皆藤(1994)에 따르면, 뒷면에 일시와 이름을 적는 마지막 단계는 종래 연구에서는 다루어지지 않았지만 중요한 문제이다. 서명이란 그 시점에서의 그리는 사람

의 존재증명을 의미하고, 완성된 LMT 작품을 그 시점에서의 그림을 그린 사람 자신이라고 생각할 수 있기 때문이다.

(3) 유의점

- 테두리 안에 불러 주는 순서대로 그리고, 전체적으로 하나의 풍경을 그리며, 잘 그리고 못 그리고는 관계없다는 사실을 알려 준다.
- 풍경요소가 테두리를 지나치게 벗어날 경우에는 그리기를 중지시키는 것이 좋고, 그리기를 거부할 경우에는 그것을 받아들인다.
- LMT는 개인을 대상으로 한 투사기법으로 개발되었으나, 그 후의 연구(기정희, 백경미, 김경남, 김갑숙, 2012)를 통하여 집단을 대상으로 LMT를 실시해도 문제가 없는 것이 확인되었다. 집단으로 실시할 경우에 테두리는 미리 그려서 복사한 것을 사용하고, 대화 과정에서는 질문지를 적절하게 작성하여 사용할 수 있다.

3. 평가기준 및 해석

1) LMT 해석의 관점

(1) 참여관찰하면서 각 요소 읽기

LMT의 요소는 열 가지이며 이 가운데 강 · 산 · 논 · 길은 대경군(大景群)에 속하고, 집 · 나무 · 사람은 중경군(中景群)에 속하며, 꽃 · 동물 · 돌은 소경군(小景群)에 속한다. 그리고 순차적으로 제시되는 강에서 부가요소에 이르는 흐름 속에서 풍경이 구성된다. 따라서 참여하면서 각 요소 읽기는 LMT 해석에서 가장 근본적인 것으로, 구체적인 내용은 다음과 같다(山中 編, 1984).

① 대경군

- 강은 공간의 방향성과 깊이를 결정하며, 일반적으로 지면을 두 개로 분할한다. 강은 무의식의 흐름과 생명의 에너지를 나타낸다. 강에서는 강의 위치와 흐름의 방향, 넓이와 깊이, 직선적 흐름인가 구불구불한 흐름인가, 강이 갈라진 형태인가, 강 속에 돌이 있는가, 있다면 그것이 강을 건너기 위한 것인가, 강에 다리가 놓여 있는가 등을 본다. 산은 하늘과 땅의 배분을 결정하며 강과의 관계 속에서 그려진다. 그리고 강과 산의 두 요소에 의해 풍경의 구성과 그리는 사람의 시점이 정해진다.
- 산은 일반적으로는 원경에 위치하고, 드물게 강 가까운 쪽에 그려지는 경우가 있으며, 이 단계에서 지평선이 그려지는 경우도 있다. 산에서는 산의 경사, 산봉우리가 하나인 산인가 이어진 산인가, 험한 산인가 완만한 산인가, 높이 솟은 산인가 언덕과 같은 산인가, 왼쪽으로 치우쳤거나 오른쪽으로 치우쳤는가, 산의 정상이 테두리를 넘어서 있는가, 산이 강과 연결되어 있는가 등을 본다. 산은 이상과 현실의 괴리를 나타내는 경우가 많고, 극복해야 할 문제의 수를 시사하는 경우도 있다.
- 논은 위치, 넓이, 정리방식 등을 본다. 논은 기하학적 형태이고 이것에 의해 공간의 깊이가 재결정된다. 여기서 공간의 왜곡이 현저하게 나타나곤 한다. 그리고 강과 논은 풍경에서 가장 통합되기 어려운 요소이다.
- 길은 강과 산과 논을 연결하지만 전혀 연결되지 않는 경우도 있다. 그리고 길은 인간적인 공간의 전체적인 구조를 결정하며, 길의 선 원근법적 효과에 의해 공간의 깊이가 명료해진다. 길에서는 강을 따라 나 있는가 교차하는가 등을 본다.

② 중경군

중경군에는 HTP의 요소가 도입되었다. 집, 나무, 사람이 어디에 그려지는가에 따라 풍경의 근경화, 원경화가 정해진다. 이 요소들이 작고 가까이 그려지면 풍경은 원경화되고, 크고 멀리 그려지면 풍경은 근경화된다. 그리고 대개는 중경군에

서 풍경의 전체 내용이 명확하게 된다. 여기서는 개개 형상과 상호관계, 대경군과의 위치관계를 본다.

③ 소경군

소경군은 풍경에 첨가되듯이 그려진다. 여기서는 그려진 것이 단수인가 복수인가 등을 본다. 동물은 사람과 마찬가지로 거부되기 쉬운 요소이고, 돌이 강과 길에 놓여 있는 경우에는 주목할 필요가 있다.

④ 부가요소와 추가 및 수정

부가요소에서는 주로 다리, 태양, 구름, 탈 것 등이 그려지며 열 가지 요소에 대한 추가와 수정이 행해진다. 부가요소는 무(無)에서 유(有)로의 표상을 나타내는 것이기 때문에 무엇이 표상되는가를 눈여겨볼 필요가 있다.

(2) 열 가지 요소의 상징적 해석

LMT 해석의 단서가 되는 것은 Jung의 심리학이다. 이것은 LMT의 모든 요소에는 상징적인 의미가 있음을 의미한다. LMT의 열 가지 요소의 상징적 의미는 다음과 같다(山中 編, 1984).

강은 물의 흐름이고, 종종 무의식의 흐름에 비유된다. 무의식에 지배당하고 있는 상태의 환자는 물이 세차게 흐르는 큰 강을 그리거나 범람하여 물이 넘치는 그림을 그리는 경우가 많다. 강박경향이 강한 사람이나 무의식에 대해 자아경계가 약한 사람은 강기슭을 꼼꼼하게 돌로 쌓거나 콘크리트로 제방을 쌓는 그림을 그리는 경우도 있고, 때로는 도랑을 그려 분산시킴으로써 평온함을 나타내는 경우도 있다. 조현병의 발병기에 있는 사람이나 신경증이 심한 사람은 강을 지나치게 크게 그리거나 물이 많은 강을 그리는 경우가 있다.

- 산은 그리는 사람이 처해 있는 상황과 앞으로의 전망을 나타내거나 종종 극

복해야 할 문제의 수를 시사하기도 한다. 이를테면 멀리 솟아 있는 산은 한번은 저 산에 오르고 싶다는 희망을 나타내고, 도달해야 될 생의 마지막 목표를 나타내는 반면, 눈앞에 버티고 서서 앞길을 막고 있는 경우는 어려움이나 장애 등이 가로놓여 있음을 의미하기도 한다.

논은 평지에서 경작되고 마무리되는 부분이다. 그려진 계절과 벼의 상태에서 모내기, 파릇파릇하게 성장, 벼 이삭의 결실, 추수, 추수 후, 휴경지 등 여러 시기가 나타난다. 이것은 그리는 사람의 마음이 지향하고 있는 시기를 암시하기도 하고, 때로는 발병했을 때, 때로는 즐거웠을 때, 또 때로는 미래를 암시하는 경우도 있다. 한편, 논에서 일하는 사람의 모습이나 경작하고 정리하며 손질하는 이미지는 해야 될 일과의 관련을 나타내는 경우가 있다. 특히 아동이나 학생의 경우에는 면학과의 관계를 나타내기도 하지만, 일반적으로는 문제나 의무와의 관계를 나타내기도 한다. 또 인격이 형성되고 통제되는 것으로도 볼 수 있다. 이런 의미에서 문화나 교양을 습득한 방법이나 통합의 정도를 볼 수 있다. 또 공간구성에서 볼 때, 논만 조감도적으로 구성하여 공간이 왜곡되고 이질적 부분으로 나타나는 경우도 있다. 반대로 벼를 정성 들여 그리고 벼이삭까지 한 알 한 알 빈틈없이 그리는 사람은 강박경향뿐만 아니라 식물의 존재에 관심을 가지는 섬세한 심성의 일면을 드러낸다. 그리고 종종 논에서 일하는 사람이 그려지는데, 이것이 무관심, 등교거부, 비행 등을 저지르거나 학업에 태만한 사람에게 많이 나타나는 경우는 의식 면에서의 게으름에 대한 보상이기도 하다.

- 길은 의식이고, 인생의 길로 명확하게 의식되는 것을 표현하는 경우가 있으며, 길이 강 위의 다리와 연결되어 있으면 안심할 수 있다. 길은 행선지를 암시하는 경우가 있으며, 그 행선지가 확실하게 시사되어 있는 경우와 정해져 있지 않는 경우가 있다. 여성에게서 강을 건넌다는 의미는 강을 건너 다른 세계로 간다는 것, 즉 결혼을 의미하는 반면, 남성에게서 결혼은 다른 세계로 갈 정도의 큰 변화는 아니다. 남성에게서 강을 건넌다는 의미는 다른 것을 추구한다는 정도의 의미이다.

- 집은 성장한 가정환경을 나타낸다. 자신의 가정상황과 가족관계를 어떻게 인지하여 어떤 감정과 태도를 가지고 있는가를 나타내는 경우가 많다. 집은 현재의 가정에 대한 인식뿐만 아니라 과거의 가정이나 미래의 이상적인 가정을 나타낸다.
- 나무는 기본적으로 자기상을 나타낸다. 다시 말해, 나무는 무의식적으로 자기 자신의 모습으로 느끼는 것을 나타내며, 마음의 평형상태에 대하여 느끼는 것, 즉 정신의 성숙도를 나타낸다. 그러나 나무가 자기상을 나타낼 뿐만 아니라 특정한 인물을 상징하고 그 인물에 대한 감정과 욕구를 나타내는 경우도 있다.
- 사람은 경계심과 자신에 대한 방어를 야기하여, 의식적이거나 무의식적으로 자신의 모습을 왜곡시키거나 자기 이외의 다른 사람의 모습으로 나타난다. 사람 그림은 자기의 현실적인 이미지나 이상적인 이미지를 나타내며 자신에게 의미 있는 사람이나 일반적인 사람을 어떻게 인지하고 있는가를 나타낸다.
- 꽃은 생활의 장식과 화려함을 의미한다. 새빨갛게 양쪽 길가를 장식하는 석산화는 영혼을 공양하는 꽃이고, 육친의 죽음을 애도하는 아이들의 그림에서 자주 보인다. 강에 흘러가는 꽃, 베란다에 장식된 꽃, 각각에 주어진 의미가 미묘하게 다른 것은 말할 것도 없다. 애써 그린 꽃에 채색을 하지 않는 경우는 감정이 실감 나게 느껴지지 않음을 의미하며, 이는 조현병 환자에게 많이 나타난다.
- 동물(생물)의 경우 조현병 환자나 대인공포증을 가진 사람 가운데 토끼를 즐겨 그리는 사람이 있다. 그들의 속성이 민감하고 겁이 많으며 어떤 무기도 없어 기댈 곳 없는 토끼의 속성과 동일하다는 것이다. 그러나 때로 그들은 고슴도치, 매, 상처 입은 사자 등의 모습으로 억압받고 쌓인 공격성을 단번에 표출하는 경우도 있다. 또 동물의 크기로 동물을 해석하는 하나의 관점이 있는데, 여기서는 그려진 화면에서 동물의 크기와 그 동물이 가지는 원래의 크기를 고려한다. 사람을 기준(1)으로 하여, 동물이 1보다 크면 그 사람의 에너지가 크다는 것을, 동물이 1보다 작으면 그 사람의 에너지가 작다는 것을 나타

냄다. 예를 들어, 등교거부아동이 소나 말을 그리는 경우는 밖으로 드러나는 에너지는 작으나 잠재하는 정신적 에너지가 크다는 것을 예측할 수 있다. 반대로 매우 난폭한 학교 내 폭력소년이 쥐를 그렸다면, 쥐가 다급하면 고양이를 물듯이 주위의 상황이 본인을 궁지로 몰아넣는 것으로 해석이 가능하다.

- 돌의 속성은 단단함, 차가움, 불변성이다. 그 희소성과 아름다움이 귀할수록 보석으로 존중되기도 하고, 영원불멸성을 빌어 묘석이 되거나 기념비가 되기도 한다. 돌은 보통의 경우 눈에 띄지 않는 것이고, 무수하게 많은 것으로 그 존재조차 알아차리지 못할 경우가 많다. 그러나 그것이 큰 돌이거나 큰 바위라면 우뚝 솟아 앞길을 가로막고, 무겁게 짓누르는 장애나 무거운 짐이 되며, 엄격한 것을 나타내기도 한다. 또 적당한 크기의 돌도 놓인 위치에 따라 여러 가지 의미를 가진다. 길 위에 굴러가는 돌, 강 속으로 날아가는 돌, 지붕 위의 눈이 흘러내리지 않게 하는 돌, 논두렁이나 나무 아래에 있는 한 덩이의 돌, 산 정상의 이정표 등 사람과 돌의 관계는 의외로 깊다.
- 부가요소는 일반적 해석에 따른다.

이와 같이 LMT의 모든 요소는 상징성을 가지고 있어 그것을 상징적으로 해석함으로써 그리는 사람의 표현을 이해할 수 있다. 그러나 요소의 상징적 해석에서 '강은 무의식의 상징이다.'라는 해석을 강이 무의식의 상징 외에는 아무런 의미가 없다는 것으로 받아들여져서는 곤란할 것이다. 그리고 LMT의 경우 여러 가지 요소가 서로 결합되어 풍경을 구성하는 것이 특징이기 때문에, 각 요소의 상징성을 고려하면서 요소를 서로 관련시켜 그 의미를 파악할 필요가 있다. 그러나 LMT의 해석에서 무엇보다 중요한 것은 개개의 작품을 침착하게 바라보며 시작하는 것이다. 이것은 참여관찰하면서 치료자가 느끼는 것, 내담자의 반응, 현실적 정보 등을 염두에 두어야 한다는 것을 의미한다.

2) LMT의 평가지표

LMT의 해석기준이 되는 LMT의 평가지표는 LMT에 관한 많은 연구에서 제시되어 있으나, 아직 표준화된 지표는 없다. 여기서는 LMT의 선행연구와 皆藤(1994)가 설정한 57개의 평가지표를 참조로 하여 만든 Ki, Choi, Kim과 Park(2012)의 지표를 소개하고자 한다. 皆藤의 평가지표는 요소의 관계성과 풍경 속의 자기상을 중심으로 LMT 평가지표를 설정함으로써 피검자의 현실지각력이나 정서의 상태 등을 판별할 수 있는 내용에 관해서는 다소 미흡한 부분이 있었다. 이를 고려하여 Ki 등(2012)에서는 皆藤가 제시한 평가지표를 참조하고, LMT 개발자가 제시한 LMT 해석의 기본관점(伊集院, 中井, 1988)을 수렴하여 새로이 29개의 평가지표를 설정하였다. 다시 말해, Ki 등(2012)에서는 LMT가 일반인과 조현병 환자를 변별할 수 있는가를 알아보기 위하여, 요소의 관계에 의한 통합성, 현실지각력 검증을 위한 형태나 색채의 사실성, 정서 상태를 파악하기 위한 채색의 정도나 혼색의 사용 여부에 초점을 맞추어, 8개의 전체 지표와 21개의 요소지표를 설정하였으며, 그 관점은 다음과 같다(〈표 4-1〉).

(1) LMT의 전체 지표

- 통합성: 각 요소가 적절하게 배치되어 통합을 이루고 있는가 아니면 요소가 나열되어 있는가를 보는 것이다.
- 공간 사용 면적: 여백을 제외하고 공간이 어느 정도 사용되었는가를 보는 것이다.
- 형태의 사실성: 요소별로 형태가 어느 정도 사실적으로 그려졌는가를 보는 것이다.
- 요소생략: 열 가지 풍경요소가 다 그려졌는가 아니면 생략된 것이 있는가를 보는 것이다.
- 채색의 정도: 요소와 배경이 어느 정도 채색되었는가를 보는 것이다.

- 채색의 현실성: 요소가 어느 정도 사실적으로 채색되었는가를 보는 것인데, 여기서는 눈이 덮인 산, 단풍으로 물든 산 등의 계절 및 시각을 고려하였다.
- 색의 수: 전체적으로 몇 가지 색이 사용되었는가를 보는 것이다.
- 혼색: 두 가지 이상의 색을 섞어서 채색하였는가 아니면 단색으로 채색하였는가를 보는 것이다.

(2) LMT의 요소지표

집, 나무, 사람 지표는 HTP의 평가지표를 참조하였고 이것들을 제외한 나머지 일곱 가지 지표(강, 산, 논, 길, 꽃, 동물, 돌)는, 특히 伊集院과 中井(1988)가 제시한 LMT 해석의 기본관점을 수렴하였다. 강, 산, 논, 길의 지표에서 면적은 그림 전체에서 몇 %를 차지하고 있는가를 보았고 꽃, 동물, 돌의 지표에서 개수는 단수인가 복수인가로 구분하였다.

- 강의 지표: 흐름의 형태는 강이 직선의 흐름인가 아니면 비직선(곡선, 사행선 등)인가로 구분하였고, 강의 연결은 강이 지면의 끝에서 끝까지 연결되었는가 중간에 끊어져 있는가로 구분하였으며, 강 속 생물은 강 속에 물고기 등의 생물이 그려져 있는가 아닌가로 구분하였다. 다리는 강 위에 다리가 그려져 있는가 아닌가로 구분하였다.
- 산의 지표: 길과의 연결은 산이 길과 연결되어 있는가 독립되어 있는가로 구분하였다.
- 논의 지표: 작물의 지표는 논에 작물이 구체적으로 표현되어 있는가 경계만 설정되어 있는가로 구분하였다.
- 길의 지표: 길의 종류는 평지길인가 비평지길(산길 등)인가로 구분하였고, 원근법은 길에 원근법이 적용되었는가 아닌가로 구분하였다.
- 집의 지표: 출입구와 창문은 집에 출입구와 창문이 그려져 있는가 아닌가로 구분하였다.
- 나무의 지표: 가지의 수는 나무의 가지가 단수인가 복수인가로 구분하였고, 여

기서 I와 Y 형태는 단수 가지로 판정하였다. 나무형태는 수관이 둘 이상인가 아닌가로 구분하였다.

- 사람의 지표: 움직임은 인물이 움직이고 있는가 아닌가로 구분하였으며, 얼굴 표정은 얼굴에서 눈, 코, 입이 표현되어 있는가 아닌가로 구분하였다.

LMT의 평가지표 중 유무와 면적 및 개수의 지표를 제외한 지표는 4~5등급으로 구성하였으나, 빈도분석을 한 결과 한쪽으로 치우쳐 있어서 3등급으로 재구성한 것이다. 면적의 경우에는 OHP 필름을 사용하여 화면을 전체 100등분하는 눈금자를 만들어 측정한 것이고 채색의 사실성에서, 특히 산이나 나무의 경우에는 계절이 고려되었다.

〈표 4-1〉 LMT의 평가지표(Ki et al., 2012)

전체 및 요소	지표	구분	전체 및 요소	지표	구분
전체	통합성	10개	전체	채색의 정도	요소 + 배경
		9~7개			요소
		6개 이하			채색안함
	공간 사용 면적	90% 이상		요소 채색의 사실성	10개
		90~70%			9~7개
		70% 미만			6개 이하
	형태의 사실성	10개		색의 수	14색 이상
		9~7개			13~11색
		6개 이하			10색 이하
	요소의 생략	무		혼색	유
		유			무

요소	강	면적	21% 이상
			20～11%
			10% 이하
		흐름의 형태	비직선
			직선
		강의 연결	유
			무
		강 속 생물	유
			무
		다리	유
			무
	산	면적	21% 이상
			20～11%
			10% 이하
		길과의 연결	유
			무
	논	면적	11% 이상
			10～6%
			5% 이하
		작물	유
			무
	길	면적	11% 이상
			10～6%
			5% 이하
		종류	비평지길
			평지길
		원근법	유
			무

요소	집	출입구	유
			무
		창문	유
			무
	나무	가지의 수	복수
			단수
		형태	풍성
			빈약
	사람	움직임	유
			무
		얼굴 표정	유
			무
	꽃	꽃의 수	복수
			단수
	동물	동물의 수	복수
			단수
	돌	돌의 수	복수
			단수

4. 해석의 적용

1) 일반성인의 사례

[그림 4-1] 일반인 여성(39세)의 그림

출처: 기정희(2010). 풍경구성기법(LMT)의 구조와 해석. 영남대학교 대학원 박사학위논문.

[그림 4-1]은 간이정신진단검사(SCL-90-R)에서 T점수가 70점 이하인 일반인 39세 여성의 그림이다. 이 그림은 지면의 전체 공간을 사용하였고, 모든 요소는 사실적 형태를 띠며 적절한 거리를 유지하는 통합적인 것이며, 다양한 색을 사용하여 현실감 있게 채색되었다. 강은 비교적 큰 면적을 차지하며 사행의 흐름으로 강 속에는 생물이 있고 강 위에는 다리가 놓여 있다. 강과 길이 만나며, 강과 길 및 논에는 원근법이 적용되어 있다. 집에는 창문과 출입구가 그려져 있고, 나무에는 비교적 수관이 풍부하게 그려져 있으며, 사람에게는 표정과 움직임이 그려져 있다. 꽃과 돌은 복수로 그려져 있으며, 동물은 구체적으로 표현되어 있다.

강의 면적은 비교적 크게 그려져 있어 일종의 강박성향을 나타내고 있으며, 이것은 강 주변의 돌에서도 동일하게 나타나 있다. 사행의 강에서 흐르는 속도와 물의 깊이 등 변화가 풍부한 것은 강의 기세와 에너지 수준이 높음을 의미하고, 여기에는 피검자의 강한 기운과 높은 에너지가 반영되어 있음을 알 수 있다. 강은 무의식을 상징하고 길은 지향하는 방향을 나타내는 만큼, 강과 길이 만나고 강 위에 다리가 놓인 것은 피검자가 의식적인 것과 무의식적인 것을 적절히 조절할 수 있음을 암시하고 있다. 물속 생물은 삶의 여유로움을 암시하고, 다리는 의식과 무의식의 자유로운 왕래를 가능하게 하는 것으로, 피검자의 성숙한 정신과 건강성을 암시하고 있다. 강과 길 및 논의 원근법에는 피검자의 마음의 유연성이 암시되어 있다. 집의 창문은 피검자가 타인이나 외부세계를 바라보는 곳이자 외부세계 내지 타인이 집안을 바라보는 통로이고, 출입구는 집과 외부세계를 연결하는 통로로서 자신이 외부세계로 나아가거나 타인이 자신의 삶으로 들어오는 것을 허용하는 곳이다. 그런 만큼 창문과 출입구에는 타인 내지 외부세계와의 교류나 소통을 할 수 있는 피검자의 능력이 암시되어 있다. 수관이 풍부한 나무는 피검자의 자아의 성장과 안정감을 나타내고 있고, 사람의 얼굴 표정과 움직임에는 풍부한 감정과 상황에 유연하게 대처할 수 있는 능력이 나타나 있으며, 이러한 대처능력은 다수로 그려진 꽃과 돌에도 나타나 있다. 동물에 대한 구체적 표현은 피검자가 동물에 대한 확실한 인지와 감정을 가지고 있음을 암시하고 있다. 뿐만 아니라 많은 수의 색을 사용하여 피검자의 자기개방성을 시사하며, 현실감 있는 채색이 피검자가 감정에 대한 적절한 통제력과 현실검증력을 가지고 있음을 나타내고 있다.

이 그림에는 약간의 강박성향은 있으나 강한 기운과 높은 에너지를 가지고 있으며, 풍부한 감정과 상황에 대한 대처능력 및 타인이나 외부세계와의 적절한 소통능력을 가진 피검자의 자아가 투사되어 있다.

2) 조현병 환자의 사례

[그림 4-2] 조현병 환자 여성(50세)의 그림

출처: 기정희(2010). 풍경구성기법(LMT)의 구조와 해석. 영남대학교 대학원 박사학위논문.

[그림 4-2]는 정신과 전문의로부터 조현병으로 진단받아 시설에 수용되어 치료를 받고 있는 50세 여성의 그림이다. 이 그림에는 지면의 전체 공간이 사용되었고, 생략된 요소는 없으나 요소가 정면을 향하여 순차적으로 나열되어 통합성이 결여되어 있다. 각 요소의 크기는 상대적으로 지나치게 크거나 작고, 일부 요소의 채색은 현실성이 결여되어 있다. 강과 길은 직선의 흐름이고 끊어져 있으며 서로 만나지 않고 비현실적으로 채색되어 있다. 집에는 창문은 있으나 출입구가 없고, 나무에는 풍부한 수관이 그려져 있으며, 사람에게는 표정과 일종의 움직임이 있다. 꽃은 채색되어 있고, 꽃과 동물 및 돌은 단수로 그려져 있다.

강의 면적이 지나치게 작은데, 이것은 피검자의 자아가 붕괴되어 자신과 세계에서 균형을 상실한 것에 기인한다고 볼 수 있다. 강의 흐름은 직선이고, 강과 길이 만나지 않으며, 강 속의 생물이나 다리가 없는 것은 의식과 무의식의 소통, 나아가 외부와의 소통이 없는 자기중심적 세계에서 여유 없이 살아가는 피검자의 삶을 암시한다. 끊어진 강을 그린 것은 눈앞에 있는 좁은 영역밖에 볼 수 없기 때문인데, 이것은 주위의 공간적 넓이가 결핍되고 안구의 추적운동이 불가능한 조현병 환자의 특성에 기인하는 것이다. 길은 산과 연결되지 않고 원근법이 적용되지 않은 평지의 길이다. 산과 길이 연결되지 않은 것은 미지의 세계에 대한 관심과 거기에 이르고자 하는 의지가 결여되었거나, 하나의 과제를 넘어 다음 과제로 향하려는 의지가 결여되었음을 나타내고 있다. 평지의 길은 끊어진 강과 마찬가지로 바로 눈앞의 것밖에 볼 수 없는 시각의 협소함에 기인하는 것으로 볼 수 있다. 원근감의 결여는 조현병 환자 그림의 대표적인 특징으로, 이것은 마음의 자유로운 움직임이나 유연성을 상실한 상태를 나타내고 있다. 창문은 있으나 출입구가 없는 집은 외부세계나 타인에 대한 관심이 있으나 그것을 연결해 주는 통로가 없음을 나타내고 있다. 수관이 풍부한 나무는 자아의 성장과 안정감을 나타내고, 표정과 일종의 움직임이 있는 사람은 피검자의 정서 내지 감정과 상황에 대처하는 유연성을 나타내는데, 이러한 정서 내지 감정은 꽃의 채색에서도 동일하게 나타나 있다. 그러나 단수로 그려진 꽃과 동물 및 돌은 타인에 대한 대처능력이 결여되어 있음을 암시하고 있다. 뿐만 아니라 다양한 색의 사용은 피검자의 자기개방성을 시사하며, 일부 요소에서의 현실감이 결여된 채색은 정서적인 충동을 적절하게 통제하지 못하고 현실검증력이 약화되어 있음을 암시하고 있다.

이 그림에는 요소의 나열, 끊어진 강, 원근감의 결여, 꽃과 동물 및 돌의 단수 표현, 채색의 비현실감 등 조현병 환자 그림의 전형적인 특징이 나타나 있다. 동시에 이 그림에는 창문이 있는 집, 수관이 풍부한 나무, 표정과 움직임이 있는 사람, 꽃의 채색, 그리고 다양한 색의 사용 등을 통하여 피검자의 감정 내지 정서의 회복 등 조현병의 증상이 완화되었음이 시사되어 있다.

5. 연구동향

1) 국외 연구동향[5)]

LMT는 1969년 일본에서 개발된 이래 다양한 임상실천의 장에서 주로 심리치료의 기법으로 이용되어 왔으며, 이 실천에 의한 연구가 활발하게 진행되어 왔다. LMT에 관한 국외 연구는 「조현병 환자의 평가도구로서의 LMT(Landscape Montage Technique as an Assessment Tool For Schizophrenia Patients. The Arts in Psychotherapy)」(Ki et al., 2012)를 제외하고는 모두 일본에서 행해졌다. 일본의 연구동향과 관련하여, 2019년 1월 7일 CiNii(http://ci.nii.ac.jp)를 이용하여 LMT를 키워드로 문헌검색을 한 결과, LMT에 관한 286편의 문헌이 검색되었다. 따라서 여기서는 이 연구들을 목적과 주제에 따라 분류하여 LMT의 국외(일본) 연구동향을 살펴보고자 한다. 먼저, 목적에 따라서는 사례연구와 조사연구로 구분하는데, 전자는 치료를 목적으로 일정한 대상을 선택하여 수행한 연구를 말하며, 후자는 LMT를 연구할 목적으로 수행한 연구를 말한다. 다음으로 주제에 따라서 그리는 과정에 관한 연구와 그림의 전개에 관한 연구 및 기타 연구로 구분할 수 있다.

---

5) 佐渡(2013)는 LMT의 연구동향을 다음과 같은 세 시기로 구분하여 설명하였다. 제1기(1970~1984년)는 개발시대의 임상가들에 의해 임상도구로서의 가능성을 모색한 시기로서, LMT가 임상심리에서 확고한 위치를 차지한 시기이며, 대표적 연구로는 中井(1970, 1971), 山中 編(1984) 등을 들 수 있다. 제2기(1985~1990년대 후반)는 기초연구와 사례연구의 축적 시기로서, LMT의 연구영역이 확장되고 내용이 다양화된 시기이다. 대표적 연구로 皆藤(1994), 山中(1996) 등을 들 수 있다. 제3기(1990년대 후반~현재)는 새로운 지표의 제창과 스토리성의 검토 및 종래 견해의 재검토 등이 행해진 시기이다. 대표적 연구로는 京大學派[角野(2004), 皆藤 編(2004)] 등의 연구를 들 수 있고, 국외 연구로서 Ki et al.(2012)가 있으며, 이 연구에서는 LMT의 존재가 반석이 되었음을 증명하였다(佐渡, 2013, pp. 44-45).

(1) LMT의 사례연구

LMT의 사례연구는 LMT를 치료의 흐름과 결합시킨 것으로서, 그리는 과정에 관한 연구와 그림의 전개에 관한 연구로 구분된다.

① 그리는 과정에 관한 연구

요소가 그려지는 과정, 시행에서의 언어적 주고받기, 치료자가 느낀 것 등이 포함된다. 이에 관한 연구로는 심리적 공간의 구조를 검토한 연구(中井, 1971), 그리는 과정에서 특히 산과 길을 검토한 연구(山中 編, 1996), 각 요소의 소묘 과정을 상세하게 검토한 연구(皆藤, 1988a), 임상심리사의 자세를 언급한 연구(皆藤 編, 2004), 나무검사 및 난화작품과 더불어 9회에 걸쳐 시행된 LMT 작품에 대한 연구(滝川, 1984), 여러 회기에 걸쳐 LMT를 시행하여 각각의 그림이 그려지는 과정을 검토한 연구(中里, 1984) 등을 들 수 있다.

② 그림의 전개에 관한 연구

LMT 작품 1점을 읽는 것이 아니라 여러 장의 그림을 시리즈로 읽는 것을 말하며, 이에 관한 연구로는 동일인의 그림 변화에 대해 주목한 연구(佐藤, 中村, 1997; 中里, 1984; 稲月, 2015), 10년 간격으로 LMT을 시행하고 그 그림을 비교검토한 연구(中井, 1983), LMT에 의한 급성조현병 상태로부터 회복되기까지의 과정을 검토한 연구(衛藤, 1985), 급성정신증 상태로부터 증상이 없어지기까지의 과정을 고찰한 연구(向井, 1984), LMT의 열 가지 요소에 하늘, 별을 추가하여 그리는 확대 LMT를 소개한 연구(伊集院, 1996), LMT의 상황의존성에 주목한 연구(桑山, 1996), 급성정신증 상태로부터 회복 과정까지의 LMT 작품의 변화를 고찰한 연구(角野, 2001) 등을 들 수 있다.

이를테면 佐藤와 中村(1997)에서는 만성 조현병 환자를 위한 집단 심리치료에 참가한 2명의 조현병 환자(처음 그림을 그린 시기의 나이는 각각 24세와 50세)를 대상으로, 4년에 걸쳐 집단 LMT와 합동 LMT를 실시하여, 그림의 변화를 통한 LMT의 치료적 의미를 검토하였다. 집단 LMT는 LMT 실시의 일반적 절차에 따라 개인이 자신의 그림을 그린 후, 각자의 작품에 대하여 집단원 전원이 감상하는 것이고, 집단 LMT는 B3 용지에 하나의 사인펜으로 돌아가면서 한 사람이 하나의 요소를 계속해서 그리게 하는 것이다. 사례 1(S, 24세)은 집단 LMT 6회, 합동 LMT 6회 참가하였고, 사례 2(M, 50세)는 집단 LMT 8회, 합동 LMT 7회 참가하였으며, 두 사람의 합동 LMT는 2회에 걸쳐 실시되었다. 사례 1의 경우, 1회째의 그림에 대한 집단원들의 비판 등으로 이 사례에서 집단 LMT가 적절하지 않다고 생각했으나, 즐겁다는 반응을 보인 1회째의 합동 LMT를 실시한 후, 2, 3회째의 집단 LMT에서는 구성이 개선되고 안정되어 갔다. 합동 LMT에서는 서로 허용적인 분위기 속에서 사람들과 상호작용하게 되어 그가 그린 것이 타인의 세계에서 고립되지 않고 전체의 풍경 속에서 융합되었다. S는 집단 LMT에서는 타인의 세계와 전적으로 융합하지 못했으나, 합동 LMT의 경험을 거듭하면서 점차 자신의 내적 세계를 정리할 수 있게 되었고 이러한 심적 과정이 개인의 풍경의 변화에 반영되었다. 사례 2의 경우, 1회째의 그림의 구성 정도는 높고 채색도 충분하였다. 구성에는 여러 차례 변화가 보이고 때로는 극단적인 원근법이나 다초점화 등으로 긴장을 초래하는 경우도 있었지만, 그 후에도 구성 정도는 높은 상태를 유지하였다. M의 LMT 작품에는 다소 무리한 구성과 그 변화에 자신의 내적 세계를 어떻게 정리하고, 세계와 어떻게 거리를 둘 것인가에 대한 그 나름의 시도와 노력이 반영되어 있다. M에게서 자신의 세계를 유지하는 것은 매우 중요한 일이고, 유지할 수 없게 되면 불안이 생기는 것이다. 이러한 M에게서 다른 사람과 협동하는 합동 LMT는 긴장의 장이었다. 그는 합동 LMT의 규칙을 위반하고 다른 집단원의 그림에도 개입하며, 필사적으로 자신의 세계를 유지하려는 듯이 보였다. 이와 같이 집단 LMT와 합동 LMT의 행위기저에 작용하고 있다고 생각되는 집단역동과 작품에 표출되는 개인의 내적 과정에 초점을 맞추어 집단 LMT와 합동 LMT를 함께 사용할 때의 치료적 의미를 고찰한 결과, 구조화된 집단 심리치료 장면에서 적절히 사용된다면 집단 LMT와 합동 LMT가 조현병의 치료에서 유효한 것으로 보고되었다.

(2) LMT의 조사연구

LMT의 조사연구는 LMT를 연구할 목적으로 일정한 대상을 선택하여 시행한 연구들이며, 그리기 과정에 관한 연구와 그림의 전개에 관한 연구 및 기타 연구로 구분된다.

① 그리기 과정에 관한 연구

그리기 과정에 관한 연구로는 LMT의 요소와 구성 과정을 검토한 연구(皆藤, 1996), LMT에서 그리는 사람과 지켜보는 사람의 체험을 기술한 연구(皆藤, 中桐, 2004), 피검자의 시점에서 LMT의 체험 과정을 기술한 연구(村松, 2004), 각 요소를 그린 시간에 주목하여 그림의 과정을 논의한 연구(佐々木, 2004), 심신이 건강한 사람을 대상으로 LMT와 인터뷰를 실시하여, 피검자의 체험 과정을 파악하고자 한 연구(久保薗, 2015; 城, 2017) 등을 들 수 있다.

村松(2004)의 연구에서는 LMT의 체험 과정을 내담자의 시점에서 체험적으로 이해하기 위하여 스스로 피검자가 되어 연구를 진행하였다. 그 결과, LMT는 그리는 것과 그리는 과정이 그리는 사람에게 알아차림을 촉구하고 자신과의 대화를 촉진시켜 나간다는 것이 보고되었다.

久保薗(2015)의 연구에서는 2명의 대학생(남 1명, 여 1명)을 대상으로 2년의 간격을 두고 개인별로 LMT를 실시한 후, 두 점의 LMT 작품을 보며 그 변화와 피검자의 LMT 체험에 대한 인터뷰를 실시하였다. 여기서는 LMT를 그리고, 皆藤(1994)를 참고로 하여 10개의 항목을 만든 PDI를 실시한 후, "이 풍경에 이야기를 만든다면 어떤 이야기를 만들겠습니까? 자유롭게 (이야기를) 만들어 주세요."라고 지시하였다. 결과는 두 사례가 갈등을 극복하고 안정과 성장이라는 심리적 변화가 나타난 것으로 보고되었다.

또한 城(2017)는 심신이 건강한 15세 이상의 남녀 11명(남: 5명, 여: 6명)을 대상으로, LMT를 실시한 후 반구조화된 인터뷰를 60~90분 정도 실시하였다. 인터뷰 내용은 어떤 풍경을 그렸는지에 대한 설명에서 시작하여 구성과 채색에서 우발적(혹은 생각지도 않은) 상황이 발생했을 때, 전환점(이를테면 미리 가지고 있던 이미지가 바뀌고 채색으로 새로운 단계를 느끼는 것)을 느꼈을 때 어떤 생각이나 느낌이 들었는지 등을 중심으로, 피검자에게 이를 자유롭게 말하게 했다. 그 후 인터뷰 내용을 녹취하고 이야기의 의미를 정리하여 코드화하였고, 코드를 사용하여 35개의 범주를 만든 후 각 범주를 상세하게 검토하였다. 그 결과, LMT 실시에서 피검자는 네 가지 체험 과정을 거치는 것으로 보고되었다. 즉, LMT 피검자는 긴장감 있는 과정에서 안정감을 느끼는 과정으로 나아가고, 전환점에 의해 큰 영향을 받으면서도 자신의 이미지 세계를 지면에 구축하며, 그림에 대하여 이야기하는 것에 의해 이미지 세계와 자신을 긴밀하게 연결시켜 LMT 체험을 완료했다.

② 그림의 전개에 관한 연구

그림의 전개에 관한 연구로는 LMT의 재검사 신뢰도에 대한 연구(皆藤, 1994), 피검자와 검사자의 LMT 체험을 기술한 연구(皆藤, 中桐, 2004), 검사자의 LMT 체험을 기술한 연구(村松, 2004), 요소를 그리는 시간의 변화을 고찰한 연구(佐々木, 2004) 등이다. 이 가운데 皆藤의 연구(皆藤, 1994)는 양적 연구이지만, 2004년의 세 편의 논문은 그리는 사람 1명을 상세하게 검토한 것이다. 그리고 皆藤(1994)에서는 LMT를 그림검사 중에서도 신뢰성이 높은 기법으로 제시하며, LMT의 열 가지 요소와 부가요소에서 166개의 LMT 지표를 설정하여 재검사 신뢰도를 검토하였고, 그중 상관계숫값이 .6 이상인 38개의 지표를 신뢰도가 높은 안정성 있는 지표로 제시하였다.

③ 기타 연구

기타 연구는 LMT의 그리기 과정이나 그림의 전개를 다루지 않는 제3의 연구로서, 다수의 LMT 작품을 분석하는 대부분의 연구와 LMT에 관한 문헌연구 등이 해당된다. 여기에는 다른 기법과의 비교연구와 LMT 자체에 관한 기초적 연구 및 LMT 문헌연구 등이 있다.

- 다른 기법과의 비교연구: 특히 로르샤흐 검사와의 비교(弘田, 三船, 原, 岩堂, 1990; 平, 1995 등)에 관한 연구가 많다. 그 외에도 모래상자와의 비교연구(弘田, 小野, 森鼻, 武田, 岩堂, 1988; 水谷, 中村, 岩堂, 1993)나 질문지 검사와의 비교연구(阿部, 織田, 2013; 北島, 水野, 有木, 浅川, 津川, 張, 2014 등) 등이 행해졌다.

LMT와 로르샤흐 검사(RT)를 비교한 연구의 경우, 平(1995)는 대인공포증이 있는 19세 여대생(사례 1), 신경증상이 있는 18세 여성(사례 2), 성격장애를 가진 16세 고등학교 남학생(사례 3)을 대상으로 LMT와 RT를 실시하고, 이 세 사례를 통하여 LMT와 RT의 관련성을 고찰하였다. 그 결과, 사례 1에서는 RT에서의 색채반응은 없었으며, LMT는 대부분 채색되었음에도 부분적으로 빈 공간이 있어 색채를 적극적으로 사용했다고 하기는 어려웠다. 사례 2에서도 RT의 색채반응은 소수이고, LMT의 채색도 에너지가 부족하고 정서적 반응이 표출되기 어려웠다. 사례 3에서는 RT의 색채반응은 매우 적고, LMT의 채색은 정적이고 부분적이었다. 즉, RT의 색채반응과 LMT의 채색에는 피검자의 정서표현과 관련된 것이 있음이 보고되었다. 또한 弘田 등(1990)은 여대생 37명을 대상으로 LMT와 RT를 실시하여 양자의 상호관련성을 검토하였다. LMT에서는 72개의 지표를 사용하고, RT에서는 27개의 지표를 사용하여 분석한 결과, RT와 LMT의 대응관계는 적은 것으로 나타났다. 즉, LMT에서의 채색과 RT에서의 색채반응 사이에 평행적 대응관계는 적었으며, 이것은 양 기법의 차이에서 기인하는 것이다. 이러한 결과는 RT 사인을 다루는 방식에 여러 가능성이 있고, LMT의 분석지표를 다루지는 않았으나 유효한 지표가 있을 수 있음을 시사하는 것이라고 보고되었다.

LMT와 질문지 검사를 비교한 연구의 경우, 阿部와 織田(2013)는 LMT와 우울・불안과의 관련성을 검토하였다. 여기서는 대학생 83명(남: 22명, 여: 61명)을 대상으로 LMT와 질문지 검사인 CES-D(The Center for Epidemiologic Studies Depression Scale)와 일본어판 STAI(State-TraitAnxiety Inventory)의 특성불안 척도(20문항)를 실시하였다. 우울은 16점을 기준으로 16점 미만은 우울이 낮은 집단으로, 16점 이상은 높은 집단으로 구분하였고, 불안은 44점을 기준으로 44점 미만은 불안이 낮은 집단으로, 44점 이상은 높은 집단으로 구분하였다. LMT 분석지표는 선행연구를 참조하여 57개의 지표를 설정하였다. 분석의 결과는 다음과 같다. LMT와 우울 관련에 관해서는 LMT 분석지표와 우울 점수에서 통계적으로 유의미한 지표는 3개 지표, 즉 논(논에서 물 주기)과 길(갈라진 길) 및 부가물(구름)이며, 우울이 낮은 집단에서 높은 집단보다 그린 빈도가 높은 것으로 나타났다. LMT와 특성불안과의 관련에 관하여 LMT 분석지표와 불안 점수에서 통계적으로 유의미한 지표는 5개 지표, 즉 산(테두리를 넘어섬), 논(벼), 집(도로변), 채색 1(하늘), 채색 2(지면)으로 나타났다. 산, 하늘채색과 지면채색은 불안이 낮은 집단에서 높은 비율로 나타난 반면, 논의 벼와 도로변의 집을 그린 비율은 높은 집단에서 높은 비율로 나타났다. 또한 우울이 높은 집단에서 LMT 지표와의 상관이 높은 것으로 나타난 반면, 불안특성이 낮은 집단에서 LMT 지표와의 상관이 높은 것으로 나타났다. 따라서 전자는 병리지표의 가능성이 있고, 후자는 건강 정도의 지표로 활용될 가능성이 있음이 시사되었다. 그리고 北島 등(2014)은 자살위험평가를 위하여, LMT와 두 가지 질문지 검사와의 관련성(연구 1, 2)을 검토하였다. 연구 1은 정신과 외래 환자 98명(우울증 환자 47명, 조현병 환자 16명, 불안장애 환자 5명, 적응장애 환자 4명, 양극성 장애 환자 2명, 기타 진단 17명, 진단 미확증 7명; 남: 43명, 여: 55명)을 대상으로 LMT와 SDS를 실시하여, LMT의 구성형태 및 색채 정도 · 종류와 자기보고식 우울 척도(Self-Rating Depression Scale: SDS)의 총 점수 및 19번 문항(SDS Q19: 내가 죽는 것이 다른 사람을 즐겁게 살게 한다고 생각한다.)의 죽음추구빈도 점수와의 관련성을 검토하였다. 그 결과는 LMT의 요소 가운데 돌을 회색으로 채색한 사람이 검은색으로 채색하거나 채색하지 않은 사람보다 SDS Q19에서 빈도가 높은 것으로 나타났다. 연구 2는 정신과 외래 환자 98명(우울증 환자 46명, 조현병 환자 15명, 불안장애 환자 5명, 적응장애 환자 4명, 양극성 장애 환자 2명, 기타 진단 18명, 진단 미확증 8명, 남: 41명, 여: 57명)을 대상으로 LMT와 문장완성검사(Sentence Completion Test: SCT)를 실시하여, LMT의 구성형태 및 색채 정도 · 종류와 SCT의 자극어 자살 및 죽음에 대한 기술내용과의 관련성을 검토하였다. 그 결과는 LMT와 SCT의 자극어 사이에는 유의미한 관련성이 없는 것으로 나타났다.

• LMT의 기초적 연구: LMT의 구성(弘田, 1986; 皆藤, 1988b; 皆藤, 1994; 高石, 1994; 鎌田, 加地, 関谷, 2013; 高石, 2017; 三浦, 2017), 채색(運上, 橘, 長谷川, 中村, 2010; 清重, 2018), 요소(運上, 橘, 長谷川, 2009; 高梨, 2016; 大場, 佐々木, 2016) 및 용지(仲原, 佐渡, 鈴木, 2010) 등을 포함하는 LMT 자체에 대한 연구들(山中 編, 1984; 皆藤, 1994; 渡部, 相馬, 1998; 松下, 2002)이다.

LMT의 구성과 관련하여, 皆藤(1988b)는 한 심리치료기관에서 심리치료 중에 시행된 등교거부학생들의 작품 가운데 초등학생과 중학생 21명(초등학생: 3명, 중학생: 18명; 남: 10명, 여: 11명)의 LMT 작품을 무작위로 추출하여, LMT의 구성 과정을 검토하였다. 여기서는 먼저 구성 과정 중에서 중 · 근경군의 배치양상을 검토한 후, 요소 간의 위치적 관계성을 중심으로 '인물상' '강과 길의 관계' '다리와 태양의 유무'라는 시점에서 검토하였다. 다음으로 대경군의 구성 과정에서 적절한 작품을 선택하여 작품에 대한 해석을 시도하였다. 그 결과, 중 · 근경군의 배치 양상에서는 인물상에서 단수 그림과 정적 운동의 비율이 높았고, 강과 길의 관계에서 강과 길의 관계없음의 비율이 높았으며, 다리와 태양의 유무에서 다리와 태양의 비율이 낮은 것으로 나타났다. 이 연구에서는 개개 작품을 구성 과정에서 바라보고 검토함으로써, LMT 작품을 통해 보다 의미 있고 임상적으로 유효한 메시지를 읽을 수 있음이 주장되었다.

LMT의 채색과 관련하여, 運上 등(2010)은 성인 233명(청년기: 175명, 중년기: 31명, 중년기 이후: 27명; 남: 60명, 여: 173명)을 대상으로 LMT를 실시한 후, LMT의 채색에 관한 감상을 용지에 자유롭게 기술하게 하고, 그 감상을 긍정적, 부정적, 중립적, 감상 없음, 불명으로 분류하여 피검자의 감정체험을 분석하였다. 그 결과, LMT의 채색 과정은 피검자에게 긍정적인 감상을 초래하는 경우가 많았고, 여성 집단에게서는 중년기와 고령기에서 부정적인 감상이 나타나지 않았던 반면, 남성 집단에서는 청년기에서 부정적 감상이 나타났다. 이러한 결과는 이 연구의 대상이 여성이 압도적으로 많았던 것이 채색 과정의 긍정적 출현율에 영향을 주었을 것으로 추측하였다.

LMT의 요소와 관련하여, 運上 등(2009)은 LMT 요소 가운데 돌에 주목하여 돌의 크기와 위치를 검토했다. 여기서는 21~22세의 남녀 대학생 460명(남: 101명, 여: 359명)을 대상으로 강좌단위의 집단으로 LMT를 실시하여 분석하였다. 분석의 결과, LMT에 그려진 돌의 영역은 돌의 크기에 관계없이 용지의 아래쪽에 집중되어 있다. 큰 크기의 돌은 아래편 양쪽으로 그려지고, 중간과 작은 크기의 돌은 중앙에 그려지는 경향이 있으나, 통계적으로 유의하지는 않았다. 또한 仲原 등(2010)은 LMT 용지의 크기에 따른 그림특징의 차이를 검토하였다. 여기서는 대학생 54명과 대학원생 10명, 즉 64명(남: 35명, 여: 29명)을 대상으로 세 가지 크기(B4, A4, B5 용지)의 용지를 사용하였다. 참여자들을 무작위로 6개 집단으로 구분하고 한 사람이 두 가지 크기의 용지를 사용하게 하여, 14일간의 간격을 두고 2회에 걸쳐 LMT를 집단으로 실시하였다. 그 결과, 길(산길)에서만 유의미한 차이가 있었다. 즉, B4 크기의 용지에서 산길을 그리는 경향이 적은 것으로 나타났다. 이는 용지의 크기가 가장 큰 경우, 길이 산과 연결되는 경우가 적다는 것을 말해 주는 것이다.

- LMT의 문헌연구: 여기에는 LMT와 로르샤흐 검사의 비교에 대한 문헌연구(鹿野, 横山, 2015), LMT 연구의 특징과 변천을 검토한 연구(佐渡, 田口, 緒賀, 2013), LMT의 구성형에 대한 문헌고찰(明翫, 2012), 상호작용을 중심으로 LMT 시행에서의 채색 과정에서의 심리치료적 측면에 관한 연구(清重, 2018), LMT의 문헌연구에 대한 양적 연구 전망에 관한 연구(土佐, 横山, 2015) 등이 있다.

특히 土佐와 横山(2015)는 2014년까지의 LMT 논문 중에서 양적 연구 논문을 분석대상으로 하여, 이들을 임상 집단의 그림특징, 아날로그 연구(임상 집단에 준하는 집단을 대상으로 한 연구), 심리적 특성, 발달과의 관련, 다른 기법(투사 검사, 질문지 검사)과 LMT 그림특징의 관련, LMT의 시행절차와 도구, 내담자와 치료자 관계성에 관한 연구로 구분하여 검토하였다. 그 결과는 다음과 같이 보고되었다. 즉, LMT의 양적 연구에서는 건강한 학생 집단을 대상으로 LMT를 집단법으로 실시한 것, 작품분석에서는 검사자가 선행연구를 참조하여 요소와 구성형이라는 기준으로 그림특징을 통계적 방법으로 검토한 것이 많았다. 그러나 건강한 사람을 대상으로 한 연구는 조사에서 도출된 견해를 현장에서 그대로 활용하기 어렵고 원래의 목적에서 벗어난 것이며 연구를 위한 연구라는 비판을 면하기 어렵다. 이런 맥락에서 임상심리의 실천에서 소생시킬 수 있는 LMT의 양적 연구로서 두 가지 방향, 즉 사정도구로서의 LMT와 LMT 고유의 특징에 관한 연구를 들며, 이를 중심으로 LMT 양적 연구의 과제와 의의를 다음과 같이 제시하였다. 사정도구로서의 LMT에 관한 연구에서는 객관성 있는 명확한 지표의 설정, 이것을 측정하는 절차의 설정, 및 여기에 기초한 조사의 실시 등이 행해져야 한다. LMT 고유의 특징에 관한 연구에서는 LMT 작품을 해석할 때, LMT 작품의 특징에만 주목하고 정해진 분석항목으로 해석을 진행하는 것은 거기에 표현된 다양성과 치료자-내담자 간의 관계성을 배제하는 것이 되어, 개발자가 제시한 LMT 원래의 목적과는 달라질 것이다. 또한 LMT의 객관적 해석지표는 그러한 한계를 극복한 경험이 풍부한 임상심리사들에 의해 추출되어야만 LMT 양적 연구의 의의가 있을 것이다.

이와 같이 국외(일본)에서의 LMT 연구동향에는 다음과 같은 특징이 있다. 첫째, 그리기 과정에 관한 연구는 1990년대 후반을 기점으로 사례연구에서 조사연구로 변화되었으며, 그림의 전개에 관한 연구에 비하여 연구의 편수가 적다. 둘째, 그림의 전개에 관한 연구를 살펴보면, 사례연구는 1980년대부터 현재에 이르기까지 계속되고 있는 반면, 조사연구는 1994년 이후에 진행되어 연구가 빈약한 상황이다. 셋째, 조사연구 중 기타 연구에서는 LMT 실시방법이나 요소 등 LMT의 기초적 연구를 비롯하여, 발달과의 관련, 병리와의 관련, 성격특성과의 관련에 대한 연구 등 다양한 시점에서 다양한 주제가 다루어졌다. 뿐만 아니라 2000년대 이전에는 LMT의 핵심이 구성이라는 관점에서 구성에 연구의 초점이 맞춰져 채색의 문제가 간과되었으나 2000년 이후에는 LMT의 채색에 관한 연구들이 진행되었으며 LMT의 변법에 관한 연구도 행해졌다. 게다가 최근에는 LMT의 인터뷰나 스토리성에 관한 연구가 진행됨으로써 LMT의 주제가 더욱 다양해졌음을 알 수 있다. 이와 같이 일본의 경우, LMT의 기초적 연구가 풍부하고, LMT의 변법이나 다양한 주제에 관하여 많은 연구가 행해졌다. 그러나 LMT의 평가지표에 의한 해석의 위험성을 우려하는 가운데, LMT의 표준화는 물론 LMT의 평가지표에 관한 연구가 상대적으로 부족하다. 그런 만큼 임상장면에서도 유용하게 적용할 수 있는 평가지표의 문제는 향후 LMT의 연구과제로 주어져 있다고 할 수 있다.

2) 국내 연구동향

LMT는 국내에 도입된 이래 미술치료 장면에서 심리치료도구보다는 진단도구로 많이 사용・연구되고 있다. LMT에 관한 국내 연구는 김동연, 이근매와 정금자(1994)에 의해 소개된 이래, 2007년경부터 본격적인 연구가 시작되어 두 권의 번역서(角野, 2008; 皆藤, 2012)를 비롯하여, 비교적 많은 연구가 행해졌다. LMT의 국내 연구동향을 연구목적에 따라 사례연구와 조사연구로 구분하여 살펴보면 다음과 같다.

(1) LMT의 사례연구

LMT의 사례연구는 LMT를 치료의 흐름과 연결시킨 것을 말한다. 여기에 관한 연구로는 초등학생을 대상으로 한 김동연 등(1994)의 연구, 서소희와 최외선(2007)의 연구 등을 들 수 있다. 김동연 등(1994)은 LMT가 中井에 의해 개발되었고 치료적 · 진단적 효과가 입증되었음을 소개하며 LMT의 해석을 모래놀이치료에 근거하여 해석하였다. 서소희와 최외선(2007)은 7세 자폐스펙트럼 장애아동(여)를 대상으로 특수교육을 병행한 LMT를 실시하여, LMT의 인지능력에 대한 주목과 각 요소의 일의적 · 상징적 의미에 근거하여 작품을 해석하였다. 연구의 결과, 특수교육을 병행한 LMT 그리기는 아동의 인지능력과 사회적 상호작용능력을 향상시키는 것으로 보고되었다.

(2) LMT의 조사연구

LMT의 조사연구는 LMT를 연구할 목적으로 일정한 대상을 선택하여 시행한 연구로서 LMT의 반응특성에 관한 연구, 진단도구로서의 LMT의 활용 가능성을 검토한 연구, 기타 연구로 구분된다.

- LMT의 반응특성에 관한 연구: 여기에 관한 연구로는 문수진(2004), 박강화(2009), 박인전, 최외선과 김유경(2010), 신현주(2011)의 연구 등을 들 수 있다. 문수진(2004)은 조현병 환자를 대상으로 LMT를 실시하여 조현병의 음성 증상과 양성 증상에 나타난 LMT의 특징을 검토하였고, 박강화(2009)는 조현병 환자와 양극성 장애 환자의 LMT의 표현특징을 검토하였으며, 신현주(2011)는 초등학생의 학습능력과 LMT의 반응특성을 검토하였다. 박인전 등(2010)은 초등학생의 성별과 학년에 따른 LMT 반응특성을 알아보기 위하여, 초등학생 431명(남: 228명, 여: 203명)을 대상으로 LMT를 실시하여 분석하였고, 그 결과는 다음과 같다. 성별에 따른 차이로는 여학생이 남학생보다 요소의 생략이 많고, 색의 수가 적으며, 소묘선의 질이 안정적인 것으로 나타났다. 학년별 차이로는 1학년은 10개 요소가 모두 통합되었고, 1~2학년이 3~6학년보다 요소의 생략과 공간 사용이 많으며 채색의 안정성이 높은 것으로 나타났다. 또한 학년이 올라갈수록 색의 수는 감소하고, 요소와 배경의 채색 및 형태의 사실성 비율이 높은 것으로 나타났다. 뿐만 아니라 요소채색의 적절성은 1학년이 가장 높고 3학년이 가장 낮았으며, 소묘선의 질은 1~2학년이 다른 학년에

비해 안정적인 선의 비율이 높은 것으로 나타났다.

- LMT의 진단도구로서의 활용 가능성에 관한 연구: 이에 관한 연구로는 김갑숙, 기정희와 전영숙(2010), 서소희(2010), 기정희(2014a, 2014b), 김경남, 김갑숙과 기정희(2016)의 연구 등을 들 수 있다. 김갑숙 등(2010)은 LMT를 고등학생의 불안을 예측할 수 있는 도구로 활용 가능성을 검토하였고, 서소희(2010)는 LMT를 초등학생 공간개념 발달 평가도구로 시지각 기능검사와 관련시켜 LMT의 활용 가능성을 검토하였으며, 기정희(2010)는 LMT를 조현병 환자와 일반인을 변별할 수 있는 도구로 활용 가능성을 검토하였다. 또한 황미선과 이근매(2015)는 LMT를 정서, 행동발달의 측정도구로 가능성을 검토하였고, 김경남 등(2016)에서는 조현병 환자와 지적 장애인의 LMT 그림을 비교 · 분석하였으며, 기정희(2014a, 2014b)는 LMT를 아동의 인지평가도구로 활용 가능성과 청소년의 정서사정도구로 활용 가능성을 탐색하였다. 기정희(2014a)는 LMT를 초등학생의 인지평가를 위한 도구로 활용 가능성을 알아보기 위하여 초등학교 1~6학년생 276명(남: 141명, 여: 135명)을 대상으로 LMT와 레이븐 지능발달검사를 실시하여 분석하였다. 그 결과, 성별에 따라서는 여학생이 남학생보다 요소를 연결하고, 요소를 생략하지 않으며, 색의 수를 많이 사용하는 것으로 나타났다. 학년에 따라서는 통합성, 공간표현, 요소연결, 색채사실, 채색 정도, 혼색이며, 모든 지표에서 6학년이 가장 높은 비율로 나타났다. 인지 수준과 관련해서는 아동의 인지 수준이 높을수록 통합성, 공간표현, 원근법, 형태사실, 요소연결, 요소생략 없음, 테두리 이탈 없음, 채색사실, 전체 채색, 열 가지 이상의 색과 혼색을 사용하는 비율이 높은 것으로 나타났다. 이를 통하여 LMT는 초등학생의 인지평가를 위한 도구로 활용 가능성이 있음을 보고하였다. 또한 기정희(2014b)는 고등학교 1~2학년생 449명(남: 268명, 여: 181명)을 대상으로 LMT와 AMPQ-II를 실시하였다. 그 결과, 청소년의 정서 수준에서는 정서의 저위험 집단이 고위험 집단보다 통합성과 입체적 표현, 원근법 사용, 다리를 그리는 비율이 높고, 테두리 이탈의 비율이 낮

으며, 사실적으로 채색하고 채색 수가 많으며, 혼색을 사용한 비율이 높은 것으로 나타났다. 청소년의 자살사고에서는 자살사고가 없는 집단이 자살사고가 있는 집단보다 통합성과 입체적 표현 및 원근법 사용의 비율이 높았고, 테두리 이탈의 비율이 낮은 것으로 나타났으며, 사실적으로 채색하고 채색 수가 많으며, 혼색을 사용한 비율이 높은 것으로 나타났다. 이를 통하여 LMT는 청소년의 정서를 사정하는 도구로서 활용할 수 있음을 보고하였다. 이상과 같은 LMT의 활용 가능성에 관한 연구에 나타난 LMT의 신뢰도는 김갑숙, 기정희와 전영숙(2010)에서 r=.64~1.00, 기정희(2014a)의 연구에서 Cohen의 Kappa 계수가 .93~1.00, 기정희(2014b)의 연구에서 .75~1.00, 김경남 등(2016)의 연구에서 .86~1.00 등으로 나타나 상당히 높은 수준의 신뢰도를 보여 주고 있다.

• 기타 연구: LMT의 기초적 연구로 기정희(2009, 2010), 기정희와 김경남(2010), 정영인(2017), 소현경과 이근매(2017)의 연구 등을 들 수 있다. 기정희(2009)는 LMT의 창안경위로부터 구조와 해석에 이르기까지 LMT의 근본적인 문제를 이론적으로 검토하였고, 기정희(2010)는 LMT의 구조와 해석에 대한 이론적 연구와 실증적 연구를 병행하였다. 또한 기정희와 김경남(2010)은 LMT의 시행방법에 주목하여 요소의 순차적 제시가 풍경구성에 미치는 영향을 실증적으로 검토하였다. 이를 위하여 남녀 고등학교 2학년생 180명을 대상으로 동일 학생에게 2회에 걸쳐 LMT를 실시하여, 풍경요소의 동시제시형과 순차제시형에 대한 반응특성의 차이와 강이 풍경구성에 미치는 영향을 분석하였다. 그 결과는 다음과 같다. 동시제시형에서는 산을 가장 먼저 그리는 것으로 나타났다. 순차제시형에서 강이 풍경구성에 미치는 영향은 강의 면적에서 나타났으며, 강의 면적은 동시제시형보다 순차제시형에서 더 넓은 것으로 나타났다. 이와 같이 동시제시형에서는 산을 가장 먼저 그린다는 사실에서 LMT에서 강을 가장 먼저 그리는 것이 고의적으로 풍경의 구성을 곤란하게 한다는 것이 확인되었다. 다시 말해, 강이 제1요소라는 요소의 순차적 제시가 풍경구성

에 영향을 미친다는 것이 확인되었다. 또한 정영인(2017)은 대학생 291명(남: 68명, 여: 223명)을 대상으로 LMT의 PDI 반응특성을 검토하였다. 그 결과, 성별에 따른 PDI 반응특성은 계절, 강 흐름 방향, 산 너머, 인물의 대상, 인물의 행동에서 유의미한 차이가 있었다. 학년에 따른 PDI 반응특성은 그림 만족도, 계절, 날씨, 산 너머, 인물의 대상에서 유의미한 차이를 보였다. 이러한 연구결과를 고려하여, LMT의 PDI 반응특성은 대학생의 성별과 학년에 따른 심리적 특성을 파악하는 데 활용 가능성이 있음을 제시하였다. 뿐만 아니라 소현경과 이근매(2017)는 LMT의 국내 연구동향을 분석하였다.

이와 같이 살펴본 LMT의 국내 연구동향에는 다음과 같은 두 가지 특징이 있다. 첫째, LMT의 사례연구와 기초적 연구의 부족을 들 수 있다. 사례연구는 LMT를 조현병뿐만 아니라 다양한 증상에 활용함으로써 LMT의 다양한 치료적 가능성을 모색할 필요가 있음을 말하는 것이다. 기초적 연구는 LMT 자체에 대한 다양한 측면에서의 연구, 즉 LMT의 구성과 각 요소의 특징, 그리고 스토리성 등에 관한 연구가 행해져야 할 것이다. 둘째, 국내 연구에서는 LMT를 주로 진단도구로 사용하고 있으나 거기에 수반되어야 할 해석기준에 관한 연구가 부족하다는 점을 들 수 있다. LMT에 관한 다수의 양적 연구가 행해지고 있고, 이 연구에서 신뢰도와 타당도를 검토하는 가운데 다수의 해석기준이 제시되어 있다. 그러나 연구마다 상이한 해석기준을 제시하고 있어, 여기에 대한 전반적인 검토가 필요하다고 할 수 있다.

참고문헌

기정희(2009). 풍경구성기법(LMT)의 의미와 구조에 관한 연구. 미술치료연구, 16(3), 319-337.

기정희(2010). 풍경구성기법(LMT)의 구조와 해석. 영남대학교 대학원 박사학위논문.

기정희(2014a). 초등학생의 인지평가도구로서의 LMT에 관한 연구. 미술치료연구, 21(3), 391-407.

기정희(2014b). 청소년의 정서사정도구로서의 풍경구성기법(LMT)의 활용가능성에 대한 연구. 미술치료연구, 21(5), 959-976.

기정희, 김경남(2010). LMT 시행에서 요소의 순차적 제시가 풍경구성에 미치는 영향. 미술치료연구, 17(4), 1017-1031.

기정희, 백경미, 김경남, 김갑숙(2012). 풍경구성기법의 시행방법에 따른 반응특성의 차이. 미술치료연구, 19(2), 337-350.

김갑숙, 기정희, 전영숙(2010). 청소년의 불안과 풍경구성기법(LMT) 반응특성의 관계. 미술치료연구, 17(6), 1397-1408.

김경남, 김갑숙, 기정희(2016). 조현병환자와 지적장애인의 변별도구로서의 LMT. 미술치료연구, 23(5), 1347-1369.

김동연, 이근매, 정금자(1994). 풍경구성법에 의한 미술치료가 주의집중 결함 과잉행동 아동의 수업이탈 및 대인회피행동 개선에 미치는 효과. 미술치료연구, 1, 101-114.

문수진(2004). 풍경구성법에 나타난 정신분열병 환자의 반응특성 연구: 양성증상과 음성증상의 비교연구. 원광대학교 대학원 석사학위논문.

박강화(2009). 정신분열병 환자와 양극성장애 환자의 풍경구성법 표현 특징 비교. 건국대학교 디자인대학원 석사학위논문.

박인전, 최외선, 김유경(2010). 초등학생의 풍경구성기법(LMT) 반응특성 연구. 미술치료연구, 17(2), 175-187.

서소희(2010). 초등학생 공간개념 발달 평가도구로서 시지각 기능 검사와 풍경구성기법 활용가능성 연 구. 미술치료연구, 16(3), 1379-1395.

서소희, 최외선(2007). 특수교육을 병행한 풍경구성법 그리기가 자폐스펙트럼장애 아동의 인지 및 사회 적 상호작용에 미치는 영향. 미술치료연구, 14, 39-64.

소현경, 이근매(2017). 풍경구성기법(LMT)에 대한 국내 연구동향. 예술심리치료연구, 13(3), 43-62.

신현주(2011). 초등학생의 학습능력과 풍경구성기법(LMT) 반응특성에 관한 연구. 영남대학교 환경보건대학원 석사학위논문.

정영인(2017). LMT의 PDI 반응특성에 관한 연구. 미술치료연구, 24(1), 115-135.

최외선(2010). 풍경구성기법(LMT)에 나타난 초등학생의 그림표현양상. 예술심리치료연구, 6(1), 253-278.

황미선, 이근매(2015). 청소년의 정서, 행동발달에 따른 풍경구성기법(LMT)의 반응특성 비교연구. 청소년보호지도연구, 22, 33-60.

角野 善宏(2001). 風景構成法から観た急性精神病状態からの回復過程の特徴-4 事例からの考察. 臨床心理学, 1(1), 76-92.

角野善宏(2004). 描画療法から観たこころの世界-統合失調症の事例を中心に. 東京: 日本評論 社.

角野 善宏(2008). 미술치료에서 본 마음의 세계: 풍경구성법과 나무검사를 활용한 정신분열병 치료사례. (전영숙, 유신옥 공역). 서울: 이문출판사. (원저는 2004년에 출판).

皆藤 章 編(2004). 風景構成法のときと語り. 東京: 誠信書房.

皆藤 章(1988a). 一枚の風景構成法から. 山中康裕・齊藤久美子 編, 河合集雄教授還曆記念論文集-臨床的知の研究,下巻(pp. 217-232). 東京: 創元社.

皆藤 章(1988b). 風景構成法の読みとりに関する一考察: 構成プロセスについて. 大阪市立大学 文学部紀要, 7, 37-60.

皆藤 章(1994). 風景構成法: その基礎と實際. 東京: 誠信書房.

皆藤 章(1996). 心理療法と風景構成法. 山中 康裕 編, 風景構成法その後の発展(pp. 45-64). 東京: 岩崎学 習出版社.

皆藤 章(2012). 풍경구성기법. (기정희, 최외선, 김갑숙 공역). 서울: 학지사. (원저는 1994년에 출판).

皆藤 章, 中桐 万里子(2004). 風景構成法体験の語り. 皆藤 章 編, 風景構成法のときと語り(pp. 53−91). 東京: 誠信書房.

皆藤章, 川嵜克哲 編(2002). 風景構成法の事例と展開: 心理臨床の体験知. 東京: 誠信書房.

鎌田 弥生, 加地 雄一, 関谷 悦子(2013). 風景構成法における創造性: 語りと構成の観点から. 神戸大学大学院人間発達環境学研究科研究紀要, 7(1), 33−42.

高橋 昇(2006). 慢性患者の描画の変化と常同性−相互なぐり描き法と風景構成法を用いて. 心理臨床学研究, 24(5), 525−536.

高梨 夏美(2016). 風景構成法からみる日本人サードカルチャーキッズ(TCK): 田の描画およびPDI における田の反応. 島根大学教育学部心理臨床・教育相談室紀要, 9, 21−30.

高石 恭子(1988). 風景構成法から見た前青年期の心理的特徴について. 京都大学教育学部心理教 育相談室紀要, 15, 240−246.

高石 恭子(1994). 風景構成法における大学生の構成型分布と各アイテムの分析. 甲南大学学生相 談室紀要, 2, 38−47.

高石 恭子(1996). 風景構成法における構成型の検討 自我発達との関連から. 山中康裕 編. 風景構成法その後の発展(pp. 239−264). 東京: 岩崎学習出版社.

高石 恭子(2017). 箱庭療法と風景構成法:垂直軸の観点から. 箱庭療法学研究, 30(2), 77−98.

溝口 るり子(2000). 風景構成法について(心の病の治療と描画法). 現代のエスプリ, 390, 121−131.

久保薗 悦子(2015). 風景構成法に表れる心理的変化: 二事例の語りについての検討. 神戸大学大学院人間発達環境学研究科研究紀要, 8(2), 15−23.

宮木 ゆり子(1998). 内的世界からのメッセージについて−風景構成法を通して. 心理臨床學研究, 16(5), 429−440.

櫃田 紋子, 伊志 嶺美津子, 千葉 智子(1995). 風景構成法における臨床的基礎研究: 分裂病者における'花'の描画像の検討. 湘南短期大学紀要, 6, 207−219.

櫃田 紋子, 伊志 嶺美津子, 河西 恵子[他](1997). 風景構成法における臨床的基礎研究: 分裂病者における'家'の描画像の検討. 湘南短期大学紀要, 8, 167−181.

多田 昌代(1996). 風景構成法における個性と構成: 構成段階の細分類の試み. 山中 康裕

編, 風景構成法その後の発展(pp. 265−286). 東京: 岩崎学習出版社.

大石 勝代(1988). 風景構成法について(1) PFスタディとの関連. 人間発達研究, 13, 13−22.

大場 麗, 佐々木 玲仁(2016). 風景構成法におけるアイテムの大きさの継列的分析. 心理臨床学研究, 34(3), 335−341.

渡嘉敷 あゆみ(2001). 異文化適応と風景構成法について(その2)風景構成法における異文化適応指標の探索. 沖縄心理学研究, 24, 2−7.

渡部 加奈子, 相馬 寿明(1998). 風景構成法の基礎的研究−'構成' の視点から. 茨城大学教育学部紀要, 47, 141−151.

稲月 聡子(2015). 言葉では表現されないイメージを共有すること:シリーズで描かれた風景構成法 を通して. 箱庭療法学研究, 28(1), 57−68.

鹿野 友章, 横山 恭子(2015). 風景構成法とロールシャッハテストの比較研究についての文献的考察. 九州大学大学院人間環境学研究院紀要, 16, 51−58.

滝川 一廣(1984). 日常臨床の中の「風景構成法」. 山中康裕 編, H・NAKAI 風景構成法. 中井久夫著作集 別巻1(pp. 37−72). 東京: 岩崎学習出版社.

明翫 光宜(2012). 風景構成法の構成型に関する文献的考察. 東海学園大学研究紀要. 人文科学研究編, 17, 241−256.

木下 恵理香(2005). 表現療法が及ぼす心理的効果−風景構成法の彩色過程についての一考察. 青山心理学研究, 5, 165−168.

武藤 誠(2002). 風景構成法のアイテム選択における二つの志向性. 京都大学大学院教育学研究科紀要, 48, 224−235.

北島 正人, 水野 康弘, 有木 永子, 浅川 けい, 津川 律子, 張 賢徳(2014). 風景構成法(LMT)と自己評 価式抑うつ性尺度(SDS)および文章完成法テスト(SCT)との関連: LMTにおける構成の型と色彩の程度・種類に着目した自殺のリスク評価. 秋田大学教育文化学部教育実践研究紀要, 36, 193−203.

山崖俊 子(2005). 風景構成法における '道' と '川' の描かれ方の発達的検討. 小児の精神と神経, 45(2), 183−190.

山中 康裕 編(1984). H・NAKAI 風景構成法. 中井 久夫著作集 別巻1. 東京: 岩崎学習出版社.

山中 康裕 編(1996). 風景構成法その後の発展. 東京: 岩崎学習出版社.

三浦 麻依子(2003). 風景構成法における人物像の特徴に関する研究. 北海道心理学研究, 26, 23−33.

三浦 和夫(2017).「死者の書」と風景構成法・箱庭療法における「向こう側」との往還と結合. 埼玉 工業大学人間社会学部紀要, 15, 31−41.

桑山 紀彦(1996). 移民と風景構成法. 山中 康裕 編, 風景構成法その後の発展(pp. 219−236). 東京: 岩崎学習出 版社.

城 詩音里(2017). 風景構成法の描画時における主観的体験プロセス. お茶の水女子大学心理臨床 相談センター紀要, 19, 81−90.

松下 姫歌(2002). 風景構成法の構成のあり方を通して見た離人感の心的意味. 箱庭療法学研究, 14(2), 63−74.

水谷 友吏子, 中村 泰子, 岩堂 美智子(1993). 箱庭作品と風景構成法の描画の比較: 2種類の投影法的技 法を用いることの意味. 大阪市立大学生活科学部紀要, 41, 105−112.

市橋 秀夫(1984). 他技法との比較. 山中康裕 編, H・NAKAI 風景構成法. 中井 久夫著作集 別巻 1(pp. 139−161). 東京: 岩崎学習出版社.

阿部 紗希, 織田 信男(2013). 風景構成法作品と抑うつ・不安との関連. 現代行動科学会誌, 29, 1−10.

運上 司子, 橘 玲子, 長谷川 早苗(2009). 風景構成法に表現される「石の大きさと位置」−青年期を 対象として. 新潟青陵大学大学院臨床心理学研究, 3, 37−43.

運上 司子, 橘 玲子, 長谷川 早苗, 中村 協子(2010). 風景構成法における彩色についての考察. 新 潟青陵大学大学院臨床心理学研究, 4, 19−23.

熊上 崇(2004). 風景構成法とバウムテスト:風景の中の自己イメージ. 日本芸術療法学会誌, 34(1), 81.

原信 夫(2004). エゴグラムとの比較による風景構成法の特徴について. 清和大学短期大学部紀要, 32, 29−38.

衛藤 進吉(1985). 急性分裂病者の回復過程における世界図式の変遷: 風景構成法による検討. 芸術療法, 16, 7−14.

由佳 利佐藤(2003). 發展的風景構成法の試みについて. 學校臨床心理學研究, 1, 81−89.

柳澤 和彦, 岡崎 甚幸, 高橋 ありす(2001). 風景構成法の'枠'に對する'川'の 類型化および それに基づく空間構成に關する一考察－幼稚園兒から大學生までの作品を通して－. 日本建築學會計劃系論文集, 546, 297－304.

伊集院 清一(1989). 拡大風景構成法における天象・地象表現と精神的視野. 藝術療法, 20, 29－46.

伊集院 清一(1996). 拡大風景構成法－表象機能と分裂病の表現病理, 雲の描画法, 空・星空の風 景, そして地上への回帰. 山中康裕 編, 風景構成法その後の発展(pp. 111－143). 東京: 岩崎学習出版社.

伊集院 清一, 中井 久夫(1988). 風景構成法-その未来と方向性. 臨床精神医学, 17(6), 957－968.

長坂 正文(2000). スクリブルから箱庭まで6つの接点を紹介: スクリブル、MSSM、風景構成法、コラー ジュ、絵本、箱庭の6つの接点を紹介します. 月刊学校教育相談, 14(4), 6－10.

井元 健太(2008). 風景構成法による自我機能解釈. 臨床心理学研究, 6, 35－49.

井原 彩(1993).風景構成法と箱庭における空間の表現の特徴について. 箱庭療法学研究, 6(2), 38－49.

佐渡 忠洋(2013). 風景構成法研究の概観. 岸本寛史, 山愛美 編, 臨床風景構成法. 東京: 誠信書房.

佐渡 忠洋, 田口 多恵, 緒賀 郷志(2013). 風景構成法研究の特徴と変遷. 岐阜大学教育学部研究報 告. 人文科学, 61(2), 183－190.

佐藤 文子, 中村 美津子(1997). 精神分裂病者に対する「集団風景構成法」と「合同風景構成法」の治 療的意味の検討. アルテスリベラレス, 61, 89－101.

佐藤 由佳利(2003). 発展的風景構成法の試みについて. 学校臨床心理学研究, 1, 81－89.

佐々木 玲仁(2004). 風景構成法におけるアイテムの描画時間. 甲南大学学生相談室紀要, 40－50.

佐々木 玲仁(2007). 風景構成法に顕れる描き手の内的なテーマ-その機序と読み取りについて, 心理臨床学研究, 25(4), 431－443.

中里 均(1984). 急性分裂病状態の寛解過程における風景構成法の縦断的考察。山中 康裕

編. 中 井久夫著作集: 別巻1. 風景構成法(pp. 225−244). 東京: 岩崎学術出版.

仲原 千恵, 佐渡 忠洋, 鈴木 壯(2010). 風景構成法における用紙のサイズに関する研究. 岐阜大学 教育学部研究報告人文科学, 59(1), 211−216.

中井 久夫(1971).描畵をとおしてみた精神障害者とくに精神分裂病者における心理的空間の構造. *Japanese Bulletin of Art Therapy. 3*, 37−51.

中井 久夫(1972). 精神分裂病の寬解科程における非言語的接近法再の適應決定. *Bulletin of Art Therapy, 4,* 13−25.

中井 久夫(1983). 十余年後に再施行した風景構成法. 芸術療法, 14, 57−59.

中井 久夫(1992). 風景構成法. 精神科治療學. 7(3), 237−248.

浅田 剛正(2008). 描画法におけるセラピストの主体的関与について−風景構成法を用いた関与の多様性の検 討から. 心理臨床学研究, 26(4), 444−454.

清重 英矩(2018). 風景構成法の彩色過程における心理療法的側面について—やりとりの視点から —. 京都大学大学院教育学研究科紀要, 64, 345−357.

村松 知子(2004). 風景構成法体験がもたらしたもの. 皆藤章 編, 風景構成法のときと語り(pp. 92−121). 東京: 誠信書房.

鷲岳 覚(2006). 風景構成法−青年期女子の心理社会的発達課題の検討. 青森明の星短期大学研究紀要, 32, 51−69.

土佐 優都季, 横山 知行(2015). 風景構成法の量的研究に関する展望. 新潟大学教育学部研究紀要. 人文・社会科学編, 7(2), 247−269.

平 寛子(1995). ロールシャッハテストに関する一研究: 風景構成法を併用した事例検討. 教育学論集, 21, 32−49.

向井 巧(1984). 急性精神病状態から寛解過程における里程標としての風景構成法と脳波所見. 山中康裕 編, H・NAKAI 風景構成法. 中井 久夫著作集 別巻 1(pp. 73−118). 東京: 岩崎学習出版社.

弘田 洋二, 三船 直子, 原 志津, 岩堂 美智子(1990).「風景構成法」に関する研究(その2):ロール シャッハテストとの関連. 大阪市立大学生活科学部紀要, 38, 181−189.

弘田 洋二, 小野 浩子, 森鼻 雅代, 武田 宣子, 岩堂 美智子(1988).「風景構成法」の研究箱庭作品との 関連. 大阪市立大学生活科学部紀要, 36, 179−187.

和田 洋子(2007). 青年期女子の風景構成法ー'川' と '田' の解釈仮説の検討. 武庫川女子大学 発達臨床心理学 研究所紀要, 9, 51−56.

Ki, J., Choi, W., Kim, G., & Park, J. (2012). Landscape Montage Technique as an Assessment Tool For Schizophrenia Patients. *The Arts in Psychotherapy, 39*, 279−286.

별-파도 검사

- **개발자**: Avé-Lallemant(1978)
- **목　적**: 내담자의 세계에 대한 무의식적 태도와 고유한 관계 파악
- **준비물**: 연필(2B~4B 연필), 지우개, 연필깎이, 전용검사용지(15.3 × 10.5cm의 검정색 직사각형 테두리가 인쇄된 A5용지)
- **지시어**: "(연필로) 바다의 파도 위에 별이 총총한 하늘을 그려 주세요(Zeichnen Sie, möglichst mit Bleistift, einen Sternenhimmel über Meereswellen)."

1. 개요

1) SWT 개발의 목적과 용도

별-파도 검사(Der Sterne-Wellen-Test: SWT)는 1978년에 독일의 심리학자 Avé-Lallemant에 의해 개발된 투사적 그림검사이다. Avé-Lallemant이 SWT를 개발하게 된 계기는 독일로 이주해 온 외국인 아이들과의 만남이었다. Avé-Lallemant은 필적으로 아이들을 진단하는 데 곤란을 겪으면서, 그림의 형태와 필적 분석을 아동의 발달기능측정에 이용하였다. 그 후 Avé-Lallemant은 별과 파도의 선에 심리적 특징이 투사된다는 사실을 인지하여, 그것을 필적학에 부가함으로써 성격검사, 즉 투사적 그림검사로의 활용을 모색하게 되었다. SWT는 애초 독일어권 중심의 유럽 국가들에서 취학 전 아동의 선별을 목적으로 한 발달기능검사로서 사용 · 개발되었다. 그러나 그 후 Avé-Lallemant은 SWT가 피검자의 발달뿐만 아니라 성격(personality)특성도 반영한다는 사실을 발견하여, 필적학과 심층심리학(초기의 정신분석 및 분석심리학)을 적용하여 성격검사로의 사용을 모색한 것이다. 그리하여 SWT는 발달기능 진단검사뿐만 아니라 성격진단검사로서 사용이 확대되었다.

SWT는 전용검사용지(검정색 테두리가 인쇄되어 있는 A5용지)에 연필로 바다의 파도 위에 별이 총총한 하늘을 그리게 하는 것이다. 바다의 파도 위에 별이 총총한 하늘을 그리는 것은 비교적 간단하고, 피검자의 발달단계에 맞고 다양하게 그려지기 때문에, 그림내용은 보통 자발적으로 그려진다. 별과 파도는 가장 간단하고 상상할 수 있는 자연의 형태로서, 아이든 어른이든 지성이 있는 사람이든 지적 장애인이든 누구에게나 동등한 의미를 가진다. 그만큼 별과 파도는 객관적인 기준이다. SWT는 Avé-Lallemant이 4대륙 14개국에 걸쳐, 아이들에게 검사를 실시하여 확정한 것이다. 또한 이 검사는 예술적 능력과는 관계가 없다.

SWT의 지시어인 "바다의 파도 위에 별이 총총한 하늘을 그려 주세요."에서는 '바다의 파도'와 '하늘의 별'이라는 모티프가 자극으로 제시된다. 이처럼 투사적 그림검사에서 사용되는 자극의 성질에 대하여 馬場(2003)는 다음과 같이 지적하였다. 내적인 상상활동을 자극하거나 감각과 감정 반응을 유발시키는 경우가 많다. 그로 인해 통상적인 사회생활에서는 표면화하기 어려운 피검자의 바람과 내면적 욕망 및 공상의 세계가 쉽게 드러난다. 이러한 자극의 성질은 SWT에서도 동일하다. SWT에서는 종래 자연풍경 중에서도 원시적 심상으로 일컬어지는 '하늘의 별'과 '바다의 파도'라는 주제가 자극으로 사용되고 있다는 점에서 일상의 테두리에 얽매이지 않는 피검자 본연의 자유로운 응답이 가능하다고 추측할 수 있다.

Avé-Lallemant에 따르면, SWT에는 피검자가 지금 세계를 어떻게 체험하고 있는가?, 즉 피검자의 체험양식과 체험세계가 반영된다. SWT와 마찬가지로 자연풍경의 묘사가 과제인 나무검사(Baumtest)에서는 자신을 둘러싼 환경을 의식하고 그 안에서 자신의 존재(말하자면 상징적인 자화상)를 체험하거나 연상한다. 반면에 SWT에서는 피검자 자신의 체험 세계, 즉 그 자신이 스스로의 내부세계나 외부세계를 어떻게 체험하고 있는지에 대해 무의식적으로 연상한다. 이와 같이 SWT는 피검자의 세계에 대한 무의식적 태도와 고유한 관계를 나타낸다(Rhyner, 1997).

요컨대 SWT는 아동을 위한 발달진단검사로 사용되며, 심리치료장면에서는 성격검사로 활용되고 있다. 더욱이 성격검사로서는 대상연령이 4세에서 80대 후반에 이르는 폭넓은 연령층에 적용되고 있다. 뿐만 아니라 SWT는 성격의 이해는 물론, 심리치료 도입기와 치료 과정에서 증상의 호전과 악화가 반복되는 시기에 실시할 수 있으며, 그리는 사람과 치료자의 관계 맺기에도 도움을 줄 수 있다(香月, 2009).

2) SWT의 특성

SWT의 특성은 테두리가 인쇄된 전용용지를 사용한다는 점과 발달기능검사와 성격검사로의 사용이라는 검사의 용도에서 찾아볼 수 있다.

(1) 테두리가 인쇄된 용지의 사용

SWT에서는 검정색 직사각형 테두리가 인쇄된 전용검사용지를 사용한다. 검사용지에 인쇄된 테두리의 효과는 피검자의 표현에 대한 보호와 강요라는 풍경구성기법(LMT)에서의 테두리와 동일한 작용을 한다.

(2) 기능검사로서의 SWT

SWT는 검사를 받는 데 필요한 최소한의 기능을 평가하기 위한 기능검사로도 사용된다. 특히 어린이의 그림에서 기능의 발달단계를 평가할 수 있다. 그림표현의 특징은 인간의 정서와 내적 갈등을 언어보다 직접적으로 표현할 수 있다는 것이다. 관찰자는 표현된 SWT 그림의 내용과 패턴을 해석함으로써 피검자의 지적·정서적 상태를 유추할 수 있다(岩井, 1981). 또한 SWT는 일정한 패턴을 비교함으로써 발달단계를 측정할 수 있기 때문에 기능검사로 이용할 수 있다.

(3) 성격검사로서의 SWT

SWT에는 피검자의 개인적 성질과 생활의 상황에서 추측할 수 있는 피검자의 경험내용이 투사되기 때문에, 형식적 분석과 내용의 해석을 통해 피검자의 성격을 진단할 수 있다. 성격진단도구로서의 SWT는 일반적으로는 다른 진단검사, 즉 발테그 그림검사(WZT) 및 나무검사(BT)와 조합하여 배터리 검사로 사용된다.

2. 실시방법

1) 준비물

연필(2B~4B 연필), 지우개, 연필깎이, 전용검사용지[검정색 직사각형 테두리(15.3×10.5cm)가 인쇄된 A5용지]이다.

2) 시행절차

SWT는 4세 이상의 모든 사람에게 적용할 수 있다. 검사시간의 제한은 없으나, 대개 5~10분 정도이며, 아무리 길어도 30분 이상은 걸리지 않는 것으로 알려져 있다. 그리고 SWT는 발달기능검사와 성격그림검사로 사용되지만 지시어를 포함한 시행절차는 동일하다.

지시어는 "(연필로) 바다의 파도 위에 별이 총총한 하늘을 그려 주세요."이다. 이 지시어는 검사용지에 인쇄되어 있고 모든 사람에게 동일하게 적용된다. 그림이 완성된 후에 대화를 하며 그림에 대한 설명을 하도록 한다. 특히 유아동의 경우, 그림에 대한 설명에 투사가 포함될 수 있다.

3) 유의점

- 지시어: 대상에 따라 지시사항을 적절하게 바꾸어 말할 필요가 있다. 유아동의 경우, 특히 7세 이하의 유아에게는 검사의 과제를 상세하게 설명할 것인지, 과제를 알고 있는지에 대해 알아볼 것인지 등 마음의 준비가 필요하다. 유아가 바다를 본 적이 없는 경우에는 "파도와 그 위에 별이 총총한 하늘을 그려 주세요."라고 지시할 수도 있다. 특히 어린 유아에게는 검사의 지시어에서 '별'과 '파도'로 방향을 잡아야 한다. 유아의 경우 바다는 보지 못했으나 강은 봤을 수도 있고, 욕조에서 물장구치는 것을 통하여 파도를 알고 있을 수도 있다. 그래서 지시어를 다음과 같이 제시하는 것도 좋다. "밤에 하늘에 있는 별을 알지요. 그리고 물이 움직일 때 파도가 생기는 것을 알지요. 그러면 파도가 무엇인지 알겠네요. 그럼, 바다의 파도 위에 별이 총총한 하늘을 그려 주세요."
- 질문: "고기, 배, 다른 것을 그려도 좋은가?"라는 질문에 대해서는 "무엇을 그려도 좋다."라고 대답한다. 그러나 검사를 실시하기 전 유아동에게 "바다의 파도 위에 별이 총총한 하늘을 그린다."라는 지시내용을 숙지시킬 필요가 있다.
- 실시방법: 집단으로 실시할 경우에는 옆 사람의 그림을 보고 그리지 않도록 주의해야 한다.
- 전용검사용지: 전용검사용지에 성명과 생년월일 및 직업을 기입하게 한다.
- 그림의 내용: 완성된 그림이 파도 혹은 별만 그려진 그림, 즉 반만 그린 것 같은 그림의 경우에도, 간섭하거나 더 그리게 해서는 안 된다. 더 그리게 하는 것은 피검자에게 부담이 될 수 있기 때문이다.

3. 평가기준 및 해석

SWT의 평가기준은 발테그 그림검사(WZT)의 평가기준과 동일하다. WZT에서 조화, 규칙적, 부조화라는 형식적 공간구조에 대한 평가는 SWT 해석에서도 동일하게 적용된다. SWT에는 그림의 분류에서 WZT에 사용된 '요점만 있는 패턴' '회화적 패턴' '형식적 패턴' '상징적 패턴'의 범주에 '감정이 깃든 패턴'이라는 범주가 추가되었다. 그리고 선의 성질은 WZT와 나무검사(BT)의 평가에서 사용된 것이며, 특히 후자에서는 공간상징이 중요하게 평가된다. BT와 WZT에서는 사물의 상징이 나타난다. 형식, 공간배치, 움직임의 흐름 그리고 선의 기준은 서예필적 해석의 기본적 요소이다. 그런 만큼 SWT의 평가기준이 새로운 것은 아니다. 그러나 SWT는 성격구조의 새로운 측면을 다루고 있다는 점에서 성격진단에 대한 새로운 견해를 제시하였다. SWT의 해석에서 중요한 것은 먼저 그림을 보고 전체적 인상을 파악하는 것이며, 그다음으로 각 부분의 특징, 즉 내용적 측면과 형식적 측면의 특징을 검토하여 다양한 의견을 종합적으로 해석하는 것이다. Avé-Lallemant이 제시한 SWT의 해석은 5단계로 진행되며, 그 내용은 다음과 같다.

1) 그림의 분류

SWT의 해석에서 제1단계는 그림의 전체에 주목하는 그림의 분류이다. 해석의 첫 단계에서 그림의 전체적 인상에 근거하여 그림의 양식을 분류하는 작업은 이후 이어지는 해석의 기반과 방향성을 구축하는 데 도움이 된다. 다시 말해, 그림의 해석에서 전체적 인상은 해석의 기반과 방향성을 결정하고, 그 전체라는 시점은 부분적 특징을 상세하게 검토하여 그것을 종합하는 과정에서도 중시되는 것이다. 그런 만큼 그림의 전체적 인상은 그림의 해석에서 매우 중요한 것이다. SWT에서 그림은 어떤 착상으로 그렸는가에 따라 다섯 가지로 분류된다([그림 5-1]).

- 요점만 있는 패턴: 지시대로 매우 간결하게 단순히 별과 파도를 그린 것이다.

이성적으로 기능하고 있지만, 단순히 주어진 주제를 처리하고 있는 것에 불과하다.

- 회화적 패턴: 단순히 물체를 그린 것이 아니라 하나의 생생한 회화작품으로서의 인상을 주는 것이다. 감정적으로 풍부한 경험을 표현하려 하고, 타인과 공유하려는 사람의 그림에서 볼 수 있다.
- 감정이 깃든 패턴: 일몰과 일출, 또는 태풍 후의 장면 등 정서적 요소가 우위에 있는 그림이다. 감각수용적이고 감정과 정서적인 것을 중히 여기는 사람의 그림에서 볼 수 있다.
- 형식적 패턴: 형식적이고 장식적 요소가 현저한 것이다. 자기과시 욕구가 강하여 자기를 적극적으로 표현하는 사람의 그림에서 볼 수 있다.
- 상징적 패턴: 바위 등 상징적인 비유에 의한 인상이 현저한 것이다. 심적 갈등이 무의식적으로 표현된 것이다.

요점만 있는 패턴 회화적 패턴 감정이 깃든 패턴

형식적 패턴 상징적 패턴

[그림 5-1] 그림의 분류

2) 형식적 공간구조

- 균형: 자연스럽게 성장한 유기체와 같은 별과 파도를 그린 것이다. 내적 조화와 균형을 의미한다.
- 병치: 별과 파도를 단순하게 균등한 처리방식으로 배치한 것이다. 환경에 적합하려고 하는 바람과 의지를 가지고 있음을 시사한다.
- 규칙성: 완전히 같은 간격으로 그린다는 규칙에 따라 세부까지 표현되어 있는 것이다. 내적 법칙에 순종하고, 개인적 충동을 억압하는 것으로 여겨진다.
- 부조화: 조화와 규칙성이 없을 뿐만 아니라 병치도 없어 배치가 부자연스러운 것이다. 심적 갈등의 사인 또는 질서에 대한 의식적인 반항이 나타난 것으로 생각된다.

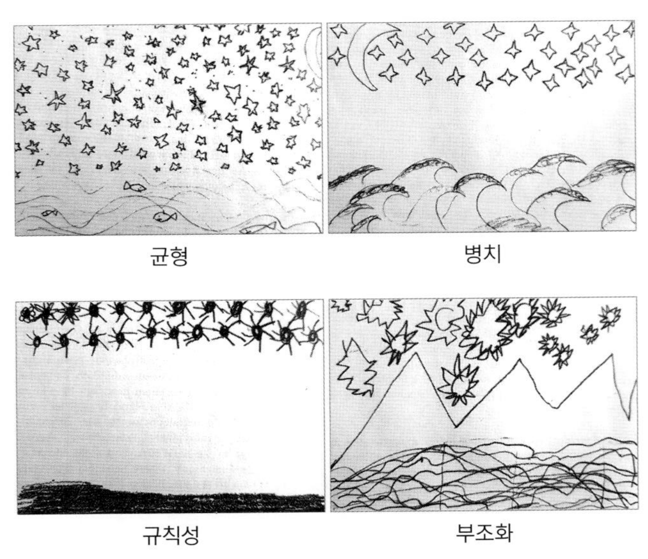

[그림 5-2] 형식적 공간구조

3) 공간 상징

Jung의 공간상징과 작용, 방향성을 강조하는 공간도식을 참고하여 상하(수직),

좌우(수평)의 구조를 볼 수 있다. 어느 쪽이든 물리적인 공간적 배치와 내용 강조의 양면을 보고 분석한다. 예를 들어, 하늘의 면적이 바다의 면적보다 많더라도 바다가 강조되어 있다면 바다의 우위가 된다.

(1) 그림의 수직적 구조

- 하늘과 바다의 조화: 지적, 정신적 측면과 정서적 · 신체적 측면의 조화를 나타낸다.
- 하늘의 우위: 지적 측면의 강조를 시사한다.
- 바다의 우위: 정서적 측면의 강조를 시사한다.
- 수평선에서 하늘과 바다의 접촉: 두 측면이 분리되고 통합되었다.
- 하늘과 바다의 분리: 두 측면이 분리되고 통합되지 않았다.
- 하늘과 바다 사이의 강조된 공간: 두 측면이 서로 방해하고 있다.
- 별과 바다의 혼재: 지적 측면과 정서적 측면이 분리되지 않았다.

(2) 그림의 수평적 구조

- 특별한 강조가 없음: 개인의 내적 혹은 외적 경험의 어느 쪽도 특별하게 강조되지 않음을 의미한다.
- 왼쪽의 강조: 내향적 측면의 강조, 내적 세계와의 접촉의 문제에 주목한다.
- 오른쪽의 강조: 외향적 측면의 강조, 외부세계나 타인과의 접촉의 문제에 주목한다.
- 중심의 강조: 자아 · 자기의 주제에 대한 존재표현이다.

4) 사물 상징

사물 상징은 다양한 의미를 가지고 있기 때문에, 피검자와의 대화를 통해 그 의미가 심화될 수 있다. 또한 아이의 SWT에서 부가물은 풍부한 표현력으로 해석하는 경우가 많다. 예를 들어 새, 천사, 로켓, 비행기, UFO 등이 표현된다.

- 파도: 움직임이 있는 물이고, 인간의 생생한 요소를 표현한 것이다. 감정과 무의식을 나타낸다.
- 별: 무지의 어둠 속에서 인도하는 의식의 빛을 상징한다. 지성, 정신, 의식을 나타낸다.
- 달: 그 사람의 관심과 흥미의 방향성을 시사한다.
- 바위, 섬, 절벽: 대부분의 경우 어떤 방해, 갈등을 시사한다. 섬은 조난자의 피난장소, 안전한 장소이다. 동시에 해변과 해안도 장애와 안전한 장소를 시사한다.
- 배와 보트: 바다 위에서의 커뮤니케이션, 선박여행이나 나룻배, 인생의 여행 등을 시사한다.
- 구름과 천둥, 번개: 스트레스, 피해 등을 시사한다.
- 등대: 인공적인 빛으로 길을 인도하는 것이고, 시작을 시사한다.

5) 선의 양식

(1) 선 긋는 법

- 한 줄 선: 별을 그릴 때 사용되는 선이다. 한 줄 선은 확고한 생각을 가지고, 그것을 형태화하려는 사람의 그림에서 나타난다. 또 자신의 충동을 조절하는 여유와 집중하여 자신의 목표에 도달하려는 것을 의미한다.
- 움직이는 선: 피검자가 이완하여, 지나친 통제에서 해방될 때에만 그릴 수 있는 것이다. 파도가 자연스럽게 움직이는 선으로 그려진 것이 아니라, 한 줄 선으로 그려져 있다면, 그것은 피검자가 통제력의 상실에 대한 공포를 느끼고 있다고 말할 수 있다.
- 안정된 선: 가늘고 민첩한 선이다. 이것은 피검자가 무엇을 어떻게 하면 좋은가를 이해하고 있음을 시사한다. 별의 윤곽에서 볼 수 있지만, 파도나 다른 사물에서도 볼 수 있다.
- 불안정한 선: 망설이는 듯이 가늘고 끊어진 선으로 표현되어 자연스럽게 흐르

지 못하고, 움직임이 끊어지기 쉽고 자극에 민감한 선의 표현을 말한다. 이것은 피검자가 어떻게 하면 좋을지를 모르는, 자신에 대한 신뢰를 상실했음을 시사한다.

- 연속적인 선: 최종점에 이를 때까지 끊어지지 않고 이어지는 선이다. 이것은 피검자가 되돌아보기보다 목표를 향해 돌진하기를 좋아하는 사람임을 시사한다.
- 중단된 선: 연속적인 선과는 대조적으로, 멈춰 서서 무엇을 해 왔는지를 생각한 후 다시 그리는 선이다.

(2) 선의 성질과 장애

- 섬세한 선: 의지력이 약하고 수동적이며 감수성이 우위임을 시사한다. 섬세하고 부서지기 쉬운 선은 약하고 무른, 상처받기 쉽거나 불안정한 것이다. 과도한 감수성과 상처받기 쉬움을 겸비한 감정적 과민성을 시사하고 있다.
- 부드러운 선: 감각적 관능성이 우위라는 점을 시사한다. 보풀이 이는 상태로, 문질러서 오염된 인상을 준다. 이것은 쉽게 영향을 받는 감각적 감수성을 나타낸다. 감정의 명료성과 사고의 통제가 결여되어 있다. 이 선은 이성적인 통제를 상실한 불안정한 아이에게서 종종 보인다.
- 예리한 선: 힘과 행동이 우위이다. 자기 자신을 통제하고 이끌 정도의 이성적 능력이 있음을 시사한다. 날카롭고 단단한 선은 필선이 가늘고 지나치게 강한 필압으로 그려진 것이다. 의지력이 지나치게 강하기 때문에, 항상 이성적인 통제로 긴장되어 있다.
- 딱딱한 선: 에너지가 넘친다기보다 자발적 · 본능적 경향이 있음을 시사한다. 딱딱하고 단단한 선은 강한 필압으로 그려지며, 지나치게 단단하고 미숙한 조잡함을 나타낸다. 방향을 상실한 충동성과 제어되지 않은 본능이 있음을 시사하고, 독선적이고 충동적이며 제멋대로이고 통제되지 않는 행동이 예상된다.
- 파편화된 선: 연속적인 선을 그릴 수 없는 불안정함을 나타내기 때문에, 중단된 선과 그것을 보충하는 선이 그려진다. 중단된 선과 달리 보충하는 선이 서

로 연결되어 있는 경우는 신경질적 표현이다.

- 고착되어 검게 그려진 것: 그림 속에서 특정한 장소에 무의식적으로 고착되어 있는 것을 나타낸다. 이것은 특정한 것을 강조한 것이지만, 피검자는 그것을 명료하게 알지 못한다. 그림에 시사되어 있는 갈등은 대화 중에 분명해지는 경향이 있다. 검게 그려진 것은 나무검사(BT)나 발테그 그림검사(WZT)에서도 볼 수 있다.

(3) 평면의 처리

- 그림자 넣기: 그림의 분위기를 강조하며 감각적 감수성을 시사한다. 그림자는 풀과 같은 상태의 표현으로, 동요하는 분위기를 표현한다. 따라서 해석은 정신적 · 정서적 감수성이다.
- 선 그림자 넣기: 의식적으로 내용을 표현하는 것으로, 의식적 통제가 필요하여 그려진 것이다. 이성적 표현으로서의 선 그림자의 배치와 정서적 표현으로서 그림표면의 차이는 의식적인 통제를 형성한다. 따라서 선 그림자를 넣는 것은 감정적으로 경험된 내용을 사려깊이 제어하는 것을 시사한다.
- 윤곽 그리기: 이성을 강조함을 의미한다. 선은 추상적으로 상상된 것을 그린다. 이것은 간단하게 스케치된 디자인으로 표현할 능력이 없어 개념적인 응답에 제한된, 한정된 반응으로 나타난다. 이와 같이 윤곽을 그리는 것은 단지 검사의 실시에서 이성적으로 주어진 반응에 불과하다는 것을 나타내고 있다.
- 어둡게 하기: 어둡게 하는 것은 심한 정서의 표현이거나 정서적 감정이다. 다만 어린아이의 경우는 색을 사용하여 그리는 데 익숙해서, 종종 크레용 색의 효과를 어둡게 하여 대체하려는 것임을 고려할 필요가 있다. 진하게 그려 갈등을 시사하는 것과는 구별되어야 한다.
- 거칠게 하기: 사물의 표면을 한 줄 선으로 거칠게 그리는 것이다. 접촉의 곤란으로 해석되며, 이 해석은 거친 표면이 나무의 줄기에서 더 잘 보인다는 나무검사의 해석에서 기인된 것이다.

4. 해석의 적용

1) 여대생의 사례

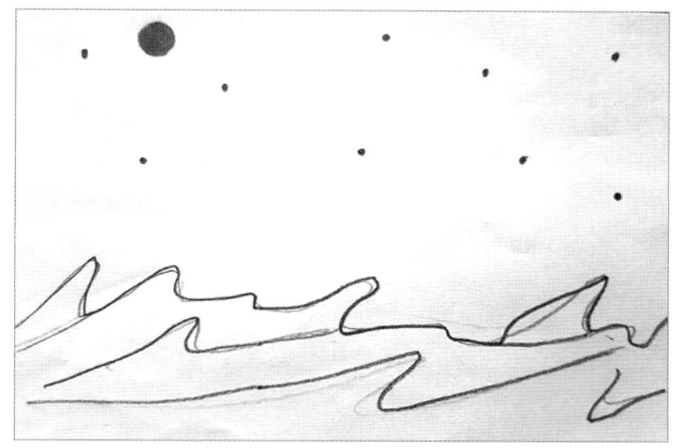

[그림 5-3] 21세 여성의 그림

[그림 5-3]은 휴학 중인 21세 여대생의 그림이다. 이 피검자는 현재 선천성 안면 비대칭(현재 안면 수술을 받고 있는 중)으로 통원치료와 심리(미술)치료를 받고 있다. 원래(어린 시절) 성격은 리더십이 강하고 에너지가 넘치는 활동적인 성격이었으나, 중학생 시절 남학생들에게 외모로 인한 놀림을 받은 후 대인관계에 대한 공포와 불안이 높다.

그림의 전체적 인상은 불안과 우울 및 쓸쓸함을 느끼게 한다. 이 그림은 파도, 별, 달의 순서로 그려졌다. 파도는 물결치듯이, 별은 점으로, 달은 검은 원으로 그려졌다. 이 그림은 요점만 있는 패턴에 가깝다. 달이 그려져 있기는 하지만 검사자의 지시대로 별과 파도를 단순하게, 균등한 처리방식으로 배치한 병치를 나타낸다. 하늘과 바다는 분리되어 있으며, 하늘에서는 왼쪽의 달이 강조되어 있고, 하늘보다 더 많은 에너지가 오른쪽을 향한 바다의 파도에 집중되어 있다. 여기서는 피검자의 지적 측면과 정서적 측면이 분리되어 통합되지 않았음을 말해 주고 있다. 피검자는 이성적으로 기능하고 있으며, 갈등이 있지만 환경에 적응하려는 바람과 의지가 있음을 시사하고 있다. 하늘에는 점으로 그려진 별들이 일정한 간격으로 배치되고 검게 칠해진 달에 의해 왼쪽이 강조되어 있으며, 바다에는 리드미컬하고 오른쪽을 향한 파도에 의해 오른쪽이 강조되어 있다. 하늘의 왼쪽에 그려진 달은 피검자의 관심과 흥미가 내적 세계와의 접촉에 문제가 있음을 시사하고 있고, 일정한 간격을 유지하며 점으로 그려져 있는 별은 피검자의 이상이나 방향성이 아직도 불명확하고 외부세계에 대한 다양한 관심을 가지고 있음과 동시에 자신의 문제에 대한 인식과 자기방어를 나타내고 있다. 파도는 물결치는 선으로 오른쪽을 향하여 강하고 리드미컬하게 달려가고 있고, 파도의 선은 견고한 선과 약간 섬세한 선으로 그려졌으며, 오른쪽에서 겹쳐지고 일부는 끊어져 있다. 이는 대인접촉에 대한 정서적 부담, 즉 거기서 생기는 내부의 갈등 및 일상생활에서의 장애를 나타냄과 동시에 외부세계와의 접촉에 대한 문제의 극복을 위한 가능성을 시사하고 있는 것 같다.

이 그림에는 외부세계에 대한 관심은 높지만 타인과의 정서적 교류에 대한 불안과 경계심이 나타나 있다. 내부의 강한 에너지는 자기통제와 방어로 기능하고 있을 뿐만 아니라, 대인관계의 어려움과 그 극복에 대한 바람과 가능성을 시사하고 있다.

2) 기혼 여성의 사례

[그림 5-4]는 48세 여성의 그림이다. 이 피검자는 현재 사회복지사로 활동하며, 미술치료 전공으로 대학원에 재학하고 있다. 피검자에 따르면, 자신의 성격은 '밝지만 소심한 편'이다. 자신은 현재 "미래에 대한 준비로 마음이 조급하며, 현실적 문제에 대한 고달픔과 약간의 희망을 가지고 있다." "이 그림에는 거친 파도와 바람이 이는 밤바다 위로 선명한 초승달과 별이 반짝인다."라고 하였다.

이 그림은 요점만 있는 패턴이자 형식적 패턴에 가깝다. 그림은 파도, 달, 별의 순서로 그려졌다. 이는 피검자에게는 무의식과 감정이 우선하고, 다음으로 자신의 관심이나 방향성, 그다음으로 의식이나 정신의 영역이 중요함을 말해 주고 있

[그림 5-4] 48세 여성의 그림

다. 파도는 장식적 형태로, 달은 초승달로, 별은 단순한 형태로 그려져 있다. 이 그림에는 달이 그려져 있지만, 별과 파도를 단순하게 배치한 병치를 나타내고 있어 현실에 적응하려는 의지가 있음을 보여 준다. 하늘과 바다 사이의 넓은 공간은 지적 측면과 정서적 측면이 충돌하고 있으며, 그 측면의 병치는 일종의 충동성을 나타내고 있다. 초승달에 암시된 정서의 미성숙함도 그와 같은 맥락이라고 할 수 있다. 하늘은 간략한 형태의 별들이 유사한 간격으로 배치되고 달에 의해 오른쪽이 강조되어 있으며, 바다 역시 오른쪽을 향한 장식적인 파도에 의해 오른쪽이 강조되어 있다. 하늘과 바다에서의 오른쪽의 강조는 피검자의 관심이 자신보다 외부세계나 타인과의 접촉에 관심이 있음을 시사하고 있다. 그러나 유사한 간격을 유지하며 간략한 형태로 그려져 있는 별, 특히 달을 중심으로 배치되어 있는 오른쪽의 별들은 외부세계나 타인과의 문제에 대한 현실적 사고를 나타냄과 동시에 사고의 중심이 자신임을 암시하며, 또한 여기에 일종의 불안이 내포되어 있음을 시사한다. 파도는 장식적인 형태로 오른쪽을 향하여 나아가고 있고, 파도의 선은 움직이는 선과 중단된 선으로 그려져 있다. 이는 강한 자기주장을 시사함과 동시에 자신을 적절히 통제하며 현실에 대처하고 있음을 시사한다.

이 그림에는 현실세계에 대한 관심과 자기중심성이 강하게 나타나 있고, 이들의 충돌에 의해 약간의 정서적 불안이 나타나 있음과 동시에, 그 충돌을 완화할 수 있

는 적절한 자기통제가 나타나 있다.

5. 연구동향

1) 국외 연구동향

(1) 개발자 Avé-Lallemant과 그 주변의 연구

SWT는 1978년 Avé-Lallemant이 개발한 투사적 그림검사이다. SWT는 Avé-Lallemant이 4대륙 14개국에 걸쳐, 아이들에게 검사를 실시하여 확정한 것으로, 애초에는 독일어권을 중심으로 하는 유럽 국가들에서 취학 전 아동을 선별하기 위한 발달기능검사로서 사용·개발되었다. 그러나 Avé-Lallemant은 SWT가 피검자의 발달뿐만 아니라 성격특성도 반영한다는 사실을 발견하여, 필적학과 심층심리학(초기의 정신분석 및 분석심리학)을 적용하여 성격이해를 위한 투사적 그림검사로서의 사용을 모색하였던 것이다. 그 후 Avé-Lallemant은 SWT를『별-파도 검사(Der Sterne-Wellen-Test)』(1978)에서 발표하였다. 이 책은 1981년에는 프랑스어, 1984년에는 영어로 번역되었고, 그 후 이탈리아어와 러시아어로 번역되었으며, 2003년에는 일본어로 번역되었다. 이처럼 SWT는 유럽을 중심으로 세계적으로 소개되어 사용되고 있다(杳月, 2009).

Avé-Lallemant은『별-파도 검사』(1978)에서 SWT의 사례를 중심으로 SWT의 해석방법과 평가기준을 매우 상세하게 기술하였다. Avé-Lallemant은 여기서 SWT를 성격검사로 사용한 20개 사례를 해석하였고, 그 사례를 통하여 배터리검사로서의 SWT의 유효성을 주장하였다. 배터리검사는 Avé-Lallemant이 제창한 독자적인 평가방법으로, SWT와 나무검사(BT) 및 발테그 그림검사(WZT)를 조합하여 실시하는 것을 말한다. 뿐만 아니라 Avé-Lallemant은 여기서 SWT의 사례를 통하여 SWT가 아동 발달기능검사, 청소년의 심리치료에 대한 성격검사로서의 사용과 더불어 의료에서의 진단도구, 범죄영역에서의 감정평가도구로서 사용되고 있음을 소개하였다. Avé-Lallemant은 심리치료 과정에서 내담자의 성격을 이해하기 위하여 배터리검사를 사용하였고, Avé-Lallemant에게서 SWT 연구는 사례연구가 중심을 이루었다(香月, 2009).

Avé-Lallemant 이후 SWT에 대한 연구는 주로 Rhyner와 Yalon 등 그의 제자들에 의해 행해졌다. Rhyner는 투사적 그림검사를 심리치료현장의 지원도구로 활용할 수 있음을 강조하면서, SWT의 사례연구를 통하여, SWT를 심리치료에서의 미묘한 변화와 과정을 평가하는 유효한 수단으로 활용할 수 있음을 주장하였다(Rhyner, 1997). Rhyner는 SWT의 사례연구를 통하여, SWT는 배터리검사로서도 유용성이 있지만, SWT만을 사용해도 효과가 있음을 주장하였다(Rhyner, 杉浦, 鈴木, 2000). Yalon은 SWT의 이론을 비롯하여 SWT의 조사연구와 임상연구결과를 정리하여, SWT 연구의 집대성이라 할 수 있는 『The Star Wave Test: Across the Life Span』(2006)을 발표하였다. 이 연구는 성격검사로서의 SWT에 대한 체계적 연구로, SWT의 투사적 측면, 반응 내용과 선에 의한 표현적 측면의 고찰을 포괄하는 SWT의 다양한 측면을 통합적으로 검토하여 주목받았다(香月, 2009).

(2) 일본의 연구동향

앞에서 살펴보았듯이, SWT는 Avé-Lallemant에 의해 개발된 이래 유럽을 중심으로 세계적으로 소개되어 사용되고 있으며, 그의 제자들에 의해 SWT에 대한 체계적 연구가 시도되었다. 그러나 그 후 SWT 연구는 특히 일본을 중심으로 행해지고 있다. 따라서 여기서는 일본의 연구동향을 중심으로 SWT의 국외 연구동향을 살펴보고자 한다.

일본의 경우, 1990년대에 SWT가 소개된 이래 현재까지 꾸준히 연구되고 있다. 1998년에는 SWT 해설서(小野, 1998)가 출간되었고, 2000년에는 SWT 지침서인 『星と波テスト入門』(Rhyner 외, 2000)이 출간되었다. 2003년에는 Avé-Lallemant 저작의 일본어 번역본이 출간되었으며, 2015년에는 Avé-Lallemant의 제자 Yalon의 저작(2006)이 일본어로 번역되어 출간하였다. 뿐만 아니라 2009년에는 SWT의 기초적 이해와 임상사례를 중심으로 한 단행본 『星と波描画テスト―基礎と臨

床的応用』(香月, 2009)이 출간되는 등 SWT에 관한 연구가 꾸준히 행해졌다. 이와 같은 일본의 SWT 연구는 사례연구와 더불어, SWT의 두 측면인 성격검사로서의 SWT와 발달기능검사로서 SWT에 대한 기초적 연구가 행해졌다.

① SWT의 사례연구

이와 같이 SWT는 BT, WZT와 함께 배터리검사로 사용 · 연구되는 가운데 주로 사례연구가 행해졌다. 그러나 1990년대 후반부터 2000년대 전반에 걸쳐 SWT가 어떤 성질을 가지고 있으며, 피검자의 어떤 측면을 파악하는 검사인지에 대한 SWT의 기초적 연구에 대한 필요성이 제기되었고, 그러한 상황을 감안한 연구자들이 SWT의 기초적 연구에 착수하게 되었다.

② SWT의 기초적 연구

일본에서의 SWT의 기초적 연구는 성격검사로서의 기초적 연구와 발달기능연구로서의 기초적 연구로 구분할 수 있다.

성격검사로서 SWT의 연구는 SWT의 검사로서의 타당성을 밝히려는 연구와 검사의 해석이나 이해에 초점을 맞춘 연구이다. 성격검사로서 SWT의 타당성에 관한 연구로는 香月(1999), 傍士(2002), 香月, 小野, 上芝와 横山(2003)의 연구 등을 들 수 있다. 香月(1999)는 SWT가 성격검사로 어떤 성질을 갖고 있는가, 나아가 성격검사로서의 임상적 타당성에 대한 검토를 목적으로 로르샤흐 검사와의 비교연구를 행하였다. 대학생을 대상으로 로르샤흐 검사와 SWT를 개별적으로 실시하고, 양자를 비교 · 분석하여 SWT가 성격의 어떤 특성을 반영하는지에 대한 가설을 제시하였고, SWT의 임상적 타당성에 대한 가능성을 언급하였으며, 특히 SWT가 정서의 불안정성을 민감하게 파악하고 있을 가능성을 제시하였다. 傍士(2002)는 SWT를 성격진단검사로 평가하면서, 초등학교 고학년 학생을 대상으로 SWT 연구를 수행하였다. 그는 SWT의 재검사 신뢰성을 확인하여, SWT의 표현에서 파도의 형태에 지속성이 나타난다는 것과 별의 크기와 면적이 변하기 어렵다는 사실을 밝혔다. 또한 SWT의 타당성을 알아보기 위하여, 성격검사로서의 SWT와 Y-G성격검사의 비교 · 분석을 통하여, SWT 그림에서의 바다의 파도를 정서불안정을 나타내는 지표로 간주하면서, 정서가 불안정할수록 공간 하부에 별이 그려지는 경향이 있음을 주장하였다. 香月 등(2003)은 성격검사로서의 SWT의 성격을 밝히는 가운데, SWT는 '피검자의 감정 · 정서경험을 민감하게 반영한다.' '검사자에게 피검자의 경험을 구조화하게 만든다.'를 포함하는 SWT의 성격과 관련된 가설을 제시하였다.

SWT의 해석이나 이해에 초점을 맞춘 연구로는 香月(2006)와 大橋(2006)의 연구 등을 들 수 있다. 香月(2006)는 SWT를 통하여 피검자의 병리성을 포함하여 종합적으로 파악하기 위하여, 성인초기의 일반 집단과 임상 집단을 대상으로 SWT를 실시하고 거기에 나타난 그림표현의 특징을 분류했으며, 일반 집단과 임상 집단을 비교 · 분석했을 뿐만 아니라 각 임상 집단(조현병 집단, 기분장애 집단, 불안장애 집단)의 특징을 검토하였다. 예를 들어, 일반 집단은 임상 집단에 비해 검사의 소요시간이 길다는 것과 불안장애 집단의 그림에서는 하늘영역과 바다영역 사이에 간격이 있다는 것 등 구체적인 특징을 기술하였다. 그리고 SWT의 해석지표에 관한 연구로 大橋(2006)의 연구가 있다. 大橋는 SWT의 임상적 유용성을 높이기 위하여, 임상심리학전공 대학원생 5명에게 대학생을 대상으로 한 120개의 사례(일반 집단 12사례)에 대한 전체적 인상평가를 의뢰하고 이를 검토하였다. 그 결과 4개 요인(생동성, 감각경험, 실현경험, 독자성)이 추출되었다. 大橋는 이 요인을 대학원생이 일반대학생의 그림을 검토할 때의 해석의 기준으로 간주하며 SWT의 전문가와 초보자의 관점의 차이로 제시하였다.

발달기능검사로서의 SWT의 연구로는 杉浦와 森(1999), 大德과 西村(2006)의 연구 등을 들 수 있다. 杉浦와 森(1999)는 유치원생과 초등학생 1,005명을 대상으로 SWT를 실시하고, 발달기능검사로서의 SWT의 가능성을 검토하였다. 그 결과, SWT는 내적 개념과 표출행동이 일치하는 5.5~6세 이상의 아이에게 적용할 수 있음을 시사하였다. 大德과 西村(2006)는 초등학교 1~6학년생 일반아동 및 경도 발달장애아를 대상으로 SWT를 실시하여, 발달적 관점에서 각각의 그림표현의 특징을 밝혔다. 그 결과, 경도발달장애아가 그린 SWT 그림의 특징을 다음과 같이

제시하였다. 그림의 분류에서 일반아동보다 감정이 실린 양식의 빈도가 적고 조화로운 표현이 없으며, 공간구조에서는 주변과의 관계보다 내면적 부분에 비중을 두는 경향이 있으며, 선에서는 연약한 선이 나타났다. 결론적으로 大德과 西村는 SWT를 아동에 대한 발달기능검사로서의 유용성을 주장하며, 대인관계에 적응하기 어려운 경도발달장애아에게는 SWT가 의사소통의 매체로서 치료의 실마리가 될 수 있음을 지적하였다.

SWT에 관한 일본의 연구는 SWT를 사례에서 활용하거나 SWT의 성격검사도구로서의 활용 가능성에 초점을 맞춘 연구들이다. 여기에 비하여 발달기능검사로서의 SWT 연구는 부족한 상황이며, SWT의 신뢰도에 관한 연구도 극히 소수이다. 따라서 향후 연구에서는 SWT의 신뢰도연구를 포함하여, 발달기능검사로서의 SWT에 대한 연구, 특히 연구대상을 확대한 발달기능검사로서의 SWT 연구가 요구된다고 할 수 있다.

2) 국내 연구동향

국내의 경우, 2001년 한국미술치료학회의 전문가초청워크숍에서 SWT가 소개된 후 2004년부터 연구가 시작되었다. 현재까지 약 7편의 학위논문과 9편의 학술지 논문이 있으나, 학위논문의 대부분이 학술지 논문으로 발표되었다. 그리고 일본인 저자의 저술을 번역한 한 권의 번역서(香月, 2012)가 출간되었다. SWT에 대한 국내 연구에서는 모든 연구가 SWT의 반응특성에 관한 문제를 다루었다. SWT의 국내 연구는 초등학생의 우울(이승희, 2010; 이지영, 2011), 초등학생의 불안(오미진, 이미옥, 2010), 중학생의 불안·우울(박정란, 2013), 고등학생의 우울(최채옥, 현은민, 안이환, 2004), 대학생의 우울 및 불안(박윤미, 2010), 실업자의 불안(이정임, 김갑숙, 2006), 중년여성의 자아분화(박다견, 2007), 노인의 죽음불안(최외선, 박인전, 2007)과 SWT의 반응특성의 관계를 다루었다. 구체적인 내용을 초등학생, 중고등학생, 대학생, 성인으로 구분하여 살펴보면 다음과 같다.

초등학생을 대상으로 한 SWT 연구로는 이승희(2010), 오미진과 이미옥(2010),

이지영(2011)의 연구를 들 수 있다. 이승희(2010)는 초등학생 3~5학년 252명(남: 126명, 여: 126명)을 대상으로 우울검사와 SWT를 실시하여, 우울 수준에 따른 SWT의 반응특성을 검토하였다. 그 결과, 그림의 양식, 수직구조, 별과 파도의 정적 필적, 동적 별 필적에서 우울 수준에 따라 차이가 있는 것으로 나타났다. 즉, 우울 집단은 비우울 집단보다 감정양식이 많고 하늘과 바다의 조화가 많았으며, 정적 필적에서는 불안정한 파도 필적과 별 필적이 많았고, 동적 별 필적에서는 움직임이 있는 필적과 분단된 파도 필적이 많은 것으로 나타났다. 오미진과 이미옥(2010)은 258명(남: 145명, 여: 113명)의 초등학생을 대상으로 불안검사와 SWT를 실시하여, 불안에 따른 SWT의 반응특성을 검토하였다. 그 결과, 불안 수준에 따라 그림양식, 전체 공간구조, 수직구조, 해변이나 해안, 천둥 · 벼락, 전체 필적수법 등에서 차이가 나타난 것으로 보고되었다. 비불안 집단에서는 회화적 양식, 전체 공간에서의 조화, 수직구조에서 하늘과 바다 사이에 강조한 공간의 있음, 해안이나 해변의 있음, 전체 필적수법에서 연속되어 있거나 분단되어 있는 경우가 많은 것으로 나타났다. 반면에 불안 집단에서는 상징적 양식, 전체 공간구조의 부조화, 수직구조에서의 하늘만 강조, 천둥 · 벼락이 있음과 중첩하여 다시 그리는 경향이 많은 것으로 나타났다. 이지영(2011)은 초등학생 2~6학년 377명(남: 203명, 여: 174명)을 대상으로 DAS 검사와 SWT를 실시하고, 우울과 SWT의 반응특성의 관계를 검토하였다. 그 결과, 우울 수준에 따라 그림양식, 수평적 구조, 별의 수에서 차이가 있는 것으로 보고되었다. 즉, 그림양식의 경우, 우울 집단과 비우울 집단에서 가장 많은 나타난 양식은 회화적 양식이고 그다음으로 많이 나타난 것은 상징적 양식이었다. 그러나 회화적 양식은 우울 집단보다 비우울 집단이, 상징적 양식은 우울 집단이 비우울 집단보다 더 많이 그린 것으로 나타났다. 수평적 구조의 경우, 우울 집단에서는 복합적 강조가 가장 많이 나타났고 그다음으로 왼쪽 강조가 많은 것으로 나타난 반면, 비우울 집단에서는 복합적 강조가 가장 많았고 그다음으로 오른쪽 강조가 많은 것으로 나타났다. 별의 수의 경우, 비우울 집단에서는 별을 많이 그리는 경향이 있는 반면, 우울 집단에서는 별을 적게 그리는 경향이 있는 것으로 나타났다.

청소년을 대상으로 한 SWT 연구로는 박정란(2013)과 최채옥 등(2004)의 연구를 들 수 있다. 박정란(2013)은 중학생 415명(남: 178명, 여: 237명)을 대상으로 상태불안 척도와 아동우울 척도 및 SWT를 실시하고, 남녀 중학생의 불안 정도와 우울 정도에 따른 SWT의 반응특성을 검토하였다. 그 결과, 불안 정도에 따른 SWT의 반응특성에서는, 남학생에서는 별의 크기와 생물, 여학생에서는 수직적 공간구조와 별의 크기 및 전체 필적에서 차이가 있는 것으로 나타났다. 불안 정도에 따른 SWT의 반응특성에서 남학생의 경우에는 불안이 낮은 집단이 별을 작게 그리고 생물을 그리는 경향이 적었으나, 여학생의 경우에는 불안이 낮은 집단이 하늘우위의 구조가 많았고 별은 작게 그리며 전체 필적은 중첩되는 경우가 많았다. 우울 정도에 따른 SWT의 반응특성에서 남학생에서는 달과 천둥·벼락, 여학생에서는 수직적 공간구조와 별의 크기 및 별의 위치에서 차이가 있는 것으로 나타났다. 남학생의 경우, 비우울 집단이 우울 집단보다 달과 천둥·벼락을 그리는 경향이 많았으나, 여학생의 경우에는 비우울 집단이 우울 집단보다 하늘우위구조가 많았고 별의 크기는 작고 별이 용지 전체에 골고루 분포되는 경향이 있는 것으로 나타났다. 최채옥 등(2004)은 고등학생(인문계와 실업계) 431명(남: 192명, 여: 239명)을 대상으로 SWT를 실시하여 공간상징에 따른 고등학생의 SWT 반응특성 차이와 SWT 반응특성에 따른 우울 수준의 차이를 알아보았다. 그 결과, 수직구조와 별에서 우울 수준에 따른 차이가 있는 것으로 나타났다. 즉, 우울 수준에 따른 SWT의 반응특성에서 우울이 높은 학생이 바다가 강조된 그림, 별이 적게 나타나고 움직임이 있는 것으로 나타났다.

대학생을 대상으로 한 SWT 연구로는 박윤미(2010)의 연구를 들 수 있다. 박윤미(2010)는 269명(남: 113명, 여: 156명)의 대학생을 대상으로 우울 및 불안 검사와 SWT를 실시하고 우울 및 불안과 SWT의 반응특성의 관계를 알아보았다. 그 결과, 우울은 전체 공간구조, 별의 수, 별 연결성, 파도 운동성, 천둥·벼락, 해변·해안, 등대에서 차이가 있는 것으로 나타났다. 불안은 별의 수, 별의 안정성, 별 필적의 연결성, 파도 운동성, 천둥 벼락, 해변 해안, 등대에서 차이가 있는 것으로 나타났다. 즉, 우울이 높은 경우, 전체 공간의 부조화, 별을 적게 그리고 분단된 별을 그리며, 움직임이 있는 파도, 천둥 · 벼락을 그리고 해변 · 해안과 등대는 그리지 않는 경향이 많은 것으로 나타났다. 불안이 높은 경우는 별을 적게 그리고 불안정하고 분단된 별을 그리며, 움직임이 있는 파도, 천둥 · 벼락을 그리고 해변 · 해안과 등대는 그리지 않는 경향이 많은 것으로 나타났다.

성인을 대상으로 한 SWT 연구로는 이정임과 김갑숙(2006), 박다견(2007), 최외선과 박인전(2007)의 연구 등이 있다. 이정임과 김갑숙(2006)은 실업급여 수급자 512명(남: 280명, 여: 232명)을 대상으로 불안검사와 SWT를 실시하여, 실업자의 불안 수준과 SWT의 반응특성의 차이를 알아보았다. 그 결과, 실업자의 불안 수준에 따라 파도 필적(동적)과 파도 필적(정적), 별 필적(기타), 별의 수, 해변 유무에서 차이가 있음이 나타났다. 즉, 파도 필적(동적)에서 움직임이 있는 필적 집단과 파도 필적(정적)에서 불안정한 경향이 불안이 더 높은 것으로 나타났다. 또한 불안이 높은 경우 별 필적(기타)이 분단되고 별의 수가 적으며 해변을 표현하지 않은 경향이 나타났다. 박다견(2007)은 중년 여성 337명을 대상으로 자아분화검사와 SWT를 실시하고, SWT의 반응특성에 따른 자아분화의 차이를 알아보았다. 그 결과 그림양식, 파도의 운동성과 규칙성, 파도의 필압, 별의 수, 달의 유무가 자아분화의 차이를 나타내는 유의미한 변인으로 나타났다. 즉, 그림양식에서 회화양식 집단은 감정양식 집단보다 가족퇴행, 가족투사 과정이 적게 나타났으며 전체 자아분화 수준도 높은 것으로 나타났다. 파도의 운동성이 없는 집단에서 전체 자아분화 수준이 높은 것으로 나타났고, 파도의 운동성이 규칙적인 집단이 가족투사 과정이 적은 것으로 나타났으며, 파도의 필압이 약할수록 가족퇴행이 적은 것으로 나타났다. 별의 수가 많을수록 자아통합이 높고, 별의 위치가 왼쪽에 있을수록 가족퇴행이 적으며, 달이 있는 집단은 인지-정서기능이 높은 것으로 나타났다. 최외선과 박인전(2007)은 60세 이상의 일반노인 307명(남: 127명, 여: 180명)을 대상으로, 죽음불안 척도와 SWT를 실시하고, 죽음불안에 따른 SWT의 반응특성을 검토하였다. 그 결과, 전체 조화성, 그림양식, 파도반복성, 별 크기, 별 위치가 노인의 죽음불안의 차이를 나타낸 변인으로 나타났다. 즉, SWT가 전체적으로 조화로운 집단이 보통이거나 조화롭지 못한 집단보다 죽음불안, 죽음과정, 존재상실, 사후결과에 대한 불안이 낮은 것으로 나타났다. 그림양식에서는 요점양식 집단이 회화양식 집단보다 죽음과정에 대한 불안이 높은 것으로 나타났다. 파도 반복성의 경우, 파도가 규칙적인 집단이 반복성이 없는 집단보다 죽음과정에 대한 두려움이 더 적은 것으로 나타났다. 별을 작게 그린 집단이 크게 그린 집단보다 죽음과정에 대한 불안이 높고, 별을 중앙에 그린 집단이 전체적으로 그린 집단보다 죽음과정에 대한 불안이 높은 것으로 나타났다.

국내 연구에 나타난 SWT의 채점자 간 일치도는 오미진과 이미옥(2010)의 연구에서는 .91~1.00, 박정란(2013)의 연구에서는 .78~1.00, 최채옥 등(2004)의 연구에서는 .92~1.00, 이정임과 김갑숙(2006)의 연구에서는 r=.93, 박다견(2007)의 연구에서는 A와 B는 r=.82~.96, B와 C는 r=.88~1.00, C와 A는 r=.79~.95, 최외선과 박인전(2007)의 연구에서는 A와 B는 r=.81~.92, B와 C는 r=.90~.95, C와 A는 r=.85~.98 등으로 나타나, 매우 높은 수준의 신뢰도를 보여 주고 있다.

이와 같이, SWT에 관한 국내 연구에서는 초등학생, 중학생, 고등학생, 대학생, 중년여성, 노인, 실업자를 대상으로 우울, 불안, 자아분화 등의 질문지 검사와 SWT를 실시하고, 이를 비교 · 분석하여 우울, 불안, 자아분화 등에 따른 SWT의 반응특성 차이를 알아보았다. 다시 말해 국내 연구에서는 아동에서 노인에 이르기까지 우울, 불안, 자아분화 등에 따른 SWT의 반응특성을 연구하여, 불안, 우울, 자아분화 등에 대한 진단도구로서의 SWT의 활용 가능성을 검토한 것이다. 여기서 SWT의 국내 연구에 다음과 같은 문제와 과제가 주어져 있음을 알 수 있다. 첫째, SWT의 텍스트에 근거한 기초적 연구로서 SWT의 실시방법이나 해석기준 등에 대한 연구가 간과되었다. 둘째, SWT의 애초의 개발목적이었던 발달진단도구로서의 가능성에 대한 검토가 누락되었을 뿐만 아니라 사례연구도 누락되었다. 따라서 SWT에 대한 향후 연구에서는 무엇보다 텍스트에 근거한 SWT의 기초적 연구가 요구된다. 이와 아울러, SWT의 연구결과들을 분석하는 메타연구와 발달진단도구로서의 SWT의 활용 가능성에 대한 검토, 나아가 SWT를 사례에서 활용하는 연구가 요구된다고 할 수 있다.

참고문헌

박다견(2007). 중년여인의 별-파도 그림 반응특성과 자아분화에 관한 연구. 영남대학교 환경보건대학원 석사학위논문.

박윤미(2010). 대학생의 우울 및 불안과 별-파도그림의 반응특성 연구. 미술치료연구, 14(4), 937-952.

박정란(2013). 중학생의 불안.우울과 별-파도그림검사 반응특성에 관한 연구. 영남대학교 환경보건대학원 석사학위논문.

오미진, 이미옥(2012). 초등학생의 불안과 별-파도 그림 반응 특성에 관한 연구, 미술치료연구, 19(4), 901-915.

이승희(2010). 초등학생의 우울수준과 별-파도 그림검사의 반응특성에 관한연구. 한양대학교 교육대학원 석사학위논문.

이정임, 김갑숙(2006). 실업자의 불안과 별-파도그림의 반응양식. 미술치료연구, 13(4), 839- 860.

이지영(2011). 학령기 아동의 우울에 따른 DAS검사와 별-파도그림 검사 반응특성 연구. 대구대학교 대학원 석사학위논문.

최외선, 박인전(2007). 노인의 죽음불안과 별-파도그림 반응특성에 관한 탐색적 연구. 한국 가정관리학회지, 25(5), 15-29.

최채옥, 현은민, 안이환(2004). 고등학생의 우울과 별-파도그림 반응 특성에 관한 연구. 미술 치료연구, 11(3). 391-411.

皆藤 章(1994). 風景構成法-その基礎と実践. 東京: 誠信書房.

大橋 惠美(2006). 星と波描画テストの基礎的研究. 札幌学院大学大学院臨床心理学研究科心理学専攻 修士論文.

大德 亮平, 西村 喜文(2006). 描画テストにおける輕度發達障害兒童の發達的研究-星と波テスト とワルテッグ描画テストを用いて. 永遠學園西九州大學佐賀短期大學紀要, 36,

59−69.

馬場 史津(2003). 母子画の基礎的研究ー成人版愛着スタイル尺度との関係カらー. 臨床描画研究, 18, 110−124.

飯田 緑(2003). 學生相談における描画法の可能性. 學生相談研究, 24(2). 172−180.

傍士 一朗(2002). 星と波テストの人格診斷テストとしての可能性. 山口大學心理臨床研究, 2, 61−70.

三上 直子(1995). S−HTP法. 東京: 誠信書房.

杉浦 京子, 高梨 利惠子(2001). 投影描画法テストバッテリーの檢討. 日本医科大学基礎科学紀 要, 31, 11−31.

杉浦 京子, 鈴木 康明, 森秀 都, 西野 薫(1998). 星と波テストの日本における試み一就学児童の 発達機能テストとして一. 安田生命社会事業団 研究助成論文集, 34, 96−103.

杉浦 京子, 森 秀都(1998). 日本における星と波テストの試み. 日本医科大学基礎科学紀要, 24, 5−32.

杉浦 京子, 森 秀都(1999). 発達機能テストとしての星と波テスト一幼児の描画の実際一. 日本医 科大学基礎科学紀要, 27, 19−43.

杉浦 京子, 八木 早霧(2002). 不登校の親の會における投影描画法テストバッテリーとその意義−投影描画法テストバッテリーからみた母親の変化. 日本医科大学基礎科学紀要, 32, 63−93.

小野 瑠美子(1998). 星と波世界への招待: 星と波テスト&解説書. 東京: 三省堂.

小野 瑠美子(2001). クラーゲスの生命と精神の理論について−引きこもり・攝食障害・自殺未遂 の家族研究を通じて. 第22回全國大學メタルヘルス研究會, 63−68.

岩井 寬(1981). 描画になる心の診斷. 東京: 日本文化科學社.

佐藤 岳(2007). 星と波テストにおける'はなしあい'について. 日本心理臨床學會第26回大會發 表論文集, 400.

中井 久夫(1991). 臨床心理學の冒險. 東京: 星和書店.

青木 健次(1980). 描画法における全体印象について. 京都大学教育学部紀要, 26, 129−140.

青木 健次(1981). 空間象徵の基礎的研究. 芸術療法, 12, 7−12.

香月 菜々子(1999). 星と波描画テストの解釋. 上智大学院文學研究科心理学専攻 修士

論文.

香月 菜々子(2006). 星と波描画テストにおける回復サイン仮説の提言. 日本芸術療法学会誌, 37, 39-56.

香月 菜々子(2009). 星と波描画テスト-基礎と臨床的応用. 東京: 誠信書房.

香月 菜々子(2012). 별-파도 그림검사. (조정자, 강세나 역). 서울: 학지사. (원서는 2009년에 출판).

香月菜々子(2013). 星と波描画テストに移る情緒体験の様相—ロールシャッハテストとの比較を 通じて—. 大妻女子大学心理相談センター紀要, 9(10), 25-39.

香月 菜々子, 小野 瑠美子, 上芝 功博, 横山 恭子(2003). 星と波テストのパーソナリティテストと しての獨自性について—不適應の見解をめぐってのロールシャッハテストとの比較を通じて. 上智大学心理学年報, 27, 73-85.

香月 菜々子, 横山 恭子(2007). SD法による星と波テスト(SWT)の印象評定尺度の作成解釈におけ る着目点について. 上智大学心理学年報, 31, 83-96.

Ave-Lallemant, U. (1979/1994a). *Der Sterne-Wellen-Test*. München, Basel: Ernst Reinhardt Verlag.

Ave-Lallemant, U. (2000). 星と波テスト. (小野瑠美子 訳). 東京: 川島書房. (원서는 1979년에 출판).

Avé-Lallemant, U. (1994b). *Der Wartegg-Zeichetest in der Lebensberatung*. Zweite, erweterte Auflage. München Basel: Ernst Reinhardt Verlag.

Avé-Lallemant, U. (1996). *Baumtests*. Vierte, erweiterte Auflage. München, Basel: Ernst Reinhardt Verlag.

Bolander, K.(1999). 樹木画によるパーソナリティーの理解. (高橋依子 訳). 東京: ナカニシヤ出版. (원서는 1977년에 출판).

Coleman, J. C. (1969). The level hypothesis: A re-examination and reorientation. *Journal of Proiective Techniques and Personality Assessment*, *33*(2). 118-122.

Furth, G. M. (2001). 絵が語る祕密. (老松克博, 角野善宏 訳). 東京: 日本評論社. (원서는 1989년에 출판).

Rhyner, B., 杉浦 京子, 鈴木 康明 (2000). 星と波描画テスト入門. 東京: 川島書店.

Rhyner, B. (1997). Projective drawing tests as a follow-up tool in psychotherapy. *Bulletin of Kyoto Bunkyo Centre for Clinical Psychology,* 34-44.

Stone, H. K., & Dellis, N. P. (1960). An exploratory investigatio into the levels hypothesis *Journal of Projective Techniques*, *24*, 333-340.

Yalon, D. (2015). 星と波描画テストの発展－理論・研究・実践: アクロ スザライフスパン. (杉浦京子 訳). 東京: 川島書店. (원서는 2006년에 출판).

제6장

좋아하는 날 그림

- **개발자**: Manning(1982, 1987)
- **목　적**: 학대피해아동 선별
- **준비물**: 9″ × 12″ 흰색 용지, 16색 크레욜라 크레용, 연필
- **지시어**: "자신이 좋아하는 날을 그려 주세요(Draw your favorite kind of day). 그 후 연필로 그림에 대하여 말하고자 하는 것을 기록할 수 있습니다."

1. 개요

좋아하는 날(Favorite Kind of Day: FKD) 그림은 Manning(1982)이 학대피해아동을 선별하기 위한 도구로 개발한 것이다. 학대피해아동의 외상경험은 이미지의 형태로 무의식에 저장되므로 학대피해아동은 학대행동에 관련된 생각과 감정을 언어화하는 능력이 부족하다(Malchiodi, 1998; Peterson & Hardin, 1997). 그러므로 그림은 학대아동이 알리고 싶지 않은 그들의 소망, 걱정, 공포를 표현하는 비위협적인 도구로 활용될 수 있다(Naumberg, 1966; Stember, 1977; Manning 1982).

이러한 측면에서 가정폭력이나 학대와 관련된 그림검사로 동적 가족화가 사용되었다(이행자, 2004; Hackbarth, Murphy, & McQuary, 1991; Jung & Kim, 2011; Veltman & Browne, 2001, 2003). 그러나 학대피해아동의 경우 가족주제에 민감하거나 그림을 그리는 것을 거부하거나 힘들어하는 등, 관계가 드러나는 사람이나 상황을 표현할 경우 심리적으로 위축되는 현상을 야기한다. 이러한 이유로 학대피해아동은 주제에 따라 그림 반응이 다르게 나타날 수 있어 힘들어하는 관계가 직접적으로 표현되지 않고 편안하게 접근할 수 있는 새로운 투사검사의 필요성이 제기되었다.

여러 선행연구(Parciak, Winnik, & Shmueli, 1975; Schornstein & Derr, 1978; Stember, 1977)에서는 그림에서 묘사된 날씨의 크기와 움직임이 아동의 폭력적인 환경을 증명한다는 점을 지지하고 있다. Stember(1977)는 학대받은 아동은 자주 무거운 그림자와 어두운 하늘과 해를 포함시키는 경향이 있다고 하였고, Precker(1950)도 그려진 사물의 과장된 크기는 폭력의 증거로 여겨질 수 있다고 하였다. Schornstein과 Derr(1978)는 그림에서 어떤 대상이 아동의 머리 위로 떨어지거나 드리워지는 것은 공격성으로 묘사된다고 밝혔다.

이러한 연구를 바탕으로 Manning은 그림 속의 날씨가 자신의 환경을 투사하는 것으로 보았다. 눈, 해일, 바람처럼 혹독한 날씨의 크기와 움직임이 학대받은 아동의 환경을 반영한다고 가정하고, 학대받은 아동의 공격적인 환경을 좋아하는 날씨 그림에서 날씨의 크기와 움직임으로 묘사하는지 알아보고자 '좋아하는 날(Favorite Kind of Day: FKD)' 그림을 개발하였다. 연구결과, FKD 그림은 신체적으로 학대받은 아동의 환경을 반영하는 투사적 기법으로 진단적 도구로 사용될 수 있음이 밝혀졌다. 그러나 연구대상자의 수가 적고 평가기준의 모호성과 결과의 비일관성 등이 제한점으로 지적되었다. 이에 정진숙은 FKD 그림을 우리나라에 소개하며, Manning이 제시한 "자신이 좋아하는 날을 그려 주세요."라는 지시사항으로 검사를 실시했을 때 피검자들이 자신이 좋아하는 날씨보다는 선호하는 날(생일 날, 기분 좋은 날 등)을 표현하는 경우가 많았다고 하였다. 그리하여 정진숙(2011)은 '자신이 좋아하는 날씨를 그려 주세요(Draw your favorite kind of weather).'라고 지시사항으로 구체화시키고, 그림의 평가항목과 평가기준을 재개발하여 타당화 연구를 시도하였다. 그 이후 한국에서 다양한 연구가 시도되고 있다.

2. 실시방법

실시 및 평가방법에서는 FKD의 원 개발자인 Manning과 이 기법을 한국에 처음으로 소개하고 예비연구를 거쳐 좋아하는 날씨(FKW) 그림의 평가항목과 평가기준을 개발한 정진숙의 연구를 중심으로 소개하고자 한다.

1) 준비물

- Manning(1982): 9″ × 12″ 흰색용지, 16색 크레욜라 크레용, 연필
- 정진숙(2011): A4 용지, 10색 크레용(빨간색, 주황색, 노란색, 갈색, 파란색, 녹색, 분홍색, 보라색, 회색, 검정색)

2) 시행절차

- Manning(1982): 검사 시 지시어는 “자신이 좋아하는 날을 그려 주세요(Draw your favorite kind of day).”이다. 그림을 그린 후 “연필로 그림에 대하여 말하고자 하는 것을 기록할 수 있습니다.”라고 한다. 그림 그리는 시간은 15분이 주어지며, 그림에 대한 이야기를 기록하는 시간이 5분 주어진다.
- 정진숙(2011): “자신이 좋아하는 날씨를 그려 주세요(Draw your favorite kind of weather).”라고 지시하고 그림에 대한 간단한 설명과 느낌을 적도록 한다.

3. 평가기준 및 해석

1) Manning의 평가기준

Manning(1987)은 혹독한 날씨, 날씨의 크기, 날씨의 움직임의 세 가지 평가항목과 기준을 사용하였다.

- 혹독한 날씨: 비, 눈, 해일, 바람
- 날씨의 크기: 불균형적, 과도한 양의 특정 날씨
- 날씨의 움직임: 위에서 아래로 떨어지는 특정한 날씨

이 세 가지 평가기준을 5점 척도로 구성하고 이러한 특징이 분명하게 있으면 5점, 있는 것 같으면 4점, 모르겠으면 3점, 이 특징이 없으면 2점, 분명하게 없으면 1점으로 하여, 합계 점수는 3점에서 15점의 범위에 있다. 점수가 높을수록 공격성과 높은 상관이 있다고 해석한다. Manning은 학대피해아동의 그림에서 그림의 윤곽선이 진하다는 것을 파악하여 '윤곽선'을 네 번째 기준으로 사용할 수 있음을 제안하였다.

2) 정진숙의 평가기준

정진숙(2011)은 FKW의 평가항목과 평가기준에 대한 3차에 걸친 개발 과정을 통해 신뢰도와 타당도를 확보한 10개의 평가항목과 평가기준을 마련하였다. 평가항목은 형식요소와 내용요소로 분류되었고, 형식요소에는 채색 정도, 채색에너지, 색 사용 수, 공간 사용, 세부묘사가 포함되었으며 내용요소에는 먹구름, 비, 번개, 움직임이 포함되었다. 각 항목은 3점 척도로 구성하였다. 구체적인 내용은 다음의 〈표 6-1〉과 같다.

〈표 6-1〉 좋아하는 날씨 그림 평가기준

요인	평가항목	평가기준
형식요소	채색 정도	1) 형태(테두리만) 2) 부분적 3) 형태와 공간 모두
	채색에너지	1) 약하게(공간을 채우지 않고 연하고 약하게) 2) 보통 3) 반복적, 강하게(반복적으로 겹쳐서 진하고 강하게)
	채색안정성	1) 불안정(산만하고 방향이 일정하지 않고 불규칙적) 2) 보통 3) 안정적(채색의 방향이 일정하고 균일하며 규칙적)
	색 사용 수	1) 1개 2) 2~5개 3) 6개 이상
	공간 사용	1) 50% 미만 2) 50~90% 미만 3) 90~100%
	세부묘사	1) 없음 2) 1~2개 3) 3개 이상
내용요소	먹구름	1) 없음 2) 조금 있음(전체 면적의 20% 이하) 3) 많음(전체 면적의 20% 이상)
	비	1) 없음 2) 조금 있음(전체 면적의 50% 이하, 비와 비 사이의 간격이 1.5cm 이상) 3) 많음(전체 면적의 50% 이상, 비와 비 사이의 간격 1.5cm 미만)
	번개	1) 없음 2) 1~2개 3) 3개 이상
	움직임	1) 없음 2) 조금 있음(위에서 아래로 떨어지는 형태, 전체 면적의 50% 이하, 형태와 형태 사이의 간격 1.5cm 이하) 3) 많음(위에서 아래로 떨어지는 형태, 전체 면적의 50% 이상, 형태와 형태 사이의 간격 1.5cm 이상)

출처: 정진숙(2011). 아동학대변별도구로서 좋아하는 날씨 그림의 평가기준 개발. 영남대학교 대학원 박사학위논문.

4. 해석의 적용

1) 초등학생의 사례

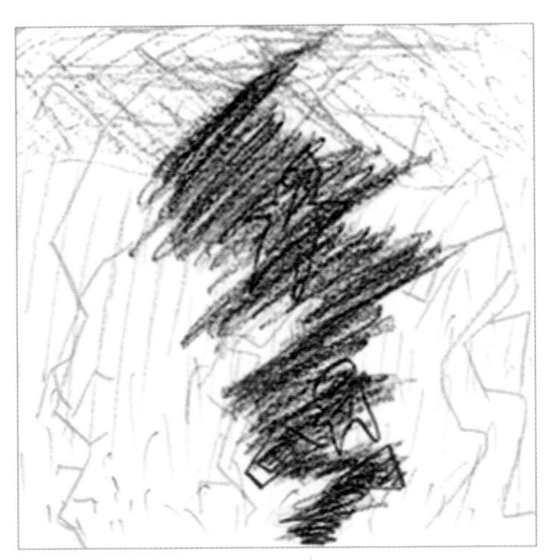

[그림 6-1] 초등학생(학대 집단)

[그림 6-2] 초등학생(비학대 집단)

출처: 정진숙(2011). 아동학대변별도구로서 좋아하는 날씨 그림의 평가기준 개발. 영남대학교 대학원 박사학위논문.

[그림 6-1]은 학대 집단에 속하는 아동으로 아동보호시설에 거주하는 초등학생이 그린 그림이다. '비가 오고 번개와 허리케인 때문에 학교를 안 가서 자신이 좋아하는 날'이라고 기술했다.

그림의 형식요소는 형태와 공간을 비로 채우고 있으며 허리케인을 표현하면서 검정색으로 반복적으로 강하게 채색하였다. 내용요소는 하늘에는 먹구름이 있고 비가 많이 오며 번개가 내리치고 사람이 허리케인의 소용돌이 속에서 흔들리는 등 날씨의 움직임이 많고 혹독한 날씨를 표현하고 있다. 학대피해아동의 전형적인 특징을 반영하고 있다.

[그림 6-2]는 비학대 집단의 초등학교 6학년 아동이 그린 그림이다. "예쁜 꽃과 나비가 있고 파란 하늘에 따뜻한 바람이 부는 날에 가족과 맛있는 도시락을 싸서

소풍을 가고 싶다."라고 하였다. 그림에서는 전체 공간을 다 활용하고 있으며, 다양한 색상을 사용하여 보통의 에너지로 안정적으로 채색을 하였다. 따뜻한 햇볕이 내리쬐는 날씨이며 나비, 꽃, 나무, 열매 등 세부요소를 표현하였다.

2) 성인여성의 사례

[그림 6-3] 성인여성

출처: 원종아, 김갑숙(2012). 성인여성의 학대경험과 좋아하는 날씨(FKW)그림의 관계. 미술치료연구, 19(6). 1321-1335.

[그림 6-3]은 어린 시절 어머니와 오빠로부터 신체적인 학대를 받아온 28세의 여성이 그린 그림이다. 아주 크고 강렬한 태양이 주변의 나무와 구름을 태우고 있는 장면을 그렸다. "태양이 너무 뜨거워서 그 옆에 있는 나무와 구름이 타 버렸습니다. 사과까지 타 버리면 안 되는데. 그래도 다행히 서쪽에서 시원한 바람이 불어와 살 것 같습니다."라고 그림을 설명하고 있다. 그림에서 자신을 나무로, 학대하는 어머니와 오빠를 태양으로 묘사하고 있는 것으로 보인다. 해는 긍정적인 부분과 부정적인 부분을 다 포함하고 있다. 앞의 [그림 6-2]에서 나타난 적절한 크기의 태양은 온정을 의미하지만 이와 대조적으로 [그림 6-3]에서는 강렬한 태양이 나무에 집중되어 있어 권위적인 인물에 의해 지배되고 있음을 암시하고 있다.

5. 연구동향

1) 국외 연구동향

Manning은 석사학위논문(1982)을 통하여 FKD를 발표한 후, 이 논문을 1987년 『The Arts in Psychotherapy』에 게재하였다. 이 연구에서는 폭력적인 가정환경에서 신체적 학대를 받은 학대피해아동과 폭력적인 가정환경이지만 학대를 받은 경험이 없는 아동, 그리고 안정된 가정환경에서 폭력에 노출된 적이 없는 아동으로 구성된 세 집단에서 집단별로 7~9세 아동을 10명씩 표집하여 아동에게 FKD 그림을 그리도록 하였다. 학대 집단의 아동은 그림 속 대상의 형태를 윤곽선으로만 나타내고 비, 눈, 해일, 어두운 구름과 같이 혹독한 날씨를 표현하였다. 표현된 날씨의 특징은 형태가 과도하게 크고, 역동적인 움직임을 나타내었다. 반면, 비학대 집단의 아동은 태양과 꽃을 표현하였고, 학대피해아동은 잘 그리지 않는 '사람'을 그림 속에 자주 등장시키는 경향이 있었다. 학대피해아동과 비학대아동 모두 해를 그리는 경향이 있었으나 학대피해아동은 해를 용지의 왼쪽에 위치시켰고, 학대경험이 없는 아동의 경우 6명은 왼쪽에, 3명은 오른쪽에 해를 위치시켜 왼쪽에 위치한 해에 대한 심화연구의 가능성을 제시하였다. Manning(1987)의 연구에서 혹독한 날씨, 날씨의 크기, 날씨의 움직임은 평정자 간 신뢰도가 .74로 양호한 것으로 나타났다. 이러한 연구결과를 통하여 Manning은 FKD 그림이 신체적으로 학대받은 아동의 환경을 반영하는 투사기법이며 진단적 도구로 사용될 수 있음을 밝혔다.

Manning의 연구가 발표된 이후 몇 편의 연구가 이루어졌다. West(1998)는 성적 피해아동과 비학대아동을 변별하기 위한 투사기법의 효용성을 평가하기 위하여 12개의 연구를 메타분석하였다. 성 학대를 받은 아동에게 투사기법을 사용하여 출판된 연구를 중심으로 조사가 수행되었다. 고찰된 투사기법에는 로르샤흐, 손검사(The Hand Test), 주제통각검사(TAT), 동적 가족화(Kinetic Family Drawing), 인물화(Human Figure Drawing), 좋아하는 날(FKD), 장미덩굴: 시각화전략, 집-나무-사람(House-Tree-Person) 그림이 포함되었다. 메타분석을 실시한 결과, 투사적 그림검사가 학대받은 아동을 효과적으로 구분할 수 있다고 보고되었다.

Epperson(1990)은 학대아동을 대상으로 인물화(DAP)와 FKD 그림을 비교 연구한 결과, FKD 그림에서 학대아동의 정서가 잘 나타난다는 점을 밝혔다. Veltman과 Browne(2000)은 Manning(1987)의 연구를 똑같이 재현하여 FKD가 학대피해아동을 변별하는 평가도구로서 타당한지 연구하였다. 먼저, 학대피해아동의 그림은 비학대아동의 그림과 다를 것이라는 가설을 설정하고 4~8세 학대피해아동 6명과 비학대아동 12명 총 18명을 대상으로 6개월 간격으로 18개월간 4회에 걸쳐 그림을 반복하여 그리도록 하여 분석하였다. 그 결과, 대상아동은 일관성 있게 유사한 그림을 그려 집단 간에 FKD 그림에서 유의미한 차이가 나타나지 않았다. 따라서 FKD는 학대변별도구로 적절하지 않다는 점을 시사하였다. 그러나 이 연구는 연구대상자의 수가 적고 그림을 그릴 때의 태도를 고려하지 않았다는 한계점을 제시하였다. 이 연구에서 평정자 간 신뢰도는 전체 점수에서 76.7%로 나타났으나 윤곽선은 8.8%로 믿을 만한 신뢰도가 나타나지 않았다.

또한 2001년의 연구에서 Veltman과 Browne은 FKD와 KFD가 아동학대를 유용하게 선별하는지를 파악하고자 비교연구를 실시하였다. 10세 아동 28명을 대상(남: 18명, 여: 10명)으로 한 결과, 5명이 학대피해아동, 23명은 비학대아동으로 나타났으며, 5명의 학대피해아동에게서 KFD가 학대피해아동의 변별을 위한 유의미한 차이는 보였지만, FKD와 KFD는 교실장면에서 학대를 경험한 아동을 확인하기 위한 선별도구로는 적합하지 않다고 하였다. KFD는 학대받은 아동의 4/5에 의해 제시됨으로써 어느 정도 임상적으로 사용할 수 있으나, FKD는 대상자 수를 확대하여 연구를 실시하여 이 주장이 지지될 수 있는 증거가 발견될 때까지 선별도구로 사용하지 말 것을 권고하였다. 또한 정서적으로 디스트레스되거나, 아동학대와 같은 상황에서 투사적 그림검사를 확인도구로 사용할 때 조심스럽게 접근하여야 함을 강조하였다. Veltman과 Browne(2001)은 평정자 간 신뢰도를 위하여 Kappa 지수를 구한 결과 .24로 적당한 수준에 머물러 있었다.

2) 국내 연구동향

국내에서는 처음으로 정진숙과 김갑숙(2010)이 좋아하는 날 그림의 적용 가능성을 파악하기 위해, 1차적으로 Manning의 평가기준을 보완하여 한국의 일반 대학생을 대상으로 우울 수준에 따른 FKD 그림의 반응특성을 파악하였다. 다음 해 학대아동과 일반아동을 대상으로 FKD 그림검사를 실시하여 그림의 반응특성의 차이를 알아본(정진숙, 김갑숙, 2011) 결과, FKD 그림이 학대와 관련성이 있음을 시사하였다. 이를 바탕으로 2011년에 정진숙은 본격적으로 학대변별도구로서의 검사도구 개발을 위한 연구를 시작하여 평가항목과 평가기준을 마련하였다.

한국에서 FKW에 대한 연구는 크게 학대, 우울, 학교생활적응과의 관계 및 기타 연구로 나누어 볼 수 있다. 먼저, 학대 관련연구로는 정진숙과 김갑숙(2011), 정진숙(2011), 원종아와 김갑숙(2012, 2013)의 연구가 있다. 정진숙과 김갑숙(2011)의 연구에서는 학대아동과 일반아동을 대상으로 FKD 검사를 실시하여 그림의 반응특성의 차이를 알아본 결과, 학대아동이 공간 사용 및 움직임과 세부묘사, 색 사용 수가 적었으며, 채색에너지는 약하고 형태만을 채색하였다. 또한 해를 크게 묘사하고 비, 먹구름과 번개를 많이 나타내며 회색을 많이 사용하는 것으로 나타났다.

정진숙(2011)은 앞의 연구를 바탕으로 FKW가 학대피해아동을 예측하고, 변별 가능한 진단도구로서 타당성이 있는지를 입증하고자 하였다. 연구대상은 아동 청소년(총 577명; 아동보호시설에 있는 아동 · 청소년: 295명, 일반아동: 282명)을 대상으로 FKD 그림과 아동학대경험 척도검사를 실시하였다. 3차에 걸친 개발 과정을 통하여 신뢰도와 타당도 검증을 거쳐 평가항목과 평가기준을 마련하였다. 평가항목은 형식요인과 내용요인으로 분류하여 형식요인에는 채색 정도, 채색에너지, 색 사용 수, 공간 사용, 세부묘사가 포함되었으며, 내용요인에는 먹구름, 비, 번개, 움직임이 포함되어 있다. 각 항목은 3점 척도로 구성하였다. 연구결과, 학대 집단과 비학대 집단은 10개 평가항목 모두에서 차이가 있었으며, 신체적 학대를 변별할 수 있는 판별력은 90.3%로 나타났다. 또한 정서적 학대를 변별할 수 있는 판별력은 89.6%로 나타나 FKW검사는 아동학대를 변별하는 도구로서 타당성이 있음을 입증하였다.

원종아와 김갑숙(2012)은 성인여성의 신체적 학대경험에 따른 FKW 그림의 반응특성을 살펴보고, 성인여성의 학대경험을 파악하는 도구로서 FKW 그림의 활용 가능성을 알아보고자 하였다. 연구대상자는 성인여성 189명이었으며, Straus의 갈등책략 척도를 사용하여 두 집단(학대경험, 학대비경험)으로 분류하여, FKW 그림 반응특성의 차이를 분석하였다. 연구결과, 첫째, 학대경험 집단은 비학대경험 집단보다 형태만 테두리로 표현하는 경우가 많았으며 사용하는 색의 수가 적고 채색이 불안정한 비율이 높으며 대비배색을 많이 사용하는 것으로 나타났다. 또한 공간 사용을 적게 하며 세부묘사가 적은 것으로 나타났다. 둘째, 내용요인에서 먹구름, 비, 해, 움직임, 그림설명에서 유의미한 차이가 있었다. 학대경험 집단은 비학대경험 집단보다 먹구름과 비의 그림을 그리는 경우가 더 많았고 크고 강렬한 해 그림이 많이 표현되었으며 날씨 그림의 움직임에 대한 표현이 더 많은 것으로 나타났다.

원종아와 김갑숙(2013)의 연구에서는 미혼모와 일반모가 지각하는 자신과 아기의 좋아하는 날씨 그림 반응특성을 검토하였다. 이 연구에서는 미혼모와 일반모가 지각하는 자신과 아기의 FKW 그림의 반응특성을 살펴보고 어머니의 학대경험이 아기에게 어떠한 영향을 미친다고 지각하는지를 예측하는 진단도구로서 FKW 그림의 활용 가능성을 알아보고자 하였다. 미혼모 50명, 일반모 50명, 총 100명을 대상으로 어머니의 FKW 반응특성과 어머니가 지각하는 아이 날씨의 반응특성을 살펴보면, 미혼모 집단은 일반모 집단보다 채색이 불안정하며 사용한 색의 수가 적고 대비배색을 많이 사용하거나 배색을 포기한 경우가 많았으며 공간을 적게 사용하고 세부묘사가 적은 것으로 나타났다. 또한 먹구름, 비, 번개, 움직임의 그림이 많은 반면, 해의 그림은 적었고 그림설명에서는 긍정과 부정을 더 많이 사용하는 것으로 나타났다.

우울 관련연구로는 대학생을 대상으로 한 정진숙과 김갑숙(2010)의 연구를 시작으로 아동(장아름, 2013), 중학생(허채원, 2013), 성인여성(강수현, 2012)을 대상으로 연구가 이루어졌다. 정진숙과 김갑숙(2010)은 FKD의 활용 가능성을 밝히기 위하여 국내에서 처음으로 대학생의 우울과 '좋아하는 날(FKD)' 그림 반응특성을 파악하였다. 분석한 결과, 대학생의 우울 수준에 따라 FKD 반응특성은 전체요인에서는 공간 사용, 사실성, 선의 질에서, 날씨요인에서는 해와 비에서 그리고 색채요인에서는 분홍, 회색, 검정에서 유의미한 차이가 있었다. 즉, 우울 집단은 비우울 집단에 비해 FKD 그림에서 공간을 많이 사용하고, 날씨와 배경의 표현의 일치성이 낮으며, 산만하고 끊어지는 선을 많이 사용하였다. 또 해를 적게 그리고 비를 많이 그렸으며, 분홍색, 회색, 검정색을 많이 사용하는 것으로 나타났다. 이 변수들이 우울수준을 판별하는 정도는 78.3%로 나타났다.

강수현(2012)은 20~50대 기혼여성 164명을 대상으로 연구를 실시한 결과, FKW 그림 반응특성의 형식요인에서는 우울 집단이 비우울 집단에 비해 필압이 약하고 공간을 많이 사용하며 왼쪽 공간을 많이 이용하였다. 내용요인에서는 우울 집단이 비우울 집단에 비해 해를 적게 그리고 먹구름과 비를 많이 그리며 날씨의 움직임이 많았다. 색상요인에서는 우울 집단이 비우울 집단에 비해 회색과 검정색을 많이 사용하는 것으로 나타났다.

장아름(2013)은 초등학교 5, 6학년 342명(남: 182명, 여: 160명)을 대상으로 FKW 그림검사를 실시하였다. 연구결과, FKW의 형식요인에서 우울 집단은 전체를 채색하는 경우가 많으며 색 사용 수는 적고 공간을 넓게 사용하는 경향이 있으며, 세부묘사가 적고 약한 힘의 선과 강한 힘의 선이 공존하는 특징이 있었다. 사실성은 비우울 집단에 비해 부족한 편이며 움직임을 많이 표현하였다. 내용요인에서는 우울 집단은 해의 크기를 작게 표현하거나 그리지 않는 비율이 높으며 바람과 먹구름을 많이 표현하였고, 색상요인에서 우울 집단은 회색과 검정을 많이 사용한 반면, 비우울 집단의 그림에서는 빨간색, 주황색, 초록색, 갈색이 많이 나타났다. 이 FKW의 변인이 비우울 집단과 우울 집단을 변별할 수 있는 판별력은 비우울 집단이 94.3%, 우울 집단이 86.4%, 전체 92.4%로 나타났다.

중학생의 우울과 FKW의 반응특성을 연구한 허채원(2013)의 연구에서는 중학생의 우울과 비우울 집단 간에 형식요인, 날씨요인, 색상요인에서 통계적으로 유의한 차이가 나타났다. FKW 그림의 변인이 우울을 변별할 수 있는 판별력은 88.2%

였으며, 비우울 집단은 93.1%, 우울 집단은 83.3%로 우울을 예측하였다. 그러나 이 연구에서는 FKW의 날씨요인의 특성에서 같은 내용을 여러 항목(예: 구름, 구름의 양, 구름의 면적)으로 분석하고 있으며, 교차분석에서도 각 셀당 기대빈도수가 5 이하인 항목이 다소 나타나 분석항목 및 평가기준에 대한 고려가 필요할 것으로 생각된다. 이와 같은 결과를 통하여 FKW 그림은 우울을 예측하고 파악하는 도구로서 유용한 자료를 제공할 수 있는 것으로 나타났다.

학교생활적응과 관련된 연구로는 김재순(2013)과 박성혜(2013)의 연구가 있다. 김재순(2013)은 FKW 그림의 학교생활적응 수준을 진단하는 도구로서의 활용 가능성을 밝히고자 하였다. 경북지역에 소재한 초등학생 1,088명(남: 578명, 여: 510명)과 중학생 569명(남: 296명, 여: 273명)으로 총 1,657명을 대상으로 FKW 그림과 학교생활적응 질문지 검사를 실시하였다. 연구결과, 아동의 학교생활적응 수준에 따른 FKW 그림 반응특성에서는 초등학교 저학년 아동의 경우 학교생활적응이 높은 집단이 낮은 집단보다 채색안정성이 높았다. 초등학교 고학년 아동의 경우 학교생활적응이 높은 집단이 낮은 아동보다 채색안정성이 높고 공간 사용과 세부묘사, 색 사용 수가 많으며 구름이 많이 나타나고 비, 번개, 눈은 적게 나타났다. 중학생의 경우 학교생활적응 수준이 높은 집단이 낮은 집단보다 세부묘사를 많이 하는 것으로 나타났다. 이러한 결과를 근거로, FKW 그림은 가정이나 학교현장에서 학교부적응 학생을 조기에 발견하여 지도상담하는 도구로 활용할 수 있다고 제시하였다.

박성혜(2013)는 중학교 2학년 217명(남: 117명, 여: 100명)을 대상으로 학교생활부적응 수준에 따라 FKW 그림 반응특성에 차이가 있는지 알아보았다. 연구결과, 학교생활부적응에 따른 FKW의 반응특성의 차이는 채색 정도, 채색안정성, 바람, 움직임, 빨간색, 검정색의 표현에서 차이가 나타났다. 학교생활부적응에 따른 FKW 그림의 반응특성 차이에서 형식요인에서는 학교생활부적응이 낮은 집단이 높은 집단에 비해 채색 정도, 채색안정성이 높아 채색 방향이 일정하며 안정적인 표현을 하고 있는 것으로 나타났다. 반면, 학교생활부적응 집단은 바람과 움직임을 많이 표현하고, 빨간색, 검정색을 많이 사용하는 것으로 나타났다.

기타 연구로는 라인경(2014)의 유아의 일상적 스트레스와 FKW 그림과의 관계 연구와 남정현(2016)의 대학생의 자아탄력성과 FKW 그림 반응특성 연구가 있다. 남정현의 연구에서 자아탄력성이 높은 집단의 대학생은 자아탄력성이 낮은 집단의 대학생보다 비와 사람을 적게 그리며, 파란색을 많이 사용하는 경향이 있는 반면, 자아탄력성이 낮은 집단에서는 검정색 사용이 많은 것으로 나타났다.

이와 같이 좋아하는 날 그림은 학대받은 경험을 파악하기 위한 도구로 개발되었으나, 한국의 연구에서는 학대 외에 우울, 학교생활적응, 자아탄력성과의 관계 등 다양한 영역으로 연구가 확대되었다. 연구결과, FKW 그림이 학대, 우울, 학교생활적응상태를 잘 나타내는 것으로 밝혀졌으나, 연구마다 평가기준이 조금씩 차이가 있다. 외국의 연구에서는 FKD가 학대를 설명할 수 있다는 결과와 함께 학대를 설명할 수 없다는 결과가 동시에 나타나 FKD를 진단도구로서 활용하는 것의 한계성을 제시하였다. 한국의 연구와 비교해 볼 때 외국의 연구는 연구대상자의 수가 적고, 3문항으로 구성된 평가기준을 사용하고 있기 때문에 연구 결과의 차이가 있을 것이라 생각된다. 그러므로 그림검사를 타당화하기 위해서는 검사의 실시방법, 명확한 평가기준 마련과 모집단을 대표할 수 있는 적절한 표본을 표집하여야 할 것이다.

참고문헌

강수현(2012). 기혼여성의 우울과 좋아하는 날씨(FKW) 그림검사의 반응특성. 영남대학교 환경보건대학원 석사학위논문.

김재순(2013). 아동의 학교생활적응과 좋아하는 날씨그림 반응특성. 영남대학교 대학원 박사학위논문.

김재순, 최외선(2012). 초등학생의 주관적 안녕감과 좋아하는 날씨(FKW) 그림 반응특성에 관한 연구. 예술심리치료연구, 8(3), 47-70.

남정현(2016). 대학생의 자아탄력성과 좋아하는 날씨(FKW) 그림 반응특성 연구. 미술치료연구, 23(2), 361-380.

라인경(2014). 유아의 일상적 스트레스와 좋아하는 날씨(FKW) 그림 반응특성. 영남대학교 환경보건대학원 석사학위논문.

박성혜(2013). 중학생의 학교생활부적응에 따른 좋아하는 날씨 그림 반응. 미술치료연구, 20(3), 457-478.

원종아, 김갑숙(2012). 성인여성의 학대경험과 좋아하는 날씨(FKW) 그림의 관계. 미술치료연구, 19(6), 1321-1335.

원종아, 김갑숙(2013). 미혼모와 일반모가 지각하는 자신과 아기의 좋아하는 날씨(FKW) 그림 반응 특성. 미술치료연구, 20(6), 1071-1089.

이행자(2004). 학대받은 아동과 일반 아동의 동적가족화에 의한 가족지각 비교. 부산대학교 대학원 석사학위논문.

장아름(2013). 초등학생의 우울에 따른 FKW 그림검사 반응특성연구. 대구대학교 재활과학대학원 석사학위논문.

정진숙, 김갑숙(2010). 대학생의 우울과 '자신이 좋아하는 날(FKD)' 그림검사 반응 연구. 미술치료연구, 17(3), 633-648.

정진숙, 김갑숙(2011). 좋아하는 날(FKD)을 통한 학대경험 타당화 연구. 예술심리치료연구, 7(1), 75-100.

정진숙(2011). 아동학대변별도구로서 좋아하는 날씨 그림의 평가기준 개발. 영남대학교 대학원 박사학위논문.

허채원(2013). 중학생의 우울에 따른 FKW그림검사 반응특성연구. 대구대학교 재활과학대학원 석사학위논문.

Epperson, J. (1990). *Environmental drawings and behaviors in children*. University of Utah. Unpublished master's thesis.

Hackbarth, S. G., Murphy, H. D., & McQuary, J. P. (1991). Identifying sexually abused children by using kinetic family drawings. *Elementary School Guidance and Counseling, 25*, 255-260.

Jung, J., & Kim, G.(2015). The use of Favorite Kind of Weather drawing as a discriminatory tool for children who have experienced physical abuse. *The Arts in Psychotherapy, 43*, 23-30.

Malchiodi, A. C.(1998). *Understanding children's drawings*. New York: Guilford Press.

Manning, G. M.(1982). *Aggression depicted in abused children's drawings*. MA Eastern Virginia Medical School. Norfolk, Virginia.

Manning, T. M.(1987). Aggression depicted in abused children's drawings. *The Arts in Psychotherapy, 14*, 15-24.

Naumberg, M. (1966). The nature and purpose of dynamically oriented art therapy. *Psychiatric Opinion Journal, 2*, 5-19.

Parciak, R., Winnik, H. Z., & Shmueli. M. (1975). Aggression in painting—Painting as a means of release of aggression. *Mental Health Society, 2*, 225-237.

Peterson, L. W., & Hardin, M. E. (1997). *Children in distress: A guide for screening children's art*. New York: Norton.

Precker, J. A. (1950). Paintings and drawing in personality assessment. *Journal of Projective Techniques, 14*, 262-286.

Schornstein, H. M, & Derr, J. (1978). The many applications of kinetic family drawings in child abuse. *British Journal of Projective Psychology & Personality Study, 23*(1),

33–35.

Stember, C. J. (1977). Use of art therapy in child abuse / neglect: Are there graphic clues? The dynamics of creativity, *Eighth Annual Conference of the American Art Therapy Association,* 73–78.

Veltman, M. W. M., & Browne, K. D. (2001). Identifying childhood abuse through Favorite Kind of Day and Kinetic Family Drawings. *Arts in Psychotherapy, 28*(4), 251–259.

Veltman, M. W. M., & Browne, K. D.(2000). An evaluation of Favorite Kind of Day drawings from physically maltreated and non–maltreated children. *Child Abuse & Neglect, 24*(10), 1249–1255.

Veltman, M. W. M., & Browne, K. D. (2003). Trained raters' evaluation of Kinetic Family Drawings of physically abused children. *Arts in Psychotherapy, 30*, 3–12.

West, M. M.(1998). Meta analysis of studies assessing the efficacy of projective techniques in discriminating child sexual abuse. *Child Abuse & Neglect, 22*(11), 1151–1166.

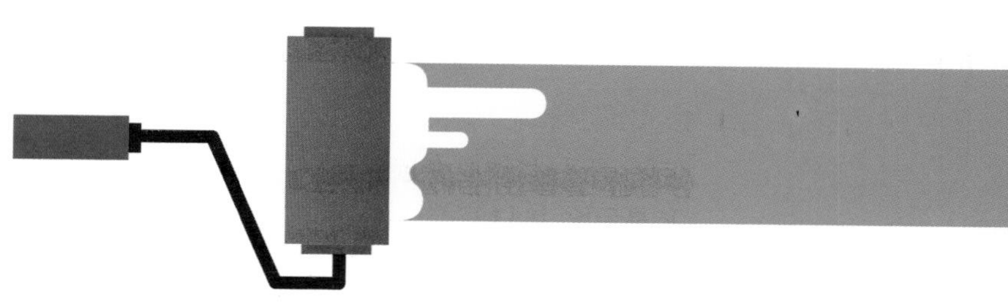

제2부

자극그림 및 시리즈 그림검사

발테그 그림검사

- **개발자**: Wartegg(1939)
- **목　적**: 진로탐색 및 성격평가
- **준비물**: 8개의 자극그림이 있는 4 × 4cm 정사각형 틀이 제시된 용지, 연필
- **지시어**: "8개의 틀 안에 있는 기호를 이용하여 틀 안에 무엇이든지 그림을 그려 주세요."

1. 개요

발테그 그림검사(Der Wartegg-Zeichentest: WZT)는 독일의 라이프치히에서 게슈탈트 심리치료 전통 내에서 성격 평가방법으로 개발된 검사(Grønnerød & Grønnerød, 2012)이다. WZT는 1926년 독일의 Ehrig Wartegg에 의해 고안되어, 1939년 논문에 소개되었으며 1953년에는 저서로 출판되었다. Kinget은 미국에 WZT를 소개하면서 그림완성검사(The Drawing Completion Test)로 명명하여(Kinget, 1958), 영어권 국가에서는 이 검사를 WDCT(Wartegg Drawing Completion Test)로 쓰거나 WT(Wartegg Test)로 쓰기도 하였다.

WZT는 제2차 세계대전 이후 Wartegg의 동료인 August Vetter가 선의 질을 분석하는 방법을 첨가하여 현상학적 해석의 접근으로 발전시켰다. 그 후 Ursula

Avé-Lallemant이 체계적인 분석방법을 정립하면서 Vetter의 해석방법을 보다 심화시켜 WZT를 계승 · 발전시켰다(Avé-Lallemant, 2011). 또한 채점방법에 있어서는 Crisi(2007)가 새로운 체계를 도입, 평가지표를 개발하여 보다 객관적인 해석이 가능하도록 하였다.

WZT는 게슈탈트 심리치료 전통 내에서 성격 평가방법으로 개발되었고(Crisi & Dentale, 2016), 개발된 당시 독일에서는 초등학교를 마친 아동이 상급학교에 진학하는 과정에서 학생선발을 위한 진단검사로 사용되었다. 그 후 심리상담을 위한 방법으로서의 가치가 인정되면서 심리치료 장면에서도 널리 활용하게 되었다. Vetter는 WZT 그림과 선의 질을 진단하는 방법을 함께 사용하였고, 이에 현상학적 해석을 더하여 심리치료법이나 교육상담에 응용하였다. 그림의 내용과 선의 질을 함께 분석하는 것의 장점은 그림이 가진 의미와 선의 질에 대한 설명이 상호보완적인 역할을 하여 폭넓고 종합적인 성격진단을 가능하게 한다는 점이다. 또한 Avé-Lallemant은 WZT와 나무검사(Baumtest), 별-파도 검사(Der Sterne-Wellen-Test), 아동을 위한 동물가족화 검사(Tier-Familie-Test) 그리고 선의 질(Handschrift, 필적)을 함께 사용하여 WZT의 유용성을 높이고자 하였다.

WZT는 8개의 틀에 제시된 서로 다른 유형의 반구조적인 자극그림을 활용한 투사적 그림검사이다. 8개의 틀 속에 주어진 자극그림은 인격의 여러 측면에 호소하듯이 서로 다른 모양으로 만들어졌다. 각각의 틀 속에 제시된 자극그림의 의미가 모두 다르므로 각 도형은 다른 도형과 관계없이 개별적으로 다룰 수 있다. 또한 WZT는 계속 그려 나갈 수 있는 비교적 넓은 활동의 여지가 있으므로 그에 따른 다양한 표현을 얻을 수 있다. 틀을 조합해서 해석할 수도 있으며, 그림의 착상 및 선의 질로도 성격을 파악하는 등 다양한 측면으로 피검자를 진단할 수 있다(Avé-Lallemant, 2011). WZT의 자극그림은 매우 단순한데, Mc Cully(1988)는 이러한 단순성이 피검자의 방어기제를 피할 수 있다고 보았다. Buros(1959)에 의하면 WZT는 잠재력을 가진 흥미로운 도구로서, 그림이 가진 의미나 상징과 함께 선의 질을 분석하는 해석을 겸하고 있어 풍부한 진단상의 가치를 지니고 있다. 또한 인격의 여러 영역에 접근할 수 있어 상담 및 치료 장면에서 매우 중요한 정보를 얻을 수 있다.

독일에서는 WZT가 로르샤흐 검사, 주제통각검사(Thematic Apperception Test: TAT)와 더불어 3대 투사검사로서 널리 사용되어 왔다(이춘재, 1966). TAT라든가 로르샤흐 검사는 이미 그려져 있는 그림을 보고 그림에 대한 느낌을 대답하는 형식의 검사이다. 그런 반면 투사적 그림검사인 WZT는 TAT나 로르샤흐 검사와는 달리 자신이 직접 그림을 그리기 때문에 그림의 크기, 위치, 공간, 필압, 그림의 내용과 순서 등이 매우 중요한 의미를 지닌다. WZT의 자극그림에서 유발된 표현은 로르샤흐 검사와는 다르게 언어가 아닌 그림에 의해 이루어진 것이므로, 그림에 표현된 내용과 선의 질에 대한 해석을 통하여 피검자에 대한 진단적 정보를 얻을 수 있다. 또한 일반적인 그림검사, 즉 인물화나 나무검사 등은 주제가 정해져 있어 그리는 내용에 제한을 받는다. 이에 비해서 WZT는 내용에 제한이 없으면서 고정되고 정밀한 자극이 부여됨으로써 자극의 감각적 수용과 자극에 대한 충동 간의 관계를 더욱 정확하게 측정할 수 있다(이춘재, 1966).

WZT는 초기에는 아동 · 청소년을 대상으로 한 진학상담 및 심리상담으로 주로 실시되었으나 이후 성인의 심리상담을 위해 확대 적용되었다. Avé-Lallemant (2011)은 일반적인 대상뿐 아니라 입원 환자, 정신장애를 겪고 있는 사람, 범죄자 등을 대상으로 한 심리상담에도 적용하고 있다. 즉, WZT는 다양한 대상에게 심리상담을 하기 위한 도구로 널리 적용되어 내담자를 보다 깊이 이해하고 대화를 치료적으로 이끌어 가는 데 유용하게 사용되고 있다.

이탈리아의 학자 Crisi(2007)는 30년 동안 WZT에 대한 임상평가와 연구를 통하여 Wartegg가 제시한 방법과는 다른 지시어와 채점 및 해석방법을 제안하였다. 이 방법은 임상적 맥락에서 역동심리학의 이론적 맥락에서 개발되었고, 약 2,300명의 이탈리아인을 대상으로 한 표본으로부터 표준화하여 평가규준을 도출하였다. Crisi는 자신의 채점체계를 Crisi Wartegg System(CWS)이라고 불렀는데, 이후 다수의 연구가 CWS를 적용하므로 이 장에서는 Vetter와 Avé-Lallemant이 발전시킨 Wartegg의 방법과 함께 Crisi의 방법을 소개하고자 한다.

2. 실시방법

1) Wartegg 방법

(1) 준비물

8개의 자극그림이 있는 4 × 4cm 정사각형 틀이 제시된 용지, 연필

(2) 지시어

"8개의 틀 안에 있는 기호를 이용하여 틀 안에 무엇이든지 그림을 그려 주세요."

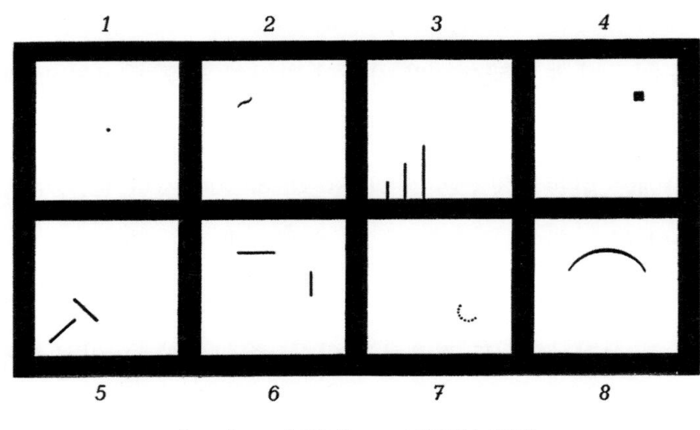

[그림 7-1] 발테그 그림검사 용지

(3) 시행절차

8개의 틀에 자극그림이 그려져 있는 용지([그림 7-1])를 제시하면서 자유롭게 그림을 그리도록 한다. 일본의 투사그림검사연구회(高辻, 杉浦, 渡邊, 2002)에서는 발테그 그림검사를 실시할 때, 지시어로 "8개의 틀 안에 무엇인가를 그려 주세요."라고 말하고, 피검자가 그림을 그릴 때 이 자극그림을 반드시 사용해야 한다고 지시하지 않도록 주의를 주고 있다.

그림을 그린 후에 무엇을 그렸는지(내용), 어느 그림을 먼저 그렸는지(순서)를 기

입하게 한다. 성별, 나이를 기록하고 긍정적인 항목과 부정적인 항목을 표시하게 할 수도 있다. WZT는 개별적 혹은 집단적으로 실시할 수 있으며, 시간제한은 두지 않지만 약 20분가량 소요된다. 대상은 학령 전 유아(5세 전후)에서부터 성인에 이르기까지 광범위하게 적용할 수 있다. 순서대로 그리기도 하지만, 그리기 어려운 것은 나중에 그려도 좋다. 그림의 순서를 기록해 두고, 그림에 대한 설명을 듣고 기록한다.

2) Crisi 방법

Crisi의 방법은 Wartegg가 개발한 동일한 자극그림 용지를 사용하고, 지시어도 유사하다.

(1) 준비물

자극그림이 인쇄된 용지([그림 7-1]), 지우개가 없는 연필(2HB)

(2) 지시어

“이 양식은 8개의 틀로 나뉘어져 있습니다. 각 틀에 작은 기호표시가 있어요. 그것을 시작점으로 이용하여, 각 틀 안에 그것이 의미하는 어떤 것을 그려 주세요. 가급적 가장 먼저 떠오르는 것을 그리도록 하세요. 가능한 한 추상적인 그림을 그리지 마세요. 숫자가 적힌 순서대로 그릴 필요는 없으며 자유롭게 그리면 되고 시간제한은 없습니다(As you can see, this form is divided into 8 boxes; in each box there is a little mark. Using the mark as a starting point, make a drawing in each box that means something, preferably the first thing that comes to mind. If possible, don’t make abstract drawings. You don’t have to go in numerical order; work at your own pace; there is no time limit).”

(3) 시행절차

검사자는 피검자와 마주 앉아 준비물과 지시어를 제시한다. 그림을 다 그리고 나면 검사자는 피검자가 선택한 그림의 순서와 시간을 기록하고 틀의 순서대로 그림의 주제를 질문하며 각 그림에 대한 설명을 듣고 피검자의 설명을 기록한다.

3. 평가기준 및 해석

1) Wartegg 방법

(1) 평가영역

그림을 평가하기 위해서는 다음의 다양한 평가영역을 종합해서 해석해야 한다.

- 자극그림 성질의 수용 여부 파악: 8개의 틀에 제시된 각 자극그림의 성질이 받아들여지고 있는지를 파악한다. 또 곡선 및 직선에 어떻게 반응하고 있는지를 살펴본다.
- 표현양식의 분류: 그림의 착상에 따라 그림을 네 가지 양식(형식, 구체적 사물, 회화, 상징)으로 분류할 수 있다. 각 양식에 따른 의미를 해석한다.
- 내용의 해석: 내용의 해석은 진단적으로 가장 어려운 단계지만 해석의 중심이며 얻을 점도 가장 많다. 이 단계에서는 심층의 체험내용에 대한 표현으로서의 상징을 잘 해석할 필요가 있다. 상징은 깊은 의미를 해석하기 위한 힌트이며, 상담 및 미술치료에 있어서 지침이 된다. 따라서 피검자와의 대화를 통하여 그 의미를 파악하고, 이러한 힌트를 통하여 평소에는 도달할 수 없는 인간의 심층심리를 탐구할 수 있다.
- 선의 질 분석: 선의 질에는 마음의 안정도가 나타나므로 각 틀에 표현된 선의 질을 파악한다.
- 검사결과에 대한 종합의견: 생활상을 파악한 내용과 함께 치료자가 검사를 통해

파악한 것을 요약하여 제시한다.

(2) 자극그림의 해석

① 자극그림의 보편적 특성

각 도형의 성질(직선 혹은 곡선)을 먼저 감각적으로 파악하고, 이렇게 파악한 것을 각각 평가하여 진단에 사용한다. 피검자는 대개의 경우 주어진 자극그림에 무의식적으로 반응하므로, 자극그림에 어울리게 반응하거나 또는 무시할 수도 있다. 피검자가 자극그림을 사용하기도, 사용하지 않기도 하지만, 일반적으로 WZT 자극그림에서 촉발되어 외부세계 혹은 외부존재에 대한 피검자의 마음상태가 투사되는 경우가 많다. 만약 일관되게 자극그림을 사용하지 않을 때는 주관성이 우위인 것으로 생각할 수 있다.

틀 1, 2, 7, 8의 자극그림은 곡선이어서 여성적인 섬세함과 부드러움, 유기적인 생명감을 나타낸다. 틀 3, 4, 5, 6의 내용은 직선이며 남성적인 엄격성과 기계적인 긴장과 역동적인 방향 등을 나타낸다. 곡선자극 그룹에서는 거의 현실에 따른 착상이 떠오르고, 직선자극 그룹에서는 객관적으로 대상화된 착상이 떠오르게 되는 경향이 있다. 즉, 곡선 자극그림에 대해서는 곡선적인 반응이 나타나기 쉽고 생명력 있는 것이 그려지는 경향이 있는 반면에 직선 자극그림에서는 직선적인 반응이 나타나기 쉽고 사물이 그려지는 경향이 있다. 이러한 자극그림의 서로 다른 성질에 전혀 반응하지 않고 그려진 그림은 피검자의 주관성이 강함을 시사한다고 볼 수 있으므로 상담 및 치료 시에 중요한 단서가 될 수 있다.

② 자극그림의 주제와 특성

8개의 틀에는 각기 다른 자극그림이 제시되어 있다. 각 자극그림의 주제를 이해하고, 그 의미를 파악함으로써 상담 및 치료에 효과적으로 접근할 수 있을 것이다. 자극그림의 주제와 특성은 〈표 7-1〉과 같다.

〈표 7-1〉 자극그림의 주제와 특성

자극그림	형태	주제와 특성
1	틀 중앙의 점	• '중심' '자기체험' • 점은 부드럽고 유기적이며 뚜렷하지 않으면서도 중심적인 결정성을 가짐
2	왼쪽 상단의 부드러운 곡선	• '감정' 생동감 있는 '움직임' • 부드러운 파상선은 유기적이고 유연한 감정적인 흥분을 불러일으키고, 자극그림이 공간 상징적으로 왼쪽 윗부분에 놓여 있어서, 상상력을 자극하고 움직임의 특징이 강조됨
3	왼쪽에서 낮게 시작하여 오른쪽으로 갈수록 높아지는 세 개의 수직선	• '상승' '노력' • 동일한 간격을 두고 떨어져 있으면서 점점 길어지는 3개의 수직선은 역동적인 상승의 의미가 있어 강한 목적 지향을 잘 설명하고 있음
4	검고 작은 정방형의 사각형	• '무게' '곤란' • 오른쪽 윗부분에 위치해 있어 그 무게감이 더욱 강하게 느껴짐 • 무게라는 말은 중량단위로 잴 수 있는 경우나 견디기 어려운 정신적 부담이 있는 경우에 사용될 수 있어, 그림의 해석에서 물리적 무게 혹은 정신적 부담으로 적용할 수 있음
5	왼쪽 하단의 사선으로 엇갈리며 떨어져 있는 2개의 선	• '긴장' '역동성' • 선의 연장과 동시에 선에 의한 긴장의 극복을 암시함 • 아래 방향의 직선을 오른쪽 상단 방향으로 계속 그리도록 요구하고 있음
6	수평 및 수직의 선	• '통합' '완전성' • 단절과 연결의 의미가 있는데, 이는 떨어져 있으면서 동시에 무의식적으로 모으거나 연결하는 형태로 전체적인 통합을 추구하고 있음
7	점선으로 그려진 반원	• '민감한 감수성' • 8개의 자극그림 가운데 가장 섬세하고 가는 선, 부드럽고 섬세한 감정이입의 반응이 전형적임
8	아치형의 곡선	• '안전감' • 조화, 원만 및 안도감을 주제로 함

③ 자극그림의 조합과 의미

WZT를 적용한 경우 자극그림을 2개씩 조합시켜 중요한 특정 문제에 대해 정보를 얻을 수 있다. 내담자를 파악하는 데 있어서 가장 중요한 주제는 4개이다. 그것은 자기 감각, 접촉하려는 힘, 달성하려는 힘, 세계에 대한 감각(주위를 어떻게 파악하는가)이다. 즉, 경우에 따라서는 틀 1에서 8까지 단순히 연속해서 읽어 나가는 것도 필요하고, 다음과 같이 관련 있는 틀끼리 서로 조합하여 해석할 수도 있다. 자극그림의 조합과 그 의미는 〈표 7-2〉와 같다.

〈표 7-2〉 자극그림의 조합과 의미

틀의 조합	주제	의미
1+8	자기 감각	• 자아는 초기 유아기부터 자신에게 알맞은 안전감 속에서 키워짐 • 자아정체성 체험에 대한 정보(틀 1)와 안전체험에 대한 정보(틀 8)를 합쳐서 생각할 때 자기 감각에 대한 유용한 정보를 얻을 수 있음
2+7	접촉하려는 힘	• 감정의 영역(틀 2)과 감수성의 영역(틀 7)은 내담자가 주위 세계를 받아들이는 귀중한 안테나에 해당됨 • 접촉하려는 힘은 상대방이나 주위 세계에 대하여 섬세하고 정서적인 관계 속에서 나타남
3+5	달성하려는 힘	• 상승(틀 3)과 긴장(틀 5)에 대한 반응으로 표현된 것은 달성의 요구에 대한 응답방법임 • 이 그림에서 조화가 이루어진 경우는 무언가를 달성하기 위한 능력에 문제가 없음을 예상할 수 있음
4+6	세계에 대한 감각	• 인간은 자기 나름대로 세계를 방향 짓고, 자기 나름대로 인생을 새롭게 통합해야 함 • 자신이 무엇을 '곤란'으로 체험하고 있는지(틀 4), 그리고 그 곤란을 폐쇄적인 통합성 혹은 해방성 중 어느 쪽으로 처리할 것인지(틀 6)를 파악할 수 있음

(3) 그림의 분류

각 틀에 그려진 그림이 주로 어떠한 패턴으로 그려지는가에 따라 형식적 패턴, 구체적인 사물을 표현한 패턴, 회화적 패턴, 상징적 패턴 네 가지로 분류할 수 있다.

① 형식적 패턴

형식적인 패턴의 경우는 객관적이고 생명 있는 표상을 단념하고 추상화시킴으로써 객관적인 표현과는 거리를 유지하는 것이다. 외부세계와 관계하려는 태도가 없고 개념적이고 추상적이며 환상적인 사고에 의해 나타난다. 이는 자기방어로 모든 직접적이고 의미 있는 표현을 피하고 감정이 메마르고 비개성적으로 형태화시키는 것으로 이해할 수 있다. 이 패턴은 자기를 보이고 싶지 않으면서 자기를 장식하고 싶고 자기 주장이 강한 경우의 표현이라 할 수 있다.

- 장식적이고 미적인 그림: 리듬이나 질서가 있고 창의적인 선 및 무늬가 있는 것을 말하며 감정적인 표현이라 할 수 있음
- 추상적(기하학적, 격식적인 것)인 그림: 의미 없는 형태나 선 등 기하학적인 도형 등을 말하며 이성적인 표현이라 할 수 있음

② 구체적인 사물을 표현한 패턴

구체적인 사물, 즉 어떤 대상을 표현한 패턴의 경우는 이성적인 경향이 있으며, 구체적인 사물에 직접 눈을 돌림으로써 매우 외향적이며 실제적인 태도와 사고가 우세하다고 볼 수 있다.

- 정적인 그림: 거리를 두고 냉정하게 보고 있는 것으로, 유용성이 있는 것(젓가락, 연필과 같이 작고 간단한 것과 건물이나 기계 등의 큰 것)과, 장식품과 같이 유용성이 없는 것, 가공품 등을 들 수 있음
- 동적인 그림: 충동을 억제하기 위해 요점만 있는 그림을 그렸다고 보며, 날아가는 비행기와 같이 역동적인 움직임이 있는 사물을 들 수 있음

③ 회화적 패턴

회화적인 패턴은 온화한 감정에서 뜨거운 흥분에 이르는 감정이입을 표현한다. 이 패턴은 다양성이 가장 많고 회화적 표현능력을 전제로 한다. 생명체를 그리는 경우 사람이나 동물을 그리거나 귀신이나 요정 등 이야기에 나오는 주인공을 의인화한 경우도 있다. 또 식물을 그리는 경우와 풍경을 묘사하거나 분위기를 그리는 경우도 있는데, 자기가 경험한 것을 타인과 공유하고자 하는 경우이다.

- 정물이나 풍경(경치, 꽃) 그림
- 형상(동물, 아이, 얼굴, 장면) 그림

④ 상징적 패턴

상징적인 패턴은 의식과 무의식의 경계에 있는 현상과 같은 표현이다. 이것은 언뜻 보면 구상적으로 그려져 있지만 심오한 의미를 내포하고 있다. 꿈과 비슷하기 때문에 심층심리학적으로 매력이 있지만, 그렇기 때문에 여러 가지 심각한 갈등이나 장애를 나타내는 경우 약간 과대평가되기도 한다. 이 패턴은 갈등의 무의식적 표현이라고 볼 수 있고, 감정의 표현과 정신적인 의미부여가 내면화되어 있는 경우이다.

(4) 그림에서 볼 수 있는 선의 주된 특징

WZT는 잉크의 펜이 아닌 연필을 사용하게 하므로 표현상 주목해야 할 점이 더욱 많다. 연필의 터치는 펜과 비교할 때 검사용지 위에서 감촉이 보다 민감해진다. 연필은 섬세하고 예리한 터치를 얻을 수 있으므로 감수성과 지성을 함께 엿볼 수 있다.

Vetter의 현상학적 해석에 따르면 선의 종류와 특징을 〈표 7-3〉과 같이 분류하고 있고(Avé-Lallemant, 2011), 이춘재(1966)는 WZT의 해석에서 선의 종류와 특징을 〈표 7-4〉와 같이 분류하고 있다. 또한 Avé-Lallemant(1979)은 자신이 개발한 별-파도 검사에서 선의 종류를 세분하여 섬세한 선, 부드러운 선, 예리한 선, 딱딱한 선, 파편화된 선, 고착하여 검게 그려진 선으로 나누고 있는데, 이에 대한 구체적인 내용은 이 책의 제5장 '별-파도 검사'를 참고하기 바란다.

〈표 7-3〉 Vetter의 현상학적 해석에 따른 선의 종류와 특징

선의 종류	특징
감수성이 있는 섬세한 선	의지력이 약하고 수동적임
지적인 예리함을 볼 수 있는 선	자기 자신을 통제하고 이끌어 갈 수 있는 어느 정도의 이성적인 능력이 있음
온화하고 부드러운 감정이 드러나는 선	감각적이며 관능성이 우위를 차지함
분명하고 필압이 강한 선	에너지가 넘치고 매우 자발적이며 본능적인 경향이 있음

〈표 7-4〉 선의 종류와 특징

선의 종류	특징	
	적극적인 면	소극적인 면
강한 압력의 선 (긴장이 강함)	의지력, 실천력, 활동력, 결단성, 저항력, 강인성, 자기통제	경직, 무분별, 고집, 우둔, 억압, 수용력의 결핍
약한 압력의 선 (긴장이 약함)	능숙함, 적응력, 감동적, 동작성, 근면, 낙관성	의지 약함, 결단성 부족, 결심성 결여, 활동력 부족, 목적 결여, 저항력 부족
가는 선	민감성, 감상적, 냉담, 지적	개관성의 결여, 개방성의 부족
굵은 선	독창성, 개관력 부족, 감정적	방임적, 냉정성의 부족
수정 없는 선	생명력, 활력, 자신감	냉담, 무관심, 유연성의 결여
수정한 선	부드러움, 민감성	활력 부족, 자신 부족, 억제

출처: 이춘재(1966). Wartegg-Zeichentest에 의한 정신진단의 가능성에 관한 실험. 서울대학교 대학원 석사학위논문.

2) Crisi 방법

Crisi의 해석방법은 Wartegg의 해석방법과는 차이가 있다. 특히 채점범주를 제시하고 각 범주의 지표마다 점수를 부여하여 양적 연구가 가능하도록 하였다. 또

한 주요 지표의 점수에 따른 진단적 의미를 제시하여 보다 객관적인 해석이 가능하도록 하였다. 각각의 틀에 점수를 부여한다.

(1) 채점범주

채점에 있어서 가장 중요한 범주는 환기적 특성(EC), 정서의 질(AQ), 그리고 형태의 질(FQ)이다.

① 환기적 특성(Evocative character: EC)

EC는 피검자의 지각기능과 연상 과정에 초점을 맞춘다. 그것은 환경에서 자극을 인식하고 처리하는 그의 상징적인 능력을 설명한다.

- 1점: 피검자가 자극기호의 암묵적 제안을 받아들여 환기적 특성에 알맞은 그림을 그리는 경우
- 0.5점: 환기적 특성이 부분적으로 받아들여진 경우
- 0점: 피검자가 자극기호를 받아들이지 않은 경우

② 정서의 질(Affective Quality: AQ)

AQ는 각 그림에 함축된 의미를 피검자의 정서에 근거한 평가이다. AQ는 피검자의 환경과 관련된 정서적 경향과 질을 설명한다. 사람의 묘사뿐만 아니라 모든 내용에 대한 것이다.

- 1점: 사람, 동물, 자연 등에 관한 긍정적 내용의 경우
- 0.5점: 사물, 문자, 숫자, 상징물, 광물, 건물, 추상적인 것의 경우
- 0점: 해부, 무기, 폭발, 연기, 구름, 비 등과 같은 부정적 내용의 경우

③ 형태의 질(Form Quality: FQ)

FQ는 피검자의 실제 검사와 비교하여 피검자가 온전한 인지상태인지 평가한

다. 즉, 그림의 표현에 근거한다.

- 1점: 그림의 의미가 분명하여 검사자가 곧바로 감지할 수 있어 피검자가 설명할 필요가 없는 경우
- 0.5점: 그림의 의미가 즉시 인지되지 않거나 해석이 다를 수 있어서 이해를 돕기 위해 피검자에게 추가적인 설명을 요구해야 하는 경우
- 0점: 의미가 매우 이해되지 않거나 부정확하거나 자의적이고, 심지어 피검자의 언어적 표현에도 불구하고 그림을 잘 이해하지 못하는 경우

(2) 주요 지표의 진단적 의미

① 정서의 질의 백분율

이 지표는 피검자의 잠재적 · 정서적 기질을 평가할 수 있게 해 준다. 그들의 정서적 삶을 특징짓는 영향의 유형, 즉 억압, 그들이 환경과의 관계 속에서 달성할 수 있는 조화의 정도, 우울증 등을 평가할 수 있다. 8개 틀의 AQ 점수를 합하여 백분율을 산출한다. 괄호 안은 일반인의 백분율이다.

- ＜50%: 상호 관계에 거의 관심이 없거나 환경과의 연결을 해낼 수 없는 우울한 성격, 또는 매우 신경증적임(정서의 억압)(14%)
- 50～62%: 기분, 감정, 정서의 조정이 잘 됨(59%)
- 63～75%: 주변 및 그 요구에 대한 과도한 적응, 의존성 및 모방(25%)
- ＞75%: 대인관계를 유지하고, 거부와 같은 방어를 숨기는 데에 고도로 순응적인 사람. 이 값들은 또한 충동성이 높고 감정에 따라 행동하는 경향이 있다 (4%).

② 정서/형태의 질 비율(A/F)

이 비율은 감정적인 안정성 또는 감정적인 균형의 정도를 나타낸다. 이는 AQ의 원점수와 FQ의 원점수 사이의 비율이다. 각 틀의 AQ 점수의 합과 FQ 점수의 합을 구하여 그 차이를 산출한다. 괄호 안은 일반인의 백분율이다.

- A<F: F지표에서 1~2점의 정상 범주에 속하는 값은 감정과 감정에 대한 안정성과 성숙한 통제를 나타냄. 정서적 균형(65%)을 의미함
- A≪F: F지표에서 2점보다 큰 경우. 경직, 억제 및 강압, 순응주의, 낮은 자발성(9%)을 의미함
- A≧F: A가 F보다 0.5점 큰 경우(15.5%)와 A와 F의 값이 같은 경우(6.5%). 미성숙함, 의존성, 충동성을 의미함
- A≫F: A가 F보다 많이 큰 경우. 자기중심주의, 행동화 경향성, 폭발적인 성격, 정서적 갈등(4%)을 의미함

③ 그리는 순서의 분석 1

그림을 그리는 동안 피검자는 틀의 순서를 자유롭게 선택할 수 있다. Wartegg에 의하면 드로잉은 원형적 징후(archetypical signs)와도 관련이 있기 때문에 그림을 그리는 순서를 우연한 것으로 여겨서는 안 된다(Wartegg, 1972). Crisi(2007)는 그림을 1에서 8까지 순서대로 그린 경우는 7%에 불과하다고 하면서 어떤 순서로 그림을 그렸는지를 분석하기 위해 다음과 같은 독창적인 방법을 개발하였다.

- 첫 번째 절반 그림(4개의 틀)의 평가: 8개의 틀 중에서 피검자가 그린 그림의 순서에서 먼저 그린 4개의 틀을 각각 평가한다.
  - 선택(Choice: C): EC의 원점수(1, 0.5, 0)와 AQ의 원점수(1, 0.5, 0)를 합한 수가 1보다 큰 경우
  - 양가 선택(Ambivalent Choice: AC): 합한 점수가 1인 경우
  - 부정적인 보상(Negative Compensation: NC): 합한 점수가 1 미만인 경우
- 두 번째 절반 그림(나머지 4개의 틀)의 평가: 8개의 틀 중에서 피검자가 그린 그림의 순서에서 나머지 4개의 틀을 각각 평가한다.
  - 지연(Delay: D): EC의 원점수(1, 0.5, 0)와 AQ의 원점수(1, 0.5, 0)를 합한 점수가 1 미만인 경우
  - 양가적 지연(Ambivalent Delay: AD): 합한 점수가 1인 경우

– 긍정적인 보상(Positive Compensation: PC): 합한 점수가 1보다 큰 경우

그리는 순서의 분석 1은 특별한 진단적 의미를 갖는다. AC 응답은 피검자의 인식(awareness)에 속하기 때문에 쉽게 직면할 수 있지만, NC 응답은 더 많은 수준의 심리치료적 탐색을 필요로 한다. 따라서 AC 반응이 많은 경우 인지적 또는 지지적 심리치료가 적절할 수 있다. 그러나 NC 반응이 우세할 때는 보다 깊은 심층적인 심리치료적 작업이 요구되므로 심리역동적 심리치료를 권고할 수 있을 것이다.

채점의 범주는 C(선택)에서 D(지연)까지의 연속체(높은 통합 수준에서 낮은 수준으로, 적은 갈등에서 심각한 갈등으로, 인식의 상태에서 그것이 결여된 상태로)를 나타낸다. 평가코드의 의미는 다음과 같다.

- 선택(C): 가장 긍정적인 코드이다. C는 가장 발전적이고 통합된 부분이다. 이 핵심요소의 기초 위에서 주체의 성격구조가 진화 · 성숙되었다. 한쪽 끝에는 선택영역, 주요 조정 및 통합이 표시된다. 반면에 매우 높은 점수(정확한 2점)는 피검자의 성격이 과도하게 우세하다는 것을 나타낸다. 이러한 영역의 비대는 필연적으로 정서적 에너지를 다른 기능으로 끌어들인다. 예후 면에서 선택은 치료동맹이 형성될 수 있는 성격의 측면을 나타낸다.
- 양가 선택(AC): 피검자가 보통 어느 정도의 양면성을 경험한다는 것을 나타낸다. 즉, 피검자가 동일한 강도의 반대감정을 경험한다는 것을 보여 준다. 예를 들어, 틀 1에서 AC 응답은 약간의 우유부단함, 불안감, 자기비하 경향을 나타내며, 이는 자율성과 대리욕과 관련이 있다. 즉, AC 응답은 의존적 자율성의 차원에 대한 약간의 갈등을 나타낸다.
- 부정적 보상(NC): 틀에 의해 환기되는 정신영역 내에서 더 높은 양면성과 첨예한 갈등을 나타낸다. 이러한 감정은 일반적으로 대상자의 인식범위 내에 있는 것이 아니라 오히려 무의식 상태에 있다. 이러한 반응은 참다운 보상이며, 부정적인 의미를 지니는 경향이 있다.
- 긍정적 보상(PC): EC와 AQ의 높은 점수로 정의되기 때문에 두 번째 절반의 코

드 중에서 가장 긍정적이다. 대부분의 경우, PC 반응은 정신과 관련된 영역이 진단적 가치 측면에서 선택(C)과 완전히 유사함을 나타낸다. 부정적인 요소가 있는 경우 PC 응답은 가벼운 수준에서 중간 정도의 복잡성을 나타낸다. PC는 피검자가 커다란 잠재력(긍정 예후)을 가지고 있음을 나타낸다.

- 양가적 지연(AD): AC와 유사하다. 그러나 AC와 달리 AD는 무의식이다. AD가 실제 지연에 더 가까이 있다는 것은 정신의 특정 영역에 무의식적인 양면성과 갈등이 존재함을 나타낸다. 이러한 내용은 깊은 억압을 받게 되는데, 이것은 피검자의 행동 대부분을 지배하는 일반화된 긴장, 반응적인 행동, 괴로움을 야기한다. 예후 측면에서 AD는 상당히 부정적인 가치를 지니고 있으며, 심리역동적 심리치료를 권고하고 있음을 나타낸다.
- 지연(D): 틀이 받을 수 있는 가장 부정적인 코드이다. 이는 피검자가 억압하고 지우려는 경향이 있는 요소를 반영한다. 그러므로 이것은 대상자의 모든 행동을 간접적으로 결정하고 영향을 미치는 정신의 완전히 무의식적인 영역이다. 지연은 갈등영역, 실제 도전이며 대부분 무의식적으로 영향을 미친다. 점수가 0에 가까울수록 정신의 관련영역에 대한 전체 억압을 나타낸다.

④ 그리는 순서의 분석 2

틀 1, 8, 3, 6은 자아 및 그 주변환경에 적응하는 과정과 관련되고 나머지 틀 2, 4, 5, 7은 정서와 관련이 있다. 보통의 경우 피검자는 틀 1, 8, 3, 6을 우선적으로 그리고 틀 2, 4, 5, 7을 나중에 그릴 것이다. Crisi(2007)의 연구에 의하면 연구대상(N=2,300)의 75% 이상이 자아에 관한 틀이 순서의 전반부에 그려져 있었다.

그리는 순서는 주로 틀 1과 8(선택 사항)을 먼저 그리고, 두 번째로 3과 6(선택 또는 양가선택), 다음은 틀 2와 4(긍정적 보상), 마지막으로 틀 5와 7(긍정적 보상)이 그려지는 것이 일반적이다. 일반인의 경우라면 양가지연, 부정적 보상, 또는 지연을 초기에 나타내지 않는다(Crisi, 2007). 특히 처음에 그려지는 두 개의 틀은 피검자가 적응에 있어 주로 사용되는 심리적 영역을 나타낸다. 그리고 마지막 두 개의 틀은 사용 빈도가 적고 덜 발달된 성격영역을 나타낸다.

틀 1은 감정과 자기 평가를 불러일으키고, 틀 8은 대인관계에 대한 정보를 제공한다. 그것들은 피검자의 의식(conscious) 수준에 의해 형성되며, 엄격히 지각적 · 합리적인 것에서부터 정신작동(개념 형성, 기억, 기대, 계획)을 규제하는 것에 이르기까지 많은 자아기능을 포함한다. 틀 3은 적응 과정에 투자된 정신적 에너지의 양을 나타낸다. 틀 6에서 적절한 현실 검증을 할 수 있는 능력, 따라서 이러한 기능에는 자기 평가, 사회적 관계, 주변에 적응할 수 있는 능력(예: 판단, 현실검증)이 포함된다.

틀 2는 모성적인 것과 대상관계 역동과 관련되어 있고, 틀 4는 부성적인 것이다. 이들은 정서적인 특징을 가진다. 틀 5는 장애물을 극복하고 좌절하는 상황에 대응하며 진취적인 에너지를 발휘할 수 있는 능력과 관련이 있고, 이는 인류의 생존과도 관련이 있다. 틀 7은 여성, 감수성 및 성적 에너지와 관련된 역동성을 불러일으킨다.

4. 해석의 적용

1) K의 WZT 사례

K(17세, 여)는 키가 작고 뚱뚱한 체격으로 다소 위축이 된 듯이 보였다. 평소에는 조용하고 말이 적은 편이지만 최근 불량한 친구와 어울리면서 어머니에게 거짓말을 하고 가출을 하는 등의 문제를 일으켰다. [그림 7-2]는 K가 그린 그림으로 해석방법에 따라 분석(전영숙, 2010)하였다.

[그림 7-2] K의 WZT(17세, 여)

(1) 자극그림의 활용 및 그 성질에 대한 반응

WZT에서 피검자는 주어진 자극그림을 모두 활용하였으나 직선 및 곡선의 성질은 부분적으로 받아들였다. 곡선 자극그림인 틀 1, 2, 7, 8 중에서 틀 2와 틀 8은 곡선으로 그려졌다. 틀 1의 불꽃놀이는 점으로 된 직선이 퍼져 나가는 모양이지만 전체적으로는 둥근 형태를 띠고 있어 곡선의 표현으로 보아도 좋을 것이다. 그러나 틀 7의 경우는 반원의 점선 그대로 전등으로 활용하고 있을 뿐, 나머지 갓과 책은 모두 직선으로 그려져 있다. 직선 자극그림인 틀 3, 4, 5, 6의 경우에는 직선과 곡선이 섞여 있다. 틀 5에서는 못의 윗부분에서 약간의 곡선을 볼 수 있어도 거의 직선에 가깝다고 볼 수 있지만, 틀 3의 자극그림인 수직선에는 꽃과 태양 그리고 바람을 곡선으로 표현하고 있다. 또, 틀 4에서는 울타리와 태양과 구름을 곡선으로 표현했고, 틀 6에서는 역기를 들고 있는 사람을 그림으로써 직선 자극그림을 충분히 받아들이지 못하고 있다. 또한 보통 곡선자극에서는 생명이 있는 대상을 표현하기 쉽고, 직선자극에서는 구체적인 사물을 표현하기 쉬운데, K의 그림에서는 그러한 특징이 분명하게 드러나지는 않고 있다.

(2) 그림 분류

그림을 분류해 보면 구체적인 사물만 있는 패턴이 2개의 틀, 회화적인 패턴이 6개 틀이다. 즉, 틀 5와 틀 7은 구체적인 사물이 있는 패턴이며, 나머지는 모두 회화적인 패턴이다. 틀 5와 틀 7은 단순한 사물로써 표현되었지만, 스탠드에 불이 켜져 있는 책상의 표현에서 K의 공부에 대한 부담과 압박을 압축적으로 보여 주고 있으며, 못질하는 그림에서 공격성과 억압하는 마음을 잘 나타내고 있다. 또한 회화적인 패턴이 압도적인 것에서 감정이입이 많은 경우라 할 수 있다.

(3) 내용 해석

그림의 제목은, ① 불꽃놀이, ② 연날리기, ③ 꽃길, ④ 연기 나는 집, ⑤ 못질(망치질), ⑥ 운동하는 사람, ⑦ 스탠드 불빛, ⑧ 무지개이다. 틀 1에서 화려하게 밤하늘을 수놓은 '불꽃놀이'는 겉으로 멋지게 보이고 싶은 소녀의 욕구를 볼 수 있는 한편, 산산이 흩어져 사라져 버리는 불꽃에서 낮은 자존감을 의심해 볼 수 있다. 틀 8과 조합해서 살펴볼 때, '무지개' 역시 아름답고 화려하지만 비치는 햇빛에 금방 사라져 버리는 성질을 가지고 있음에 유의할 필요가 있다.

틀 2의 '연날리기'는 주어진 자극그림을 잘 받아들이고 있다. 연은 하늘 높이 나는 성질이 있어 자유롭게 날아오르려는 열망을 읽을 수 있다. 그러나 연은 줄을 잡고 있는 사람에 의해 통제되고 있으며 온전한 자유를 누릴 수는 없다. 그것은 틀 7의 '스탠드 불빛'에서 내담자가 당면한 압박감에서 짐작할 수 있다. 틀 위쪽 책상을 가득 메우고 있는 책에는 번호가 붙어 있으며 밝은 불빛은 공부하기를 재촉하는 듯하다.

틀 3의 수직선은 작고 귀여운 꽃으로 표현되어 있다. 그러나 '상승과 노력'이라는 자극그림의 주제가 무시되고 있으며, 오른쪽 비어 있는 공간은 다시 내려가는 선으로 묘사되고 있다. 틀 5의 그림과 연결시켜 생각해 보면 못질을 하는 망치에서 긴장을 해소하지 못하고 억압하는 방식으로 대처하고 있는 것을 읽을 수 있다. 틀 4의 '연기 나는 집'은 격자무늬 지붕과 닫힌 문, 그리고 집을 에워싸고 있는 테두리에서 가정에 대한 내담자의 거부적인 감정이 나타나고 있다. 자극그림은 연기 나는 굴뚝으로 표현되어 집에 대한 내담자의 갈등에 관심을 가질 필요가 있다. 틀 6의 '운동하는 사람'에서 나름대로의 방법으로 통합을 추구하고 있으며 곤란을 해결하려는 노력이 보인다.

(4) 선의 질 분석

선의 종류에 있어서는 감수성이 우위를 차지하는 섬세한 특징을 가지고 있음을 알 수 있다. 불꽃 하나하나를 자세히 묘사했는가 하면 작은 꽃잎까지 꼼꼼하게 그려 넣은 것도 볼 수 있다. 이러한 선의 질을 분석해 볼 때 의지력이 약하고 수동적이라 볼 수 있으며, 그림의 대칭적 형태와 섬세한 표현 등에서 강박적인 불안의 요소도 읽을 수 있다.

(5) 검사에 의한 소견의 개요(생활상 파악)

부모가 갈등이 심하여 현재 별거 중에 있고, K는 어머니와 함께 살고 있다. 부모의 불화로 인해 경제적 어려움까지 겪고 있어 K는 가정환경에 불만을 가지고 있다. 부모의 갈등 때문에 혼란스럽고, 자신에게 적절하지 못한 관심이 집중되어 늘 부담스러웠다. 특히 가난은 내담자의 욕구를 좌절시켰고 능력에 비해 과중한 기대에 의한 현실과의 괴리로 괴로웠다.

K는 겉모습에 치중하지만 자기 내면의 확실성이 부족하고 자아정체성이 뚜렷하게 확립되지 못하였다. 따라서 자존감이 낮고 자신감이 없을 뿐 아니라 자신의 마음을 억압하며 갈등을 주는 현실로부터 도피하려는 성향을 보이고 있다.

2) P의 WZT 사례

P(50세, 여)는 대학원에 재학 중인 중년 여성이다. 유년시절 유복하게 자랐으나 고3 때 갑작스러운 어머니와의 사별로 인해 정신적으로 힘들게 살았다. 결혼하였으나 자녀는 없고 공부를 통하여 자기성장을 이루고자 깊은 관심과 노력을 기울이고 있다. 특히 불교에 심취하여 종교적인 삶을 살고자 애쓰며 자신만의 소신과 철학을 가지고 있다. [그림 7-4]는 P의 WZT이다.

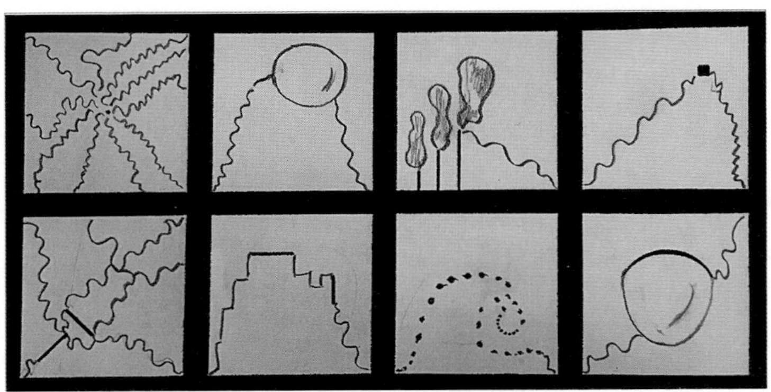

[그림 7-3] P의 WZT(50세, 여)

(1) 자극그림의 활용 및 그 성질에 대한 반응

주어진 자극그림이 모두 받아들여지고 있으나 곡선자극과 직선자극이 대부분 곡선으로 그려져 있다. 직선 자극그림인 틀 6에서 부분적으로 직선을 사용하고 있지만 틀 6의 전체적인 인상은 곡선의 형태를 띠고 있다. 또한 독특하게도 각각의 독립된 틀임에도 불구하고 8개 틀이 모두 하나의 선으로 연결되어 어떤 흐름을 가지고 있는 것을 볼 수 있다. 피검자는 서로 다른 자극그림의 성질에 각각 반응하기보다 전체 그림을 연결하면서 스토리를 이어 나가는 것으로 보아 자신의 주관성이 뚜렷함을 보이고 있다.

(2) 그림 분류

그림을 분류해 보면 형식적 패턴 7개, 회화적 패턴 1개로 나눌 수 있다. 틀 3의 나무 그림을 제외하고는 모든 자극그림을 구불구불한 선으로 표현하고 있어 기하학적이거나 미학적인 그림으로 보인다. 틀 2, 6, 8에서 풍선과 성을 표현하고 있으나 길로 추정되는 구불한 선과 연결되어 있어 구체적인 사물을 표현했다기보다 추상적인 표현이라고 해야 할 것이다. 물론 피검자는 각각의 그림에 제목을 붙이고 있고 제목으로는 사물이나 풍경을 나타내고 있지만, 표현된 그림의 패턴은 매우 형식적이다. 일관성 있는 패턴과 주제로 전체 그림을 연결하고자 한 피검자의 그림에서 외부세계와 관계하려고 하기보다 자기 생각에 몰두하고 있으며 사고 역시 개념적이고 추상적인 특징을 보인다.

(3) 내용 해석

피검자는 작품의 제목을 '길'이라고 붙였다. 각 틀의 제목은, ① 길, ② 풍선(하늘), ③ 나무(땅), ④ 터널, ⑤ 길, ⑥ 성(castle), ⑦ 길(흔적), ⑧ 풍선(하늘)이다. P는 8개의 틀에 그림을 모두 그린 후에 다시 구불구불한 곡선으로 전체 그림을 연결하였다. 선은 그린 순서대로 틀 1에서 틀 4로 연결되고, 다시 아래의 틀 8로 내려가 틀 5로 이어지고 있다. '길'이라는 제목과 마찬가지로 각 틀은 다양한 길로 구성되어 있다. 그것은 때로 현실의 길이 되었다가 때론 이상의 길로 이어진다. 피검자는 그린 순서대로 하나의 줄거리를 만들어 설명하였는데, 이야기의 내용은 다음과 같다.

틀 1에서 자신을 둘러싼 다양한 길이 사방으로 펼쳐져 있고, 여러 개의 길은 다양한 인생의 길을 의미하며 자신으로부터의 출발을 상징한다. 틀 2에서 길은 풍선(하늘)으로 이어지는데, 때로는 추상적이고 이상적인 자신의 생각이나 사상을 나타내며 자신의 이상에서 다시 현실(틀 3)로 내려온다. 틀 3은 하늘에서 내려와 땅 위의 나무에서 조금 휴식하고 다시 길을 걷기 시작한다. 틀 4에서는 살다 보면 오르막이 있고 끝도 보이지 않는 긴 터널이 있지만 길을 걷다가 보면 어느새 밝고 맑은 바람이 부는 터널 끝으로 나오게 된다. 산다는 것은 언제나 밝음과 어둠이 있음에 대한 상징적 표현이다. 터널에서 나와서 다시 길을 걷는다는 것은 자신의 부정성을 긍정적으로 전환시켜 안정감을 회복하고 미래지향적인 희망을 가진다는 것을 상징한다.

틀 8의 풍선(하늘)은 본인의 안정감을 기반으로 다시 자신이 추구하는 그 무엇인가를 향해 나아가며 이것을 현실에서 실재화시키기 위해 노력하는 것이다. 이렇게 또 길을 걷는다. 틀 7의 길(흔적)은 때로는 자신이 원하는 방향으로, 때로는 원하지 않는 방향으로 걸어왔지만 싫든 좋든 자신이 지나온 시간에 흔적으로 남아서 자신이 계속 나아가도록 하고 있음을 묘사한 것이다. 결국 경험이라는 것은 부정과 긍정의 것이 합해져서 자신의 선험적 경험으로 스스로에게 각인되어 있다.

이러한 경험을 통해 자신만의 힘을 가질 수 있다. 틀 6의 성(castle)은 선험적 자신의 경험을 통해 하나의 계단이 되어 지나가는 곳이다. 살다 보면 오르막과 내리막이 있는 것이 삶의 묘미이다. 내리막에서는 죽을 듯이 힘들어도 힘든 시간이 지나면 다시 여유로운 마음으로 가득해진다. 틀 5의 길은 멈추지 않는 나아감의 표현이다. 왔던 곳으로 가기도 할 것이고 또 새로운 길로 가기도 할 것이다.

피검자는 현재 자신은 틀 7의 길 위에 있다고 말하면서 과거에 있었던 모든 것이 지금의 자신을 있게 하였으므로 지나온 자신의 흔적과 다가올 흔적 위에 서 있음을 바라보았다. 또 "나는 안다. 오르막이 있으면 내리막이 있다는 것을, 언제나 오르막과 내리막이 반복한다는 것이 진리처럼 다가온다."라고 말하며 자신이 선택한 길을 관조하고 그 길목에서 만난 수많은 어려움과 즐거움을 수용했다. 특히 제일 처음으로 그린 틀 1에서 여러 길 중에서 하나의 길을 선택해서 걸어왔지만, 다시 마지막 그림인 틀 5에서 선택할 수 있는 많은 길을 그려 놓음으로써 무한한 가능성을 표현하였다. 전체 틀을 연결한 그림은 삶의 다양한 경험을 부분이 아니라 전체로 보려는 태도이며, 인생의 여정에서 부정도 긍정도 다 포용하고자 하였다. P는 "점 하나에서 출발해서 각각의 그림이지만 나는 모두가 연결된 그림으로 그리고 지나온 나의 시간과 앞으로 나의 미래를 생각하면서 느낌 가는 대로 그려 보았다. 나 자신이 이해되는 부분이 있으며 나의 출발점에서 현재까지를 통합해서 바라보려는 태도와 시각을 가졌다는 것을 알게 되었다."라고 하면서 WZT를 통해 자기성찰의 기회가 되었음을 말하고 있다. 많은 선택 가운데서도 "길이라는 것은 내가 가는 곳이 곧 나의 길"이라고 하면서 자신이 삶의 주인공임을 자각하며, 앞으로 걷게 될 인생의 길을 받아들일 준비를 하는 모습을 읽을 수 있다. 그러나 표현이 구체적이지 못하고 추상적이며, 부분적으로 비현실적이거나 이상적인 삶을 추구하는 모습도 엿볼 수 있다.

(4) 선의 성질 분석

앞에서 언급한 바와 같이 선은 곡선으로 이루어져 있어 여성스러움과 부드러움을 느낄 수 있다. 특히 거의 모든 틀에서 가느다란 파상선을 그리기 위해서 연필을 매우 신중하고 조심스럽게 사용하고 있다. 또한 틀 2, 8의 풍선의 양감을 표현하는 부드러운 터치나 틀 3의 나무 수관을 음영으로 표현한 부분이 매우 부드럽고, 틀 7의 점선 사용에서 섬세함과 감수성의 풍부함이 드러나고 있다.

(5) **검사에 의한 소견의 개요**(생활상 파악)

피검자의 어머니는 피검자가 고3 때 돌아가셨다. 언니가 있었지만 심리적으로 의지할 곳 없이 어린 시절을 힘겹게 보냈다. 피검자는 정서적 충격으로 인한 심리적 불안정의 의지처로 종교에 입문하게 되었다. 피검자에게 언제나 주제는 '나'였다. 외부세계보다 자신의 내면에 집중하는 편이며, 정신적 세계와 이상적인 세계를 꿈꾸는 경향이 있다. "사람을 성장시키는 것은 언제나 좋은 상황보다는 부정적 상황인 경우가 많은 것 같다. 나 역시 그러하다. 행복과 불행은 한 짝이다. 고통과 불행의 시간이 나에게 선물이었음을 알게 되었다." P는 자신이 겪은 아픔까지도 수용하려는 태도를 보였으며, WZT를 통해 불교적 관점에서 자신을 재해석하는 과정을 통하여 자신에 대한 통찰을 이루어 냈음을 알 수 있다.

5. 연구동향

1) 국외 연구동향

WZT는 역사가 오래된 투사적 그림검사임에도 불구하고, 구 동독이라는 지역적 한계와 언어적 제약으로 상대적으로 고립되어 있었다. 이에 독일, 핀란드, 노르웨이, 이탈리아 등 북유럽과 남유럽의 일부 지역과 남아메리카 등에서 주로 사용되어 왔다. 또한 연구자들이 이 도구를 사용함에 있어서도 각 지역에서 산발적으로 다루어졌을 뿐 연구에 대한 상호 간의 정보교류가 없었고, 연구결과 또한 축적되지 않아 신뢰성과 타당성에 대한 누적된 자료가 부족하다(Grønnerød & Grønnerød, 2012). 하지만 Grønnerød와 Grønnerød(2012)에 의하면, WZT에 대한 관심이 뚜렷이 감소했던 1970년대와 1980년대에 비해 1990년대와 2000년대에는 다시 WZT에 대한 관심이 되살아나고 있다. 특히 WZT의 해석에 있어서 Crisi가 Wartegg와 다른 채점체계를 제시하면서 여러 학자(Daini, Manzo, Pisani & Tancredi, 2010; Crisi & Dentale, 2016)에 의해 WZT 활용의 다양성이 입증되고 있다.

핀란드의 학자인 Roivainen과 Ruuska(2005)는 감정표현능력 상실은 WZT에서 사람의 수와 부적 상관이 있을 것이라는 가설을 세우고, 핀란드 오울루 디콘리스 연구소의 45세 환자 83명(남: 35명, 여: 48명)을 대상으로 자기보고식 설문지인 토론토 감정표현능력 상실 척도(Toronto Alexithymia Scale: TAS)와 WZT를 실시하였다. 그 결과 사람 그림이 없는 피검자의 TAS 점수는 평균 56.0이고, 하나 이상의 사람 그림이 있는 피검자의 경우 TAS 점수가 45.4로 유의미한 차이를 보였다. 즉, 감정표현능력 상실 점수가 높은 사람은 사람 그림을 그리지 않는 경우가 많았다. 이처럼 WZT에서 사람 그림의 유무는 감정표현능력을 평가할 수 있는 기준이 됨을 밝히고 있다.

Daini 등(2010)은 자살을 시도한 경험이 있는 환자에게 WT의 임상적 효용성이 있는지 알아보기 위한 연구를 실시하였다. 즉, WT가 자살위험의 지표로서 활용될 수 있는지를 탐색하고자 하였다. 연구의 대상은 3개의 집단, 정신질환이 있든 없든 자살을 시도한 집단 25명, 자살을 시도한 적이 없는 우울증 환자 집단 29명과 아무런 치료도 받은 적이 없는 통제 집단 29명으로 이루어졌다. 채점기준은 Crisi(2007)의 CWS를 사용하여, EC, AQ, FQ를 채점하였다. 그 결과, 자살시도 집단과 우울증 환자 집단 간에는 유의미한 차이가 나타나지 않았다. 그러나 자살시도 집단과 통제 집단 사이에서는 정서적 질의 영역에서 유의미한 차이가 나타나 자살시도 집단이 통제 집단에 비해 정서적 질의 점수가 낮음을 밝혀냈다.

Crisi와 Dentale(2016)은 564명(남: 290명, 여: 274명)을 대상으로 건강 집단(401명), 불안 집단(56명), 정신병 집단(107명)으로 나누어 실시한 WDCT 연구에서 Crisi(2007)의 CWS를 사용하였다. 채점범주는 사회적응과 관련되는 EC, 현실검증능력과 관련되는 FQ, 일반적인 정서상태와 관련되는 AQ를 평가하였다. 그 결과 EC, FQ와 AQ에서 채점자 간 일치도는 적정 수준인 것으로 나타났고 대상집단을 구별할 수 있는 만족스러운 결과를 보여 주었다. AQ는 건강 집단과 정신병 집단에서만 유의미한 차이가 있었고, 나머지 두 범주인 EC와 FQ는 세 집단 간의 차이가 있었으며 건강 집단의 평균 점수가 가장 높았고, 불안 집단이 중간이며, 정신병 집단이 가장 낮았다.

앞의 연구에서 보듯이 WZT만의 독특한 특성에도 불구하고, 비판의 목소리도 있어 왔다. WZT에서 용지에 인쇄되어 제시된 자극과 관련된 그림의 적합성은 채점에 있어서 핵심적인 측면이다. 피검자가 자극신호를 인식하고 반응할 수 있는 능력은 사회적 환경에서의 행동과 일치한다. 그러나 WZT의 이론적 토대가 불충분하다는 비판을 받고 있다. 그림을 해석하는 방법은 질적 해석을 강조하기도 하고 양적 분석의 필요성을 강조하기도 한다. 일반적으로 그림의 채점범주에는 그리는 시간, 순서, 거절, 크기, 내용, 가장자리 경계교차, 음영, 선의 질, 그림의 제목이 포함된다. 그러나 해석의 범위가 넓고, 연구자마다 채점방법에 있어서 차이가 있으며, 평가요소가 특정 성격특성과 관련이 있는 것은 아니다(Grønnerød & Grønnerød, 2012).

투사적 그림검사는 검사의 신뢰도나 타당도가 낮고 반응에 대한 상황적 요인의 영향을 받는다는 단점을 극복하기 힘들다. 특히 그림을 통한 투사검사는 객관화, 정량화하는 것의 어려움이 있어 평가나 분석에 있어서 문제가 되고 있다. 그동안 WZT의 많은 연구에서 신뢰도를 보고하지 않았고, 분명한 가설을 세우지 않은 연구가 많아 지적을 받아 왔다. 타당도와 신뢰도를 측정한 가장 중요한 연구 중 하나는 이탈리아 해군의 입학을 위해 사용한 WT의 결과와 심리테스트를 비교한 것이다(Crisi, 1999). 선택된 집단의 일반적 평가와 WT는 높은 일치를 보였는데, WT와 MMPI-2와의 일치성은 86.4%, WT와 Gilford-Zimmermann 사이의 일치성은 89.2%였다. 또한 연구자들 사이의 매우 높은 채점자 간 일치(k=0.91)를 밝혔다(Crisi, 2007). Grønnerød와 Grønnerød(2012)는 WZT에 관한 37개 연구의 메타분석을 실시하였다. 연구자들은 여기서 세 가지 유형의 신뢰도의 결과를 보고하였다. 즉, 채점자 간 신뢰도는 r=.79, 내적 일치도는 r=.74, 검사-재검사 신뢰도는 r=.53으로 나타났다. 검사-재검사 신뢰도는 낮은 편이지만, 세 가지 신뢰도

유형에 대한 평균신뢰도 계수는 $r=.74$를 보였다. 그러나 이 연구는 일부 유럽지역에 국한된 것이므로 일반화하기는 어려운 점이 있다.

한편, 동양에서도 Avé-Lallemant의 저서가 소개되면서 WZT 연구가 이루어졌고, 특히 일본 학계에서는 1958년 東昴과 大谷瓦에 의해 처음 소개되면서(田畑, 2008, p. 100에서 재인용) WZT 관련연구가 여러 편 이루어지고 활발하게 사용되고 있다. 正保(1999)는 길포드 성격검사에서 본 WZT의 반응내용에 관한 기초연구를 실시하였고, 田畑(2008)는 그림의 거부, 그림 순서, 그림의 주제 및 내용을 분류하여 선행연구인 正保(1999)의 것과 비교한 기초연구를 발표하기도 하였다. 또한 몇 가지 그림검사를 함께 사용하는 연구도 이루어졌는데, 大德과 西村(2006)는 별-파도 검사와 WZT를 사용하여 경도발달장애아동의 발달에 관한 연구를 하였다. 그 결과, 발달장애아동은 일상생활에서 표현하지 못하는 내면을 풍부하게 표현하였으며, WZT의 모든 틀에서 형식적인 패턴의 표현이 많았다. 또한 감정과 감수성의 주제를 가진 틀 2와 틀 7의 묘사 비율이 높았는데, 사람들과의 관계가 어렵고 자신에 대한 표현이 부족한 발달장애아동을 돕기 위한 단서가 될 수 있음을 밝히고 있다. 村上(2011)는 발달장애아동의 그림특징을 관찰함으로써 아동 내면의 변화를 파악하고자 하였다. 이를 위해 풍경구성기법, 별-파도 검사, WZT, 나무검사를 적용하고 그림내용의 변화를 관찰하여 학교부적응적이고 교육적 배려가 필요한 아동에게 효과적인 지원을 할 수 있도록 자료를 제공하였다. 또한 橋本(2010)는 201명(남: 102명, 여: 99명)의 대학생과 그 아버지의 애착관계와 사회성에 관한 연구에서 애착 척도와 EQ 검사, 그리고 별-파도 검사와 WZT를 사용하였다. 그 결과, 아버지와 애착관계가 높은 집단은 정서가 안정되고 사회적 기술이 높으며 아버지의 역할이 효과적으로 작용하였다. WZT에서 틀 6의 주제인 통합성이 높은 집단은 건물이나 도구를 그리는 비율이 높았다. 틀 7의 주제인 감수성이 높은 집단은 인물과 동물을 그리는 비율이 높았고 대인관계가 좋았다. 틀 8의 주제인 안심감이 높은 집단은 인물을 그리는 비율이 높았다.

WZT의 다양한 연구가 이루어짐에도 田畑(2008)는 WZT가 임상사례의 해석에 대한 정보제공력이 부족한 것은 부인할 수 없으며 해석의 타당성도 충분하지 않고 추적연구보고도 부족한 점을 지적하면서 보다 기초적인 연구가 이루어져야 함을 강조하고 있다. 따라서 앞으로도 WZT를 해석하기 위한 유효하고 신뢰할 수 있는 방법을 개발하기 위한 노력이 계속되어야 한다.

2) 국내 연구동향

WZT가 우리나라에서 처음 연구·소개된 것(이춘재, 1966)은 오래전 일이지만, 후속연구가 이어지지 않아 치료에 사용된 예는 그렇게 많지 않다. 2000년대 초반 한국미술치료학회에서 실시된 미술치료연수회에서 이 기법이 다루어지면서 미술치료를 하는 사람들의 관심을 받게 되었다. 최근 WZT에 대한 연구가 여러 연구자에 의해 시도되고 있고 다양한 대상에게 적용되고 있다. 여기서는 국내에 소개된 연구를 학위논문과 학술지 논문으로 구분하여 WZT의 연구동향을 살펴보고자 한다.

이춘재(1966)는 그의 학위논문에서 WZT가 정상인과 정신분열증 환자 간의 차이를 진단해 낼 수 있는지의 가능성을 실험하였다. 그 결과, 외형적 평가결과는 주어진 자극기호에 따라 어느 정도 다르기는 하지만 강압선과 약압선, 대형과 소형, 충만과 공백의 범주에서 확실히 의미 있는 차이를 얻었고, 내용 평가결과에서는 무의미형태, 심미적 형태, 풍경화, 주관적 묘사의 범주에서 매우 의미 있는 차이를 발견하였다. 이러한 범주는 WZT의 정신진단을 위한 보조수단으로서의 가능성을 시사해 준다고 볼 수 있다.

그 이후 여러 편의 학위논문이 제출되었으며 대부분 청소년을 대상으로 하거나 감정노동자나 조현병 환자를 대상으로 한 연구였다. 김미라(2014)는 중학생을 대상으로 청소년의 발테그 그림검사(WZT)와 MMTIC의 선호지표 및 열여섯 가지 성격유형의 특성과의 관계를 알아보고, 중학생들의 성격을 진단하는 도구로서 WZT 자극도의 활용 가능성을 알아보고자 하였다. 그 결과, WZT에서 나타난 착상 분류, 표현성 및 필압, 내용 반응의 유용성과 MMTIC 네 가지 선호지표 및 열여섯 가지 성격유형의 특성과의 관계에서 WZT가 중학생 성격특성 평가에 도움을 줄 수 있다는 것을 확인하였다. 양혜빈(2016)은 감정노동자의 자아존중감과 역기능적 태도에 따른 발테그 그림검사의 반응특성에 차이가 있는지를 살펴보고자 하였다. 그 결과, 감정노동자에 해당하는 콜센터 직원의 집단 특성이 이성적인 성향이 있고 외향적이라 볼 수 있으며, 감정의 표현과 정신적인 의미부여가 내면화되어 있고 갈등을 무의식적으로 표현하고 있다고 보고하였다. 박신형(2016)은 조현병 진단을 받은 환자의 WZT 결과물을 토대로 조현병 환자가 외부자극에 집중하는 정도와 이를 수용하고, 인지 사고하는 과정의 특성을 이해하는 데 도움을 주는 하나의 시각화 자료로 유의미한지 살펴보고자 하였다. 이를 통해 WZT의 8개 자극도식에 집중하는 정도와 이를 수용하고 배제하는 양상을 토대로 조현병 환자가 외부자극에 반응하고 이를 수용하여 인지하고 사고하는 과정을 이해하는 데 도움을 주는 하나의 보조적 자료로서 의의가 있다고 밝히고 있다.

WZT에 대한 기초연구, 반응특성, 관계성을 파악한 연구들이 학술지에도 여러 편 발표되었다. 전영숙(2010)은 WZT의 해석에 관한 기초연구에서 발테그의 해석영역과 해석방법 등을 제시하고 사례를 들어 설명하고 있다. WZT의 반응특성에 관한 연구로는 전영숙과 김갑숙(2013)의 연구에서 청소년을 대상으로 그림검사의 반응특성을 파악하였고, 정영인(2016)은 대학생의 WZT 반응특성을 파악하고 성별에 따른 차이가 있는지를 검증하였다. 또한 관계성을 알아보고자 한 연구로는 WZT의 반응특성과 MMTIC 성격유형 간의 관계를 파악하고자 한 연구(김미라, 김정필, 2014)와 WZT의 자극그림과 대학생 우울에 관한 연구(손혜주, 최외선, 2015)를 들 수 있다. 이 외에 WZT가 사용된 경우로 프로그램의 사전·사후 진단검사로 활용하여 치료의 진전을 비교한 사례(손귀주, 정현희, 2007; 박유선, 2009; 성효숙, 2009) 등을 들 수 있다. 이 중에서 몇 연구의 결과를 소개하면 다음과 같다.

전영숙과 김갑숙(2013)은 고등학생 328명(남: 152명, 여: 166명)을 대상으로 WZT의 반응특성을 파악하고, 성별에 따라 차이가 있는지 검증하고자 하였다. 그 결과, 첫째, 그림표현 여부에서는 틀 4를 그리지 않은 경우가 가장 많았으며, 8개 틀 모두 자극그림을 거의 대부분 수용하였다. 그림착상에 따른 표현양식에서는 틀 1, 3, 4는 구체적 사물을 표현한 패턴과 회화적 패턴이 유사한 비율로 나타났다. 틀

2, 7, 8은 회화적 패턴이 압도적으로 높은 반면, 틀 5, 6은 구체적 사물을 표현한 패턴이 압도적으로 높게 나타났다. 그림표현내용에서는 8개 틀 중에서 틀 2와 틀 7은 동물표현이 많았으나 그 외의 틀에서는 무생물표현이 많았다. 그림에 사용한 선은 틀 1, 2, 7, 8의 경우는 곡선사용이 가장 많았으며, 틀 3과 4는 직선사용이 많았고, 틀 5와 6은 혼합사용이 가장 많았다. 그린 순서에서는 처음 그린 비율은 틀 1이 가장 높았으며, 다음은 틀 8이었다. 틀 8을 제외한 나머지 자극그림은 순서대로 그리는 경향이었다. 그림주제 의미부합 여부에서는 8개의 틀 중 틀 6의 그림이 주제의 의미와 가장 부합율이 높았다. 둘째, 성별에 따라 그림착상에 따른 표현양식, 표현양식의 세부내용, 그림주제의 의미부합 여부에서 부분적으로 차이가 나타났다. 이 연구에서 나타난 채점자 간 일치도는 90.8%였다.

김미라와 김정필(2014)은 중학생 800명(남: 315명, 여: 485명)을 대상으로 청소년들의 성격을 진단하는 도구로서 WZT의 활용 가능성을 알아보았다. 그 결과, 첫째, WZT의 착상분류, 표현성, 필압, 내용 반응특성에서 WZT의 착상분류는 '형식 · 추상'이, 표현성에서 '매우 부족'이, 필압에서는 '강한 필압'이 가장 많이 나타났다. 또 내용 반응특성에서 '사람' '자연' '물건' '동물'이 가장 많이 나타났다. 둘째, WZT의 착상분류와 MMITIC 선호지표 EUI 간에 유의미한 차이를 보이지 않았으며, SUN, TUF, JUP에서 유의미한 차이를 보였다. WZT의 표현성은 MMITIC 네 가지 선호지표(EUI, SUN, TUF, JUP)와의 대응일치분석에서 유의미한 차이를 보였다. 즉, WZT에서 나타난 착상분류, 표현성 및 필압, 내용 반응의 유용성과 MMITIC 네 가지 선호지표 성격유형 특성의 관계에서 WZT가 청소년 성격특성 평가에 도움을 줄 수 있다는 것을 확인하였다. 이 연구에서 나타난 채점자 간 일치도는 70%였다.

손혜주와 최외선(2015)은 대학생 우울 집단 10명, 비우울 집단 10명을 대상으로 WZT의 8개의 자극그림과 우울과의 관계를 파악하였다. 연구도구는 WZT와 우울 검사이며, WZT에서 자극그림을 완성한 후 주제를 적고 4개의 자극그림 조합(1과 8, 2와 7, 3과 5, 4와 6)을 주제로 문장을 만들도록 하였다. 자료분석은 WZT의 4개의 조합에 따른 비우울 집단과 우울 집단의 반응특성을 비교하였다. 그 결과,

WZT의 자극그림 조합이 의미하는 자아개념, 정서 · 감정, 상승, 의욕, 해결 · 통합에서 우울 집단이 비우울 집단에 비해 나아가지 못함, 정지되었음 등 WZT 해석지표상의 우울성향을 나타냈으며, 특히 자극그림 3과 5에서 두드러지게 나타났다.

앞에서 보는 바와 같이 WZT 관련연구는 대상의 측면에서는 청소년을 대상으로 한 연구가 가장 많고 감정노동자나 조현병 환자를 대상으로 한 연구가 있으며, 방법적인 면에서는 반응특성을 알아보고자 한 연구 외에는 성격유형, 우울, 조현병 등과의 관계를 알아보거나 프로그램의 사전 · 사후 비교를 위해 사용되는 정도였다. 이에 앞으로는 다양한 측면의 연구가 시도될 필요가 있다. 즉, 정상인과 증상을 드러낸 사람과의 WZT 반응특성의 비교뿐 아니라, 그림의 순서 및 선의 사용에 따른 차이나 그림패턴에 따른 차이 등 다양한 영역의 연구가 이루어질 수 있는 가능성을 기대할 수 있다. 또한 국내에서는 Crisi의 CWS를 적용한 사례가 없어, 이러한 분석 및 채점방법을 적용한다면 의미 있는 결과를 도출할 수 있을 것이다.

이와 더불어 사례분석 과정에서 내용을 파악하고 상징을 이해하는 치료자의 노력이 중요하다. 또한 선의 질을 구분해 내거나 순서의 의미를 이해하는 능력 또한 매우 중요할 것이다. 여러 학자가 선의 질에 대한 중요성을 강조하고 있고 또 다양한 종류로 분류하고 있음에도 그 기준은 매우 모호하다. 연필 사용방법에 대한 지시, 즉 연필 무르기의 정도나 사용방법에 대해 명확하지 않아 평가에 어려움이 있었다. 따라서 연필 사용과 성격에 대한 선행연구를 더 많이 고찰하는 한편, 선의 질의 종류에 따른 성격특성을 비교하는 연구도 이루어져야 할 것이다.

WZT는 간단하게 반응을 얻기 쉽고 저항이 적고 놀이적 요소가 있어 내담자에게 적용하기 쉬운 면이 있으면서도 평가나 분석에 있어서의 문제가 여전히 남아 있음에 주목해야 한다. 투사검사의 유용성에도 불구하고 객관화 및 정량화의 어려움이 평가나 분석에 있어서 문제가 되고 있다. 또한 해석에 있어서 통일된 평가영역이 제시되지 않아 연구의 일관성과 연속성이 부족하다. 객관적인 평가방법을 확립하는 연구가 꾸준히 이루어질 때 WZT의 유효성도 더욱 높일 수 있을 것이다.

참고문헌

김미라(2014). 청소년의 발테그 그림검사(WZT)와 MMTIC 성격유형과의 관계. 조선대학교 대학원 박사학위논문.

김미라, 김정필(2014). 청소년의 발테그 그림검사(WZT)와 MMTIC 성격유형간의 관계. 미술치료연구, 21(3), 409-429.

박신형(2016). 조현병 환자의 발테그 그림검사(WZT) 반응특성 연구. 이화여자대학교 대학원 석사학위논문.

박유선(2009). 집단미술치료가 지적장애 청소년의 상호작용 향상에 미치는 영향. 명지대학교 대학원 석사학위논문.

성효숙(2009). 용산 참사로 인한 부상자의 심리사회적 지지를 위한 예술치료 사례 연구-외상 후 스트레스(PTSD)를 중심으로-. 명지대학교 대학원 석사학위논문.

손귀주, 정현희(2007). 미술치료가 중년주부의 자아존중감과 우울에 미치는 영향. 미술치료연구, 14(3), 533-554.

손혜주, 최외선(2015). 발테그 그림검사(WZT)의 자극그림과 대학생 우울에 관한 연구. 미술치료연구, 22(5), 1303-1319.

양혜빈(2016). 발테그 그림검사(WZT)를 통한 감정노동자의 자아존중감과 역기능적 태도의 반응특성 연구. 한서대학교 대학원 석사학위논문.

이춘재(1966). Wartegg-Zeichentest에 의한 정신진단의 가능성에 관한 실험. 서울대학교 대학원 석사학위논문.

전영숙(2010). 발테그 그림 검사(WZT)의 해석에 관한 기초연구. 미술치료연구, 17(4), 1033-1052.

전영숙, 김갑숙(2013). 청소년의 발테그 그림검사(WZT) 반응특성 연구. 예술심리치료연구, 9(2), 167-190.

정영인(2016). 대학생의 발테그 그림검사(WZT) 반응특성에 관한 연구. 미술교육논총,

30(1). 1−28.

高辻 玲子, 杉浦 まそみ子, 渡邊 祥子(2002). 心理相談のための ワルテッグ描画テスト. 川島書店.

橋本 泰子(2010). 大學生における父親との愛着關係と社會性に關する一考察−愛着尺度, EQT SWT WZT−. 心理學研究, 創刊號, 92−103.

大德 亮平, 西村 喜文(2006). 描畵テストにおける軽度発達障害児の発達的研究 −星と波テストとワルテッグ描画テストを用して−. 西九州大學紀要, 36, 59−69.

東昴, 大谷瓦(1958). 精神分裂病におけるWartegg−Zeichen−test. 精神神經學雜誌, 60, 3293−294.

細木 照敏, 中井 久夫, 大森 淑子, 高橋 直美(1971). 多面的HTP法の試み. 芸術療法, 3, 61−65.

田畑 光司(2008). 描畵テストに関する基礎的研究 3 — ワルテッグ描畵テストについて. 埼玉學園大學紀要(人間學部篇), 8, 99−106.

正保 春彦(1999). 谷田部−ギルフォ ード性格検査からみたワルテッグ描畵テストの反應內容に関する基礎的研究. 臨床描畵研究, XⅣ, 167−182.

村上 義次(2011). 投影描畫法を通して見た發達障害児の內面の變化. 早稲田大學大學院教育學研究科紀要 別冊, 18(2), 179−189.

Avé−Lallemant, U. (1979). *Der Sterne−Wellen−Test*. München, Basel: Ernst Reinhardt Verlag.

Avé−Lallemant, U. (2011). 발테그 그림검사. (전영숙, 김현숙, 유신옥 공역). 서울: 이문출판사. (원서는 2000년에 출판).

Buros, O. K. (1959). *The fifth mental measurements yearbook*. Highland Park: Gryphon Press.

Crisi, A. (1999). Some similitudes between the evocative character of the Wartegg boxes and that of the Rorschach plates. Paper presented at the XVI meeting of *International Society of Rorschach,* Amsterdam, The Netherlands.

Crisi, A. (2007). *Manuale del test di Wartegg*.[Handbook of the Wartegg Test](2nd ed.). Roma: E. S. Magi.

Crisi, A. (2014). *The Wartegg Drawing Completion Test–A new methodology–*. In L. Handler & A. D. Thomas (Eds.), Drawings in assessment and psychotherapy–research and application (pp. 148–163). New York: Routledge.

Crisi, A., & Dentale, F. (2016). The Wartegg Drawing Completion Test: Inter–rater agreement and criterion validity of three new scoring categories. *International Journal of Psychology and Psychological Therapy, 16*(1), 83–90.

Daini, S., Manzo, A., Pisani, F. & Tancredi, A. (2010). Attempted suicide: psychopathology and Wartegg Test indicators. *SIS J. Proj. Psy. & Ment. Health 17*, 171–177.

Grønnerød, J. S., & Grønnerød, C. (2012). The Wartegg Zeichen Test: A literature overview and a meta–analysis of reliability and validity. *Psychological Assessment, 24*(2), 476–489.

Kinget, G. M. (1958). *The Drawing Completion Test*. In E. F. Hammer (Ed.), The clinical application of projective drawings (pp. 344–364). Illinois: Charles C. Thomas.

Mc Cully, R. (1988). *Jung e Rorschach*. [Jung and Rorschach]. Milano: Mimesis.

Roivainen, E., & Ruuska, P. (2005). The use of projective drawings to assess alexithymia: The validity of the Wartegg Test. *European Journal of Psychological Assessment, 21*(3), 199–201.

Wartegg, E. (1972). *Il reattivo di disegno*. [The drawing test]. Firenze: OS.

실버 그림검사*

- **개발자**: Silver(1983)
- **목　적**: 인지능력과 정서 측정
- **준비물**: 연필, 지우개, 자극도판
- **지시어**: SDT 검사는 세 가지 하위검사(예측화, 관찰화, 상상화)가 있다. 여기서는 예측화에 대한 지시어를 제시한다(나머지는 본문 참고).

  "탄산음료가 있습니다. 여러분이 컵이 빌 때까지 몇 모금씩 계속 음료수를 마셨다고 생각해 봅시다. 음료수가 점점 줄어드는 모습을 컵에 선으로 표시해 주세요(Suppose you took a few sips of a soda, then a few more, and more, until your glass was empty. Can you draw lines in the glasses to show how the soda would look if you gradually drank it all?)."

  "물이 반 정도 담겨 있는 병을 기울였다고 생각해 봅시다. 물이 어떻게 되었는지를 병에 선으로 표시해 주세요(Suppose you tilted a bottle half filled with water. Can you draw lines in the bottles to show how the water would look?)."

  "여러분이 ×표시가 된 지점에 집을 그린다고 생각해 봅시다. 그것이 어떻게 되는지 그려 주세요(Suppose you put the house on the spot marked ×. Can you draw the way it would look?)."

---

* 이 장에 실린 SDT의 자극그림 자료, [그림 8-1]과 [그림 8-2] [그림 8-3]과 상상화 A형, 상상화 B형은 Silver, R. (2002). *The Silver Drawing Test and Draw a Story*. New York: Routledge의 허락하에 실었음을 밝힌다.

1. 개요

실버 그림검사(Silver Drawing Test: SDT)는 Silver가 개발하고 표준화한 인지와 정서를 측정하는 그림검사이다. Silver는 이 검사를 통하여 언어적인 제약이 있는 Charlie와 같은 아동과 의견교환을 시도한 것에서 시작하여, 미술경험이 생각과 감정을 자발적으로 표현할 뿐 아니라 많은 측면에서 언어적 결함을 보충할 수 있음을 알게 되었다. Charlie는 읽기나 말을 할 수 없었지만 미술기법은 빨리 학습하였으며, 토란스 창의적 사고검사에서 정상아동보다 독창성과 유창성, 유연성에서 높은 점수를 받았다. 그래서 언어능력이 떨어지면 다른 능력에도 한계가 있다는 그 당시 심리학자의 주장에 의문을 갖기 시작하였다. Silver는 이러한 사실이 '청각장애아동은 상상력이 부족하며, 이들의 미술활동은 주제와 기법 모두에서 정상아동의 미술활동보다 열등하다(Lampart, 1960).'라는 기존의 주장과 차이가 있음을 발견하고, 자신이 지도하였던 장애아동들과의 미술경험이 아동의 지능과 정서적 건강을 자극하는 데 사용할 수 있는지를 확인하고자 연구를 시작하였다(Silver, 2000b). 이 연구의 일환으로 청각장애학교 학생의 미술작품을 패널에게 평가받은 후, 그림이 언어화할 수 없는 사고와 감정을 표현하기 위한 도구로, 그리고 능력, 지식, 흥미, 태도 요구를 평가하기 위한 도구로 이용할 수 있다는 결과를 얻었다. Zeki(1999)는 "일반적으로 미술의 기능과 시각적 뇌기능은 하나이며 동일하다."라고 주장하였고, 정서는 인지와 대단히 밀접한 관련성이 있다고 하였다(Lane & Nadel, 2000). 또한 정서가 뇌 체계 구성요인 가운데 하나이며, 전통적인 의견과는 반대로 의사결정에 포함되고 인지적이라는 주장(Damasio, 1994)에 근거하여(Silver, 2002에서 재인용) 이 검사를 개발하게 되었다.

SDT는 그림이 언어적 결함을 대신하고 말이나 글에 필적하는 언어가 될 수 있다는 전제에 근거하고 있으며, 인지적 정보와 정서적 정보는 언어적 규칙뿐만 아니라 시각적 규칙에 의해서도 명백해질 수 있다고 주장한다(Silver, 2002).

Silver(2002)는 SDT가 갖는 목표와 필요성에 대해, 첫째, 개념적 문제해결능력을 측정하는 데 있어서 언어의 영향을 피하고, 둘째, 언어적 측정으로는 밝히기 힘든 인지적 장점이나 약점을 평가하는 데 정확성을 제공하기 위해, 셋째, 치료적 또는 교육적 프로그램에 관한 효율성을 사정하는 사전·사후검사도구를 제공하기 위한 것이라고 하였다. SDT는 검사를 통하여 낮은 수준의 인지적 발달을 발견함으로써 새로운 교육 프로그램과 상담이 필요한 개인들을 결정하는 데 도움을 주고 그림이 문제해결능력을 확인하고 평가할 수 있다는 데 목표를 두고 있다.

SDT는 문제를 해결하고 개념을 나타내는 반응을 촉발하도록 자극그림을 사용한다. 자극그림은 사람, 동물, 장소와 사물의 그림으로 구성되며, 어떤 것은 명확하나 어떤 것은 연상을 격려하기 위해 모호하게 되어 있다. SDT에서는 그림의 물리적 속성보다는 자극그림 과제에 대한 피검자의 인지적·정서적 내용에 관심을 둔다.

SDT는 1983년 발표 당시에 이미 신뢰성과 타당성에 관한 것, 규준적 자료, 임상과 비임상적 주제, 결과 연구 그리고 태도와 인지에 대한 성별과 연령별 차이 등에 대한 연구가 진행되었으며 아동과 청소년, 성인에게 검사를 실시하여 표준화되었다. 미국뿐만 아니라 오스트레일리아와 태국, 브라질과 러시아 등에서도 SDT가 번역되고 표준화되었다. 이러한 연구를 포함하고 채점체계를 세분화하여 Silver는 2002년에는 『세 가지 그림평가(Three Art Assessment)』를, 2007년에는 『실버 그림검사와 이야기 그림(The Silver Drawing Test and Draw-a-Story)』을 출간하였다.

2. SDT의 구성

SDT는 예측화(Predictive Drawing), 관찰화(Drawing from Observation), 상상화(Drawing from Imagination)의 세 가지 하위검사를 포함하며, 정서적 요소와 인지적 요소로 구성되어 있다. 각 하위검사는 산수와 읽기 등의 논리적 사고에서 기초가 되는 세 가지 개념 가운데 하나를 평가하도록 설계되어 있다. 세 가지 기본개념은 모든 지식 분야에서 생성될 수 있는데, 이는 다음과 같다(Piaget, 1970). 첫째, 집단개념에 근거하고 있으며, 분류와 수 세기에 적용된다. 둘째, 계열적 순서개념에 근거하며, 관계에 적용된다. 셋째, 공간개념에 근거하며, 이웃, 관점, 준거 틀에 적용된다. SDT의 하위검사는 Piaget의 논리적 조작에서 서열개념과 물체가 모양이 변해도 그 양은 동일하다는 것을 인식하는 보존능력에 근거하고 있다. 이러한 보존능력은 과학뿐만 아닌 일상생활에서도 매우 필요하다(Bruner et al., 1966)는 것에 주목하고 있다.

1) 예측화

예측화(Predictive Drawing)는 피검자들에게 미리 그려진 그림([그림 8-1] [그림 8-2] [그림 8-3])에 선을 첨가하여 대상의 모양이 변화하는 것을 예측하도록 요구하는 것이다. 대상의 모양이 변화함에도 불구하고 동일하다는 것을 인식하는 능력인 보존능력은 논리적 사고의 기초가 된다(Bruner et al., 1966; Piaget, 1967). 예측화에서는 수평과 수직의 개념뿐만 아니라 계열적 순서의 개념을 예측하거나 표현하는 수준에 따라 0점에서 5점까지로 채점한다.

계열개념의 목적은 피검자가 계열을 예측하고 표현하는 능력을 획득하였는지를 측정하기 위한 것이다. 과제는 음료수가 들어 있는 컵과 6개의 빈 컵을 제시하고 빨대를 통해 음료수가 없어지는 과정을 볼 수 있도록 빈 컵에 선을 그리도록 요구한다. 이 과제에서 수정없이 컵에 일련의 기울어진 수평선을 그리는 피검자는 계열을 체계적으로 정리하는 능력을 획득했다는 전제에 근거하여 5점으로 평가한다. 선을 수정하는 것은 체계적인 시행착오를 통하여 성취했음을 의미하며, 선의 계열을 반영하지 않고 그리는 것은 피검자가 계열적 순서개념을 획득하지 못했음을 말한다.

Piaget와 Inhelder(1967)는 일상경험의 가장 안정적인 틀이 수평과 수직을 포함한다는 것을 관찰하였고, 이에 근거하여 수평과 수직개념을 평가하도록 설계하였다. 수평개념은 피검자가 모양이 변해도 수평을 표현하는 능력이 획득되었는지 알아보기 위한 것이다. 과제는 똑바로 있는 병과 경사진 병의 윤곽을 제시하며, 병의 물이 반쯤 찼을 때 그 모양이 어떤지를 병 그림에 선으로 나타내도록 요구한다. 수평선을 그리는 사람은 용기가 기울어졌음에도 물의 표면은 수평이라는 개념을 학습했다는 전제에 근거하여 5점을 준다.

수직개념은 피검자가 수직을 표현하는 능력을 획득했는지 확인하는 것이다. 과제는 가파른 산꼭대기에 집 그림을 제시하고, 경사면에 표시되어 있는 ×점으로 이동했을 때 집이 나타나는 방법을 그리도록 요구한다. 수직의 집이 기둥에 의해 지지되는 것을 그린 피검자는 수직개념을 획득한 것으로 보고 5점을 준다.

2) 관찰화

관찰화(Drawing from Observation)는 Piaget와 Inhelder(1967)의 공간개념 발달에 대한 연구를 기초로 하고 있다. Piaget와 Inhelder의 연구에서 유아들이 사물의 여러 특성을 차례로 지각하고 분리하여 주목하는 경향이 있음을 발견하였다. 아동은 점차로 단일체제 속에서 가까이 있는 사물과 관련하여 주목하며 동시에 직선, 평행, 각도에 대한 개념을 발달시키기 시작하고, 수평관계, 수직관계, 깊이관계의 3차원으로 사물을 수용하게 된다.

관찰화의 목적은 과제제시 당시에 피검자의 능력 수준을 평가하는 것뿐만 아니라 높이, 깊이, 넓이에 대한 능력 획득의 여부를 알아보는 데 있다. 과제는 눈높이보다 낮은 종이의 수평면에 작은 돌멩이와 높이, 넓이가 다른 3개의 원통을 배치하여 제시하고 피검자가 본 것이 무엇인지 그리도록 하는 것이다. 반응채점은 높이, 깊이, 넓이에 있어서 공간관계를 표현하는 능력에 근거한다.

3) 상상화

상상화(Drawing from Imagination)는 피검자에게 자극그림을 선택하게 하고, 그것 간에 발생하는 무언가를 상상하도록 하여 그들이 상상한 것을 그리도록 한다. 그림을 완성하면 제목이나 이야기를 적도록 요청하고 마지막으로 반응에 대해 논의한다. 이 과제의 목적은 정서적 욕구와 인지적 기능을 선별하고 상상에 대한 접

근을 제공하는 데 있으며, 간접적으로 표현된 주관적인 반응을 이끌어 내는 경향이 나타난다.

상상화의 자극그림은 2세트(A형, B형)로 되어 있다. A형은 사전검사와 사후검사만을 위한 것으로 15개의 자극그림으로 구성되어 있다. B형은 치료적 · 발달적 프로그램에 사용하기 위한 자극그림으로 활용된다.

상상화 과제는 개인에 따라 동일한 자극그림을 다르게 지각하는 관찰에 근거하며, 과거경험이 지각에 반응을 주고 그 반응을 정량화할 수 있는 방법으로 정서와 인지적 측면의 기능을 반영한다고 본다.

(1) 인지내용

인지내용에는 선택(selecting), 결합(combine), 표상(representing)이 포함되어 있다.

① 선택능력

Hornsby(1966)는 세 가지 수준의 선택능력을 발견하였는데, 가장 낮은 수준이 시지각적이고 중간 수준이 기능적이며 가장 높은 수준이 추상적이라고 하였다. 상상화 그림에서 볼 수 있는 것 이상을 암시하거나 제목이나 이야기에서 추상적인 단어를 사용하는 피검자는 추상적 수준에서 선택하는 능력으로 보고 5점을 준다. 단순히 인물이 수행하는 내용이나 수행할 수 있는 내용을 보여 주는 반응은 기능적 수준에서 선택할 수 있는 능력을 반영하는 것으로 3점, 크기나 장소와 관련이 없는 인물을 표현하는 반응은 지각적 수준에서 선택하는 능력을 반영하는 것으로 1점을 준다.

② 결합능력

신경생물학자인 Zeki(1999)는 뇌의 특정부위가 손상되어 그 능력이 상실되었을 때 그림의 인물을 결합하거나 통합할 수 있는 능력의 중요성이 명백해진다고 주장하였다. Piaget와 Inhelder(1967)는 대다수의 기본적인 공간관계는 근접성에 근거하고 있다는 것을 관찰하였다. 아동은 발달하면서 물체를 옆에 있는 물체와 관련하여 생각하며, 배경과 같은 외적 준거 틀과 관계를 지어 생각하며 나아가 거리와 비율을 알게 된다고 본다. 이에 근거하여 전체 그림 영역이 높은 수준의 결합 능력을 반영하거나 반응이 깊이를 묘사하면 5점, 중간 정도의 능력을 반영하는 기저선을 따라 인물이 서로 관련되는 반응은 3점, 근접성에 기초하여 인물이 관련되는 반응은 낮은 수준의 능력으로 1점을 준다.

③ 표현능력(창의성)

표현능력은 처음에는 원시적, 수동적이나 이후에는 지적이고 적극적으로 변하며, 아주 창의적인 표현은 독창성, 독립성, 자유롭게 상상하는 능력을 보여 준다(Torrance, 1980). 표현능력에 있어서의 5점은 피검자가 선택한 자극그림을 아주 독창적이고 표현적이며, 쾌활하고 시사적으로 변형시킨다는 전제에 근거하고 있다. 자극그림이나 정형화된 것을 바꾸거나 정교화하여 재구조화하는 반응은 3점, 단순히 자극그림을 복사하거나 정형화된 형태 사용 등의 모방적인 반응은 1점을 부여한다.

(2) 정서내용

상상화에 대한 반응은 쾌활함과 자기를 비난하는 유머와 같은 내적 자원뿐만 아니라 소원, 두려움, 좌절, 갈등을 반영한다. 잔인한 관계나 혼자 있는 슬픈 인물에 대한 상상과 같은 아주 부정적인 주제는 1점, 부정과 긍정의 중간, 양면적이고 애매하며 비정서적인 주제는 3점, 사랑스러운 관계나 활력이 있으며 아주 긍정적인 주제는 5점을 부여한다. 그러나 정서적 투사 척도는 타인에 대한 상상과 자기상이 구분되지 않기 때문에 자기상 척도가 제시되었다. 슬프고 고립되었으며 몹시 위험한 주제는 1점, 활력 있고 효과적이며 사랑스러운 주인공이 등장하는 주제는 5점을 부여한다.

3. 실시방법 및 평가

SDT 검사는 예측화, 관찰화, 상상화의 세 가지 과제로 구성되어 있다. 세 가지 과제를 각각 분리하여 생각하고 채점할 수도 있고, 세 과제가 서로 연결되어 있으므로 실시할 경우 가장 간단한 예측화 과제부터 관찰화, 상상화의 순서로 실시하는 것이 좋다. 따라서 이 장에서는 예측화, 관찰화, 상상화 과제별로 실시 및 평가 방법을 제시하고자 한다.

1) 준비물

준비물은 예측화와 상상화를 위한 자극그림과 관찰화를 위한 사물배치가 필요하다. 그림을 그리는 도구는 펜이나 크레용보다 지우개가 달린 연필을 권장한다. 그러나 피검자가 펜을 원한다면 그것을 사용하도록 한다.

2) 시행절차

SDT 검사는 세 가지 과제를 각각 분리하여 생각하고 채점할 수 있지만, 서로 연결되어 있으므로 가장 간단한 예측화 과제부터 관찰화, 상상화의 순서로 실시하는 것이 좋다. 실시에 소요되는 시간이 정해져 있지는 않지만, 약 15분가량 소요된다. 예측화는 미리 그려진 그림([그림 8-1] [그림 8-2] [그림 8-3])에 선을 추가하여 물체 모양의 변화를 예측하도록 하는 것이며, 관찰화는 높이, 넓이, 깊이에 있어 공간관계를 표현하는 능력을 평가하기 위한 것이다. 이 두 과제에는 약 5분 정도 소요된다. 세 번째 과제인 상상화는 심리적 반영을 자극하는 데 목적이 있으며 보통 10분 정도 소요된다. 피검자가 그림을 수정하고 정교화하는 데 몰입해야 하므로 주의집중을 방해하지 않는 것이 중요하다. 검사자는 피검자가 검사와 관련된 스트레스를 받지 않도록 하며, 검사가 시작되면 가능한 한 주의를 집중하도록 분위기를 조성하고 토의를 중단하게 한다.

대상 연령은 5세부터 성인까지 거의 모든 연령층에 적용될 수 있으며, 개인 또는 집단으로 실시할 수 있다. 그러나 지시를 이해하는 데 어려움이 있는 아동이나 성인, 7세 미만의 유아와 임상 대상자의 경우에는 개별적으로 실시해야 한다.

검사를 실시할 때는 격려와 지원의 분위기를 조성하며, 도입부에 다음과 같이 말한다.

> "여기에 재미있는 그림들이 있습니다. 실제 그림을 볼 수 있는 것도 있고 볼 수 없는 것도 있습니다. 그래서 상상을 해서 그려야 하는 것도 있습니다. 그림을 잘 그리는지의 여부는 문제가 되지 않습니다. 당신의 상상력을 통하여 자신의 생각을 표현하면 됩니다."

(1) 예측화 과제

검사자는 피검자에게 검사지와 매체를 제공하고, 검사지의 지시문을 읽고 검사에 응하도록 한다. 피검자가 지시를 잘 읽지 못하거나 이해하지 못하면 검사자가 검사지를 들고 왼쪽 컵을 가리키며 설명한다.

① 지시문

- "탄산음료가 있습니다. 여러분이 컵이 빌 때까지 몇 모금씩 계속 음료수를 마셨다고 생각해 봅시다. 음료수가 점점 줄어드는 모습을 컵에 선으로 표시해 주세요."

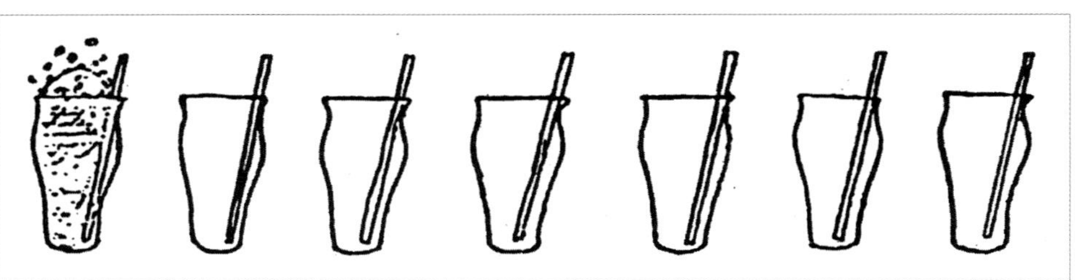

[그림 8-1] 예측화(계열)

• "물이 반 정도 담겨 있는 병을 기울였다고 생각해 봅시다. 물이 어떻게 되었는지를 병에 선으로 표시해 주세요."

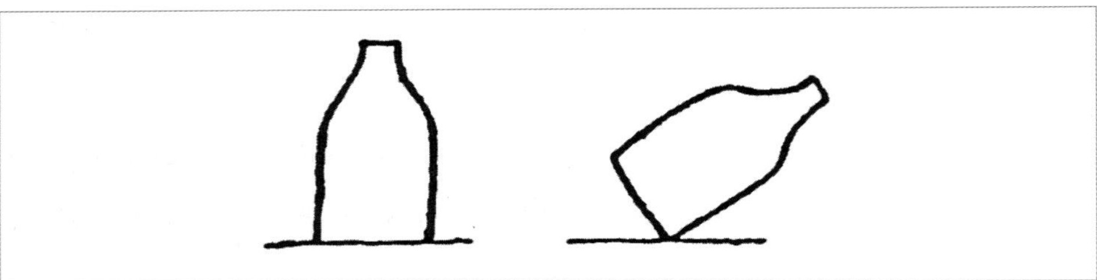

[그림 8-2] 예측화(수평)

• "여러분이 ×표시가 된 지점에 집을 그린다고 생각해 봅시다. 그것이 어떻게 되는지를 그려 주세요."

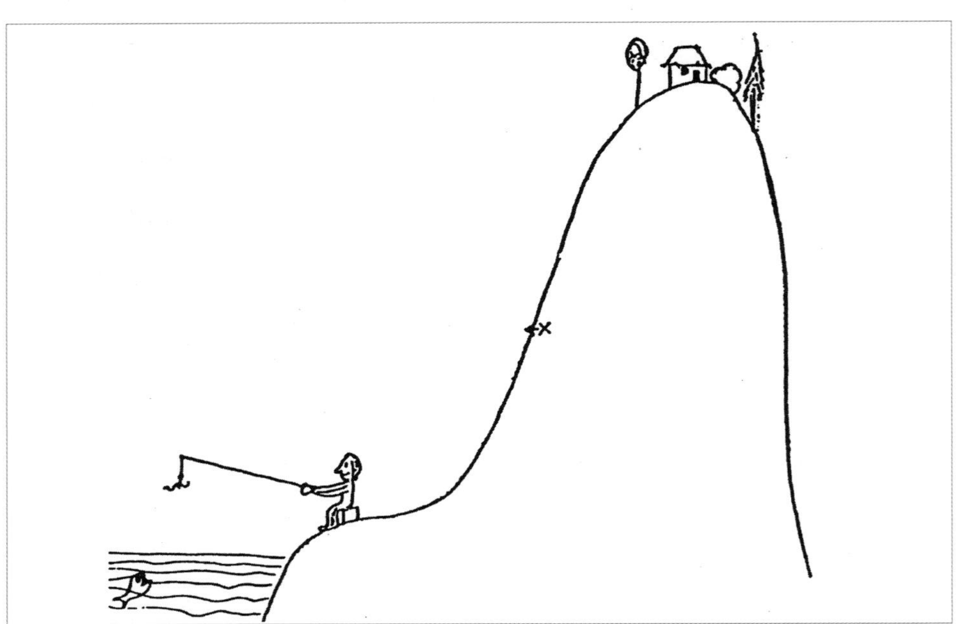

[그림 8-3] 예측화(수직)

② 예측화 평가기준

예측화는 계열, 수평, 수직의 하위영역을 포함하며 0~5점 체계로 구성되어 있다. 구체적인 내용은 〈표 8-1〉과 같다.

〈표 8-1〉 예측화 평가기준

점수	내용(계열)
0점	컵에 음료수가 표현되어 있지 않았을 때
1점	계열이 불완전할 때
2점	둘 혹은 그 이상의 계열이 그려졌을 때
3점	점점 줄어드는 과정에서 고친 흔적이 있을 때
4점	고친 흔적은 없으나 간격이 일정하지 않을 때
5점	고친 흔적이 없고 간격이 일정할 때(컵의 밑바닥까지 할 필요는 없다)
	내용(수평)
0점	기울어진 병 안쪽에 물 표면을 나타내는 선이 없을 때
1점	선이 병의 밑면이나 옆면과 평행일 때
2점	선이 병의 옆면이나 밑면과 거의 평행일 때
3점	선이 비스듬할 때
4점	수평선이 아니면서 선이 탁자와 연관이 있어 보이나 평행하지는 않을 때
5점	5도 이내에서 선이 탁자와 평행일 때
	내용(수직)
0점	집의 표현이 없거나 5세 미만이라면 집이 산 안쪽에 있을 때
1점	집이 거의 언덕과 직각이 되게 그렸을 때
2점	집이 언덕과 직각도 아니고 수직으로 되어 있지도 않게 경사져 있거나 거꾸로 그려져 있을 때
3점	집은 바로 세워 수직이 되도록 그렸지만 받쳐 주는 것이 없을 때(5세 이상이면 산 안에 집 전체를 그렸을 때)
4점	집은 수직이 되도록 그렸지만 받침대가 약하거나 집이 약간 산속에 그려져 있을 때
5점	집이 수직이며 기둥, 받침대나 기타 구조물로 견고하게 받쳐져 있을 때

(2) 관찰화 과제

관찰화는 작은 돌과 높이, 넓이가 다른 3개의 원통을 배치하여 제시하고 피검자들이 본 것이 무엇인지 그리도록 하는 검사이다. 이는 Piaget와 Inhelder(1967)의 공간개념 발달에 대한 연구를 기초로 하고 있다.

사전에 과제를 배치할 때, 선보다는 면으로 표현하도록 하기 위해 눈높이보다 아래의 탁자에 배치용지를 놓고 관찰 대상물을 배열한다(눈높이와 동일한 높이에 배치를 할 경우, 선으로 나타내기 쉬워 깊이에 대한 지각을 방해함). 가장 넓은 원통이 왼쪽, 가장 긴 원통이 오른쪽, 가장 작은 원통은 돌의 왼쪽에 놓는다. 집단으로 검사를 실시할 경우, 길고 좁은 탁자가 유용하다. 과제는 탁자의 양쪽 끝에 배치하고 탁자 양쪽 옆에 의자를 배열한다. 만약 피검자가 지시를 잘 읽지 못하면 검사자가 검사지를 들고 손짓으로 배치한 것들을 스케치해 보이면서 지시문을 큰 소리로 읽어 준다.

① 지시어

"당신은 무엇인가를 그려야 하는데 이것을 자세히 살펴보겠습니까? 여기에 그려야 하는 물건이 있습니다. 이것들을 주의 깊게 보고 아래의 공간에 그것을 그려 주세요(Have you ever tried to draw something just the way it looks? Here are some things to draw. Look at them carefully, then draw what you see in the space below)."

관찰화의 배열

준비물: 길이와 굵기가 다른 원통 3개, 돌

원통 1(왼쪽)이 가장 넓은 것이어야 하며, 원통 4(오른쪽)는 가장 긴 것이어야 한다. 원통 2는 가장 앞면에 있어야 하고, 돌 3은 2번과 4번 사이의 뒷면에 있어야 한다.

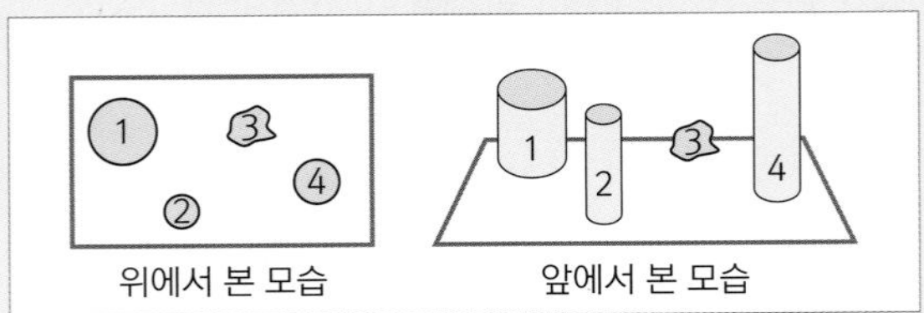

위에서 본 모습 앞에서 본 모습

② 관찰화 평가기준

관찰화의 하위영역은 수평관계, 수직관계, 깊이관계를 포함하며, 0~5점 체계로 구성되어 있다. 구체적인 내용은 〈표 8-2〉와 같다.

〈표 8-2〉 관찰화 평가기준

점수	수평관계(좌우)
0점	좌우관계가 바른 순서로 된 물체가 1개도 없을 때
1점	좌우관계가 바른 순서로 된 물체가 1개 있을 때
2점	좌우관계가 바른 순서로 된 물체가 2개 있을 때
3점	3개가 인접해 있거나 2쌍이 있을 때
4점	좌우관계가 바른 순서로 된 물체가 4개 있으나 자세하게 표현되지 않았을 때
5점	모든 물체의 수평적 순서가 정확하게 표현되었을 때
	수직관계(상하)
0점	모든 물체가 평면으로 높이가 표현되어 있지 않을 때
1점	모든 물체의 높이가 거의 같을 때
2점	2개의 물체만이 높이가 올바르게 표현되었을 때(인접할 필요는 없다)
3점	3개의 물체가 높이가 올바르게 표현되었을 때(인접할 필요는 없다)
4점	4개의 물체가 높이는 있지만 제대로 표현되지 않았을 때
5점	모든 물체의 수직적 관계가 정확하게 표현되었을 때
	깊이관계(앞뒤)
0점	원근감 없이 모두 일렬로 배치되어 있을 때
1점	1개의 물체만이 기저선 위 혹은 아래에 그려져 있거나 원근관계가 정확하지 않을 때
2점	2개의 물체의 원근관계가 바르게 표현되었을 때
3점	3개의 물체의 원근관계가 바르게 표현되었을 때
4점	4개의 물체가 모두 올바르게 배치되었으나 표현이 정확하지 않을 때
5점	모든 물체의 원근관계가 정확하고 배치용지가 그림 안에 표시되어 있을 때

(3) 상상화 과제

상상화 과제의 자극그림은 두 가지 형으로 제시된다. A형은 사전검사와 사후검사만을 위한 자극그림이며, B형은 부가적 반응을 획득하거나 인지적 기능 개발을 목적으로 치료 프로그램과 발달 프로그램에 사용하기 위한 자극그림으로 활용된다. 검사자는 검사의 목적에 맞는 자극그림과 그림을 그릴 용지와 연필을 제시하고 다음과 같이 지시한다.

① 지시문

"2개의 그림을 선택하고, 선택한 그림 간에 어떤 일이 일어날 것인지 이야기를 상상해 보세요. 준비가 되었을 때 상상한 것을 그림으로 그려 보세요. 그림에서 무엇이 일어나고 있는지 보여 주세요. 이 그림을 그대로 베끼지 말고, 바꾸거나 다른 것을 그릴 수 있습니다. 그림을 다 그렸으면 제목이나 이야기를 써 주세요. 무슨 일이 일어나고 있는지, 그리고 나중에 무엇이 일어날지를 말해 주세요(Choose two picture ideas and imagine a story, something happening between the pictures you choose. When you are ready, draw a picture of what you imagine. Show what is happening in your drawing. Don't just copy these pictures. You can make changes and draw other things too. When you finish drawing, write a title or story. Tell what is happening and what may happen later on)."

그림을 다 그린 후 그림 아래에 제목과 이야기를 기록하도록 한다. 피검자가 쓰기 어려워하면, 검사자가 대신 그들의 이야기를 써 준다. 의미의 명확성을 위해 개별적인 그림에 대한 토의를 할 때 피검자가 감정과 생각을 표현해도 안전하다고 느끼도록 하는 것이 중요하다. 은유적 대화는 건강한 적응이나 대안적 해결을 제시하는 기회를 제공하므로 피검자가 상징이나 은유를 사용하면 검사자도 은유를 사용한다. 인칭대명사와 문장의 주제와 같은 언어적 단서에 유의해야 하며, 가능하면 주요 인물을 확인하도록 하고, 그들이 선택한 자극그림이 무엇을 제안하는지 생각하도록 하는 것이 중요하다.

상상화 A형

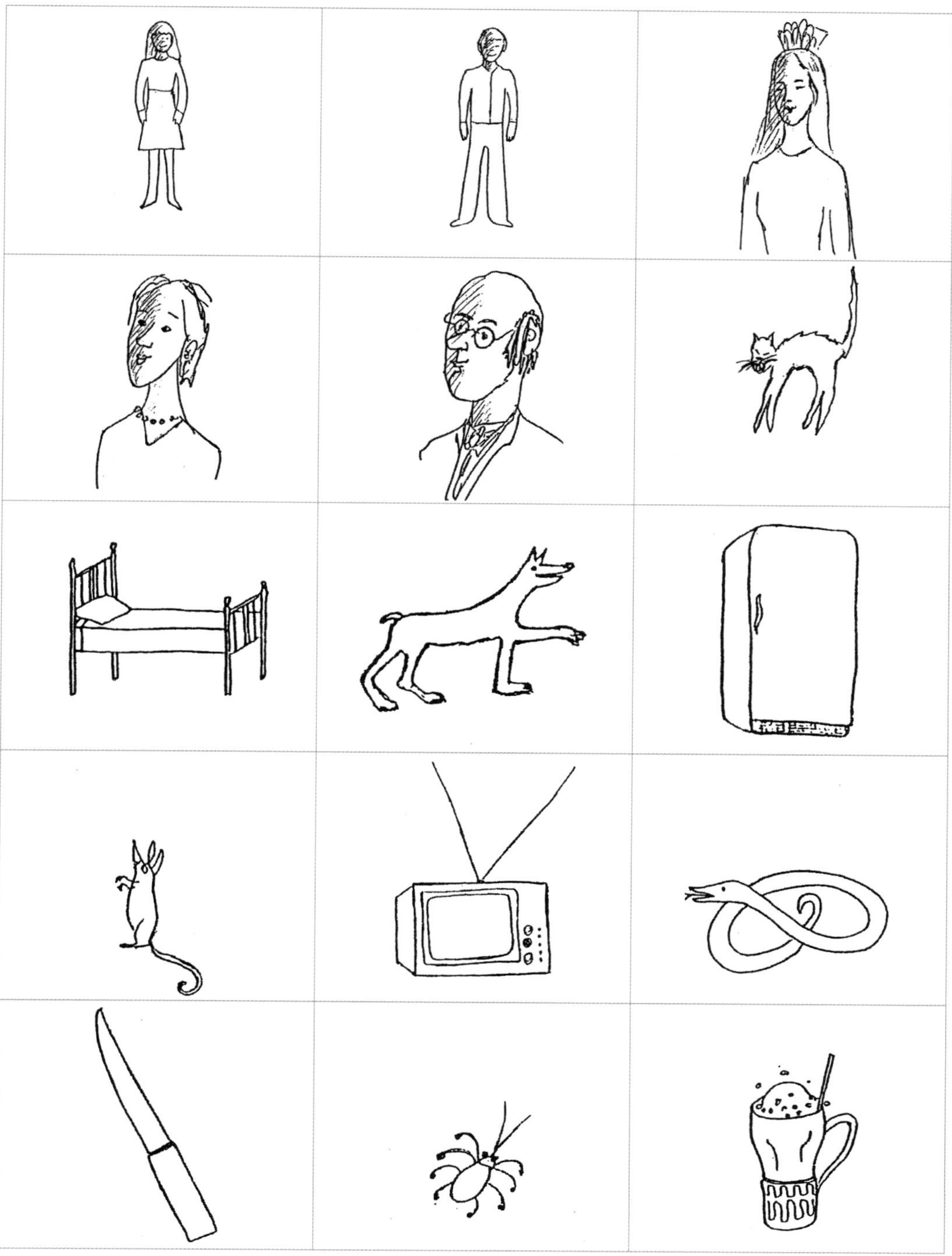

상상화 B형

상상화 과제

그 림

이야기: ____

____

____

____

지금의 기분은:

① 매우 행복하다 ② 좋다 ③ 화난다 ④ 피하고 싶다 ⑤ 슬프다

이름: __________ 성별: __________ 나이: __________ 날짜: __________

② 상상화(인지) 평가기준

상상화 인지내용의 하위영역은 선택능력, 결합능력, 표현능력을 포함하며 0~5점 체계로 구성되어 있다. 구체적인 내용은 〈표 8-3〉과 같다.

〈표 8-3〉 상상화(인지) 평가기준

점수	선택능력(그림의 내용 또는 메시지)
0점	자극그림을 선택한 증거가 하나도 없을 때
1점	지각적 수준: 단일주제 혹은 주제들이 크기와 위치가 맞지 않을 때
2점	크기나 위치에 있어 관계 있는 대상이지만 그들 간에 서로 상호작용이 없을 때
3점	기능적 수준: 대상이 무엇을 하는지 또는 무엇이 행해지고 있는지를 보여 줄 때
4점	추상적이거나 상상적이기보다 설명적일 때
5점	추상적 수준: 상상력이 풍부하고 잘 정리된 생각, 실제 보이는 것보다 더 암시적이고 추상적인 개념을 다루는 능력을 보여 줄 때
점수	**결합능력(그림의 형태)**
0점	단일대상, 공간적 관계가 없을 때
1점	근접성: 근접성만이 관계가 있고, 대상이 공간에 떠 있을 때
2점	점선이나 화살표, 또 다른 것으로 관계를 나타내려고 했을 때
3점	사물이 기저선을 따라 서로 다른 것과 관계되어 있을 때(실제로 혹은 묵시적으로)
4점	기저선을 사용하는 이상의 수준을 넘어 그렸으나 공간의 대부분이 여백으로 남아 있을 때
5점	전체적인 조화: 원근이 나타났고 도화지의 전체 면을 고려하고 2~3개 이상의 그림을 사용했을 때
점수	**표현능력(형태, 내용, 제목, 이야기 속의 개념과 창의성)**
0점	표현되었다는 증거가 하나도 없을 때
1점	모방: 자극그림을 그대로 베끼거나 판에 박힌 듯한 표현일 때
2점	모방의 단계는 넘어섰으나 그림이나 아이디어가 평범할 때
3점	재구성: 자극그림을 정교화시키거나 변화시켰으나, 판에 박힌 표현일 때
4점	재구성의 단계를 넘어선 약간 독창성이 엿보이거나 표현적일 때
5점	변형적: 매우 창의적이며, 표현적이고, 장난기가 있고 암시적이거나 은유적인 농담, 풍자, 이중적인 의미를 가졌을 때

③ 상상화(정서) 평가기준

상상화 평가에서 정서내용의 하위영역은 정서내용, 자기상, 유머사용에 대한 내용을 포함하며, 원래 0~5점 체계로 구성되었으나 7단계로 수정되었다. 구체적인 내용은 〈표 8-4〉와 같다.

〈표 8-4〉 상상화(정서) 평가기준

점수	정서내용
1점	• 매우 부정적인 정서내용 −혼자 있는 대상이 슬프거나, 무기력하거나, 고립되어 있거나, 자살하려 하거나, 죽었거나, 치명적인 위험을 나타냄 −삶을 위협하거나, 치명적인 관계
2점	• 약간 부정적인 정서내용 −혼자 있는 대상이 무서워하거나, 화가 났거나, 좌절했거나, 불만이 있거나, 걱정하거나, 파괴적이거나, 불운한 것으로 나타냄 −스트레스를 주거나 적대적, 파괴적, 불유쾌한 관계
2.5점	• 불유쾌하고 불행한 결과를 제시하는 모호하고 양가적인 정서내용
3점	• 중성적인 정서내용 −부정적인 것과 긍정적인 것, 모두 있는 경우, 부정적이지도 긍정적이지도 않은 경우, 정서가 드러나지 않거나 명확하지 않음
3.5점	• 유쾌하고 희망적이며 행운이 있는 결과를 제시하는 모호하고 양가적인 정서내용
4점	• 다소 긍정적인 정서내용 −혼자 있는 대상이 운이 좋지만 수동적인 모습을 나타냄 −우호적이고 긍정적인 관계
5점	• 매우 긍정적인 정서내용 −혼자 있는 대상이 행복하거나 능력이 있거나 목표를 성취한 것으로 나타냄 −보살펴 주거나, 사랑하는 관계
점수	**자기상**
1점	• 병적인 환상 −그림을 그린 사람은 슬프거나, 무기력하거나, 고립되어 있거나, 자살하려 하거나, 죽었거나, 치명적인 위험에 노출되어 있는 대상과 동일시하는 것으로 보임

2점	• 불쾌한 환상 –그림을 그린 사람은 무서워하거나, 화가 났거나, 좌절했거나, 걱정하거나, 운이 나쁜 대상과 동일시하는 것으로 보임
2.5점	• 명확하지 않거나, 모호한 자기상이나 부정적인 결과를 보임 –그림을 그린 사람은 희망이 없거나, 실패할 것 같은 대상과 동일시하는 것으로 보임
3점	• 양가적이거나 애매모호한 환상 –자기상이 명확하지 않고 양가적이거나, 애매모호하거나, 자기상이 보이지 않거나, 없음
3.5점	• 명확하지 않거나 모호한 자기상이지만 긍정적인 결과를 보임 –그림을 그린 사람은 목표를 성취할 것 같은 대상과 동일시하는 것으로 보임
4점	• 유쾌한 환상 –그림을 그린 사람은 소극적이지만 운이 좋은 대상, 이를테면 구조를 받은 대상과 동일시하는 것으로 보임
5점	• 소망을 성취하는 환상 –그림을 그린 사람은 강력하거나, 위협적이거나, 사랑받거나, 목표를 성취하는 대상과 동일시하는 것으로 보임
점수	**유머사용**
1점	• 치명적이고 병적인 유머 –고통스럽게 죽거나, 죽을 위험에 있는 대상 때문에 재미나는 경우. 이미지나 말을 통해 고통 혹은 공포가 명백히 표현됨
1.5점	• 치명적이지만 병적이지는 않은 유머 –사라지거나, 죽었거나, 죽을 위험에 있는 대상 때문에 재미나는 경우, 그러나 단어로든 이미지로든 고통이나 공포가 표현되지 않음
2점	• 비하하는 유머 –그림을 그린 사람과는 다른 대상(성별이 반대라든가) 때문에 재미나는 경우. 그러나 단어로든 이미지로든 고통이나 공포가 표현되지는 않음
2.5점	• 자기비하적 유머 –나라는 대명사를 사용하거나, 그림 그린 사람과 닮은 대상 때문에 재미나는 경우. 그 대상은 매력적이지 않거나, 좌절했으며 바보 같거나 불운하지만 치명적인 위험에 처해 있지는 않음
3점	• 애매모호하거나 양가적인 유머(중립적) –의미나 결과가 부정적인 동시에 긍정적일 수 있고, 혹은 부정적이지도 긍정적이지도 않거나 불분명함

4점	• 회복력이 있는 유머(부정적이라기보다는 긍정적이다) –주요 대상이 역경을 극복했거나, 결과가 희망적이고 호의적임
5점	• 유쾌한 유머(전적으로 긍정적이다) –친절하고 우스꽝스러우며 단어를 사용한 말장난일 수 있음

4. 해석의 적용

1) 피검자 A의 사례

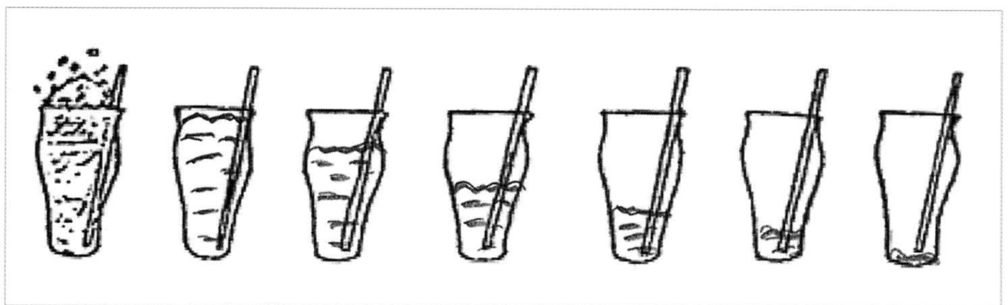

계열예측(4점)

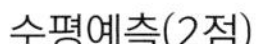

수평예측(2점)

수직예측(3점)

[그림 8-5] A의 예측화

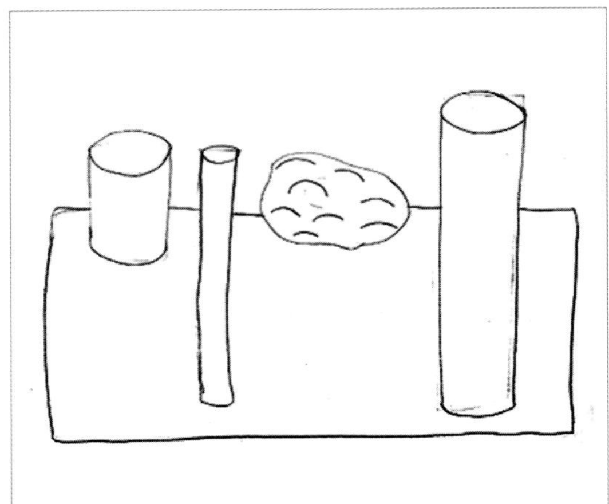

- 수평관계: 5점
- 수직관계: 3점
- 깊이관계: 3점

[그림 8-6] A의 관찰화

피검자 A는 중학교 여학생으로 지적 장애 3급이다. A는 만화를 좋아하고 부모와 함께 살고 있으며, 가정 분위기도 좋고 친구들과도 어려움 없이 잘 지내고 있다.

SDT의 예측화에서 계열예측은 음료수 컵의 위치가 고친 흔적은 없으나 간격이 일정하지 않아 4점으로 평가한다. 수평예측은 기울어진 선이 병의 옆면과 거의 평행을 이루고 있어 2점으로 평가할 수 있고, 수직예측은 집을 수직으로 그렸으나 지지대가 없어 3점으로 평가할 수 있다.

관찰화에서는 4개의 물체의 수평관계가 올바르게 표현되었으며(5점), 수직관계에서는 돌을 제외한 다른 물체의 높이가 올바르게 표현되었고(3점), 깊이관계에서는 제일 긴 원통의 위치를 제외한 3개의 물체의 원근관계가 바르게 표현되었다(3점).

상상화에서는 A형 자극그림을 제시하자 아이스크림과 여자아이 그림을 선택하였고, 여자아이와 아이스크림을 모방하여 평범하게 그림을 그렸으므로 표현능력은 2점으로 평가할 수 있다. 또한 이 둘 사이에 관계는 있지만 상호작용이 표현되지 않았고, 근접성만이 관계가 있고 아이스크림이 떠 있는 모습으로 표현되어 결합능력은 1점, 선택능력은 2점으로 평가할 수 있다.

[그림 8-7] A의 상상화

- 선택능력: 2점
- 결합능력: 1점
- 표현능력: 2점
- 정서내용: 5점
- 자기상: 3점

〈이야기 내용〉
집에 혼자 살고 있는 여자가 있었다. TV를 보니 초콜릿 광고를 하고 있는데, 여자는 한 번도 초콜릿을 먹지 못하여 어떤 맛인지 궁금했다. 그래서 아이스크림 가게에 가서 초콜릿 아이스크림을 주문해서 먹었더니 맛이 있었다. 그래서 여자는 나처럼 초콜릿을 좋아하게 되었다.

정서내용은 여자아이가 초콜릿 맛이 궁금하여 아이스크림 가게에 가서 초콜릿 아이스크림을 사먹었더니 맛이 있어 초콜릿을 좋아하게 되었다고 기술하여 정서내용은 5점이며, 이야기에서 자기상은 제3자처럼 분명하지 않아 3점으로 평가할 수 있다.

이로 보아 피검자 A는 인지적 능력에는 약간의 결함이 보이나 정서적으로는 긍정적인 상태에 있음을 알 수 있다.

2) 피검자 B의 사례

피검자 B는 중학교 여학생으로 지적 장애(3급)를 가지고 있다. 현재 부모는 이혼상태로 피검자는 지적 장애인 어머니와 함께 살고 있다. 피검자는 친족으로부터 성추행을 당한 경험이 있으며, 친구관계에 어려움을 보이고 있다.

SDT의 예측화에서 계열예측은 음료수 컵의 위치가 고친 흔적이 없고 간격이 일정하여 5점으로 평가할 수 있다. 반면, 수평예측은 기울어진 병 안쪽에 물 표면을 나타내는 선이 없어 0점, 수직예측은 집이 산 안쪽에 표현되어 있어 3점으로 평가할 수 있다.

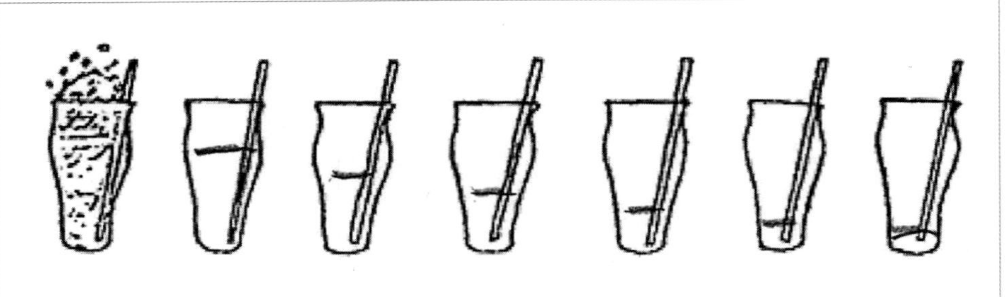

계열예측(5점)

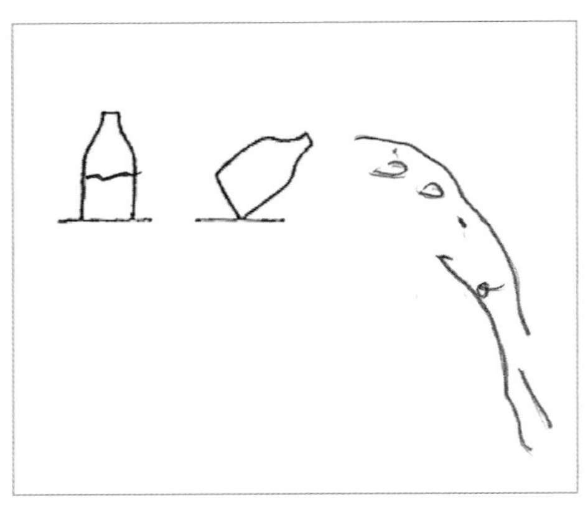

수평예측(0점)

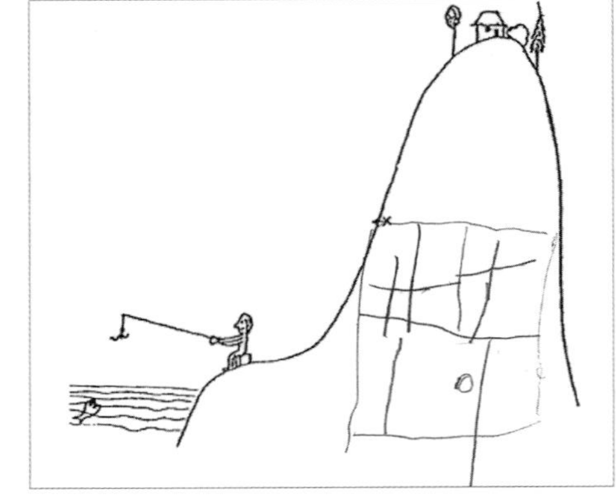

수직예측(3점)

[그림 8-8] B의 예측화

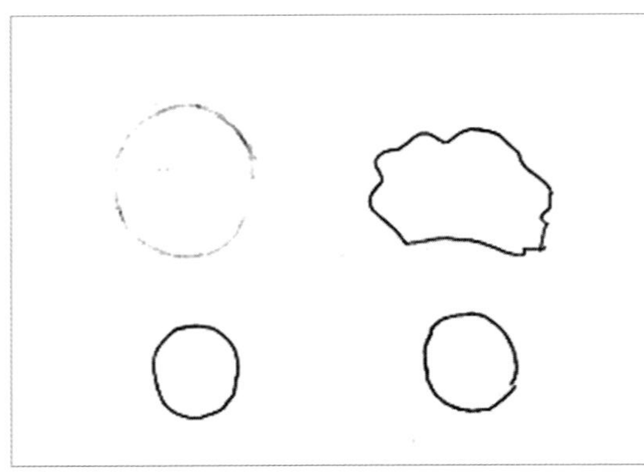

- 수평관계: 1점
- 수직관계: 0점
- 깊이관계: 3점

[그림 8-9] B의 관찰화

[그림 8-10] B의 상상화

• 선택능력: 3점
• 결합능력: 3점
• 표현능력: 4점
• 정서내용: 2점
• 자기상: 2점

〈이야기 내용〉
고양이가 밭을 밟아서 고양이 주인이 화가 났다.

관찰화에서는 1번의 가장 넓은 원통의 위치를 제외하고 물체의 수평관계가 올바르지 않으며(1점), 수직관계에서는 모든 물체가 편평하게 표현되어 높이관계를 표현하지 못했고(0점), 깊이관계에서는 제일 긴 원통의 위치를 제외한 3개의 물체의 원근관계가 바르게 표현되었다(3점).

상상화에서는 A형의 자극그림을 제시하자 고양이와 남자 그림을 선택하였다. 용지의 아랫부분에 바닥선을 그리고 고양이는 밭을 밟고 있는 모습으로 그림을 변형시켰으며, 고양이 주인은 화가 나 있는 모습으로 자극그림을 재구성하여 결합능력과 선택능력은 3점, 표현능력은 4점으로 평가할 수 있다. 정서내용은 고양이 주인이 화가 나 있고 고양이는 무서워하고 있으며, 자기상은 고양이와 동일시하고 있어 정서내용과 자기상 점수는 2점으로 볼 수 있다.

B는 인지능력이 같은 또래보다 많이 부족한데, SDT 검사에서 그대로 반영되었으며, B가 처해 있는 현실적인 상황에서 힘들고 불안해하는 모습이 그대로 드러났다.

5. 연구동향

1) 국외 연구동향

SDT 검사는 산수와 읽기 등의 논리적 사고에서 기초가 되는 세 가지 개념 가운데 하나를 평가하도록 설계되어 있다. 이러한 측면에서 SDT의 선행연구들은 읽기 검사, 성취검사, 지능검사와 관련하여 연구를 시도함으로써 타당성을 입증하고자 노력하였으며, 검사의 신뢰도 연구와 미술치료의 효용성을 검증하기 위해 사전 · 사후 검사로 활용한 연구, 여러 문화권(오스트레일리아, 러시아, 태국, 브라질)의 비교문화연구 등 다양한 측면에서 연구가 이루어졌다.

(1) 타당도 연구

Hayes(1978)는 1~3학년 아동 75명을 대상으로 SDT와 SRA(Science Research Associates) 읽기검사의 상관관계 연구를 실시하였다. 분석 결과, 관찰화, 예측화와 읽기 점수의 상관은 일관되게 나타나지 않았으나, 읽기 점수와 상상화 점수 간에는 3개 학년 모두에서 유의미한 상관이 나타났다. 특히 1학년은 남학생이 더 높고, 2학년과 3학년은 여학생이 상관이 더 높은 것으로 나타났다. Hayes는 미술작업에 필요한 인지적 기능은 읽기와 다른 교과에서 필요한 인지기능과 관계가 있으므로 미술지도가 초등 교육과정의 일부로 통합되어야 한다는 결론을 내렸다.

Anderson(2001)은 상상화를 구성하는 데 사용된 인지기능과 산문이해에 사용된 인지기능과의 관계를 조사하였다. 펜실베이니아의 중학교에서는 학생들의 읽기 이해력을 위해 매년 사용하는 표준화 읽기검사를 250명을 대상으로 실시하였고 그중 자원한 25명을 대상으로 읽기 이해와 상상화 사이의 관계를 검증한 결과 상관관계는 .01수준에서 유의미하였다. 이를 통하여 SDT는 구어이해의 기본으로 생각되는 인지기능을 평가하는 데 타당하다고 하였다.

Altabe는 SDT가 메트로폴리탄 성취검사(Metropolitan Achievement Test: MAT)에 의해 측정된 학력과 관계가 있는지 알아보기 위하여 상관관계 분석을 시도하였다. 뉴욕의 중류 이하 계층의 공립학교 1~3학년 학생의 MAT의 읽기와 수학 점수와 SDT 하위검사 점수를 비교한 결과 아동의 예측화, 관찰화, 상상화 점수는 MAT 읽기와 수학 점수와 상관관계가 있는 것으로 나타났다(Silver, 2002에서 재인용).

Silver 등(1980)은 미국 국립교육연구소에서 SDT와 여섯 가지 전통적인 지능과 성취검사, 즉 캐나다 인지능력검사(Canadian Cognitive Ability Test: CCAT), MAT, 오티스 레논 학교능력검사(Otis Lennon School Ability Test), SRA 수학성취검사(SRA Math Achievement Test), 아이오와 기초기능검사(Iowa Test of Basic Skills), 웩슬러 지능검사(WISC) 동작성 IQ 간 상관관계를 조사하였다. 이 연구에서는 SDT와 전통적인 검사 사이에서 중간 정도의 의미 있는 관계가 발견되었지만 신뢰도 계수는 낮게 나타났다. SDT에서 나타나는 인지적 능력은 언어적 손상과 언어적 · 분석적 사고는 상대적으로 독립된 것이고, 연령과도 어느 정도 독립되어 나타난다는 결과를 제시하였다. 이 연구의 결과는 SDT가 언어적으로 의사소통할 수 없는 성인뿐 아니라 청각장애, 언어장애, 학습장애, 그 외 다른 장애와 같이 언어적 결함을 가진 아동의 인지적 기능을 확인하는 데 사용할 수 있다는 점을 시사하였다. 또한 이러한 결과는 다른 검사에서 나타나지 않은 강점을 SDT를 사용했을 때 몇몇 아동에게서 발견할 수 있음을 설명하였다.

Moser(1980)는 SDT와 BGT, 인물화(DAM), WAIS 검사에 대해 34명의 비장애청소년 통제 집단과 36명의 학습장애청소년 실험 집단 간 상관관계 연구를 실시하였다. 통제 집단과 실험 집단에게 SDT를 실시하여 평균 점수를 비교한 결과, 실험 집단은 통제 집단에 비해 점수가 낮아 비장애청소년과 학습장애청소년이 인지와 SDT에서 차이가 있을 것이라고 가정하였다. 그 이후 Moser는 학습장애청소년의 4개의 다른 검사 점수를 비교하였는데, SDT 전체 점수와 하위검사 점수, WAIS 동작성 IQ, 인물화 검사 사이에 유의미한 상관이 있는 것으로 나타났다. 그러나 SDT, 인물화검사와 BGT는 WAIS 언어성 검사 점수와 상관이 없는 것으로 나타나 SDT가 WAIS 언어성 IQ와 상관관계가 낮은 것은 SDT가 언어적 능력은 측정하지 않는다는 이론을 지지하였다.

Hiscox(1990)는 학습장애를 가진 아동의 언어지향의 지능검사 대안으로 SDT

를 사용하였다. 연구대상에는 학습장애를 가진 아동 14명, 난독증을 가진 아동 14명과 통제 집단으로 장애가 없는 14명의 아동이 포함되었으며, 이들을 대상으로 SDT와 캘리포니아 성취검사(CAT)를 실시하였다. CAT로 측정한 결과 학습장애 집단의 평균은 장애가 없는 집단의 평균 점수보다 낮았으며, 난독증 집단보다는 6점이 더 높았다. 그러나 SDT로 측정한 결과 학습장애의 평균 점수(M=30.54)와 통제집단의 점수(M=30.88)는 유사한 것으로 나타났다. 이러한 결과로 Hiscox는 SDT가 CAT에 의해 평가되지 않는 인지적 능력을 평가할 수 있다는 것을 발견하였다. 이 결과는 SDT가 학습장애를 가진 아동의 인지적 강점을 확인하는 유용한 평가도구로 사용될 수 있음을 시사하고 있다.

(2) 신뢰도 연구

SDT에 대한 신뢰도는 채점자 간 신뢰도와 검사-재검사 신뢰도 검증이 수행되었다. 2002년 Silver의 책자에서 밝히고 있는 채점자 간 신뢰도에 대한 연구는 1979년 미국 국립교육연구소 프로젝트(National Institute of Education Project)에 참여하고 있는 읽기와 수학 능력이 적어도 1년 이상 떨어지는 아동 6명을 대상으로 SDT 검사를 실시한 연구가 있다. 7명의 미술치료사가 채점하여 채점자 간 일치도를 구한 결과, 예측화는 .93, 관찰화는 .91, 상상화는 .98로 신뢰도가 높았다(Silver et al., 1980).

Silver와 Lavin(1977)의 연구에서는 6명의 평가자가 시각-운동장애아동 11명을 대상으로 SDT 반응을 평가하였다. 6명의 채점자는 비슷한 준거 틀을 가지고 있고, 검사 득점에서 높은 일치도를 나타내었다. 신뢰도 계수는 선택, 결합, 표상능력(상상화)에서 .85, 공간지향(관찰화의 계열과 보존)에서는 .94로 높게 나타났다. 그 후 15명(남: 7명, 여: 8명; 아동: 4명, 청소년: 5명, 성인: 6명)으로 구성된 대상자 중 무작위로 5명의 반응을 선택하여 5명의 평가자가 상상화의 자기상과 정서내용 점수에 대한 신뢰도를 비교 평가하였다. 정서내용 척도는 .94로 높게 나타났으나, 자기상 척도는 .74로 중간 이상의 채점자 간 신뢰도를 나타냈다. 그 외 훈련받지 않은 미술치료사와 다른 자격을 가진 미술치료사가 인지기능을 평가한 결과와 Silver의 평가를 비교·분석한 결과, 높은 일치도를 보여 SDT 채점을 위해서는 특별한 훈련이 요구되지 않음을 제안하였다(Silver, 2002).

SDT의 재검사 신뢰도를 결정하기 위해 아동과 청소년 집단에 2회의 검사를 실시하여 그들의 응답결과를 신뢰도 계수로 산출하였다. Moser(1980)의 연구에서는 약 1개월 간격으로 12명의 학습장애청소년에게 검사를 실시하여 하위검사에 대한 신뢰도 분석을 한 결과, 예측화(r=.80), 관찰화(r=.84), 상상화(r=.56) 모두 .05수준에서 유의미하였으나, 상상화의 신뢰도가 예측화와 관찰화에 비해 상대적으로 낮았다. 1989년 11월 네브래스카 공립학교에서 교사들이 3학년 아동 모두에게 SDT를 실시한 후 성적이 상위권에 있는 10명의 아동을 대상으로 1989년 12월에 재검사를 실시하였다. 결과는 상상화(r=.70)와 전체 점수(r=.72)는 중간 정도의 상관이 나타났고, 관찰화(r=.61)는 상관이 낮았으며, 예측화(r=.08)는 유의미한 상관이 나타나지 않았다.

이처럼 재검사 신뢰도에서 상상화 하위검사는 학습장애청소년에 대해서는 안정적이지 못한 구성요소인 반면, 예측화 하위검사는 아동에게 안정적이지 못하다고 제시하였다(Silver, 2002).

(3) 사전 · 사후검사도구로 활용한 연구

Marshall(1998)은 학습장애아동의 인지적 기술을 발달시키는 데 있어서 미술치료의 효용성을 연구하기 위하여 SDT를 적용하였다. 7~14세 아동 5명(A집단)은 14회기 미술치료에 참여하였으며, 13~14세 청소년 4명(B집단)은 9회기 미술치료에 참여하였다. SDT와 열 가지 보존과제를 사용하여 사전 · 사후검사를 실시한 결과, A집단 아동의 평균 점수가 증가하였으며, 특히 상상화에서 가장 크게 향상되었다. B집단은 어느 도구에 의해서도 증가가 되지 않았다고 하였다.

Henn(1990)은 공간개념의 표상에 대한 미술 프로그램의 효과를 연구하기 위하여 SDT를 적용하였다. 중복장애를 가진 16~21세의 청소년 16명을 대상으로 Henn이 동작치료사와 공동으로 프로그램을 구성하여 진행하고 관찰화 하위영역(수평, 수직, 깊이 관계)을 사용하여 사전 · 사후검사를 실시한 결과, 사후검사의 점수가 사전검사보다 유의미하게 높았다.

Foster(1990)는 시각적 인식을 강조한 5개월에 걸친 미술 프로그램의 효과에 대한 사후 컨퍼런스 연구에서 SDT를 사용했다. 대상자에는 공립 초등학교 3학년 22명이 포함되었다. Foster가 프로그램 사전 · 사후검사로 SDT를 시행한 결과 22명 중 19명은 사후검사에서 점수가 증가한 것으로 나타났다.

(4) 비교문화연구

1990년대 초반부터 2000년 초반까지 SDT 적용에 따른 여러 문화권(오스트레일리아, 러시아, 태국, 브라질)의 비교문화연구가 이루어졌다.

Allesandrini, Duarte, Dupas와 Bianco(1998)는 브라질에서 SDT 검사의 표준화 작업을 수행하였다. 그들은 브라질에서 2,000명의 아동과 청소년, 성인을 대상으로 성별, 학년 수준, 학교 유형(공립 또는 사립)으로 나누어 검사하였다. 그 결과, 이 연구에서는 성별에 상관없이 나이와 교육 수준에 따라 인지 점수는 차이가 있었으나, 상상화 하위검사의 정서적 내용에서는 유의미한 차이가 발견되지 않았다.

Hunter(1992)는 호주에서 15세에서 53세 사이의 남성 65명과 여성 128명을 대상으로 SDT를 사용하여 예측화, 관찰화, 상상화의 하위검사의 열한 가지 변인에 대한 성차를 비교하였다. 그 결과, 여자가 남자보다 상상화와 관찰화에서 더 높은 점수를 받은 것으로 나타났다. Hunter는 이러한 성차가 대학생의 효과적인 학습성과를 촉진하기 위한 교수방법론을 개발할 때 고려할 가치가 있다고 제시하였다.

Dhannachitsiriohing(1999)은 태국의 격리시설에 있는 남자 청소년 집단에 SDT를 실시하였다. 12명의 소년들은 통제와 실험 집단으로 분리되었다. 새로운 미술치료 프로그램의 효과를 측정하기 위하여 사전 · 사후검사로 SDT를 사용하였으며, 3개월간의 미술치료 프로그램을 마친 후에 실험 집단의 인지적 · 정서적 점수가 통제 집단의 점수보다 유의미하게 높았다.

Kopytin(2002)는 SDT를 러시아어로 번역하여, SDT에 관한 워크숍이 포함된 미술치료 훈련 프로그램에 참석한 11명의 심리학자에게 도움을 받아 표준화 연구를 수행하였다. 연구대상은 5~19세 아동 및 청소년(남: 294명, 여: 350명), 19~48세 성인(남: 22명, 여: 36명)으로 총 702명이었다. 연구결과, 인지 점수는 나이와 함께 높아진다는 결과를 얻었으며 초기학령기에 가장 큰 증가를 보였고, 12~13세에는 증가율이 완만해지다가 성인이 되면 가장 높은 점수를 받았다. 미국 성인의 기준에서는 유의미한 차이가 발견되지 않았으나, 미국 아동과의 비교에서는 러시아 아동과 청소년이 예측화, 관찰화, 전체 검사 점수에서 높은 점수를 나타냈으며 상상화 점수는 낮은 것으로 나타났다. 언어 손상이 있는 아동과 없는 아동 사이에는 유의미한 차이가 발견되지 않았다. 정서적 내용 척도에서는 여성이 남성보다 더 긍정적인 주제를 보였다. 또한 여성과 남성을 비교했을 때 미국 기준과는 반대로 여성들이 더 긍정적인 자기상을 보여 주었다.

Earwood가 미국 내의 라틴아메리카계 학생을 대상으로 한 연구에서는 히스패닉계 학생과 비히스패닉계 학생을 비교하기 위하여 30명(남: 20명, 여: 10명)을 대상으로 SDT의 상상화 반응에 대한 정서내용과 자기상 점수를 조사하였다. 그 결과, 전체 점수는 차이가 나타나지 않았으나 점수를 개별로 볼 때 자기상 점수에서 히스패닉계 학생들이 5점을 획득한 경우가 더 많았으며(히스패닉: 40%, 비히스패닉: 27%), 정서내용 점수에서는 히스패닉 학생이 부정적인 1점을 받는 비율이 더 높았다(히스패닉: 23%, 비히스패닉: 10%; Silver, 2002).

Silver(2003)는 이상의 연구를 포함하여 SDT 점수의 문화적 차이와 유사점이 문화적 선호성을 밝힐 수 있는지를 밝히기 위한 목적으로 아동과 청소년, 성인의 그림과제의 반응에서 발견되는 인지기술, 정서 그리고 자기상에 대한 비교문화 연구를 요약하였다. 브라질, 러시아, 에스토니아와 미국에서는 규준을 발달시키고 연령과 성 차이를 평가하기 위해 SDT를 사용하였고, 태국에서는 비행청소년의 미술치료 프로그램의 효용성을 파악하기 위해 사용되었다. 호주에서는 인지적 기술과 성 차이를 평가하고 강의방법론을 개발하기 위해 사용하였다.

이러한 연구를 종합하여 SDT의 반응을 살펴보면, 미국 아동의 인지적인 점수가 브라질 아동의 점수보다 더 높았지만 러시아 아동보다는 낮았다. 그러나 이 세 나라에서 인지적인 점수는 연령과 교육 수준에 따라 점수가 점차 증가하였으며, 성인이 가장 높은 점수를 받았다. 성차는 미국과 러시아에서는 나타나지 않았으나 호주의 연구에서는 여성이 남성보다 상상화와 관찰화의 점수가 높았다. 정서내용

점수의 경우 미국과 러시아에서 부정적인 주제는 남성이 우세하였고, 긍정적인 주제는 여성이 우세하였으나 브라질에서는 차이가 없었다. 자기상은 미국에서 남성이 여성보다 높은 점수를 받았으나 러시아에서는 반대의 결과가 나타났다.

2) 국내 연구동향

한국에서는 문명혜(2001)가 「유아 및 아동의 한국판 실버그림검사 타당성 연구」라는 제목으로 박사학위논문을 수행하면서 SDT를 우리나라에 소개하였다. 문명혜의 연구를 시작으로 국내에서는 2005년 이후부터 인지적인 측면(학습부진, 학습능력)과 정서적인 측면(우울, 공격성 등)으로 몇 편의 연구가 이루어졌다.

문명혜(2001)는 Silver가 개발한 SDT를 우리나라의 문화와 사회적 현실에 맞게 수정・보완하여 한국판 실버 그림검사(Korean Verson of Silver Drawing Test: KSDT)를 개발하였다. 연구대상으로는 4, 6, 8, 12세의 유・아동 495명(남: 240명, 여: 250명)을 대상으로 하였으며, KSDT의 인지능력의 타당성을 추정하기 위하여 DAM(Draw-A-Man), K-ABC(Kaufman-Ability Battery for Children)를 사용하였고 정서특성의 공인타당도를 위하여 HDAP(Hendler Draw-A-Person)와 정서안정성 검사를 사용하였다. 신뢰도는 6주 간격으로 검사를 실시하여 검사-재검사 신뢰도와 채점자 간 신뢰도를 구하였다. 3명의 채점자가 57명의 그림을 채점한 결과, 채점자 신뢰도는 하위영역별로 $r=.84$ 이상으로 높게 나타났다. 예측화와 관찰화의 하위 척도는 연령이 증가함에 따라 점수가 증가하였고 여자가 남자보다 점수가 높게 나타났다. DAM과 K-ABC를 외적 준거로 하여 타당도 검증을 한 결과, 예측화와 관찰화는 타당성이 있었으나 상상화에서는 타당도계수가 낮게 나타났다. 또한 예측화, 관찰화, 상상화의 점수를 합하여 인지능력을 측정하는 것보다는 예측화와 관찰화의 점수를 합하여 측정하는 것이 더 효율적이었다. 결론적으로 KSDT 예측화와 관찰화의 하위 척도는 인지능력을 측정하는 도구로서의 신뢰도와 타당성이 있음이 밝혀졌다.

신미경(2006)은 서울, 경기 지역의 4~6학년 초등학생 490명(남: 232명, 여: 213명)을 대상으로 CDI와 SDT 상상화를 실시하여 두 검사 간의 차이점과 장단점을 파악하고자 하였다. 연구결과, SDT 검사는 효율성과 경제성이 높은 검사로 겉으로 드러나는 아동의 관심사뿐 아니라 내재된 정서의 욕구를 파악할 수 있으며, 언어표현이 부족한 대상에게 실시가 가능하며 아동의 우울성향을 용이하게 파악할 수 있다는 장점을 제시하고 있다.

백현순과 조용태(2007)는 서울, 경기지역에서 학대로 신고되어 최종적으로 학대로 판정된 초등학생 34명과 비학대아동 60명을 포함하여 총 94명을 대상으로 KSDT에 나타난 피학대아동의 특성을 파악하였다. 연구결과, 첫째, KSDT 정서적 내용에서는 비학대아동보다는 방임아동이 더 부정적이며, 신체 학대아동보다는 비학대아동과 성 학대아동이 더 긍정적인 자기상을 가지고 있는 것으로 나타났다. 둘째, 인지적 반응에서는 방임아동이 다른 학대유형의 아동보다 문제해결능력이 낮은 것으로 나타났다. 셋째, KSDT에 나타난 방임아동과 정서 학대아동들의 그림에서는 괴물의 표현이 많이 나타났으며, 방임아동의 경우 거친 선의 표현과 그림을 그린 후 전체적으로 낙서하듯이 덧칠한 표현이 나타났다. 또한 정서 학대의 경우 전체적으로 공허한 느낌의 표현과 경직된 선의 표현이 많이 나타났으며 얼굴 표정에서는 우울감의 표현이 나타났다. 다른 학대 유형보다 신체 학대를 받은 아동은 부모의 공격적 행동을 모방하게 되어 더 공격적이고 직접적인 언어 공격성이 많이 나타났다는 결론을 제시하고 있다.

송신선(2008)은 SDT가 우울 및 공격성향 아동을 효과적으로 선별할 수 있는지 파악하고자 초등학교 4, 5, 6학년 아동 256명을 대상으로 우울 척도(CDI), 공격성 척도와 SDT를 실시하였다. 그 결과, 우울성향 아동은 SDT 총점에서 유의미하게 낮은 점수를 받았으며, 하위검사에서 예측화의 수직예언, 상상화의 정서내용과 자기상에서 낮은 점수를 받았다. 자기보고 척도에서는 부정적인 기분을 더 많이 느끼지만 긍정적인 기분으로 보고하는 경우가 더 많았다. 공격성향 아동은 SDT 전체 점수와 정서내용에서만 차이를 보였다. 연구자는 이 연구를 통하여 SDT가 우울 및 공격성을 가진 아동을 효과적으로 선별할 수 있는 도구인지 확인하고자 하였다.

김은미와 김갑숙(2009)은 초등학생의 성과 학년에 따른 실버 그림검사 반응특성의 차이를 알아보고자 울산시 소재의 초등학교 3학년, 6학년생 총 357명(남: 157명, 여: 200명)을 대상으로 SDT의 인지적 · 정서적 특징을 비교 · 분석하였다. 그 결과, 첫째, 예측화의 계열영역은 여학생이 남학생보다, 수평 · 수직개념에서는 남학생이 여학생보다 점수가 높았으며 6학년이 3학년보다 계열 · 수평 · 수직 영역에서 점수가 높았다. 둘째, 관찰화 하위영역의 좌우 · 상하 · 깊이 영역은 남학생보다 여학생이 점수가 높았으며 좌우 · 상하 영역에서 학년에 따른 차이는 없었고 깊이 영역에서만 6학년이 3학년보다 높은 점수를 보였다. 셋째, 상상화의 인지적 특성을 반영한 선택 · 결합 · 표현능력은 여학생이 남학생보다 높았으며, 학년에 따라서 표현능력에는 차이가 없고 선택 · 결합능력은 6학년이 3학년보다 높았다. 정서적 특징을 반영하는 정서내용과 자기상 점수는 여학생이 남학생보다 긍정적으로 나타났다.

길연경(2011)은 서울에 소재한 초등학교 4~6학년 학생 중 교과학습부진 진단평가 결과를 바탕으로 학습부진아동 집단과 일반아동 집단으로 분류하고, 이를 대상으로 SDT를 실시하고 문명혜의 채점기준에 근거하여 분석하였다. 그 결과, 학습부진아동과 일반아동 간의 SDT 인지 척도인 예측화, 관찰화, 상상화와 정서 척도의 정서내용, 자기상은 유의미한 차이가 있는 것으로 나타나 실버 그림검사가 학습부진아동의 인지적 능력과 정서특성을 반영한다고 하였다. SDT는 학습부진아동을 선별하는 보조적 도구로 활용 가능성이 있음을 시사하였다.

김양숙과 고정자(2012)는 중학교 1학년 학생들을 대상으로 실버 그림 인지반응특성과 학습능력과의 관계를 알아보았다. 이를 위하여 1개 중학교 1학년 일반 청소년 418명(남: 154명, 여: 264명)을 연구대상으로 학습능력검사와 SDT를 실시하였다. 연구결과로는, 첫째, 예측화와 관찰화 영역은 여학생이 남학생보다 점수가 높았으나 상상화에서는 성별에 따른 차이는 없었다. 둘째, 예측화 점수가 높을 때 학습능력 점수가 높으며 남녀 모두 공간 지각력과 가장 관련성이 많았다. 그러나 남학생의 경우 예측화는 어휘력과 관계가 없었으나 여학생의 예측화는 어휘력과 관계가 있었다. 관찰화는 남녀 모두 점수가 높을수록 학습능력 점수가 높았다. 상상화는 남학생의 경우 학습능력의 공간지각력과 정적 상관이 있었으나, 여학생의 경우 학습능력의 전 영역과 상관이 있었다. 셋째, 학습능력에 따라 관찰화의 차이가 많이 나타났으며, 상상화는 남학생보다는 여학생의 학습능력과 관련성이 높았다. 이러한 연구결과는 실버 그림검사를 통하여 중학교 1학년 학생들의 학습능력의 정도를 변별할 수 있음을 제시하였다.

이와 같이 외국에서 SDT에 관한 표준화 연구가 이루어진 것과 비교해 볼 때 한국의 SDT에 관한 연구는 아주 부족한 실정이다. 이는 문명혜의 연구에서 인지능력의 평가영역 중 상상화의 타당도가 낮게 나타난 바와 같이 상상화를 통한 인지능력의 평가가 어렵다는 점을 그 원인 중 하나로 들 수 있을 것이다. 또한 정서적인 측면은 상상화에서 발달시켜 개발한 DAS 그림검사를 많이 활용하고 있으므로 상대적으로 SDT의 활용도는 낮다고 할 수 있다.

참고문헌

김양숙, 고정자(2012). 중학교 1학년 학생들의 실버그림 인지반응 특성과 학습능력의 관계. 미술치료연구, 19(6), 1569-1588.

김은미, 김갑숙(2009). 초등학생의 성과 학년에 따른 실버그림검사 반응특성의 차이. 미술치료연구, 16(5), 787-807.

길연경(2011). 학습부진아동과 일반아동의 실버그림검사 반응특성 비교연구. 평택대학교 사회복지대학원 석사학위논문.

백현순, 조용태(2007). 한국판 실버그림검사에 나타난 피학대 아동의 특성. 예술심리치료연구, 3(1), 1-21.

문명혜(2001). 유아 및 아동의 한국판 실버그림검사 타당성 연구. 동아대학교 대학원 박사학위논문.

송신선(2008). 우울 및 공격성향 아동의 실버그림검사 반응특징 연구. 서울여대자대학교 특수치료전문대학원 석사학위논문.

신미경(2006). 실버그림검사를 적용한 초등학생의 우울성향 분석. 한양대학교 교육대학원 석사학위논문.

Allesandrini, C. D., Duarte, J. L., Dupas, M. A., & Bianco, M. R. (1998). SDT: The Brazilian standardization of the Silver Drawing Test of cognition and emotion. *Art Therapy: Journal of the American Art Therapy Association, 15*(2), 107-115.

Anderson, V. (2001). *A study of the correlations between the SDT drawing from imagination subtest and the Gates-MacGinitie reading comprehension test with middle school students.* Unpublished master's thesis, MCP Hahnemann University, Philadelphia.

Bruner, J. S., Olver, R. R., Greenfield, P. M., Hornsby, J. R., Kenny, H. J., Maccoby, M., Modiano, N., Mosher, F. A., Olson, D. R., Potter, M. C., Reich, L. C., & Sonstroem,

A. M. (1966). *Studies in cognitive growth*. New York: John Wiley.

Damasio, A. R. (1994). *Descartes'error*. New York: Putnam.

Dhannachitsiriohing, P. (1999). *The effects of art therapy and rational art therapy on cognition and emotion development of male adolescents in Baran Katrina Training School of the Central Observation and Protein Center*. Unpublished thesis, Burapha University, Thailand.

Foster, E. (1990). *Art therapy conference follow-up project*. Unpublished manuscript, Kearney State College, Kearney, NE.

Hayes, K. (1978). *The relationship between drawing ability and reading scores.* Unpublished master's thesis, College of New Rochelle, New York.

Henn, K. (1990). *The effects of an integrated arts curriculum on the representation of spatial relationships.* Unpublished master's thesis, Buffalo State College, New York.

Hiscox, A. R. (1990). *An alternative to language oriented IQ tests for learning disabled children*. Unpublished master's thesis, College of Notre Dame, Belmont, California.

Hornsby, J. J. (1966). On equivalence. In Bruner et al. (Eds.). *Studies in cognitive growth* (pp.79-85). New York: John Wiley.

Hunter, G. (1992). *An examination of some individual differences in information processing, personality, and motivation*. Unpublished master's thesis, University of New England, Armidale, Australia.

Kopytin, A. (2002). The Silver Drawing Test of cognition and emotion: Standardization in Russia. *American Journal of Art Therapy, 40,* 223-237.

Lampart, M. T. (1960). The art work of deaf children. *American Annals of the Deaf, 105,* 419-423.

Lane, R. D., & Nadel, L .(2000). *Cognitive neuroscience of emotion.* New York: Oxford University Press.

Marshall, S. B. (1998). *The use of art therapy to foster cognitive skills with learning disabled children.* Unpublished master's thesis, Pratt Institute, School for Arts and Design, Brooklyn, New York.

Moser, J. (1980). *Drawing and painting and learning disabilities*. Unpublished doctoral dissertation, New York University. New York.

Piaget, J. (1967). *The child's conception of the world.* New York: Harcoart, brace.

Piaget, J. (1970). *Genetic epistemology*. New York: Columbia University Press.

Silver, R. (2000b). *Developing cognitive and creative skills through art: Programs for children with communication disorders*.(4th ed.). Lincoln, NE: iuniverse.com. An Author' Guild Backinprint.com edition.

Silver, R. (2002). *Three art assessments: Silver drawing test of cognition and emotion, draw a story, screening for depression and stimulus drawings and techniques*. New York: Brunner–Routledge.

Silver, R. (2003). Cultural differences and similarities in responses to the Silver Drawing Test in the USA, Brazil, Russia, Estonia, Thailand, and Australia. *Art Therapy: Journal of the American Art Therapy Association, 20*(1), 16–20.

Silver, R. (2007). *The Silver Drawing Test and Draw a Story*. New York: Routledge.

Silver, R., & Lavin, C. (1977). The role of art in developing and evaluating cognitive skills. *Journal of Learning Disabilities, 10*(7), 27–35.

Silver, R., Boeve, E., Hayes, K., Itzler, J., Lavin, C., O'Brien, J., Terner, N., & Wohlberg, P. (1980). *Assessing and developing cognitive skills in handicapped children through art*. New York: College of New Rochelle. (National Institute of Education Project No. G 79 0081. ERIC Document Reproduction Service No. ED 209 878).

Piaget, J., & Inhelder, B. (1967). *The child's conception of space*. New York: Norton.

Torrance, E. P. (1980). Creative intelligence and an agenda for the 80s. *Art Education, 33*(7), 8–14.

Zeki, S. (1999). *Inner vision, an exploration of art and the brain*. Oxford, UK: Oxford University Press.

제9장

이야기 그림*

- **개발자**: Silver(1988)
- **목　적**: 아동 · 청소년의 숨겨진 우울 평가
- **준비물**: 검사용지, 연필, 지우개
- **지시어**: "이 그림에 대해 흥미를 가질 것이라고 생각합니다. 그림을 잘 그리고 못 그리는 것은 중요하지 않습니다. 중요한 것은 당신의 생각을 표현하는 것입니다. 여기에 사람, 동물, 장소와 사물에 대한 그림이 있습니다. 두 개의 그림을 선택하고, 선택한 그림 사이에 무슨 일이 일어나고 있는지 상상하십시오(I believe you will enjoy this kind of drawing. It doesn't matter whether you can draw well. What matters is expressing your ideas. Here are some drawings of people, animals, places, and things. Choose two picture ideas and imagine a story, something happening between the pictures you choose)."

  "준비가 되면 당신이 상상한 것을 그림으로 그려 주세요. 그림에서 무슨 일이 일어나고 있는지 보여 주세요. 바꾸거나 다른 것을 그릴 수 있습니다. 그림이 끝나면 제목이나 이야기를 써 주세요. 무엇이 일어나고 있으며, 앞으로 어떤 일이 일어날 것인지를 이야기해 주세요(When you are ready, draw a picture of what you imagine. Show what is happening in your drawing. You can make changes and draw other things, too. When you finish drawing, write a title or story. Tell what is happening and what may happen later on)."

---

* 이 장에 실린 DAS의 자극그림 자료, 상상화 A형과 상상화 B형은 Silver, R. (2002). *The Silver Drawing Test and Draw a Story*. New York: Routledge의 허락하에 실었음을 밝힌다.

1. 개요

이야기 그림(Draw a Story: DAS)은 Silver가 아동 · 청소년의 숨겨진 우울증을 밝히기 위한 목적으로 개발한 투사적 그림검사이다. DAS의 개발은 Silver가 실버 그림검사(Silver Drawing Test: SDT)를 위한 규준적 자료를 수집하던 과정에서, SDT의 하위검사 중 하나인 상상화 과제에 대한 학령기 아동들의 반응이 감추어진 우울증을 사정할 수 있을지도 모른다는 의문(Silver, 1983, 1990, 1996, 2002)에서 시작되었다. 일부 아이들이 SDT의 상상화 과제에 대한 반응으로 그림에 자살이나 파멸에 대한 환상을 그림으로써 그림이 면대면 인터뷰보다 아동의 정서를 더 잘 나타낼 수 있는지, 또는 숨겨진 우울을 선별하는 데 유용한지에 대한 의문을 야기시켰다. 제시된 자극그림 중 특정 자극그림은 부정적인 환상을 끌어내기 때문에 Silver는 상상화의 자극그림에 새로운 자극그림을 포함시켰다. 이 자극그림을 먼저 아동에게 제시하였고, 그 후 청소년과 성인에게 제시하여(Silver, 2007) DAS에 대한 연구를 진행하였다.

DAS 평가는 14개의 자극그림을 제시하고 거기에서 2개의 자극그림을 선택하여 선택한 그림 사이에서 무슨 일이 있는지를 상상하여 그림을 그리게 한다. 그 과정에서 피검자들은 선택한 자극그림 이외에도 그들 자신의 아이디어나 주제를 추가할 수 있다. 그림이 완성되면, 이야기를 쓰도록 하고 가능하다면 그것에 대해 대화하도록 하여 명백하거나 숨겨진 의미를 설명하도록 한다. DAS는 그림의 물리적 · 표면적 특징(예를 들어, 색채나 선의 수준이나 두 장의 자극그림)보다 이야기의 내용을 중요시한다. 그 내용을 바탕으로 처음에는 정서내용을 평가하였으나, 그 후 자기상과 유머 척도가 추가되었다. 따라서 DAS의 평가 척도는 정서내용, 자기상, 유머 척도의 세 가지로 구성된다.

DAS는 우울증을 선별하기 위한 하나의 시도로 시작되어, 1983년에 『실버 그림검사(The Silver Drawing Test)』가 출판되었다. 아동 · 청소년을 대상으로 한 연구에서 상상화 과제그림에 대한 다수의 반응 중 자살에 대한 상상의 반응이 일부 나타났고, 이후 후속연구에서 그림과제의 정서내용에서 아주 부정적 반응인 1점을 받은 아동 · 청소년은 임상적 우울과 관련성이 있음이 밝혀졌다. 그러나 성인을 대상으로 한 연구에서는 반응이 더욱 신중하였고 양가적이고 모호한 3점을 받는 경향이 있는 것으로 나타나(Silver, 2007) 성인의 3점에 대한 지속적인 연구가 필요하다고 제시하였다.

Silver는 DAS의 신뢰도와 타당도를 확보하기 위하여 다양한 대상을 표집하여 지속적인 연구를 실시하고, 그 내용을 중심으로 1988년에 DAS 평가를 출판하였다(Silver, 1988a, 1988b). 이어 1993, 2002년에 내용을 개정하여 2002년에 『세 가지 그림평가(Three art Assessments)』라는 단행본을 출판하였다. 그 이후 지속된 연구를 통하여 공격행동을 하는 아동 · 청소년의 연구(Earwood, Fedorko, Holzman, Montanari, & Silver, 2004)에서 DAS 과제의 반응에 뚜렷한 특징이 있음이 밝혀졌다. 즉, 정서내용 척도에서 강한 부정적인 환상 점수인 1점과 자기상 척도의 강한 긍정적인 자기상인 5점이 연관되어 있는 것으로 나타났다. 이러한 결과를 통하여 DAS 평가는 아동 · 청소년의 숨겨진 우울을 확인할 수 있는 것뿐만 아니라 공격성을 선별하기 위해서도 사용될 수 있음이 제시되었다. 이를 바탕으로 2005년에 『그림을 통한 공격성과 우울평가(Aggression and Depression Assessed Through Art)』가 출판되었다. 이 책은 우울과 공격성의 위험이 있는 아동 및 청소년을 식별하기 위한 유용한 그림검사와 그 반응에 대한 연구를 제시하고, 5단계의 DAS 평가 척도 점수를 7단계로 수정하여 제시하였다. 즉, DAS의 평가 척도는 1점에서 5점까지 5점체계로 구성되어 있었으나, 중간 점수인 3점의 내용을 정교하게 수정하고 2.5점, 3.5점을 추가하여 점수체계를 7단계로 수정하였다. 이어 2007년에 『실버 그림검사와 이야기 그림(The Silver Drawing Test and Draw a Story)』이 출판되는 등 지속적인 연구를 통하여 수정 · 보완되고 있다.

2. 실시방법

1) 준비물

DAS의 검사도구는 자극그림(A형, B형), 검사용지, 연필, 지우개이다. 시간제한은 없지만 대부분 10분 이내에 과제를 끝낸다.

DAS는 두 가지 형식이 있다. A형에 나타난 자극이 부정적인 환상을 자극하는 경향이 있으므로 그러한 부정적인 것을 상쇄하기 위하여 B형이 만들어졌다. 일반적으로 A형은 사전·사후검사로 활용되며, B형은 인지적 기술의 발달이나 정서내용, 자기상, 혹은 유머에서 패턴이 드러나도록 부가적인 반응을 얻기 위한 목적으로 제공된다(Silver, 2007). B형은 피검자의 반응을 명확하고 상세하게 확인할 수 있으므로 진단 및 치료적 기능으로 제공된다(Silver, 2002). 한편, 위험한 학생을 분명하게 식별하기 위해서는 DAS B형을 두 번 이상 실시하고, 사후검사로 A형을 사용할 것을 권하고 있다(Silver, 2005).

2) 시행절차

- 지시어: "이 그림에 대해 흥미를 가질 것이라고 생각합니다. 그림을 잘 그리고 못 그리는 것은 중요하지 않습니다. 중요한 것은 당신의 생각을 표현하는 것입니다. 여기에 사람, 동물, 장소와 사물에 대한 그림이 있습니다. 두 개의 그림을 선택하고, 선택한 그림 사이에 무슨 일이 일어나고 있는지 상상하십시오. 준비가 되면 당신이 상상한 것을 그림으로 그립니다. 그림에서 무슨 일이 일어나고 있는지 보여 주세요. 다른 것을 그리거나 변화시킬 수 있습니다. 그림이 끝나면 제목이나 이야기를 써 주세요. 무엇이 일어나고 있으며, 앞으로 어떤 일이 일어날 것인지를 이야기하세요."
- 유의사항
  - DAS의 적용범위는 5세부터 성인에 이르기까지 다양한 연령층에 사용할 수

있다.

– 개인 또는 집단으로 실시가 가능하다. 그러나 지시를 이해하는 데 어려움이 있는 아동이나 성인, 7세 미만의 유아와 임상적 시험이 필요한 피검자인 경우에는 개별적으로 실시해야 한다.

– 검사 시 주의사항은 검사를 하는 동안 대화를 최소화하여 피검자가 집중하여 그릴 수 있도록 배려해야 하며, 그리는 데 어려움을 보이는 피검자에게 그림을 완성할 수 있도록 격려하고 지지하여 과제를 마칠 수 있도록 지원하는 것이 중요하다.

3) 질문사항의 예

그림을 그린 후 내용을 명확하게 하기 위하여 질문을 하며 함께 이야기를 나누도록 한다. 질문의 내용은 구조적으로 정해진 것은 아니지만 다음과 같은 질문을 할 수 있다.

- 그들은 지금 무엇을 하고 있나요?
- 그들은 지금 서로 어떤 관계가 있나요?
- 무엇을 생각하거나 느끼고 있나요?
- 앞으로 무슨 일이 일어날까요?
- 이 전에는 무슨 일이 일어났나요?
- 이 그림을 그릴 때의 기분은 어땠나요?
- 나는 그림 속에서 무엇(누구)으로 나타나 있나요?
- 이 그림 속의 인물이 나라면 어떻게 느끼거나 생각할까요?
- 이야기에 나온 주인공의 성별이나 나이는 어떻게 되나요?
- 이 일이 일어난 장소와 시간은 어떻게 되나요?

상상화 A형

상상화 B형

그 림

이야기: ______________________________

____

____

____

지금의 기분은:

① 매우 행복하다 ② 좋다 ③ 화난다 ④ 피하고 싶다 ⑤ 슬프다

이름: __________ 성별: __________ 나이: __________ 날짜: __________

3. 평가기준 및 해석

DAS를 평가할 때에는 물리적 · 표면적 특징(예를 들어, 색채나 선의 수준이나 두 장의 자극그림)보다 이야기의 내용을 중요시한다. 이야기의 구성이나 결말은 피험자에 의해 수행되며 환상과 주관적 감정으로 그려지는 그림과 이야기의 내용이 측정척도의 점수에 의해 평가될 수 있다는 것이 전제되어 있다.

DAS의 평가에는 초기에는 정서내용 척도만 있었으나 그 후 자기상 척도가 분리되고 유머사용 척도가 추가되었다. 평가 척도는 하위요소로 정서내용(emotional content) 척도, 자기상(self-image) 척도, 유머사용(use of humor) 척도가 있다.

1) 정서내용 척도

DAS 평가는 아주 강한 부정적인 범위에서(1점) 아주 긍정적인(5점) 것까지의 범위에 있다. 정서내용 점수는 부정적인 내용이 강하거나 파괴적인 관계가 나타날수록 낮은 점수를 받고, 긍정적인 내용이나 사랑하는 관계가 나타날수록 높은 점수를 받는다. 성공적이지 못하거나 스트레스를 주는 관계와 같이 보통의 부정적인 환상인 경우는 2점, 운이 있거나 우호적인 관계를 나타내는 보통의 성공적인 환상인 경우는 4점이다. 그리고 부정적인 것과 긍정적인 것 모두를 다 가지고 있거나 양가적이거나 모호한 주제인 경우는 3점이다. DAS 척도는 처음의 5점 척도에서 최근 중간 점수인 3점의 내용이 보다 더 정교해져 7단계로 수정되었다(Silver, 2005). 어떤 양가적 반응은 희망적인 결과를 낳는 데 비해 희망적이지 않은 결과를 낳는 양가적 반응도 있기 때문에 이러한 차이점을 포함하고 수량화하기 위해 3.5점과 2.5점이 추가되었다. 3.5점은 양가적 반응이 희망적일 때 주어지는 점수이며, 2.5점은 희망적이지 않고 절망적일 때 주어지는 점수이다. 구체적인 점수 내용은 〈표 9-1〉과 같다.

〈표 9-1〉 정서내용 평가 척도

점수	내용
1점	• 매우 부정적인 정서 -혼자 있는 대상이 슬프거나, 무기력하거나, 고립되어 있거나, 자살하려 하거나, 죽었거나, 치명적인 위험을 나타냄 -삶을 위협하거나 치명적인 관계
2점	• 다소 부정적인 정서 -혼자 있는 대상이 무서워하거나, 화가 났거나, 좌절했거나, 불만이 있거나, 걱정하거나, 파괴적이거나, 불운함을 나타냄 -스트레스를 주거나 적대적인, 파괴적인, 불유쾌한 관계
2.5점	• 불유쾌하고 불행한 결과를 제시하는 모호하고 양가적인 정서
3점	• 양가적이고 모호한 정서 -부정적인 것과 긍정적인 것 모두 있는 경우, 부정적이지도 긍정적이지도 않은 경우, 정서가 드러나지 않거나 명확하지 않음
3.5점	• 유쾌하고 희망적이며 행운이 있는 결과를 제시하는 모호하고 양가적인 정서
4점	• 다소 긍정적인 정서 -혼자 있는 대상이 운이 좋지만 수동적인 모습을 나타냄 -우호적이고 긍정적인 관계
5점	• 매우 긍정적인 정서 -혼자 있는 대상이 행복하거나 능력이 있거나 목표를 성취한 것으로 나타냄 -보살펴 주거나 사랑하는 관계

출처: Silver(2005). Aggression and depression assessed through art: Using Draw-a-Story to idertify children and adolescents at risk. New York: Routledge.

2) 자기상[1] 척도

이 척도의 목적은 피검자가 나타내는 주제를 확인하기 위한 것이다. 그림을 그린 사람이 슬프거나, 무기력하거나, 고립되어 있거나, 자살하려 하거나, 죽었거나, 치명적인 위험에 노출되어 있는 대상과 동일시하는 것으로 보이면 가장 낮은

1) 연구자에 따라 자기상, 자아상으로 사용되고 있으나 이 책에서는 자기상(self-image)으로 통일하여 사용한다.

점수인 1점을 받는다. 반면, 피검자가 행복하거나, 사랑받거나, 강력하거나, 존경할 만하거나, 위협적이거나, 파괴적이거나, 공격적이거나, 목표를 성취하는 대상과 동일시하는 것으로 보이면 가장 높은 점수인 5점을 받는다. 3점의 경우 정서내용과 마찬가지로 부정적인 결과를 제시하면 2.5점, 긍정적인 결과는 3.5점을 받는다. 구체적인 점수내용은 〈표 9-2〉와 같다.

〈표 9-2〉 자기상 평가 척도

점수	내용
1점	• 병적인 자기상 −그림을 그린 사람은 슬프거나, 무기력하거나, 고립되어 있거나, 자살하려 하거나, 죽었거나, 치명적인 위험에 노출되어 있는 대상과 동일시하는 것으로 보임
2점	• 다소 부정적인 자기상 −그림을 그린 사람이 무서워하거나, 화가 났거나, 좌절했거나, 걱정하거나 운이 나쁜 대상과 동일시하는 것으로 보임
2.5점	• 명확하지 않거나, 모호한 자기상이나 부정적인 결과를 보임 −그림을 그린 사람은 희망이 없거나, 실패할 것 같은 대상과 동일시하는 것으로 보임
3점	• 자기상이 명확하지 않고 양가적이거나, 애매모호함 −자기상이 보이지 않거나, 없음
3.5점	• 명확하지 않거나, 모호한 자기상이거나, 긍정적인 결과를 보임 −그림을 그린 사람은 희망적이거나, 성공할 것 같은 대상과 동일시하는 것으로 보임
4점	• 다소 긍정적인 자기상 −그림을 그린 사람은 소극적이지만 운이 좋은 대상, 이를테면 TV를 보고 있다든가 구조를 받은 대상과 동일시하는 것으로 보임
5점	• 아주 긍정적인 자기상 −그림을 그린 사람은 강력하거나, 위협적이거나, 공격적이거나, 존경할 만하거나, 사랑받거나, 목표를 성취하는 대상과 동일시하는 것으로 보임

출처: Silver(2005). Aggression and depression assessed through art: Using Draw−a−Story to idertify children and adolescents at risk. New York: Routledge.

3) 유머사용 척도

이 척도는 상상화 과제에 대한 반응에 포함된 유머를 평가하기 위한 것이다. Avner Ziv(1984)는 유머의 다섯 가지 기능, 즉 공격적, 방어적, 지적, 성(性)적, 사회적 기능에 대해 기술하였다. 인간은 우월감을 느끼고 타인을 비난하기 위해, 공격적인 욕구를 숨기기 위해 공격적 유머를 사용하며, 현실을 직시하거나 위험에 직면할 때 긴장감을 풀기 위해 방어적 유머를 사용한다. 불안을 줄이고 동정심을 얻기 위해 자기비하적인 유머를, 사회적 부조리나 부조화를 통해 새로운 의미를 만들거나 재미있게 하기 위해 지적인 유머를 사용한다. 또한 성(性)적인 유머는 성문제에 대해 솔직하게 다루도록 하며 사회적 비난 없이 대리만족을 얻기 위해 사용하며, 공격적이긴 하나 사회적 용인을 받기 위해 풍자와 같은 사회적 유머를 사용한다. 유머는 주로 공격적 유머와 방어적 유머가 자주 나타나며, 성적이거나 사회적인 유머는 흔하지 않다(Silver, 2002에서 재인용). 그러나 모든 그림에 유머가 사용되지 않기 때문에 이 척도는 평가하지 않는 경우가 많다.

유머사용 척도는 정서내용 척도나 자기상 척도와 마찬가지로 부정적인 것으로부터 긍정적인 것까지 측정하는 5점 척도였으나 이 척도 역시 수정되어(Silver, 2005) 2점 점수를 중심으로 1.5점과 2.5점으로 나뉜다. 구체적인 점수내용은 〈표 9-3〉과 같다.

〈표 9-3〉 유머사용 평가 척도

점수	내용
1점	• 치명적이고 병적인 유머 –고통스럽게 죽거나, 죽을 위험에 있는 대상 때문에 재미나는 경우. 이미지나 말을 통해 고통 혹은 공포가 명백히 표현됨
1.5점	• 치명적이지만 병적이지는 않은 유머 –사라지거나, 죽었거나, 죽을 위험에 있는 대상 때문에 재미나는 경우, 그러나 단어로든 이미지로든 고통이나 공포가 표현되지 않음
2점	• 비하하는 유머 –그림을 그린 사람과는 다른 대상(성별이 반대라든가) 때문에 재미나는 경우. 그러나 단어로든 이미지로든 고통이나 공포가 표현되지는 않음

2.5점	• 자기비하적 유머 −나라는 대명사를 사용하거나, 그림 그린 사람과 닮은 대상 때문에 재미나는 경우. 그 대상은 매력적이지 않거나, 좌절했으며 바보 같거나, 불운하지만 치명적인 위험에 처해 있지는 않음
3점	• 애매모호하거나 양가적인 유머(중립적) −의미나 결과가 부정적인 동시에 긍정적일 수 있고, 혹은 부정적이지도 긍정적이지도 않거나 불분명함
4점	• 회복력이 있는 유머(부정적이라기보다는 긍정적이다) −주요 대상이 역경을 극복했거나, 결과가 희망적이고 호의적임
5점	• 유쾌한 유머(전적으로 긍정적이다) −친절하고 우스꽝스러우며 단어를 사용한 말장난일 수 있음

출처: Silver(2005). Aggression and depression assessed through art: Using Draw-a-Story to idertify children and adolescents at risk. New York: Routledge.

4) 자기보고 척도

DAS의 지표 중 위에서 언급한 지표 외에 공간 사용, 세부사항의 사용, 자기보고 척도가 사용되었다. 그러나 우울증으로 입원치료하고 있는 우울증 집단(12~69세 여성: 18명, 17~53세 남성: 23명)과 비우울증 집단(19~72세 여성: 34명, 20~77세 남성: 26명)을 대상으로 DAS 자극그림 평정 척도에 공간과 세부사항을 포함하여 평가한 결과, 공간 사용과 세부사항은 우울증 여부에 따라서는 차이가 없고 성 차이만 있었다(Silver, 1993a). 즉, 여성의 그림이 남성의 그림보다 유의미한 수준에서 세부사항이 적게 표현되었다.

이러한 결과를 바탕으로 공간과 세부사항을 평가하기 위한 척도는 DAS 평가에서 배제되고 자기보고 척도만 제시되어 있다. 자기보고 척도는 피검자들이 현재의 기분을 체크하도록 요청하는 것이다. '나는 지금 매우 행복하다' '좋다' '화가 난다' '피하고 싶다' '슬프다'의 5개 문항 중 하나를 선택하면 된다. 임상적 우울로 입원한 환자의 대다수가 자기보고 척도에는 '행복하다' '좋다'로 응답하였으나 그림에는 슬픔이나 죽음에 대해서 그렸다. 이것은 그림이 말보다 방어가 적고 언어적 자기보고보다 덜 부정적이며, 기쁨에 대한 갈망과 의식적인 속임수를 덜 사용한다는 것을 보여 준다. 이로써 잘못된 자기보고조차도 추후 논의에서 유용하다는 것이 밝혀졌다(Silver, 2002, 2007).

4. 해석의 적용

1) 여중생의 사례

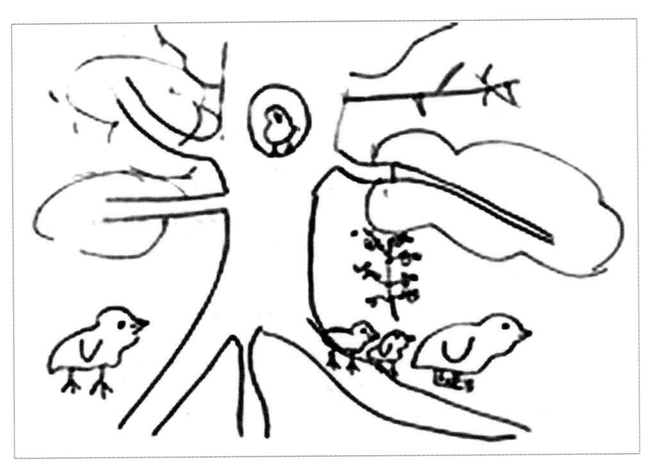

[그림 9-1] 새 가족(여중생)

- 제목: 새 가족(정서내용 5점, 자기상 4점)
- 자극그림: 나무, 병아리
- 이야기 내용: 엄청 큰 나무 밑에 새 가족들이 평화롭게 줄지어 산책을 하고 있다. 나무에는 새가 앉아서 노래를 부르는 듯이 짖는다. 아빠 새는 앞장서서 걸어가고 엄마 새는 아기 새들을 살피고 뒤를 따라가고 있다. 큰 나무와 작은 나무는 새들이 덥지 않게 해 주어 너무나 평화로워 보인다.

[그림 9-1]은 여중생이 그린 그림으로 새 가족이 평화롭게 산책을 하고 있다. 아빠 새가 앞에서 인도하고 있고 엄마 새가 뒤에서 애기 새들을 살피며 뒤따르고 있어 아주 양육적이고 보호적인 관계에 있다. 따라서 그림의 정서내용 점수는 5점이며, 자기상은 보호를 받고 있는 애기 새와 동일시되어 긍정적인 자기상을 보이지

만 보호를 받고 있는 입장에 있으므로 4점으로 채점할 수 있다. 이것으로 보아 피검자의 정서 상태는 매우 긍정적이며 자기상 역시 긍정적이라 할 수 있다.

2) 자살시도 경험이 있는 여중생의 사례

[그림 9-2] 죽임을 당하는 병아리(여중생)

- 제목: 죽임을 당하는 병아리(정서내용 1점, 자기상 1점)
- 자극그림: 칼, 병아리
- 이야기 내용: 어떤 이에 의해 병아리는 칼로 난도질되어 죽임을 당한다.

출처: 박치홍(2013). 중학생의 자살과 DAS 반응특성 연구. 영남대학교 대학원 박사학위논문.

[그림 9-2]는 자살을 시도한 경험이 있는 중학교 1학년 여학생이 그린 그림이다. 그림에 대한 이야기는 "어떤 이에 의해 병아리는 칼로 난도질되어 죽임을 당한다." 라고 하였다. 이 그림에서 정서내용 점수는 죽임을 당하는 아주 부정적인 정서내용을 나타내고 있어 1점이며, 죽임을 당하는 병아리를 자신과 동일시하고 있어 자기상 점수도 1점으로 볼 수 있다. DAS 그림을 그린 후 그림에 대한 추가적인 질문을 통하여 "병아리가 삐악거리며 우는 것에 남자가 화가 나서 병아리를 난도질하고 있다. 칼을 들고 있는 사람은 학교에서 자신을 괴롭히는 사람이며, 병아리는 억울함을 느끼고 있다."라고 하였다. 또한 앞으로의 상황에 대해서는 아무도 죽은 병

아리에 대해 크게 신경 쓰지 않아 특별한 일은 일어나지 않을 것이라고 하였다.

이 학생에게 실시한 질문지 검사에서 우울, 자살사고, 학교따돌림 점수가 높게 나타났다. 질문지 검사와 그림검사의 결과를 통하여 살펴보면, 이 학생은 심한 학교따돌림과 주변 사람들의 무관심에서 오는 사회적 지지의 결여가 우울과 자살생각에 영향을 주었을 것으로 예측된다.

3) 수험생 자녀를 둔 성인여성의 사례

[그림 9-3] 용기(40대 여성)

- 제목: 용기(정서내용 5점, 자기상 4점)
- 자극그림: 낙하산, 파이프 문 남자
- 이야기 내용: 군인들은 자신의 한계를 뛰어넘는 훈련을 하고 있다. 장교는 그런 군인들을 평가하고 있다. 군인들은 하늘을 날아 보았다는 기쁨과 해냈다는 자신감에 모두 기뻐하고 있다. 낙하산이 모두 잘 펴져서 장교는 안심하는 모습이다.

[그림 9-3]은 대입수험생 자녀를 두고 있는 40대 후반의 여성이 그린 그림이다. 이 그림의 정서내용 점수는 군인들이 기뻐하며 해냈다는 자신감을 가지고 있고 낙하산이 모두 펴져 목표를 달성한 것으로 나타나 5점으로 채점할 수 있다. 자기상 점수는 파이프를 문 장교를 자신과 동일시하고 있어, 딸의 노력으로 성취한 목표를 보며 안심하고 있는 수동적인 모습으로 나타나 4점으로 채점할 수 있다.

딸이 수학능력시험과 논술시험을 치른 후에 어머니가 그린 그림으로, 자신을 '장교'로 딸은 '군인'으로 동일시하고 있다. 그림을 그린 후 나눈 이야기에서 피검자는 전혀 생각하지 않고 선택했던 두 개의 그림에 딸의 대입문제로 고민하는 자신의 모습이 반영된 것 같다고 하였다. 딸이 공부하는 과정을 어머니가 옆에서 관심있게 지켜보는 모습과 딸이 시험을 무난하게 치른 것에 대해 안도하는 모습을 드러내고 있다. 피검자는 딸이 수능과 논술시험을 치른 것에 안도하고 있지만, 최종적으로 원하는 대학에 꼭 합격할 수 있기를 바란다고 하였다. 그동안 딸이 힘든 과정을 잘 견디며 노력한 점에 대한 인정과 어머니로서의 자식에 대한 관심과 걱정을 엿볼 수 있었다.

5. 연구동향

1) 국외 연구동향

(1) 타당도 연구

DAS에 대한 최초의 연구는 DAS 그림이 우울증의 초기진단에 사용될 수 있는지 알아보기 위한 것이었다. Silver(1988a)는 SDT에서 14개의 자극그림을 선택하고 평가 척도를 개정하여 부정적인 응답 그림과 임상적 우울증과의 관련성을 알아보기 위하여 우울증 진단을 받은 청소년과 대조군(8~21세의 아동과 청소년 254명; 정상 집단: 111명, 임상적 우울증: 27명, 학습장애: 31명, 우울증과 관련 없는 정서장애: 61명, 비우울아동: 24명)을 대상으로 DAS 평가를 실시하였다. 그 결과 우울 집단의 56%가 1점인 매우 부정적인 환상을 그린 반면, 정상 집단은 11%, 정서장애 집단은 21%, 학습장애 집단은 32%가 1점으로 나타났다.

두 번째 연구는 DAS 검사에 나타난 매우 부정적인 응답과 임상적 우울증과의 관련성에 관한 것이다(Silver, 1988b). 연구대상은 아동과 청소년, 성인 350명으로 정상 집단(117명), 우울증아동과 청소년(35명), 우울증성인(15명), 임상적 우울

증, 우울증과 관련 없는 아동과 정서장애아동(74명), 학습장애청소년(64명), 청각장애아동·청소년(18명)과 노인(27명)이 포함되었다. 연구결과, 우울증아동과 청소년의 약 63%가 매우 부정적인 주제(1점)에 반응한 반면, 비우울아동·청소년은 10%만 1점으로 나타나 현저한 차이를 보였다(Silver, 1988b). 이와 같은 결과로 DAS 과제는 청소년이나 아동기 우울증과 관련성이 있으나 성인에게는 적용되지 않았다는 것을 확인하였다. 우울증을 가진 성인 11명 중 2명만이 1점을 받았고, 나머지 9명은 3점을 받았다. 이로서 우울증성인의 반응에 대한 후속연구의 필요성을 시사하였다.

세 번째 연구는 우울증이 있거나 없는 103명의 성인과 청소년이 반응한 DAS 검사에서 연령과 성별의 차이점을 조사하는 것이었다(Silver, 1993a). 이 연구에서는 DAS 자극그림과 척도평가 이외에도 공간의 사용과 세부묘사가 우울증과 관련이 있는지에 대한 의문도 포함되었다. 연구결과, 공간의 사용은 차이가 없었으며 세부묘사에서 성별의 차이가 나타났다. 여성은 남성에 비해 세부묘사가 현저하게 적었으며, 우울증 남성은 부정적인 주제를 그리는 경향이 있는 반면 우울증 여성은 중립적 주제를 그리는 경향이 있는 것으로 나타났다. 이러한 결과는 DAS의 매우 부정적인 반응이 아동기와 청소년기의 우울증과 연관성이 있어 부정적인 응답과 임상적 우울증과의 관련성을 제시하였다. 그러나 DAS 과제에 대한 부정적인 반응이 여성의 우울증과 관련성이 있다는 것을 발견하지 못했다. 우울한 여성이 중립적인 주제를 그리는 경향을 보임으로써 여성의 우울증은 애매하거나 분명하지 않은 주제와 관련이 있는지에 대한 의문을 제기하였다.

이어서 Silver(1993a)는 임상적 우울증 집단의 아동·청소년·성인과 일반 집단을 대상으로 연령과 성별에 따라서 자신과 타인에 대한 태도가 어떻게 나타나는지에 대해 연구하였다. 집단은 여성(203명), 남성(157명)의 성별 집단과 아동 집단(9~12세), 초기 청소년 집단(13~16세), 후기 청소년 집단(17~19세), 성인기 집단(21~64세), 노인기 집단(65세 이상)으로 분류하여 연구를 시행한 결과, 단독대상을 그린 그림에서는 성별의 차이는 나타나지 않았고 남성과 여성 모두 부정적인 태도를 표현했다. 관계에 대한 그림에서는 성별 차이가 나타났는데, 남성의 72%가

공격적이고 긴장된 관계를 묘사하여 여성(34%)과 비교되는 결과를 보였다. 반면, 많은 여성(29%)이 남성(9%)보다 우호적이고 보살펴 주는 관계를 그렸다. 또한 연령별 차이가 나타나 다른 여성 집단보다 청소년기 여성 집단이 슬프거나 무기력하고 고립된 단독대상을 그려 1점을 받는 비율이 높았다.

또 다른 연구(Silver, 1993b)에서도 그림과제에 대한 반응이 성별 및 연령에 따라 차이가 있는지 조사하였다. 피검자는 5개 연령집단(5~10세 아동 집단, 12~16세 아동과 청소년 집단, 17~19세 청소년 집단, 20~50세 성인 집단, 65세 이상 노인 집단)의 531명(남: 257명, 여: 274명)이었다. 연구결과, 피검자는 자신을 동일한 성으로 표현하는 경향이 많았다. 여성이 남성보다 관계에 대한 그림을 더 많이 그리고 남성이 단독대상에 대한 그림을 여성보다 많이 그렸지만 유의미한 차이는 없었다. 그러나 자기 자신과 다른 사람들에 대한 태도가 고려되었을 때, 중요한 차이점이 발견되었다. 여성은 단독대상에 대해 긍정적인 태도를, 관계에 대해서는 긍정적 · 부정적 태도를 표현한 반면, 남성은 단독대상에 대해서는 긍정적인 태도를, 관계에 대해서는 부정적으로 표현하였다. 남성은 여성보다 공격적인 관계에 있는 그림을 그리는 빈도가 유의하게 더 높았으나, 노인의 경우는 여성노인이 남성노인보다 공격적 환상에 대한 그림을 그린 비율이 높았다. 한편, 보호적인 관계에 대한 그림은 다른 연령대의 남성과 젊은 여성보다 젊은 남성이 더 많이 표현하는 것으로 나타났다.

그 외에도 보호관찰소에 있는 남자범죄자를 대상으로 한 연구(Silver & Ellison, 1995), 우울하고 자살충동을 가진 입원 청소년을 대상으로 한 연구(Wilson, 1990), 뇌손상을 입은 입 · 퇴원 환자의 정서와 기능을 평가하기 위한 연구(Wilson, 1993)와 심각한 정서적 혼란으로 진단받은 아동 · 청소년의 욕구를 평가한 연구(Dunn-Snow, 1994)에서도 DAS A형을 사용하였다. 이와 같은 연구에서는 그림을 통해 환자의 정서상태와 그들의 상황을 그림을 통해 평가하는 것의 유용성을 제시하였다. 또한 Turner(1993)는 정신병원의 청소년을 대상으로 학대 유무를 평가하는 5개의 평가 중 하나로 DAS A형 평가를 실시하였다. 그 결과 DAS는 학대의 정도와 학대의 영향을 평가하고 아동에게 부여된 의미를 평가하는 데 유용하다는 것

을 밝혔다.

Brandt(1995)는 우울증이 있는 청소년, 성범죄자, 일반 청소년들에게 DAS를 실시하였다. DAS 반응결과, 성범죄를 저지른 남자 청소년이 다른 집단에 비해 덜 우울하거나 그들 자신이나 자신의 환경을 덜 부정적으로 인지하고 있음을 알 수 있었다.

2002년 Silver는 13세에서 17세의 정서장애진단을 받은 95명의 청소년과 68명의 정상 집단 청소년을 대상으로 DAS A형에 관한 반응연구를 실시하였다. 그 결과, 정서장애 집단과 정상 대조 집단 사이에서 현저한 차이가 나타났다. 즉, 정상 집단의 여학생이 4점, 5점에 해당하는 긍정적인 그림을 그린 비율이 훨씬 높은 반면, 정상 집단의 남학생이 정서장애를 가진 남학생보다 1점에 해당하는 부정적 내용의 그림을 더 많이 그린 것으로 나타났다. 이 연구를 통하여 정상 대조 집단의 소년이 정서장애소년보다 더 공격적이고 살해하는 관계를 많이 그렸다는 것은 이러한 반응이 단순히 환상을 반영하는 것뿐 아니라 잠재적 행동을 반영하고 있어 자신과 다른 사람을 해칠 위험이 있는 학생을 식별할 수 있지 않을까 하는 의문을 제기하였다.

이러한 연구를 바탕으로 Silver 등(2004)은 DAS 검사가 공격적 아동과 청소년의 반응이 통제집단과 뚜렷하게 구별될 수 있는지, 그리고 이 점수로 위험에 처한 아동과 청소년을 식별해 낼 수 있는지를 파악하기 위하여 연구를 진행하였다. 실험연구의 대상은 8~19세로 구성되고 3~4개의 학교에서 선정된 30명의 공격적인 학생과 181명의 대조군이었다. 아동·청소년에게 DAS A형의 자극그림을 제공하여 검사를 실시한 뒤 학생부기록 혹은 개인적인 공격적 행동의 전력을 포함시켜 결과물을 분석했다. 연구결과에서 공격성은 정서적 내용점수와 유의미하게 연관되어 있음이 나타났다. 특히 공격적인 학생은 통제군과 비교했을 때 정서내용 척도에서 더 낮고 더 부정적인 점수를 보였고, 자기상 점수와도 의미 있게 연관되어 있었다. 즉, 공격적인 학생은 공격적이지 않은 학생과 비교했을 때 자기상 척도에서 좀 더 높은 점수를 기록하여 정서적 내용에서 1점을 받음과 동시에 자기상에서는 5점을 보였다. 이 두 점수의 조합은 공격성과 유의미한 연관성이 있음을 나타냈다. 성별에서도 유의미한 차이가 나타났는데, 여학생이 남학생보다 정서내용 점수에서 좀 더 높은 점수를 기록함으로써 남학생이 여학생보다 공격적으로 나타났다. 또한 공격적인 남학생은 공격적인 여학생과 비교했을 때 자기상 점수에서 좀 더 높은 점수를 기록했다. 그러나 연령에서는 유의미한 차이점이 발견되지 않았다. 결론적으로 공격성 집단은 비공격성 집단에 비하여 낮은 정서내용 점수와 높은 자기상 점수를 나타내었다.

Kopytin와 Lebedev(2013)는 러시아의 병원에서 참전용사를 위한 심리치료의 일환으로 실시된 집단미술치료의 효과를 밝히기 위하여 인지, 정서, 창의력 및 자기 이미지와 관련하여 DAS 평가를 실시하였다. 스트레스 관련 질환 치료를 받는 112명의 참전용사를 실험집단(미술치료)과 대조군에 무작위로 배치하여 평가한 결과, 두 집단 모두 유머러스한 반응이 빈번했고 치료 후 미술치료 집단에서 유머가 증가한 것으로 나타났다. 이러한 결과는 이미지 형성과 예술적 활동이 인지 및 창의적 문제해결을 촉진하고 자부심을 증가시키고 유머가 집단에서 중요한 치료 기능으로 작용한다는 것을 암시하였다.

(2) 신뢰도 연구

DAS의 신뢰도와 타당도 연구는 DAS의 규준적 자료를 발전시키기 위하여 여러 연구에서 시행되었다. Silver는 정상인과 정서장애, 임상적 우울증, 비행, 학습장애 등을 가진 아동 · 청소년으로 이루어진 5개의 임상집단과 비임상집단으로부터 선택된 1,028명을 대상으로 DAS A형에 대한 검사를 실시하였다. 그중 20개의 응답을 무작위로 선택하여 3명의 치료사가 채점하여 채점자 간 일치도를 구한 결과 A−B 사이의 상관계수는 .806, A−C 사이의 상관계수는 .749, B−C 사이의 상관계수는 .816으로 나타났다. 또한 재검사 신뢰도 검정을 위하여 24명의 3학년 학생에게 DAS A형으로 1개월 후와 2년 후에 재검사를 실시하여 응답의 일관성을 검증하였다. 이 연구결과를 바탕으로, 첫째, DAS가 신뢰성이 있는 도구이다. 둘째, 매우 부정적인 응답과 우울증의 징후 사이에 높은 관련성이 있다. 셋째, 많은 비율의 학습장애 피검자가 1점을 받았는데, 그들의 점수와 임상적인 우울증 진단을 받은 환자의 점수는 차이가 없다는 점을 제시하면서 이러한 결과에 대한 추가적인 연구의 필요성을 시사하였다(Silver, 2002).

이후 두 가지 추가 연구가 이루어졌다(Silver, 1993a). 첫 번째 연구에서는 3명의 미술치료사가 아동 및 성인에게 DAS A형을 사용하여 검사를 실시하였다. 한 치료사는 뉴저지 초등학교에 있는 8명의 정서장애아동에게 일주일 간격으로 두 차례 과제를 실시하였다. 두 번째 치료사는 14~18세의 정서장애청소년 6명에게 시간 간격 없이 과제를 제시하였으며, 세 번째 치료사는 플로리다에서 익명으로 참여한 17명의 남녀에게 과제를 제시하였다. 전체 31명에 대한 DAS 평가의 재검사 신뢰도를 조사한 결과 DAS A형에 대한 검사-재검사 신뢰도는 .70으로 나타났으며, 8명의 정서장애아동에 대한 신뢰도는 .93으로, 청소년과 성인의 상관관계를 결합했을 때는 .45로 나타났다.

또한 DAS B형에 대한 검사-재검사 신뢰도와 채점자 간 신뢰도가 조사되었다(Silver, 1993a). 이 연구는 이전에 우울증, 정서장애, 주의력결핍장애, 학습장애로 진단받은 사람과 정상인을 포함한 33명의 아동과 청소년, 성인을 대상으로 이루어졌으며, 2명의 채점자가 채점을 한 결과 채점자 간 상관은 유의미하게 나타났다 첫 번째 응답한 점수(A)의 상관은 .84, 두 번째 응답한 점수(B)의 상관은 .74였으며, A-B 결합 점수의 상관은 .81이었다. 또한 미술치료 대학원생 17명에게 아동과 청소년, 성인 34명의 DAS B형을 제시하고 채점한 결과 채점자 간 신뢰도는 .59, .63, .60으로 나타났다. 이러한 결과를 통하여 DAS A형이 신뢰할 수 있는 측정방법임을 제시하였다.

2) 국내 연구동향

한국에서 DAS에 대한 연구는 2004년 주리애가 실버 이야기 그림검사의 개관을 발표하고, 2005년 정주희의 석사학위논문을 시작으로 주로 우울과 관련시켜 연구가 진행되었다. DAS에 대한 연구는 우울과 관련시킨 연구가 가장 많았으며, 그 외 공격성, 자살, 분노, 불안, 외상후 스트레스, 정서행동장애, 정서지능 등 다양한 영역에서 연구가 이루어졌다.

DAS의 평가 척도는 정서내용, 자기상, 유머사용으로 되어 있으나 우리나라의 연구에서는 주로 정서내용과 자기상을 중심으로 살펴보았고, 자극그림 중 어떤 자극그림을 활용하고 있는지에 대해 분석하는 경향을 보였다. 이에 평가 척도에 대한 내용과 자극그림 활용에 대한 내용을 중심으로 살펴보고자 한다.

(1) 평가 척도(정서내용, 자기상) 관련

우울 관련연구를 살펴보면, 초등학교 아동(문영희, 2007; 손현숙, 김갑숙, 2008a; 이현경, 2008; 조경은, 2011), 보육시설 아동(정은형, 2008) 지역아동센터 아동(강희숙, 2011), ADHD 성향 아동(박하나, 2011), 발달장애청소년(신유경, 2014), 중학생(강미현, 2014; 윤수현, 2006), 대학생(임윤희, 2011; 정주희, 2005; 최진선, 2014), 취업준비생(김정해, 2010), 임상간호사(구향천, 2010), 임신부(김혜경, 2010), 사회복지사(황희주, 2014), 군인(변나영, 2011) 등을 대상으로 DAS와 우울의 관계에 대한 연구가 이루어졌다. 이러한 연구에서는 주로 정서내용과 자기상 점수를 중심으로 살펴보았으며, 공통적으로 우울한 집단이 정서내용 점수와 자기상 점수가 낮은 것으로 나타났다. 군인을 대상으로 한 변나영(2011)의 연구에서는 DAS 검사의 내용적 분석에 있어 정서내용, 자기상 외에 공간 사용과 자기보고 점수, 세부사항 사용 점수를 첨가하여 분석하였다. 그 결과, 군인은 정서내용, 자기상, 자기보고 점수에서 유의미한 차이가 있었으나, DAS 검사의 형식적 분석에 있어 공간 사용 점수는 집단 간 유의미한 차이가 없었고 세부사항 사용 점수는 유의미한 차이가 나타났다. 알코올중독자의 우울, 불안 및 그림(DAS, K-HTP) 반응특성 간의 관계를 알아본 김제영과 오가영(2015)의 연구에서는 우울(BDI) 점수가 높을수록 DAS 검사(정서내용, 자기상, 유머사용)에 대한 내용이 부정적임을 알 수 있었다.

DAS는 우울뿐만 아니라 공격성을 선별하는 검사로도 활용되고 있어 우울과 공격성을 함께 다룬 연구(김태순, 2008; 손현숙, 김갑숙, 2008b; 손현숙, 2009: 지혜정, 2013)가 이루어졌다. 김태순(2008)은 DAS 검사가 고등학생들의 우울과 공격성을 선별할 수 있는지 파악하기 위하여 서울 · 인천의 고등학생 1, 2학년 524명(남:

213명, 여: 311명)을 대상으로 DAS 검사와 BDI(Beck Depression Inventory), K-YSR(Korean Youth Self-Report) 검사를 실시한 결과 정서내용은 우울과 공격성을 판별하는 지표가 되지만, 자기상의 경우 공격 집단에서 매우 긍정적인 자기상을 가지고 있는 학생과 부정적인 자기상을 가지고 있는 학생들이 나타나 자기상을 공격성을 판단하는 지표로 활용하기에는 한계가 있다고 하였다. 손현숙과 김갑숙(2008b), 손현숙(2009)은 아동과 청소년을 대상으로 우울 및 공격성과 DAS 반응특성과의 관계를 연구하였다. 정서내용 점수와 자기상 점수는 우울, 공격성과 부적 상관이 있는 것으로 나타났으며 우울과 공격성 집단 간에 차이를 보였다. 우울 수준이 높은 경우, DAS 정서내용 점수와 자기상 점수가 낮고 부정적인 반응을 보였고, 공격성이 낮은 집단보다 공격성이 높은 집단에서 정서내용 반응이 부정적인 것으로 나타났다고 보고하였다. 그러나 자기상 5점에 긍정적인 부분(존경, 사랑)과 부정적인 부분(위협적, 공격적)이 혼재되어 있어 5점 점수에 대한 분류의 필요성을 제시하였다.

우울은 자살사고와 밀접한 관련성이 있으며, Silver 역시 DAS를 통해 자살에 대한 환상이 표현되고 있음을 제시하였다. 이런 측면에서 DAS와 자살과의 관계를 다룬 연구(김세은, 2008; 박치홍, 2013; Park & Kim, 2013)가 있다. 김세은(2008)은 군인의 우울, 자살사고, 공격성에 따른 DAS 반응특성을 연구한 결과 DAS 점수가 자살사고의 성향을 반영한다는 것을 알 수 있었고, 자살사고가 높은 집단에서는 '불행한' '공격적인' 자기상이 많이 나타나고 자살사고가 낮은 집단에서는 '행복한' 자기상이 많이 나타났다. 대상 간의 관계 차이를 알아본 결과, 자살사고가 높은 집단에서는 '상대방을 상해'하는 관계가 많이 나타남을 알 수 있었다. Park과 Kim(2013)은 DAS가 자살위험을 예측하는 도구로 타당성이 있는지를 조사하였다. 중학생 413명(남: 194명, 여: 219명)을 대상으로 한 연구에서 DAS의 정서내용과 자기상 척도의 채점자 간 신뢰도는 r=.867~.978, 채점자 내 신뢰도는 .957~.984로 나타났으며, 자살위험 정도에 따라 정서내용과 자기상 점수가 차이가 있는 것으로 나타나 DAS가 청소년의 자살위험을 예측하는 척도로 신뢰성과 타당성이 있음을 입증하였다.

박치홍(2013)은 중학생 821명(남: 379명, 여: 442명)을 대상으로 자살위험요인과 보호요인을 중심으로 중학생의 자살과 DAS의 반응특성을 알아보았다. 위험요인 측정도구는 우울, 학교따돌림, 자살사고 척도를 사용하였고, 보호요인 측정도구로는 자기존중감, 친구지지, 가족지지, 교사지지 척도를 사용하였다. 연구결과 첫째, 자살 위험요인과 DAS의 상관관계는 모두 유의미한 부적 상관이 있었으며, DAS 점수에 따른 위험요인의 수준 차이는 DAS의 정서내용 점수가 1점일 경우 우울, 학교따돌림, 자살생각이 높았고, 자기상에서는 1점과 부정 5점인 경우 위험요인이 높았다. 둘째, 자살 보호요인과 DAS의 상관관계에서 보호요인은 모두 유의미한 정적 상관이 있었으며, DAS 점수에 따른 보호요인의 수준 차이는 DAS의 정서내용 점수가 1점일 경우 자기존중감, 친구지지, 가족지지, 교사지지가 낮았고, 자기상에서는 1점과 부정 5점의 경우 보호요인의 수준이 낮았다.

최근 학교장면에서 지필검사도구로 사용되고 있는 정서・행동문제 척도에서 드러나지 않은 대상을 파악하기 위한 목적으로 정서・행동문제와 DAS를 접목시킨 연구들(김선현, 장은희, 2010; 정수미, 고정연, 2017; 최선진, 임나영, 2017)이 진행되었다. 그 결과, 아동 판별연구(김선현, 장은희, 2010)에서는 내재화장애, 외현화장애, 내재-외현 공존장애아동으로 분류하여 각 집단에 정서내용, 자기상, 유머사용에서 보이는 반응특징을 연구하였다. 그 결과, 일반아동과 정서행동장애아동의 반응특성에 유의미한 차이가 있었으며, 하위 척도 중 정서행동장애아동을 변별하는데 가장 큰 영향을 미치는 변수는 정서내용, 자기상 척도 순인 것으로 나타났다. 정수미와 고정연(2017)의 연구에서는 정서・행동문제와 하위영역인 내재화 문제, 외현화 문제, 인지적 문제, 오남용 문제, 정신신체화 문제에 있어서 문제가 있는 집단이 문제가 없는 집단보다 부정적인 정서와 부정적인 자기상을 많이 나타냈다. 최선진과 임나영(2017)의 연구에서는 DAS 그림검사의 하위요인인 정서내용과 자기상은 정서・행동문제 및 특성분노를 예측하는 것으로 확인되었다.

분노와 관련시킨 연구는 초등학생, 여고생, 학교폭력 가해청소년과 대학생을 대상으로 한 연구가 있었다. 초등학생의 특성분노 및 분노표현양식에 따른 이야기그림검사 반응특성 연구(하정민, 2017)에서는 특성분노, 분노표출과 분노억제는

DAS의 정서내용과 유의미한 상관이 있었다. 초등학생의 특성분노 수준이 높을수록 DAS의 정서내용은 더 부정적이고, 역기능적 분노표현양식을 선택하는 아동들의 경우 DAS의 정서내용은 더 부정적으로 나타났다. 여고생들은 분노를 억제하는 편일수록 DAS의 정서내용은 부정적인 것이 많으며, 공격적인 상징자극을 선택하는 경우 그림의 내용이 더 부정적이고 자기상은 더 나약한 그림 반응을 보이는 것으로 나타났다(주리애, 2011). 학교폭력 가해청소년과 일반청소년의 DAS 비교연구(오종은, 김세영, 2014)에서는 DAS의 표현에서 학교폭력 청소년이 일반청소년에 비해 부정적 정서가 높고 자기상에 대한 병적인 환상이 높은 것으로 나타났다. 대학생을 대상으로 한 연구(김혜진, 2016)에서는 대학생의 분노 수준은 DAS의 정서내용과는 차이가 있었으나, 자기상, 공간 활용, 세부사항 표현과는 차이가 없었다.

불안과 관련된 연구에서 DAS에 나타난 아동의 특성-상태불안 수준(김미영, 2014)과 청소년의 사회불안(최윤녕, 2012)에서는 DAS의 정서내용 점수와 자기상 점수가 부적 상관관계가 있었다. 연평도 포격사건을 경험한 청소년의 불안과 그림검사의 반응특성을 연구한 주리애와 김현진(2014)의 연구에서 DAS 검사 중 불안을 잘 반영하는 검사 척도는 정서내용 척도로 나타났다. 불안이 높을수록 DAS에서 부정적인 정서내용을 많이 그렸다. 사고를 경험한 지하철 기관사의 외상후 스트레스에 따른 DAS 반응특성을 연구한 조윤선과 한경아(2018)의 연구에서도 사고를 경험한 지하철 기관사의 외상후 스트레스 정도와 DAS의 반응특성은 유의미한 부적 상관관계를 보였다. 어수경(2017)은 소아 외상후 스트레스 장애를 가진 화상 환아를 대상으로 한 연구에서 DAS를 연필로 그리고 채색을 원하는 대상에게는 색을 사용하게 하였다. 그 결과, 색이 PTSD 환아의 심리적 상태를 연결해 볼 수 있었으며, PTSD 수준이 높은 사람이 DAS의 정서내용에서 부정적이고 파괴적이었고, 자기상이 슬프고 불행하여 낮은 점수를 받은 것으로 나타났다.

지혜정, 한소선과 강소정(2016)은 병원장면에서 DAS의 선별도구로서의 유용성을 살펴보기 위하여 임상(우울장애 환자: 34명, 조현병 환자: 76명) 및 비임상 집단(일반성인: 78명)을 대상으로 DAS와 MMPI-2의 반응특성 차이를 검증하였다. 연구 결과, DAS의 정서내용은 비임상 집단이 가장 행복하고 성취지향적인 내용이었고,

우울장애 집단이 가장 부정적이고 위험한 상황을 표현하였다. 자기상 점수는 임상 및 비임상 집단 간에만 유의미한 차이를 보였다. 이 연구를 통하여 DAS가 우울장애를 진단하는 선별 및 진단보조 도구로서 유용하다는 것은 확인되었지만, 조현병 환자를 위한 척도로는 한계가 있었다.

기타 연구로는 20대의 여성 내담자와 여성 정상인의 검사반응(주리애, 2006), 발달장애어머니(정지은, 2006), 피학대아동(김장미, 2012), 인터넷 중독 초등학생(정호선, 2009)을 대상으로 한 연구가 있다. 그 외 대학생의 심리적 안녕감과 DAS 반응특성(김태희, 김갑숙, 2014)에 대한 연구와 DAS 검사와 다른 투사적 그림검사를 접목시킨 연구로 동적 가족화와 DAS 검사의 관계(주리애, 2010)를 살펴본 연구가 있었다. 이 연구에서는 KFD에서 일반양식으로 그린 아동은 DAS 그림의 정서내용척도와 자기상 척도 모두에서 높은 점수를 보였으며, 반면 KFD에서 철회하거나 고립된 모습을 그린 경우는 DAS에서도 부정적인 내용과 취약한 자기상을 나타내는 비율이 높았다. 이러한 결과를 통하여 동적 가족화와 DAS 검사가 가족관계를 중심으로 하는 아동의 심리적 내면을 공통으로 반영하는 부분이 있음을 시사하였다.

(2) 자극그림의 활용

DAS의 열네 가지 자극그림 중 피검자들이 증상에 따라 선택하는 자극그림에 차이가 있는지 살펴보았다. 우울 집단이 비우울 집단보다 많이 선택한 자극그림은 '칼' 그림이었다(손현숙, 김갑숙, 2008; 주리애, 2011; 윤수현, 2006). 아동을 대상으로 한 연구(이지영, 2011)에서는 우울한 집단이 '칼'과 '뱀'을 더 많이 선택하였고, 비우울 집단의 아동이 '낙하산을 탄 사람'과 '병아리'를 더 많이 선택하였다. 아동 · 청소년을 대상으로 한 연구에서 우울 집단은 비우울 집단에 비해 '칼' 그림과 '성' 그림을 많이 선택하였으며, 공격성이 높은 집단이 공격성이 낮은 집단에 비해 '칼'과 '모자 쓴 사람'을 보다 많이 선택하였으며, 공격성이 낮은 집단이 '면사포 쓴 여인' '나무'와 '병아리' 그림을 많이 선택하였다(손현숙, 2009). 군인들을 대상으로 한 연구에서 우울 집단은 '공룡'과 '화산' 그림을, 비우울 집단은 '면사포 쓴 여인'과 '중

성적 아이' 그림을 많이 선택하였다(변나영, 2011). 학교폭력 가해청소년은 일반청소년에 비해 '칼'을 선택하는 경우가 많은 반면, '화산'을 선택하는 경우는 적었다(오종은, 김세영, 2014). 20대의 내담자 집단은 정상인 집단보다 '공룡'과 '모자 쓴 남자'를 선호하며, 정상인 집단이 더 선호한 자극은 '병아리'였다(주리애, 2006). 지혜정 등(2016)의 연구에서는 우울장애 집단은 '낙하산 탄 사람'이 가장 많았고, 만성조현병과 비임상 집단은 '면사포를 쓴 여자'가 가장 많았다.

사회불안이 높은 집단이 낮은 집단보다 '낙하산' '칼' '성' 자극그림을 선택하는 경우가 많았다(최윤녕, 2012). 특성상태불안이 높은 집단은 '칼'과 '뱀'을 많이 선택했으며, 비불안 집단은 '면사포 쓴 여인'과 '성'을 많이 선택하였다(김미영, 2014). PTSD 환아의 경우는 '칼' '낙하산 탄 사람'과 '뱀'의 순으로 그린 반면 외상후 스트레스 장애를 보이지 않은 환아는 '병아리' '성' '낙하산 탄 사람' '화산' 순으로 그렸다(어수경, 2017). 조윤선과 한경아(2018)의 연구에서는 '뱀' '고양이' '칼' '공룡'을 선택한 집단은 외상후 스트레스의 정도가 높으며 부정적인 정서내용을 나타냈고, '공룡' '화산' '고양이'를 선택한 집단은 부정적인 자기상을 나타냈다. 반면 '면사포를 쓴 여인'과 '중성적 아이'를 선택한 집단은 긍정적인 자기상과 정서내용을 나타내었다. 그러나 '나무'를 선택한 집단은 외상후 스트레스의 정도가 높으며 자아탄력성 수준은 낮게 나타났지만, 정서내용은 긍정적으로 나타났다. Silver의 DAS 검사에서 공격적인 상징으로 해석될 수 있는 자극은 '칼' '뱀' '공룡' '화산' 등으로 분류할 수 있는데, 연평도 포격사건을 경험한 청소년의 그림(주리애, 김현진, 2014)에서 공격적인 자극을 선택한 집단의 정서내용 점수가 더 낮게 나타났고, 자기상도 더 취약한 것으로 나타났다.

최선진과 임나영(2017)의 연구에서는 2개의 자극그림(칼, 쥐)이 정서・행동문제의 내재화와 유의미한 관계가 있는 것으로 나타났다. '칼' 자극그림은 정서・행동문제의 내재화와 유의미한 차이가 나타났고, '쥐' 자극그림은 정서・행동문제의 내재화, 외현화 및 특성분노와 유의미한 차이가 있었다. 오종은과 김세용(2014)의 연구에서는 학교폭력 가해 청소년이 일반 청소년에 비해 '칼'을 선택하는 경우가 많은 반면, '화산'을 선택하는 경우는 적었다.

심리적 안녕감 수준에 따라서는 심리적 안녕감이 높은 집단은 낮은 집단에 비해 '중성적 아이'와 '병아리'를 그리는 경향이 많고, 심리적 안녕감이 낮은 집단은 높은 집단에 비해 '공룡'과 '성'을 그리는 경향이 많았다(김태희, 김갑숙, 2014).

이 연구를 종합해 보면 자극그림 중 '칼' 그림은 우울, 공격성, 불안, 외상후 스트레스 장애에서 공통적으로 부정적인 이미지로 사용되었다. 대체로 칼은 위협적인 상황에서 자기를 보호하거나 문제를 해결하는 수단인 동시에 대상을 위협하고 상해를 가하려는 도구로 사용되고 있어 '칼'을 선택할 경우 정서적으로 우울함을 반영하며 '칼'이 죽음과 복수의 상징(주리애, 2011)임을 나타내었다. 그 외로는 공룡도 부정적인 이미지로 사용되었다. 반면, '면사포 쓴 사람' '중성적 아이' '병아리'는 긍정적인 이미지로 사용되고 있다. '낙하산 탄 사람'과 '화산' '성' 자극은 대상과 증상에 따라 부정적 이미지로 사용되기도 하고 긍정적 이미지로 사용되는 경우도 있어 일관성이 없었다.

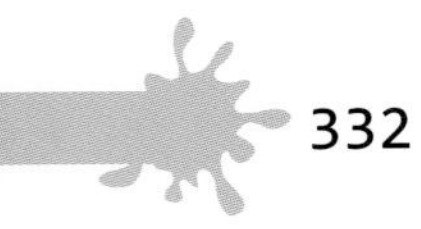

참고문헌

강미현(2014). 중학생의 우울 · 학교따돌림에 따른 DAS(Draw-a-Story) 반응 특성 연구. 영남대학교 환경보건대학원 석사학위논문.

강희숙(2011). 지역아동센터 아동의 우울수준에 따른 Draw-a-Story 검사의 그림반응 특성 연구. 백석대학교 대학원 석사학위논문.

구향천(2010). 임상간호사의 우울과 Draw-a-story 반응특성의 관계. 건국대학교 디자인대학원 석사학위논문.

김세은(2008). 군인의 우울, 자살사고, 공격성에 따른 Draw-a-story 검사반응의 특성. 동국대학교 대학원 석사학위논문.

김미영(2014). 이야기 그림검사(Draw-a-Story)에 나타난 아동의 특성-상태불안에 대한 연구: 초등학교 고학년을 대상으로. 원광대학교 동서보완의학대학원 석사학위논문.

김선현, 장은희(2010). 그림이야기(Draw-a-Story)검사에 의한 정서행동장애 아동의 판별연구. 미술교육논집, 24(1), 333-352.

김장미(2012). 피학대아동의 그림이야기(DAS)검사 반응특성 연구. 대진대학교 대학원 석사학위논문.

김정해(2010). 취업준비생의 스트레스와 우울 수준에 따른 그림검사 반응 특징 연구: DAS (Draw-a-Story) 그림검사를 중심으로. 건국대학교 디자인대학원 석사학위논문.

김제영, 오가영(2015). 알코올중독자의 우울과 불안감소를 위한 미술치료 사례연구. 미술치료연구, 22(2), 585-602.

김태순(2008). 고등학생의 우울과 공격성에 관한 Draw-a-Story 검사 반응 특성 연구. 서울여자대학교 특수치료대학원 석사학위논문.

김태희, 김갑숙(2014). 대학생의 심리적 안녕감과 DAS(Draw-a-Story) 반응특성 연구. 예술심리치료연구, 10(2), 25-43.

김혜경(2010). 임신부의 우울경향에 따른 Draw-a-Story 검사연구. 가천의과학대학교 보건대학원 석사학위논문.

김혜진(2016). 대학생의 분노에 따른 그림 이야기검사(DAS) 반응특성. 대진대학교 대학원 석사학위논문.

문영희(2007). 아동 우울과 Draw-a-Story 검사 반응 특성 연구. 대구대학교 재활과학대학원 석사학위논문.

박하나(2011). ADHD 성향 아동의 우울에 대한 DAS 반응특성 연구. 서울여자대학교 특수치료전문대학원 석사학위논문.

박치홍(2013). 중학생의 자살과 DAS 반응특성 연구-위험요인과 보호요인을 중심으로. 영남대학교 대학원 박사학위논문.

변나영(2011). 군인의 우울수준에 따른 DAS(Draw-a-Story) 검사 반응차이 연구. 평택대학교 사회복지대학원 석사학위논문.

손현숙(2009). 아동 청소년의 우울 및 공격성과 DAS반응특성의 관계. 영남대학교 대학원 박사학위논문.

손현숙, 김갑숙(2008a). 이야기 그림검사를 적용한 아동의 우울 특성 분석, 미술치료연구, 15(4), 721-740.

손현숙, 김갑숙(2008b). 중학생의 우울 및 공격성과 DAS반응특성과의 관계 연구. 한국가정관리학회지 26(5), 405-418.

신유경(2014). 발달장애청소년의 우울수준에 따른 이야기 그림검사 반응특성. 우석대학교 교육대학원 석사학위논문.

어수경(2017). 소아 외상후스트레스장애에서 그림이야기 검사 반응특성-소아화상환자에서-. 미술치료연구, 24(3), 719-738.

오종은, 김세영(2014). 학교폭력 가해청소년과 일반청소년의 DAS 반응특성 비교연구. 미술치료연구, 21(5). 899-917.

윤수현(2006). 중학생의 우울성향에 따른 Draw-a-Story 검사반응의 특성. 서울여자대학교 특수치료대학원 석사학위논문.

이지영(2011). 학령기 아동의 우울에 따른 DAS검사와 별-파도그림 검사 반응특성 연구. 대구대학교 재활과학대학원 석사학위논문.

이현경(2008). Draw-a-Story 검사에 의한 아동 우울 판별 연구: 초등학교 저학년 중심으

로. 동국대학교 문화예술대학원 석사학위논문.

임윤희(2011). 대학생의 우울정도에 따른 Draw-a-Story 검사의 반응 차이 연구. 평택대학교 사회복지대학원 석사학위논문.

정은형(2008). 보육시설 아동의 우울에 따른 Draw-a-Story 검사의 그림 반응특성. 동국대학교 문화예술대학원 석사학위논문.

정수미, 고정연(2017). 초등학생 정서행동문제와 DAS 반응특성에 관한 연구. 미술치료연구, 24(2), 303-329.

정주희(2005). 우울성향 여대생의 Draw-a-Story 검사반응 특성과 집단미술치료 효과. 서울여자대학교 특수치료대학원 석사학위논문.

정지은(2006). 발달장애아동 어머니의 Draw-a-Story 검사반응 특성 연구. 대구대학교 재활과학대학원 석사학위논문.

정호선(2009). 인터넷 중독 초등학생의 DAS(Draw-a-Story) 반응특징 연구. 서울여자대학교 특수치료전문대학원 석사학위논문.

조경은(2011). 초등학교 고학년 아동의 우울진단을 위한 DAS검사와 CDI검사의 연계성 연구. 원광대학교 동서보완의학대학원 석사학위논문.

조윤선, 한경아(2018). 사고를 경험한 지하철 기관사의 외상후 스트레스와 자아탄력성에 따른 이야기 그림검사 반응특성. 미술치료연구, 25(2), 169-188.

주리애(2006). 학령기 아동의 우울에 따른 DAS검사와 별-파도그림 검사 반응특성 연구. 미술치료연구, 13(2), 387-403.

주리애(2010). 아동의 이야기그림검사와 동적가족화의 관련성 연구, 사이버교육연구, 4(1), 91-107.

주리애(2011). 이야기 그림검사(Draw-a-Story)에 나타난 여고생의 특성분노 및 분노표현양식. 미술치료연구, 18(1), 65-79.

주리애, 김현진(2014). 연평도 포격사건을 경험한 청소년의 불안과 그림검사의 반응특성. 미술치료연구, 21(4), 825-843.

지혜정(2013). 아동청소년의 우울, 공격성, 분노와 DAS 반응특성연구: 우울장애, 주의력결핍 과잉행동 집단 중심으로. 영남대학교 대학원 박사학위논문.

지혜정, 최외선(2013). 소년원 및 일반 남학생들의 우울, 분노에 관한 이야기 그림검사 반응 특성 연구. 미술치료연구, 20(1), 1-19.

지혜정, 한소선, 강소정(2016). 병원장면에서 DAS(Draw-a-Story)의 선별도구로서의 유용성-임상집단(우울장애, 조현병)과 비임상집단 중심으로. 미술치료연구, 23(6), 1549-1567.

최선진, 임나영(2017). 학령후기 아동의 정서행동문제 및 특성분노의 예측변인으로서 DAS(Draw-a-Story)그림검사 반응특성. 미술치료연구, 24(3), 823-843.

최진선(2014). 여대생의 우울성향에 따른 DAS(Draw-a-Story)검사 반응 특성. 원광대학교 동서보완의학대학원 석사학위논문.

최윤녕(2012). 중학생의 사회불안과 이야기그림검사(Draw-a-Story)의 반응특성의 관계. 영남대학교 환경보건대학원 석사학위논문.

최지욱(2008). 중학생의 우울과 빗속의 사람(PITR) 그림검사 및 이야기 그림검사(DAS)와의 관계. 영남대학교 환경보건대학원 석사학위논문.

하정민(2017). 초등학생의 특성분노 및 분노표현양식에 따른 이야기그림검사 반응특성

황희주(2014). 사회복지사의 직무스트레스·우울과 DAS검사와의 상관 연구. 원광대학교 동서보완의학대학원 석사학위논문.

Brandt, M. (1995). *Visual stories: A comparison study utilizing the Silver art therapy assessment with adolescent sex offenders.* Unpublished master's thesis. Ursuline College, Pepper Pike, Ohio.

Dunn-Snow, P.(1994). Adapting the Silver-a-Story assessment: Art therapy techniques with children and adolescents. *American Journal of Art Therapy, 33,* 35-36.

Earwood, C., Fedorko, M., Holzman, E., Montanari, L., & Silver, R. (2004). Screening for aggression using the Draw-a-Story assessment. *Art Therapy: Journal of the American Art Therapy Association, 21*(3), 115-161.

Kopytin, A., & Lebedev, A.(2013). Humor, self-attitude, emotions, and cognitions in group art therapy with war veterans. *Art Therapy: Journal of the American Art Therapy Association, 30*(1), 20-29. doi:10.1080/07421656.2013.757758

Park, C. H., Kim, G. S. (2013). A validation study on DAS in the prediction of suicidal risk for adolescents. *The Arts in Psychotherapy, 40*, 108-114.

Silver, R. (1983). *The Silver Drawing Test of cognition and emotion*. Seattle, WA: Special Child Publications.

Silver, R. (1988a). Screening children and adolescents for depression through Draw a Story. *American Journal of Art Therapy, 26*(4), 119–124.

Silver, R. (1988b). *Draw a Story: Screening for depression*. Mamaroneck, New York: Ablin Press.

Silver, R. (1990). *Silver Drawing Test of cognition and emotion* (2nd ed.). Sarasota, FL: Ablin Press.

Silver, R. (1993a). *Draw A Story: Screening for depression and age or gender differences*. New York: Trillium.

Silver, R. (1993b). Age and gender differences expressed through drawings: A study of attitudes toward self and others. *Art Therapy: Journal of the American Art Therapy Association, 10*(3), 159–168.

Silver, R. (1996). Sex differences and similarities and assaultive fantasies of delinquent and non–delinquent adolescents. *Adolescence, 31*, 543–552.

Silver, R. (2002). *Three art assessments*. New York: Brunner–Goutledge.

Silver, R. (2005). *Aggression and depression assessed through art: Using Draw–a–Story to identify children and adolescents at risk*. New York: Brunner–Routledge.

Silver, R. (2007). *The Silver Drawing Test and Draw A Story: Assessing depression, aggression, and cognitive skills*. New York: Routledge.

Silver, R. & Ellison, J. (1995). Identifying and assessing self–images in drawing by delinquent adolescents. *The Arts in Psychotherapy, 22*(4), 339–352.

Turner, C. (1993). *The Draw a Story in assessment of abuse*. Preconference course presentation at the 1993 conference of the American Art Therapy Association, Atlanta.

Wilson, M. F. (1990). Art therapy as an adjunctive treatment modality with depressed hospitalized adolescents. Unpublished master's degree thesis, Ursuline College, Pepper Pike, Ohio.

Wilson, M. F. (1993). *Assessment of brain injury patients with the Draw-a-Story instrument*. Preconference course presentation at the 1993 conference of the American Art Therapy Association, Atlanta.

Waterfield, M. L. (1993). *Assessing test-retest and inter-rater reliability of the Draw a Story stimulus drawings, Form B*. Unpublished master's thesis, University of Florida, Tallahassee.

Ziv, A. (1984). *Personality and sense of humor*. New York: Springer.

얼굴자극평가

- **개발자**: Betts(2003)
- **목　적**: 피검자의 창의적 · 잠재적 인지능력과 발달 수준의 이해
- **준비물**: FSA 용지 세 장(얼굴의 표준 이미지가 그려진 용지, 얼굴 윤곽선만 그려진 용지, 빈 용지), 16색의 크레욜라 마커(8색의 기본 마커, 8색의 다문화 마커)
- **지시어**: "마커펜과 이 종이를 사용하세요(Use the markers and this piece of paper)."

1. 개요

얼굴자극평가(Face Stimulus Assessment: FSA)는 Betts가 문화적으로 다양한 아동들을 이해하기 위하여 개발한 투사적 그림검사이다. Betts(2003)는 다문화학교에서 일하고 있을 당시 인지손상으로 말을 하지 못하는 내담자들이 지시를 따르지 못하고 시각적인 자극물 없이 그림을 그리기 어려워한다는 점을 발견하여, 이들을 평가하기 위해 특별한 방법을 개발할 필요성을 인식하였다. 그리하여 Betts는 Silver(1976), 그리고 Stamatelos와 Mott(1985)의 작업에서 영감을 받아 미술을 통하여 내담자의 강점을 찾아낼 수 있는 방법을 고안하였고, 그림진단 시리즈(DDS), 와 울만 성격평가절차(UPAP), 사과나무에서 사과를 따는 사람(PPAT) 검사의 영향을 받아 자극용지와 색을 사용하는 검사도구의 개발을 시도하였다.

이를 위하여 Betts는 얼굴그림을 사용한 연구(Anderson, 1983; Burns & Zweig, 1980; Golomb, 1992; Milne & Greenway, 2001)를 고찰하고, 직접 인물을 그린 자극용지를 내담자에게 제공하여 예비연구를 실시하였다. 그 결과, 자폐나 의사소통에 어려움을 가지고 있는 내담자와 동기부여가 낮은 내담자들에게 얼굴 그림과 같은 자극물이 도움이 된다는 것을 발견하였다. 그리고 Betts(2003)는 관련 전문가의 자문을 받아 중성적(gender neutral)이며, 연령에 따라 특별하지 않고 다양한 문화를 대표하는 표준화된 얼굴 자극그림을 만들어 이를 바탕으로 FSA(Face Stimulus Assessment) 투사적 그림검사를 개발하였다.

FSA는 시리즈로 된 3개의 자극그림으로 구성되어 있으며 얼굴상은 세로 방향으로 정면을 향하고 있다. 첫 번째 자극그림은 얼굴에 눈, 코, 입, 귀의 표준 이미지가 그려져 있고, 두 번째 자극그림은 얼굴윤곽선만 그려져 있으며, 세 번째 이미지는 빈 용지로 되어 있다. Betts(2003)가 시리즈로 된 3개의 이미지를 활용한 것은 단일회기에 두 장 이상의 그림을 연속으로 그리는 것이 한 장을 그리는 것보다 더 많은 정보를 얻을 수 있으며, 이것이 내담자의 기억, 시각 기억 보유력, 얼굴구성요소의 조직능력을 파악할 수 있을 것으로 생각했기 때문이었다(Golomb, 1992). FSA의 얼굴상이 세로 방향이며, 정면을 향한 것은 시각적 도해 논리에서 세로 면은 인간의 두뇌에 명기되며(Golomb, 1992), 상호작용과 얼굴 표정을 탐지하는 데 있어서 정면방향이 가장 중요하다(Alley, 1988)고 규정한 이론에 근거한 것이다(김순란, 2010b, p. 16에서 재인용).

우리는 사람의 얼굴을 통해 상대방에 대해 많은 정보를 얻을 수 있다. 얼굴은 자기 자신과 타인을 인식하는 데에 있어서 강력한 결정요인이다. 얼굴은 타인과의 상호작용에 영향을 미치며, 정서표현과 개인의 정체감과 관련성이 있으므로 신체부위 중 가장 중요한 영역이라 할 수 있다. 얼굴 표정은 정서전달에 영향을 미치는 가장 대표적인 비언어적 요소로(Ekman, 1992), 얼굴을 통한 정확한 정서인식과 표현능력은 사회지능과 정서지능의 기본요소라 할 수 있다(최은실, 방희정, 2011; Philippot & Feldman, 1990). 또한 얼굴 표정을 통한 정서인식능력은 정신병리와 연관이 있으며 실제 자폐장애(Celani, Battacchi, & Arcidiacono, 1999)나, 조현병(오경자, 문혜신, 김영아, 박수경, 김진관, 2001), 우울증을 앓는 사람(최은실, 방희정, 2011), 정서장애 혹은 행동장애를 보이는 아동·청소년(오경자, 배도희, 2002; Walker & Leister, 1994)과 비행청소년 집단(구재선 외, 2008; 임유경, 오경자, 2010)은 일반집단보다 얼굴 표정을 통한 정서인식능력이 낮게 나타났다. 이는 얼굴자극을 제시하여 정서적 인지적 특성을 파악하는 도구로 활용한다는 Betts 연구에 대한 충분한 근거를 제시한다고 본다.

FSA는 얼굴그림이 위협적이지 않고, 그림의 내용이 일관성이 있어 연구에 적합하며 그림 그리는 과정을 지켜보지 않아도 평가가 가능하다는 장점이 있다. FSA는 원래 중복장애(Betts, 2001), 특히 의사소통에 어려움을 가진 아동·청소년을 위한 투사적 그림검사도구로 개념화하였으나, 다양한 장애를 가진 사람과 손상되지 않은 집단과의 비교연구 또는 자아존중감 척도, 행동평가 척도와 같은 표준화된 심리측정도구와도 연결시켜 볼 수 있을 것이다(Betts, 2003).

2. 실시방법

1) 준비물

준비물은 자극그림으로 구성된 FSA 용지 세 장(자극그림 1: 얼굴의 표준 이미지가 그려짐, 자극그림 2: 얼굴 윤곽선만 그려짐, 자극그림 3: 빈 용지)과 16색의 크레욜라 마커(8색의 기본 마커, 8색의 다문화 마커)이다. 원래 Betts(2003)는 8색 표준 크레욜라 마커와 8색 다문화 컬러 마커를 사용하도록 하였다. 이는 미국이 다양한 민족으로 구성되어 피부색도 다양하므로 이를 용이하게 표현하기 위한 것이었다.

그러나 한국에서는 마커가 흔하게 사용되는 도구가 아니며(김순란, 2010b), 넓은 면적을 칠하기에는 적절하지 않아(Rubin, 1984) 일반적으로 친숙한 크레파스나 크레용을 사용하는 경우도 있다. 또한 크레파스나 크레용에는 기본색뿐만 아니라 다양한 피부색을 표현할 수 있는 색상이 함께 포함되어 있어 손쉽게 사용할 수 있으며 최근에는 마커의 사용도 증가하고 있다.

2) 시행절차

검사 시행절차는 다음과 같다.

① 피검자가 검사실에 들어오기 전에 무작위로 섞어 놓은 '16색' 마커펜을 피검자가 앉을 위치에서 탁상 위 오른쪽에 올려놓는다.

② 피검자가 검사실에 들어오면 오늘 미술치료평가 작업을 한 가지 실시한다는 점을 알려 준다.

③ 피검자에게 자극그림 1을 제공하고 "마커펜과 이 종이를 사용하세요."라고 말한다. 피검자가 질문을 하거나 설명을 요구하여도 지시내용만 반복해서 말하고 어떠한 단서도 주지 않아야 하며, 회기가 끝난 후에 평가작업에 대해 이야기를 나눌 수 있을 것이라는 것을 알려 준다.

④ 자극그림 1 작업이 끝나면 그린 그림을 피검자의 눈앞에서 보이지 않게 완전히 치우고, 자극그림 2를 제공하며 지시사항을 말한다.

⑤ 자극그림 2가 끝나면 피검자 시야에서 그림을 완전히 치우고, 자극그림 3을 세로로 놓이게 제공하며 지시사항을 말한다. 자극그림 3은 임상 목적으로는 선택사항이므로, 피검자가 자극그림 3을 완성할 만큼 충분히 힘이 남아 있는지를 판단한 후에 시행하면 된다.

⑥ 각 그림 뒷면에 이름, 날짜, 자극그림 1, 2, 3이라고 적는다.

⑦ 평가작업이 끝나면, 피검자와 함께 그림들에 대해 이야기를 나눈다. '피검자 질문지(FSA Participant Inquiry Form)'를 사용하여 피검자와 대화를 진행한다. 질문의 내용은 〈표 10-1〉과 같다.

〈표 10-1〉 FSA 그림 질문지 양식

자극그림 1	자극그림 2, 3
1) 선 안에 색을 칠하는 것이 당신에겐 얼마나 중요했습니까? 2) 당신이 사용한 색상들에 대해 이야기해 주십시오. 3) 세부사항을 보충했다면: 그림에 보충한 것(머리, 보석 등)에 대해 말해 주세요. 4) 이 그림은 당신이 아는 사람입니까, 아니면 상상 속 인물입니까? 5) 어떤 제목을 붙이고 싶습니까? 6) 더 하고 싶은 이야기가 있습니까?	얼굴을 그렸다면 1-1. 이 얼굴에 사용한 색상에 대해 말해 주세요. 1-2. 세부사항을 보충했다면: 그림에 보충한 것(머리, 보석 등)에 대해 말해 주세요. 1-3. 이 그림은 당신이 아는 사람입니까, 아니면 상상 속의 인물입니까? 만약 다른 것을 그렸다면 2-1. 이 그림에 대해 말해 주세요. 2-2. 얼굴을 그리지 않고 다른 것을 그린 것에 대해 이야기해 주세요. 3-1. 제목은 어떻게 붙이고 싶습니까? 3-2. 더 하고 싶은 이야기가 있습니까?

출처: Betts, D. J. (2003). Developing a projective drawing test: experiences with the face stimulus assessment(FSA).

3) 유의점

FSA는 개인이나 집단에게 시행할 수 있다. 집단으로 실시할 경우, 소집단일수록 좋으며, 그림에 서로 영향을 줄 수 있으므로 서로 충분한 거리를 두어야 하고 대화는 금지시킨다. 실시시간은 50분에서 최대 1시간까지 준다. 만약 피검자가 한 그림에 20분 정도를 쓴다면 남은 시간을 알려 준다.

3. 평가기준 및 해석

FSA의 평가방법에 대하여 대표적으로 두 가지 방법(Betts, 김순란의 평가)을 제시하고자 한다.

1) Betts의 평가방법

Betts가 개발한 당시에 FSA에 대한 평가지침에는 예비 평가지침이 제시되었다. 그 후 형식 요소 미술치료 척도(Formal Elements Art Therapy Scale: FEATS)를 근거로 'FEATS 변형 척도'로 개정하여 시행하는 등 지속적인 노력을 하고 있다. FSA평가에서 고려해야 할 점은 다음과 같다.

(1) 자극그림 1의 평가

자극그림 1의 평가에서 고려해야 할 사항은 자극그림 선 안쪽으로 색을 깨끗이 칠할 수 있을 만큼 내담자의 운동기술이 충분한지, 사람의 얼굴이라는 것을 인식하고 피검자가 그림을 그리고 있는지, 사용하는 색채는 사실에 부합되는 자연스러운 색상을 사용하고 있는지, 얼굴그림에 머리 모양, 보석과 같은 장신구들이 첨가되어 있는지, 인종이나 성별을 고려하여 피검자가 자신과 닮게 그렸는지, 또한 공간 사용, 즉 배경을 채우는지, 얼굴과 배경에 다른 색을 사용하는지 등을 살펴본다.

〈표 10-2〉 FSA 예비평가 지침

자극그림 1	자극그림 2	자극그림 3
• 선 안쪽에 색칠을 할 수 있을 만큼의 운동기술 • 자연스러운 색상(사실성) 사용능력과 그림이 사람 얼굴이라는 것을 인식 • 다른 요소들의 첨가(머리카락, 보석 등) • 자기지각(인종이나 성별 고려)과 관련하여 그림의 얼굴을 자신과 유사하게 표현 • 그림 공간 사용	• 피검자가 얼굴 형태를 무시하는가 혹은 얼굴의 특징을 첨가하여 사람의 얼굴로 만드는가? • 얼굴을 완성했다면 자극그림 1의 평가요소로 재평가한다. • 그림을 그리지 못했다면 선, 색상 등의 형식적 요소를 고려한다.	• 얼굴을 그렸는가? • 얼굴을 그렸다면 자극그림 1, 2와 유사점이나 차이점은 무엇인가? • 얼굴을 그리지 않았다면 이것은 반항이나 창조성을 의미한다. 평가 시 자극그림 2에서와 같이 형식적 요소를 적용 • 그림의 방향을 바꾸거나 접거나 찢었는가?

출처: Betts, D. J. (2003). Developing a projective drawing test: Experiences with the Face Stimulus Assessment(FSA).

(2) 자극그림 2의 평가

자극그림 2는 얼굴 윤곽선만 그려져 있기 때문에 피검자가 얼굴형태를 무시하고 난화스타일로 낙서를 하거나 얼굴이 아닌 다른 것을 그리는지, 혹은 눈, 코, 입 등 얼굴부위를 그려 넣어 얼굴 모습을 그려 내는지 살펴본다. 만약 피검자가 얼굴을 그렸다면 자극그림 1과 같은 평가요소를 적용한다. 만약 얼굴을 그리지 않았다면 면, 선이나 색상 등 다른 요소들로 평가한다.

(3) 자극그림 3의 평가

자극그림 3은 백지가 제시되므로 피검자가 얼굴을 그리고 있는지 아닌지, 그것이 무엇을 뜻하는지, 얼굴을 그린다면 피검자가 검사자의 지시에 순응을 하는 것인지, 자극그림 1, 2와 유사점이나 차이점이 무엇인지, 만약 얼굴을 그리지 않는다면 반항의 의미인지, 혹은 창조성을 뜻하는지, 이미지의 형식적인 요소, 즉 선이나 색상 등이 어떻게 사용되었는지 살펴본다. 그림의 형식요소를 평가하기 위해서는 다른 평가기준이 적용되어야 한다. 그리고 피검자가 세로로 주어진 종이를 가로로 바꿔 놓고 사용하는지 등을 살펴본다.

Betts는 이상의 평가기준을 2013년 Linda Gantt의 허락하에 FEATS를 근거로 하여 채점매뉴얼을 개정했다. 즉, 색칠 정도, 색의 적절성, 내포된 에너지, 논리성, 사실성, 발달 수준, 대상과 환경의 세부 묘사, 선의 질, 보속성의 9개 척도를 0점에서 5점 척도로 구성하였다. 그러나 채점 과정에서의 어려움을 해결하고자 실험용 버전으로 1~3점으로 채점범위를 줄여 보다 간단하게 적용하는 방법도 제시하고 있다.

〈표 10-3〉 FSA 변형 척도 평가지표

항목	평가기준	
색칠 정도	0점	그림을 그리지 않았거나 제시한 재료를 사용하지 않음
	1점	윤곽이나 선에만 칠하고 안을 칠하지 않음
	2점	한두 가지의 내부에 색을 칠하지만 대체로 윤곽만 칠함
	3점	몇 개의 대상 내부에 채색함
	4점	대상의 윤곽과 내부에 채색함
	5점	대상의 윤곽, 내부뿐만 아니라 배경까지 채색함

색의 적절성	0점	제시한 매체를 사용하지 않았거나 색상이 서로 구별되지 않는 경우
	1점	한 가지 색 사용–파란색, 녹색, 보라색
	2점	한 가지 색 사용–검정색, 갈색, 노란색, 주황색, 빨간색 혹은 다문화 마커펜의 여덟 가지 색 중 하나
	3점	다소의 색이 적절히 사용
	4점	대부분의 색이 적절히 사용
	5점	사용된 모든 색이 적절히 사용
내포된 에너지	0점	그림 없음
	1점	최소한의 에너지
	2점	적은 에너지
	3점	보통/평균의 에너지
	4점	많은 에너지
	5점	아주 많은 에너지
논리성	0점	어떤 대상인지 알 수 없음
	1점	과제에 맞지 않은 기괴한 항목이 3개 이상
	2점	과제에 맞지 않은 기괴한 항목이 3개
	3점	과제에 맞지 않은 기괴한 항목이 2개
	4점	과제에 맞지 않은 기괴한 항목이 1개
	5점	기괴한 항목이 없고 그림에 비논리적인 요소가 없음
사실성	0점	선과 형상이 많고, 그 안쪽에 시각적으로 확인하기 어려운 요소들이 포함
	1점	얼굴이나 장식품을 암시하는 의도는 보이나 암시에 머뭄
	2점	항목이 확인은 되나 너무 단순화되었음(예: 삼각형의 코)
	3점	항목들이 다소 복잡함(예: 눈동자가 있는 눈, 귀, 눈썹)
	4점	비교적 사실적으로 표현(예: 입술, 치아, 콧구멍 등)
	5점	매우 사실적으로 표현(예: 코, 광대뼈 등 3차원 표현)
발달 수준	0점	개별 요소가 확인되지 않아 평가할 수 없음
	1점	그림이 난화 수준이며 많은 선과 형상으로 구성됨
	2점	4~6세의 그림(기하학적인 선이 대부분이며 전형적으로 과장된 얼굴 특징)
	3점	잠복기 아동의 그림(예: 개별 사항에 아주 구체적임)
	4점	청소년기 그림(예: 사물들이 겹치고, 각 대상이 다른 것과 비교하여 사실적인 크기)
	5점	성인기의 그림이며, 예술적으로 세련됨

대상과 환경의 세부묘사	0점	개별 항목이 확인되지 않아 평가할 수 없음
	1점	얼굴의 특징이 몇 개 있지만 구체적이지 못함(예: 점으로 된 눈)
	2점	얼굴특징에 한두 가지 요소가 더 그려짐(예: 목선, 머리카락, 보석장식 등)
	3점	얼굴특징에 두세 가지 요소가 더 그려짐(예: 모자, 턱수염, 콧수염 등)
	4점	얼굴특징에 여러 요소가 더 그려짐(예: 보석장식, 머리매듭, 안경, 속눈썹 등)
	5점	얼굴특징에 더하여 장식품이나 옷 문양, 배경사물들(예: 해, 구름, 나무, 풀 등)이 모두 갖추어짐
선의 질	0점	평가할 수 없음
	1점	선을 그리는 데 실수가 많고 통제력이 보이지 않음
	2점	손 떨림이 나타남
	3점	연속선, 끊어진 선, 또는 점들로 이루어진 선
	4점	잘 조절된 선
	5점	아주 부드럽고 물 흐르는 듯이 유연한 선
보속성	0점	평가할 수 없음
	1점	보속성이 매우 심함(종이가 구멍이 날 때까지 선을 반복)
	2점	보속성이 상당히 있음
	3점	보속성이 적당하게 있음
	4점	보속성이 조금 있음
	5점	보속성이 없음

출처: Betts, D. J. (2013). The Face Stimulus Assessment (FSA) Rating Manual 2nd Edition.

2) 김순란의 평가방법

김순란(2010b)은 한국에 처음으로 FSA를 소개하였으며, FSA를 장애아동의 인지능력을 평가하는 보조도구로 활용할 목적으로 '인물화'를 바탕으로 평가기준을 마련하고 3차에 걸친 수정작업을 거쳐 최종 36문항의 평가기준을 선정하였다. 구체적으로 평가영역을 머리, 얼굴, 눈, 코, 귀, 입, 목, 옷 그리고 기타의 여덟 가지 영역으로 분류하였고, 자극그림 1에서 19문항, 자극그림 2에서 17문항으로 총 36문항으로 구성하였다. 36문항의 평가기준 중 33문항은 검사가 요구하는 조건을 충족하지 못하면 '없음=0점', 충족하면 '있음=1점'의 2점체계로, 성표현, 입술색상,

색상 수는 3점체계로 구성하였다. 구체적인 내용은 〈표 10-4〉와 같다.

〈표 10-4〉 김순란의 평가지표

영역	하위영역 (자극그림 1)	하위영역 (자극그림 2)	평가기준		
머리	머리 형태	머리 형태	0점) 없음	1점) 있음	
	머리 색상	머리 색상	0점) 없음	1점) 검정색, 갈색, 황토색	
	머리에 추가		0점) 없음	1점) 있음	
얼굴	얼굴 색상	얼굴 색상	0점) 기타색	1점) 연주황색(고유 피부색)	
	성표현	성표현	0점) 구별 모호	1점) 이성	2점) 동성
		감정표현	0점) 없음	1점) 있음	
눈	겉눈썹	겉눈썹	0점) 없음	1점) 있음	
	속눈썹	속눈썹	0점) 없음	1점) 있음	
	눈동자 구분	눈 형태	0점) 없음	1점) 있음	
코	코 형태	코 형태	0점) 없음	1점) 있음	
귀	귀 형태	귀 형태	0점) 없음	1점) 있음	
	귀에 추가		0점) 없음	1점) 있음	
입	입 형태	입 형태	0점) 없음	1점) 있음	
	입술 색상	입술 색상	0점)없음	1점) 검정	2점) 빨강, 분홍, 주황, 귤색
목	목둘레 선	목둘레 선	0점) 없음	1점) 있음	
	목에 추가	목에 추가	0점) 없음	1점) 있음	
기타	옷 형태	옷 형태	0점) 없음	1점) 있음	
	장신구	장신구	0점) 없음	1점) 있음	
	색상 수	색상 수	0점) 3색 이하	1점) 4~5색	2점) 6색 이상
	여백 활용	여백 활용	0점) 없음	1점) 있음	

출처: 김순란(2010b). 얼굴자극검사의 평가기준 개발 및 타당화 연구. 영남대학교 대학원 박사학위논문.

4. 해석의 적용

1) ADHD 성향 아동의 FSA 사례

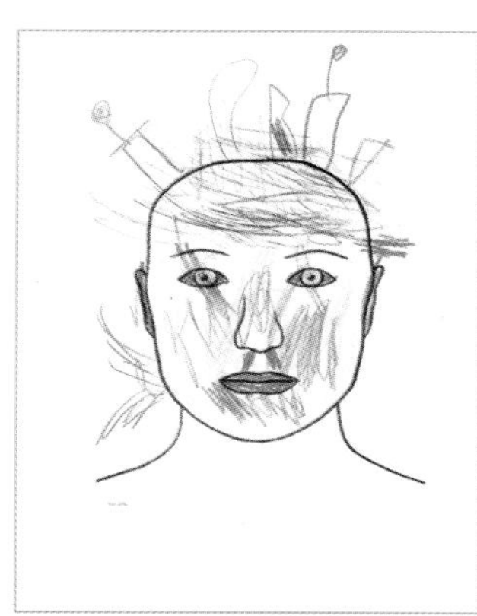

[그림 10-1] ADHD 아동의 FSA 그림

출처: 김지현(2011). ADHD 선별도구로서의 얼굴자극검사(FSA) 타당화 연구. 영남대학교 환경보건대학원 석사학위논문.

[그림 10-1]은 ADHD 경향을 보이는 초등학생의 그림으로 색연필로 그린 것이다. 자극그림 1에서는 표준화된 얼굴상에 머리, 눈, 코, 귀와 입술 등을 표시하였으나, 머리 위에 날카로운 것들이 꽂혀 있고 머리를 제외한 얼굴은 붉은색으로 채색을 하였다. 자극그림 2도 얼굴부위를 붉은색으로 표현하여 색의 적절성에서 결함을 보였다. 입과 귀의 표현이 과장되고 머리에는 여러 개의 뿔이 나와 있으며 녹색으로 뭔가 알 수 없는 것을 중간중간 표시하여 사실성과 논리성이 떨어지는 기괴한 모습이다. 자극그림 3에서는 붉은색을 사용하여 난화형식으로 표현하였는데, 그림의 발달 수준이 낮으며 붉은색으로 반복된 선을 그리고 있어 부분적인 보속성이 보인다. 전체적으로 그림에서 사실성과 논리성이 결여되었고 얼굴부위의 왜곡된 표현, 붉은색의 사용과 공간 사용이 많다는 점 등으로 보아 ADHD 아동의 충동성, 정리되지 않은 무질서함과 과도한 에너지 등이 반영된 것이라고 할 수 있다.

2) 우울성향 아동의 FSA 사례

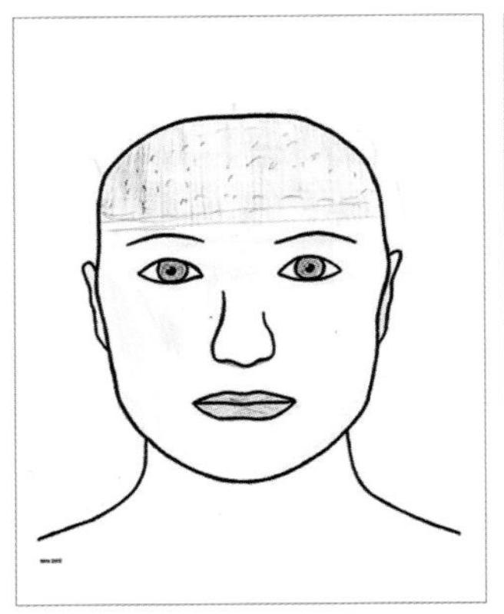

[그림 10-2] 우울성향 아동의 FSA 그림

출처: 이미지, 김갑숙(2015). 아동의 우울과 얼굴자극검사(FSA) 반응특성의 관계. 미술치료연구, 22(1), 23-44.

[그림 10-2]는 우울성향을 가진 아동(CDI 점수 24점)이 색연필로 그린 그림이다. 전체적으로 색 사용이 제한되어 있으며, 공간 활용도와 에너지 수준이 낮다. 자극그림 1의 표준화된 얼굴상에서는 얼굴의 일부와 머리에 아주 약하게 색을 칠하였다. 자극그림 2에서는 모자와 안경 등의 세부요소를 표현하였으나, 검정색 한 가지 색을 사용하였고 얼굴부위에는 채색을 하지 않았다. 특히 검정색 안경과 모자를 쓰고 있어 외부세계와의 상호작용에 어려움이 있음을 짐작하게 한다. 자극이 없는 세 번째 그림에서는 인물 대신 사물을 그렸으며 한색 계열의 검정, 파랑, 녹색을 사용하여 앞의 ADHD 아동의 그림과는 대조를 보인다.

3) 치매 환자의 FSA 사례

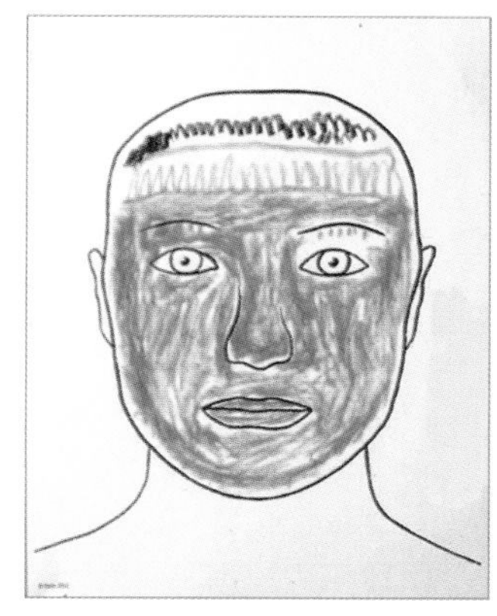
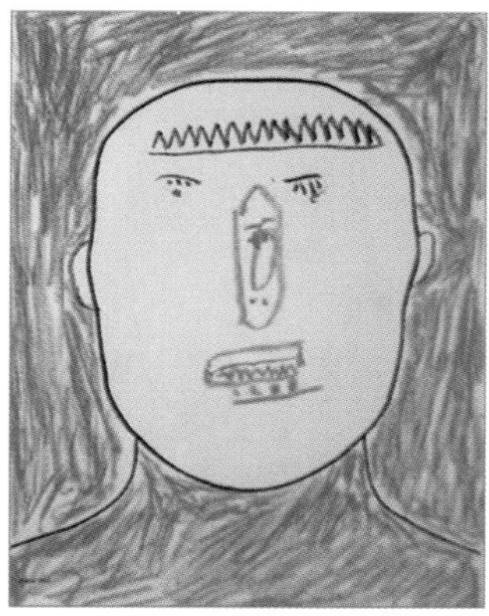

[그림 10-3] 치매노인의 FSA 그림

출처: 시현승(2014). 치매노인과 일반노인의 시계그리기 검사(CDT)와 얼굴자극 그림검사(FSA) 반응특성. 영남대학교 환경보건대학원 석사학위논문.

[그림 10-3]은 치매 환자인 71세의 여성이 크레파스로 그린 그림이다. 이 노인의 최종학력은 초등학교 졸업이다. FSA 자극그림 1에서는 얼굴의 윤곽선을 따라 색을 칠하고 있으나 얼굴의 색을 연두색으로 채색하였고, 자신의 성이 아닌 이성(손자)을 그렸다. FSA 자극그림 2에서는 머리 형태와 눈, 코, 입, 귀를 표현하였으나 눈과 코, 입의 형태가 왜곡되게 표현되었다. 색 사용에 있어서는 얼굴윤곽을 제외한 목과 배경을 연두색으로 채색하였으며 눈동자와 귀는 붉은색으로, 코와 입은 녹색으로 표현하였다. 이 결과를 볼 때, 이 노인은 얼굴에 대한 인식은 하고 있는 것으로 보이지만 특이한 색의 사용과 코, 입의 왜곡된 표현 등 치매 환자의 표현 특징을 잘 드러내고 있다.

4) 일반노인의 FSA 사례

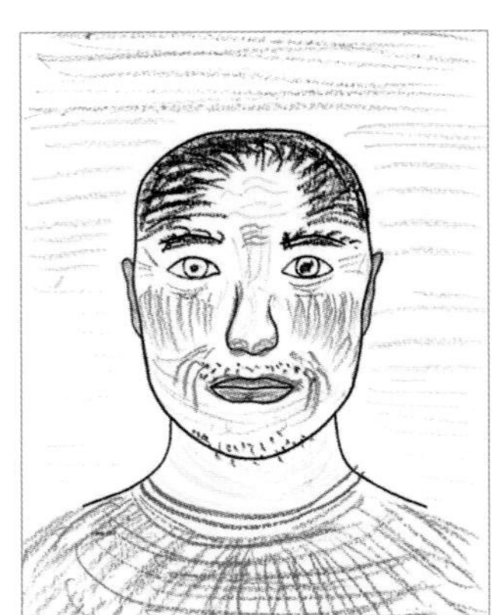

[그림 10-4] 일반노인의 FSA 그림

출처: 시현승(2014). 치매노인과 일반노인의 시계그리기검사(CDT)와 얼굴자극그림검사(FSA) 반응 특성. 영남대학교 환경보건대학원 석사학위논문.

[그림 10-4]는 73세의 일반노인이 크레파스로 그린 그림이다. 그는 남성으로 고등학교까지 졸업하였다. 자극그림 1은 얼굴의 모든 영역에서 사실적인 표현이 되었다. 그림은 자기 자신의 모습과 같이 탈모 현상의 머리 형태를 그렸고 이마, 눈가와 입가의 주름을 표현하였으며, 콧수염과 턱수염, 목둘레와 옷 등을 상세하게 표현하였다. 자극그림 2에서도 인물의 각 부위와 목둘레, 옷을 표현하였다. 일반적으로 노인의 경우 장식이나 추가 그림을 그리지 않는 경향을 보이지만, 이 노인의 그림에서는 머리에 모자가 추가로 그려졌다. 현재 자신의 모습을 잘 인식하고 있으며 사실적으로 상세하게 잘 묘사하고 있어 치매노인의 그림과는 확연한 차이를 보인다.

5) 일반성인의 FSA 사례

[그림 10-5] 일반성인 여성의 FSA 그림

[그림 10-5]는 대학원에서 미술치료를 전공하고 있는 20대 여성이 마커로 그린 것이다. 이 피검자는 자신의 성장을 위하여 열심히 노력하는 성실한 학생이다. 지금까지 보아 왔던 FSA 그림과는 사뭇 달라 관심이 갔다. 자극그림 1에는 자신과 닮은 여자인물을 표현하였으며, 자극그림 2에는 사람의 뒷모습을, 자극그림 3에는 꽃을 그렸다. 그림을 다 그린 후 그림 순서대로 '생각하다' '바라보다' '마침내 바라본 꽃'이라고 제목을 붙이고는 의도하지 않았지만 이야기가 연결된다고 하였다.

피검자는 그림을 그리는 과정에서는 얼굴윤곽이나 형태가 그려져 있는 자극그림 1, 2 용지가 마음에 들지 않으며, 마커 역시 두껍고 그은 자국이 그대로 남아 있어 부드러운 표현을 하기에 어려움이 있고 냄새가 강하여 불편하다고 하였다. 파스텔이나 색연필이었다면 조금 더 원하는 얼굴로 표현이 되었을 것 같다며 아쉬워하였다. 이를 통해 매체에 따라 그림 표현이 달라지고 평가내용에도 영향을 미칠 수 있음을 확인할 수 있었다. 피검자는 자극그림 1을 활용하여 얼굴뿐만 아니라 배경까지 세밀하게 그렸다. 눈, 입, 머리카락 순으로 전부 그리고 보니 자신과 닮았다며 쾌청한 날에 생각하고 있는 자신을 표현하기 위해 마커로 배경을 칠하

였다. 반짝반짝 빛이 나게 표현한 부분은 불현듯 떠오른 생각을 표현한 것으로, 자신을 성장시키는 긍정적인 생각들이라고 하였다.

피검자는 두 번째 자극그림 용지를 받고 잠시 동안 작업을 시작하지 못했다. 정해진 얼굴 윤곽선을 바라보니 사람 얼굴을 그려야만 할 것 같았으나 다른 것을 그리고 싶었다고 말했다. 흰색 배경에 검은색 얼굴 테두리가 너무나도 선명하여 윤곽선 자체를 바꾸기에는 한계가 있기 때문에 사람의 뒷모습으로 표현하였다. 맑은 날 나무가 우거진 숲속에 이 사람이 있으면 좋겠다는 생각에 나무와 나무 아래에 풀과 길을 그렸다고 하였다. 다 그린 후 보니 어느 길로 갈지 고민하는 사람의 모습 같다고 하였다.

마지막 용지에는 꽃 네 송이를 작게 그렸다. 자극이 있는 그림 1, 2와 자극이 없는 그림 3은 현저한 차이를 보였다. 자극이 주어졌을 때는 거기에 맞추어야 한다는 생각 때문에 최선을 다하여 배경까지 표현하였으나 자극그림 3은 마커 냄새 때문에 머리도 어지럽고 더 이상 그림을 그릴 에너지가 부족했으며, 정해진 틀이 없어서 꼭 다 채우지 않아도 되겠다는 마음에 조금 마음이 편안했다고 하였다. 이 참여자는 자신이 그림을 그리는 과정과 작품을 보면서 늘 정해진 틀 안에 자신을 맞추며 살아가기 위해 스스로를 몰아세웠다며 이제부터는 이 틀을 깨고 조금은 평온한 마음으로 살아가고 싶다고 하였다.

이 작업을 통해서 주어진 상황에 최선을 다하고자 하는 참여자의 특성과 성실함, 그리고 자기성장을 위해 고민하는 한편 휴식을 바라는 양가감정이 내재되어 있음을 엿볼 수 있었다.

5. 연구동향

1) 국외 연구동향

FSA는 앞에서 언급한 바와 같이 Betts(2001, 2003)가 인지손상으로 어려움을 겪고 있는 아동을 평가하기 위한 목적으로 예비연구를 거쳐 개발한 이후, 임상장면에서 활용하고 있으며 지속적인 연구를 통하여 평가기준을 수정(2010, 2013)하고 있다. 그러나 FSA에 대한 연구논문은 아직 미비한 수준이다.

Robb(2002)는 FSA를 미국의 고아원 시설에서 생활하고 있는 러시아 출신 아동을 위한 6주 과정 캠프에서 시행한 미술치료 프로그램의 사전 · 사후평가로 사용하여 아동이 겪는 불안문제뿐만 아니라 외상후 스트레스 장애(PTSD)까지 평가하는 도구로 활용하였다. FSA를 사용한 Robb(2002)의 연구는 FSA의 유효성과 타당성을 한 걸음 진전시켰고, 활용영역을 넓힐 수 있는 가능성을 제시하였다.

Hamilton(2008)은 FEATS에서 9개 척도를 채택하여 FSA를 위한 표준화된 평가체계를 발달시키기 위한 목적으로 연구를 시행하였다. 연구대상은 연구목적에 동의하고 자발적으로 참여한 19～28세의 지방대학생 30명(남: 6명, 여: 24명)이었다. 자극그림 2가 참여자에 대한 가장 타당한 정보를 나타낸다는 가정하에 자극그림 3은 사용하지 않고 자극그림 1, 2만을 사용하는 'FSA 수정버전'으로 검사를 실시하였다. FSA 평가는 FEATS의 14개 척도 중 9개 척도(색칠 정도, 색의 적절성, 내포된 에너지, 논리성, 사실성, 발달 수준, 대상과 환경의 세부묘사, 선의 질, 보속성)를 채택하여 구성한 'FEATS 변형 척도'를 사용하였다. 연구결과, FEATS의 9개 항목에 대한 4명의 평가자 간 Kappa 지수는 '색칠 정도'(.356)를 제외한 나머지 전 항목에서 .425～.817의 범위에 있는 것으로 나타났다. 평가자 간 높은 신뢰도가 확립되어 FSA가 다양한 내담자 집단의 진단평가를 보조하는 검사도구로서 타당성이 있다는 결론을 제시했으나, 연구대상 수가 적고 편중된 표집방법이 제한점으로 제시되었다.

2) 국내 연구동향

FSA에 대한 국내 연구는 김순란이 FSA를 장애학생의 인지능력을 평가하는 보조적 진단도구로 활용하기 위해 연구를 시작한 이후로 ADHD, 공격성향, 우울을 보이는 아동과 성인, 치매 및 조현병 환자들을 대상으로 연구가 시행되고 있다.

김순란(2010b)은 청각장애학생과 지적 장애학생을 비교대상으로 하여 비장애학생과 장애 유형별 학생의 FSA 반응특성을 구체적으로 분석·제시함으로써 장애학생의 인지능력을 평가하는 보조적 진단도구로 FSA의 타당성과 효율성을 규명하였다. 연구대상은 청각장애학생 152명, 지적 장애학생 144명, 일반초등학생 240명으로 총 536명이었다. 검사도구는 시리즈로 된 FSA 그림용지와 크레파스를 사용하였다. 평가항목은 '인물화'를 바탕으로 180개의 예비 평가기준을 마련한 후, 3차에 걸친 수정 과정을 통해 최종 36개 문항의 평가기준을 선정하였다. FSA 구성요소에 해당하는 '머리, 얼굴, 눈, 코, 귀, 입, 목, 장신구, 옷' 등의 채점요소를 바탕으로 자극그림 1에 19개, 자극그림 2는 17개의 평가항목과 평가기준을 만들어 FSA의 신뢰도와 타당도를 검증하였다. FSA의 신뢰도를 살펴보면, 평가기준의 내적 일치도에 의한 신뢰도 계수는 Cronbach α=.777로 나타났으며, 채점자 간 신뢰도는 연구자(C)를 포함하여 미술치료사(B), 미술치료전공자(A) 3명이 30명의 그림을 채점하여 산출한 결과, A-B는 91.6%, B-C는 92%, C-A는 89.9%로 나타났다. 채점자 내 신뢰도는 1차 평가 후 2주일이 지난 후 재평가하여 신뢰도를 산출한 결과 97.8%로 높게 나타나 신뢰도를 확보하였다. 또한 FSA 평가기준의 구인타당도와 변별타당도 분석을 통하여 FSA가 인지능력을 평가하는 도구로서 타당성이 있음이 입증되었다. 그 외 김순란은 비장애학생과 장애학생의 FSA의 반응특성(김순란, 2009)과 초등학생의 성과 학년에 따른 FSA 반응특성을 구체적으로 비교 분석(김순란, 2010a)하였다.

김종훈(2010)은 FSA 평가를 위한 컴퓨터 알고리즘을 개발하였다. 그는 치매노인과 대학생을 대상으로 한 FSA 자극그림 1(치매노인 그림: 50장, 대학생의 그림: 20장)을 이용하여 Betts가 제안한 다섯 가지 평가 척도(색칠의 정확도, 색상의 적합도, 형상의 인식도, 묘사의 정밀도, 공간의 활용도)로 평가하였다. 전문가 2명의 평가자 간 결과와 전문가와 알고리즘 평가 간의 결과를 비교한 결과 일관성이 있음을 밝혔다. 이 논문에서는 FSA를 평가함에 있어 미술치료사의 주관이나 경험 또는 직관에 따른 불확실성을 극복하고 객관성과 일관성을 제공하고자 노력하였다.

Kim, Kim과 Seo(2014)는 ADHD 선별도구로서 FSA 타당화 연구를 실시하여

FSA의 신뢰도와 타당도를 입증하였다. 초등학교 1~6학년까지의 학생 193명을 대상으로 하였으며, 교사용 한국 ADHD 평가 척도(K-ARS)에 근거하여 18점 이상의 ADHD 아동(39명)을 선별하여 일반아동과 ADHD 아동의 그림을 비교하였다. 검사도구는 세 장의 FSA 자극그림과 12색 색연필을 사용하였다. 평가기준은 Betts가 제시한 FEATS 변형 척도에 ADHD 아동의 특성과 관련하여 그림의 형태, 느낌, 공간 사용의 3개 항목을 첨가하여 12개의 항목을 채택하였다. 연구결과, 자극그림 3이 일반아동과 ADHD 아동을 변별하는 정도가 가장 높았다. 자극그림 1, 2, 3에서 공통적으로 차이를 보인 항목은 색의 적절성, 논리성, 사실성, 발달 수준, 선의 질, 보속성, 그림의 형태와 느낌이었다. ADHD 아동은 일반아동보다 색 사용이 적었고, 비논리적이고 단순하며 그림의 발달 수준도 낮았다. 또한 세부표현이 적으며, 선은 흔들리거나 통제되지 않았고 괴기하고 이상한 느낌의 그림을 그리는 경향이 있는 것으로 나타났다.

김영은과 김갑숙(2015)은 초등학생의 공격성과 FSA 반응특성의 관계를 살펴보았다. 연구대상은 초등학교 4학년에서 6학년 학생 237명(남: 113명, 여: 124명)이었다. 연구도구는 초등학생용 공격성 척도(이은아, 2011)와 FSA를 사용하였다. 공격성 정도에 따라 자극그림 1에서 유의미한 차이를 보인 변인의 변별력은 70.9%, 자극그림 2에서는 70.9%, 자극그림 3에서는 73.1%로 자극그림 3이 공격성이 높은 아동을 예측하는 변별력이 가장 높았다. 공격성 정도에 따라 자극그림 1, 2, 3에서 공통적으로 차이를 보인 변인은 논리성, 사실성, 발달 수준, 선의 질, 그림의 정서적 내용이었다. 공격성이 높은 아동인 경우 비논리적이며 단순화된 그림의 표현이 많았고, 실제 연령보다 발달단계가 낮은 그림의 표현이 많고 통제가 되지 않거나 흔들리는 선을 사용하며 그림의 정서적 내용은 부정적인 감정을 포함하는 경우가 많았다.

FSA와 우울에 관한 연구로는 아동을 대상으로 한 이미지와 김갑숙(2015)의 연구, 성인 직장인을 대상으로 한 최혜원(2016)의 연구와 성인여성을 대상으로 한 고은정(2017)의 연구가 있다. 이미지와 김갑숙(2015)의 연구에서는 초등학교 재학 중인 4~6학년 아동 201명(남: 108명, 여: 93명)을 대상으로 아동용 우울 척도

(Children's Depression Inventory: CDI) 검사와 FSA를 실시하였다. 김지현(2011)이 사용한 척도 중 그림의 느낌과 그림의 활용을 그림의 정서적 내용과 그림의 공간 활용으로 재명명하여 12개의 척도를 사용하였다. CDI 점수 19점을 기준으로 우울 집단과 비우울 집단으로 분류하여 분석한 결과, 자극그림 1이 변별력이 높았다. 자극그림 1에서 유의미한 차이를 보인 변인은 색칠 정도, 색의 적절성, 내포된 에너지, 사실성, 발달 수준, 선의 질, 그림의 정서적 내용, 그림의 공간 활용이다. 자극그림 2에서는 색칠 정도, 색의 적절성, 내포된 에너지, 발달 수준, 세부사항, 그림의 공간 활용에서 차이가 있었다. 자극그림 3에서는 색의 적절성, 내포된 에너지, 세부사항에서 차이가 있었다. 이 연구결과를 통해 아동의 우울을 변별하는 데 사용되는 기존의 자기보고식 척도와 면접을 보완하는 투사적 그림검사로 FSA가 임상현장에서 활용될 수 있음을 확인하였다.

최혜원(2016)은 20대에서 40대까지의 사무직에 종사하는 직장인 78명(남: 32명, 여: 46명)을 대상으로 연구를 실시하였다. 연구도구는 한국판 CES-D(Center for Epidemiologic Studies Depression Scale)와 FSA를 사용하였다. 연구결과, 자극그림 1에서는 색의 적절성에서, 자극그림 2에서는 그림의 형태에서, 자극그림 3에서는 논리성, 그림의 형태, 그림의 느낌에서 차이가 있는 것으로 나타나 아동을 대상으로 한 연구보다는 변별력이 낮았다. 이 연구는 표집 수가 적다는 한계성이 있다.

고은정(2017)은 초등학교 학부모 35명, 교사 30명, 어린이집 보육교사 45명, 학부모 90명으로 총 200명에게 통합적 한국판 CES-D 척도와 FSA를 실시하였다. CES-D 척도 점수 16점을 기준으로 우울성인여성 74명과 비우울성인여성 74명을 선별하여 분석한 결과 FSA 자극그림 1, 2, 3의 '색칠 정도' '색의 적절성' '내적 에너지' '논리성'의 항목에서 유의미한 차이가 나타났다.

FSA와 치매에 관한 연구를 살펴보면, Kim 등(2013), 시현승(2015), 김갑숙과 지혜정(2017)의 연구가 있다. Kim 등(2013)은 Betts가 개발한 FSA 세 가지 자극그림 시리즈 중 자극그림 1을 이용하여 컴퓨터 시스템으로 분석한 결과, FSA가 치매 판별에 활용될 수 있음을 보고하였다. 그러나 이 연구는 치매노인을 변별하는 도구를 개발함에 있어 표집 수가 적을 뿐만 아니라 대학생을 비교대상으로 하고 있어 연구대상의 한계성을 드러내었다.

시현승(2015)은 FSA가 치매노인과 일반노인을 변별하는 진단도구로서 효율성이 있는지 알아보고자 하였다. 이를 위하여 현재 치매변별도구로 사용되는 KMMSE (Korean Mini-Mental State Examination), 시계그리기 검사(Clock Drawing Test: CDT)와 FSA의 관련성을 살펴보고 일반노인과 치매노인의 FSA 반응특성을 비교분석하였다. D시에 거주하는 65세 이상의 노인 206명(치매노인: 89명, 일반노인: 117명)을 대상으로 K-MMSE와 CDT, FSA를 실시하였다. FSA 평가지표는 노인의 특성을 고려하여 김순란(2010b)의 평가지표에 몇 가지 요소(주름, 눈 · 코 · 입의 조화와 왜곡)를 추가하였다. 연구결과, K-MMSE와 CDT, FSA 자극그림 1, 2는 정적 상관이 있는 것으로 나타났다. 자극그림 1과 2에서 치매노인과 일반노인은 머리 형태, 머리 색상, 얼굴 색상, 성표현, 눈동자 구분, 코 형태, 귀에 추가, 목에 추가, 옷 형태, 여백 활용에서 유의미한 차이를 보였다. 이 연구결과를 통해 FSA가 노인의 치매를 변별하는 보조적 진단도구로서 활용할 수 있음을 밝혔다.

김갑숙과 지혜정(2017)은 병원에서 알츠하이머 치매 환자로 진단받은 노인 74명과 일반노인 91명을 대상으로 FSA를 실시하여 그 차이를 비교 · 분석하였다. 자극그림 1, 2와 18색 크레파스를 사용하여 검사를 실시하고 분석한 결과 변인 중 머리 형태, 머리카락 색상, 얼굴색상, 성, 코 형태, 귀 형태, 입 형태, 입술 색, 목둘레선, 목에 부가요소, 옷의 형태와 옷에 사용한 색상 수 등에서 차이가 있었으며, 변별력은 72.6%였다. 자극그림 2에서는 자극그림 1에서 나타난 요소 외에 눈과 관련된 요소(눈 형태, 속눈썹, 겉눈썹, 동공)와 조화요소(눈, 코, 입의 조화, 왜곡) 등이 추가로 차이를 보였다. 변별력은 78.5%로 자극그림 1보다 자극그림 2가 일반노인과 치매노인의 특성을 더 잘 변별하는 것으로 나타났다. 따라서 FSA는 치매변별도구로 활용될 수 있음을 입증하였다.

그 외 조현병 환자의 FSA의 반응 연구(문정희, 홍선미, 이혜숙, 2017)에서 조현병 환자 35명과 조현병 병력이 없는 35명의 일반인을 대상으로 FSA 자극그림 1과 2를 실시하여 차이를 검증하였다. 그 결과, 모든 FSA 하위영역에서 조현병 환자집단이 일반인보다 유의미한 수준에서 낮은 점수를 보여 FSA가 조현병 환자의 선별도구로서 임상현장에서 활용 가능성이 있다는 것을 확인하였다.

이처럼 ADHD(Kim et al., 2014), 우울(이미지, 김갑숙, 2014), 공격성(김영은, 김갑숙, 2015), 치매(김갑숙, 지혜정, 2017; 시현승, 2015) 등의 연구에서도 채점자 간 일치도와 채점자 내 일치도를 상관분석을 통하여 산출한 결과 r=.70~1.0으로 나타나 신뢰성을 확보하고 있다고 할 수 있다.

이와 같이 FSA는 비교적 최근에 개발된 도구로 발달장애아동과의 작업에서 시작되었다. 아동을 대상으로 한 ADHD, 우울, 공격성 정도에 따른 FSA 반응특성은 차이가 있으며 변별력이 있는 것으로 나타났으나, 성인을 대상으로 한 우울연구에서는 변별력이 낮았다. 치매와 관련된 연구에서는 변별력이 높은 것으로 나타나 치매변별도구로서의 타당성이 있는 것으로 나타났다. 그러나 이 연구들은 초기의 연구이기 때문에 향후 지속적인 연구를 통하여 FSA의 효용성과 타당성을 확보할 필요가 있다. 또한 FSA는 인지, 정서행동 상의 문제뿐만 아니라 그림을 그린 사람의 자기개념에 대한 정보를 파악할 수 있어 자아존중감 척도를 활용(Betts, 2003)한 타당화 연구를 할 수도 있을 것이다.

한편, FSA 실시 과정에서 마커와 크레파스, 색연필 등 연구마다 다른 매체를 사용하고 평가기준도 Betts의 기준과 김순란의 기준이 사용되어 매체와 평가기준에 따라 결과의 차이가 있을 수 있다. 추후 연구를 통하여 매체 간 차이나 평가기준별 특성을 파악하는 연구도 필요할 것이다. 또한 Betts의 기준과 김순란의 기준을 함께 적용시켜 본다면 흥미로운 결과를 도출할 수 있을 것으로 생각된다. 예를 들어, 김순란의 평가기준은 항목별 특성뿐 아니라 항목별 합계 점수로 인지능력의 차이를 비교해 볼 수 있으며, Betts의 평가기준은 그림의 형식적 요소를 중심으로 제시되어 있어 항목별 합계 점수는 의미가 없지만 피검자의 특성에 따라 평가항목별 특성을 파악할 수 있다.

참고문헌

고은정(2017). 성인여성의 우울수준에 따른 얼굴자극평가법(FSA) 반응특성 연구. 평택대학교 상담대학원 석사학위논문.

구재선, 김혜리, 정명숙, 김경미, 양혜영, 조경자, 박수진, 박상규, 한미영(2008). 교도소 수감 청소년과 일반 청소년의 마음 읽기 능력 차이. 한국심리학회지: 사회 및 성격, 22(4), 43-57.

김갑숙, 지혜정(2017). 치매선별도구로서 얼굴자극평가(FSA)의 활용가능성 연구. 미술치료연구, 24(2), 331-351.

김순란(2009). 비장애학생과 장애학생의 FSA 반응특성의 차이. 미술치료연구, 16(6), 911-939.

김순란(2010a). 성과 학년에 따른 초등학생의 FSA 반응특성 연구. 특수교육학연구, 45(2), 153-180.

김순란(2010b). 얼굴자극검사의 평가기준 개발 및 타당화 연구. 영남대학교 대학원 박사학위논문.

김영은, 김갑숙(2015). 초등학생의 공격성 선별도구로서의 얼굴자극그림검사 타당화 연구. 미술치료연구, 22(4), 1039-1062.

김종훈(2010). 얼굴자극검사의 평가를 위한 컴퓨터 알고리즘. 한국산학기술학회지, 11(6), 1961-1968.

김지현(2011). ADHD 선별도구로서의 얼굴자극검사(FSA) 타당화 연구. 영남대학교 환경보건대학원 석사학위논문.

문정희, 홍선미, 이혜숙(2017). 조현병 환자의 얼굴자극그림검사에 대한 특징적인 반응. 한국예술치료학회지, 17(2), 39-51.

시현승(2014). 치매노인과 일반노인의 시계그리기검사(CDT)와 얼굴자극그림검사(FSA) 반응특성. 영남대학교 환경보건대학원 석사학위논문.

오경자, 문혜신, 김영아, 박수경, 김진관(2001). 정신분열병 환자의 정서구조 분석. 한국심리학회지: 임상, 20(1), 37-48.

오경자, 배도희(2002). 아동 청소년의 얼굴표정을 통한 정서인식능력과 심리사회적 적응의 관계. 한국심리학회지: 임상, 21(3), 515-532.

이미지, 김갑숙(2015). 아동의 우울과 얼굴자극검사(FSA) 반응특성의 관계. 미술치료연구, 22(1), 23-44.

이은아(2010). 초등학생용 공격성 척도 개발 및 타당화. 경성대학교 대학원 박사학위논문.

임유경, 오경자(2010). 얼굴표정 정서인식의 민감도. 한국심리학회지: 임상, 29(4), 1029-1046.

최은실, 방희정(2011). 초등학생의 정서인식 및 표현척도 타당화 연구. 한국심리학회지: 발달, 24(3), 105-128.

최혜원(2016). 직장인의 우울과 얼굴자극그림검사(FSA) 반응 특성 연구. 영남대학교 환경보건대학원 석사학위논문.

Alley, T. R. (1988). Social and applied aspects of perception: An introduction. In T. R. Alley (Ed.), *Social and applied aspects of perceiving faces*(pp. 1-8). Hillsdale, NJ: Lawrence Erlbaum.

Anderson, J. R. (1983). A spreading activation theory of memory. *Journal of verbal learning and verbal behavior, 22*(3), 261-295.

Betts, D. J. (2001). *Projective drawing research: Assessing the abilities of children and adolescents with multiple disabilities*. 32nd Annual Conference of the American Art Therapy Association, Albuquerque, NM.

Betts, D. J. (2003). Developing a projective drawing test: experiences with the Face Stimulus Assessment(FSA). *Journal of the American Art Therapy Association, 20*(2), 77-82.

Betts, D. J. (2013). The Face Stimulus Assessment (FSA) rating manual 2nd edition. Department of Art Therapy, George Washington University, Washington, DC.

Burns, W. J., & Zweig, A. R. (1980). Self-concepts of chronically ill children. *The Journal of genetic psychology*, *137*(2), 179-190.

Celani, G., Battacchi, M. W., & Arcidiacono, L. (1999). The understanding of the emotional meaning of facial expressions in people with autism. *Journal of autism and developmental disorders*, *29*(1), 57–66.

Ekman, P. (1992). An argument for basic emotions. *Cognition and Emotion*, *6*(3–4), 169–200.

Gantt, L., & Tabone, C. (1998). *The Formal Elements Art Therapy Scale: The rating manual*. Morgantown, WV: Gargoyle Press.

Golomb, C. (1992). The child's creation of a pictorial world. Berkeley: University of California Press.

Kim, S. I., Kim, J. H., & Hong, E. J. (2013). A computer system for the Face Stimulus Assessment with application to the analysis of dementia. *The Arts in Psychotherapy, 40*(2), 245–249.

Kim. J. H., Kim, G. S., & Seo, S. H. (2014). Validation of the FSA as screening tool for children with ADHD. *The Arts in Psychotherapy 41,* 413–423.

Hamilton, M. K. (2008). *Developing a standardized rating system for the FSA using 9 scales adapted from the FEATS*. (Unpublished master's thesis). Avila University, Kansas City, Kansas.

Milne, L. C., & Greenway, P. (2001). Drawings and defense style in adults. *The Arts in psychotherapy*, *28*(4), 245–249.

Philippot, P., & Feldman, R. S. (1990). Age and social competence in preschoolers' decoding of facial expression. *British Journal of Social Psychology*, *29*(1), 43–54.

Robb, M. (2002). Beyond the orphanages: Art therapy with Russian children. *Art Therapy: Journal of the American Art Therapy Association, 19*(4), 146–150.

Rubin, J. A. (1984). *The art of art therapy.* New York: Brunner/Mazel.

Silver, R. A. (1976). Using art to evaluate and develop cognitive skills. *American Journal of Art Therapy, 16*, 11–19.

Stamatelos, T., & Mott, D. W. (1985). Creative potential among person labeled developmentally delayed. *The Arts in Psychotherapy*, *12*(2), 101–113.

Walker, D. W., & Leister, C. (1994). Recognition of facial affect cues by adolescents with emotional and behavioral disorders. *Behavior Disorders, 19*, 269–276.

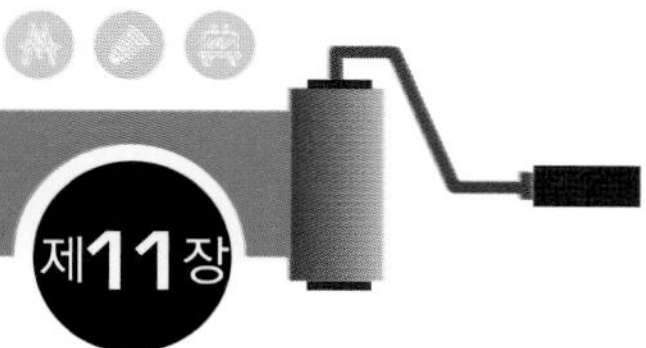

진단적 그림 시리즈

- **개발자**: Cohen, Singer, & Reyner(1982)
- **목　적**: 구조적, 비구조적인 그림과제에 대한 개인의 반응을 평가. 그림분석을 DSM-Ⅲ, DSM-Ⅲ-R, 그리고 DSM-Ⅳ 진단들과 연결하기 위하여 고안됨
- **준비물**: 18″ × 24″(4절 크기)의 흰색 용지 세 장, 12색 직육면체 파스텔(빨강색, 주황색, 노랑색, 연두색, 초록색, 밝은 파란색, 어두운 파랑, 보라색, 갈색, 고동색, 흰색, 검정색)
- **지시어**:
  - 첫 번째 과제(자유화): "이 재료를 사용하여 그림을 그려 주세요(Make a picture using these materials)."
  - 두 번째 과제(나무 그림): "나무 그림을 그려 주세요(Draw a picture of a tree)."
  - 세 번째 과제(감정 그림): "선, 형태, 색을 사용하여 자신의 감정을 그려 주세요(Make a picture of how you're feeling, using lines, shapes, and colors)."

1. 개요

진단적 그림 시리즈(Diagnostic Drawing Series: DDS)는 Cohen과 Lesowitz가 1981년에 창안하고 이후 Singer, Reyner와 함께 개발하였으며, 여러 연구를 거쳐 1982년에 Cohen, Singer와 Reyner가 소개하였다. 1983년에는 미국미술치료학회로부터 연구지원상을 받았으며 1986년에 첫 출판을 하였고 2012년에 DDS 개정평가지침(DAF2)을 발표하였다(Cohen, 2012).

Cohen 등은 DDS 개발에 있어 그림의 구조와 그림을 그리는 사람의 질병이나 과정 사이에는 직접적인 유사점이 있다는 개념적인 바탕에 근거하여, 환자가 자신과 세상, 그리고 그 안에서 그들이 어떻게 기능하는지 알아보기 위하여 환자로부터 그림 메시지를 이끌어 내는 새로운 평가도구를 구성해야 할 필요성을 느꼈다. 그리하여 병리학의 연구지향과 미술치료의 재료, 과정, 그리고 개별성을 연결함으로써 두 영역을 통합시키고자 노력하였다. DDS는 미술작품의 체계적인 연구와 함께 다양한 그림과제를 결합하여 미술치료평가의 임상적 부정확성을 수정하고 임상적 판단에 근거한 연구기반을 확보하기 위하여 개발되었다.

DDS는 그림의 내용 해석에 근거를 두는 것이 아니라 그림의 특성과 정신병리 사이의 실증적인 상관관계에 근거를 두고 있다(Fowler & Ardon, 2002). 미국 전역에 분포되어 있는 기관 소속 미술치료사는 투명성을 확보하고 약물효과를 배제하기 위하여 정신건강병동에 입원한 지 3~5일 이내에 있는 환자를 대상으로 그림을 수집하였다. Cohen을 비롯한 치료사들은 정신병원 환자를 대상으로 그림자료를 모으면서 그림검사법을 개발하기 위한 아이디어를 모았다. 기존의 그림검사는 A4 용지와 연필을 사용하는 경우가 많았으나, 그들은 A4 용지와 같은 작은 용지보다는 보다 큰 용지를 사용하고, 색깔이 있는 회화재료를 사용하면 좀 더 다양한 표현이 가능할 것으로 생각하였다. 또한 그림을 한 장이 아니라 여러 장을 시리즈로 그리면 다양한 주제를 제시할 수 있을 것이라고 생각했다. 그리하여 서로 다른 주제를 제시하여 다른 각도에서 접근할 수 있도록 주제를 가진 검사도구를 개발하게 되었다.

DDS의 특징은 구조화 및 비구조화 그림과제를 제시함으로써 DSM-III, DSM-III-R 및 DSM-IV 진단 분류에 대한 정보를 제공한다. Cohen(1985)에 의하면 DDS 그림에 대한 정보는 정신과 의사나 심리학자의 진단에 의해 확립된 DSM 진단과 상관이 있으므로 한 명의 정신과 의사와 한 명의 심리학자가 DDS와 연계하여 정신과 진단양식을 작성하여 사용하도록 추천하고 있다. 청소년과 성인을 평가할 때, DDS는 내담자의 인지능력뿐만 아니라 행동과 정동 상태에 관한 정보를 제공한다. 또 환자의 장점, 방어 그리고 문제들에 대한 정보를 제공한다

(Brooke, 2004/2007).

DDS의 그림과제는 자유화, 나무 그림, 감정 그림을 포함하며, 큰 종이와 파스텔을 사용한다. DDS는 DSM-Ⅲ-R의 기준과 연결된 미술치료 평가도구로서 임상 장면에 적용할 때 다양한 이점이 있다. 첫째, 단순한 설계로 빠르게 설정하고 시행하여 완성하게 한다. 둘째, 파스텔과 큰 종이를 사용하는 것은 종이와 연필을 사용하는 투사적 그림검사보다 경험적으로 더 풍부하게 접촉하도록 돕는다. 그림검사에 색을 사용함으로써 피검자의 감정적 측면을 더 부각시켜 보다 풍부한 임상적 자료를 얻게 해 준다. 셋째, 다양한 과제의 구조는 다양한 반응을 촉진시킨다. 인물화나 HTP 검사와 같이 과제에 대한 구체적 지시를 하는 것과는 달리 자유화 과제와 감정을 표현하도록 하는 과제가 있으므로 피검자의 정보를 더 많이 얻을 수 있다. 넷째, 구성방식은 임상치료기간 중 어느 시점에서도 효과적으로 사용할 수 있으며, 다중기관 연구는 임상적인 지식기반을 구축한다(Cohen, Mills, & Kijak, 1994). 다섯째, DDS 그림평가는 내용분석 중심이 아니라 구조적 · 객관적 분석 중심의 그림검사로 검사자가 그림을 해석하는 데 있어 검사자의 주관적 변인을 줄이고 보다 객관적으로 분석할 수 있다는 장점이 있다.

DDS는 광범위한 연구(Cohen, Hammer & Singer, 1988; Couch, 1994; Gulbro-Leavitt & Schimmel, 1991; Kress, 1992; Mills & Cohen, 1993; Neale, 1994)를 통해 그림연구를 위한 포맷뿐만 아니라 병리적인 진단과 연결시킴으로써 풍부한 미술치료 평가도구가 될 것이라는 것이 판명되었다. 그리하여 DDS는 진단과 관련된 임상적 정보를 제공하는 데 도움을 주는 실효성이 검증된 표준화된 검사방법으로 개인상담, 집단치료, 교육계획 그리고 치료계획의 안내로 사용될 수 있다(Cohen, Mills, & Kijak, 1994).

2. 실시방법

1) 준비물

준비물은 18″ × 24″(4절 크기), 70lb의 가벼운 재질의 표면이 거친 흰색 용지 세 장과 12색(빨간색, 주황색, 노란색, 연두색, 초록색, 밝은 파란색, 어두운 파란색, 보라색, 갈색, 고동색, 흰색, 검정색) 직육면체 파스텔로 면은 평평하고 모서리는 각이 져 있다. 이 파스텔을 사용하는 것은 각진 쪽으로는 선을 그리는 데 사용할 수 있고, 넓고 납작한 면은 모양을 그리는 데 사용하는 등 적용 가능성이 많기 때문이다. 그 외 스프레이 정착제 등이 필요하다. DDS는 책상에서 작업하는 데 적당하도록 설계되어, 이젤이나 벽을 사용하는 것은 실용적이지 않다(Cohen et al., 1994).

2) 시행절차

DDS는 정신건강 병동에 입원한 지 3~5일 이내에 있는 환자에게 실시한다. 먼저 치료자는 피검자에게 세 장의 용지에 서로 다른 그림을 그리게 한다. 종이는 원하는 방향으로 사용할 수 있다는 것을 제시하고, 다음과 같이 단계적으로 진행한다.

- 첫 번째 과제(자유화): "이 재료를 사용하여 그림을 그려 주세요."
- 두 번째 과제(나무 그림): "나무를 그려 주세요."
- 세 번째 과제(감정 그림): "선, 형태, 색을 사용하여 자신의 감정을 그려 주세요."

소요시간은 그림 한 장당 15분 정도이다. 이것은 검사의 목적으로 실시되므로 그림을 시작한 지 15분이 지나면 그림을 다 끝내지 못했다 하더라도 중지시킨다. 그림을 그리는 과정에서 피검자가 세 장을 다 그리지 않고 중간에 그림에 대한 질문을 하면 세 번째 그림을 다 그릴 때까지 질문을 유보시킨다. 그리고 그림을 그리는 동안에는 이야기하는 것을 삼가고, 세 장의 그림을 모두 그린 후 대화를 하도록 한다.

첫 번째 과제는 피검자에게 선택의 폭을 가장 넓게 부여하며 자유화 형식의 비구조화된 과제(unstructured task)로서 피검자의 반응이 매우 다양하게 나타난다. 이것을 통하여 개인이 초기에 공유하고자 하는 정보의 양과 형태를 추측할 수 있다. 피검자가 자신이 원하는 것을 그릴 수 있기 때문에 긍정적으로 반응하기도 하지만, 한편으로는 과제가 주어지지 않아 막연하고 그리는 것에 어려움을 나타내기도 한다. 그러므로 첫 번째 과제를 통하여 대처기제나 방어양식, 자기개방 정도를 짐작할 수 있으며, 내담자가 정보를 어느 정도 나눌 수 있는 준비가 되어 있는지 추측해 볼 수 있다. 첫 번째 과제를 거부하는 피검자는 거의 없지만, 만약 거부한다면 이는 수동공격성(passive-aggressiveness)이나 행동화(acting-out) 경향성을 보여 주는 것이다(Cohen et al., 1994).

두 번째 과제는 나무를 그리는 것이다. 지시가 구체적이므로 첫 번째 그림에서 "그림을 잘 못 그린다." "무엇을 그려야 할지 잘 모르겠다."라고 말하며 그림 그리기를 어려워하는 사람들도 두 번째 과제에서는 방어가 많이 줄어든다. 그리고 나무라는 대상은 모든 사람이 봐 왔고 그릴 수 있다고 믿기 때문에, 두 번째 과제는 피검자가 쉽게 수행할 수 있다. 현실검증력이 심각하게 와해된 환자이거나 기질적 장애가 있는 경우라 하더라도 나무 그림을 무난하게 수행할 수 있다(Cohen et al., 1994).

나무의 상징적인 의미는 육체적이고 영적인 의미에서 성장과 삶을 보여 주는 것으로서 개인화 과정이 투사된 것이다(Jung, 2008). 나무는 상징적 자기상, 심층적이고 무의식적인 정신세계를 반영하므로(Buck, 1948; Bolander, 1997; Koch, 1952), 억압되거나 회피하는 내용을 무의식적으로 투사하도록 하는 면에서 인물화보다 더 용이한 측면이 있다(Hammer, 1958). 특히 DDS의 나무 그림은 색채를 사용하고 큰 종이를 사용함으로써 기존의 나무 그림검사보다 표현을 더 심화 · 촉진시킬 수 있다.

만약 피검자가 첫 번째 그림에서 나무를 그렸다고 해도, 검사자는 두 번째 그림에서도 나무를 그릴 것을 요구한다. 이는 한 회기 동안 한 피검자가 연속적으로 그린 두 나무 간의 차이를 임상적으로 관찰하는 것이 중요하기 때문이다 (Creekmore, 1989).

세 번째 과제는 선, 형태, 색을 사용하여 감정을 그리는 것이다. 피검자들은 이 지시에 반응하여 추상적인 것에서부터 구상적인 것에 이르기까지, 그리고 아주 개인적인 것부터 전형적인 것까지의 다양한 이미지를 표현한다. 이 과제의 개념적인 복잡성은 두 번째 그림보다 더욱 의식적인 수준에서 피검자의 사려 깊음과 통제력을 장려하지만, 감정그림은 정서적으로 이완하게 한다. 또한 감정표현에 대한 내담자의 능력과 의욕에 대한 가치 있는 단서를 제공하며 처음 그림과 비교하여 에너지 수준과 기분의 변화를 볼 수 있다.

이와 같이 세 번째 과제를 통하여 피검자의 정서표현 수준과 추상적 사고력, 인지적 능력을 살펴볼 수 있다. 조현병 환자처럼 현실검증력에 손상을 보이는 정신과 환자는 이 과제에서 추상적인 표현 대신에 구체적인 대상을 그리고 글자를 삽입하는 경우가 많고 매우 특이한 상징물을 그리기도 한다(주리애, 2004; 차시연, 김갑숙, 2010). 이러한 반응은 감정을 규명하거나 표현하는 능력이 부족한 것에 기인하는 것으로 볼 수 있다. 정동장애나 성격장애와 같이 정서적 차원에서 심각한 장애를 호소하는 경우 세 번째 그림 주제에 가장 적극적으로 반응하는 경향이 있고, 색 사용이 많고 공간 사용 비율도 매우 높게 나타났다(Cohen et al., 1988; Mills, 1989).

미술치료사는 그림을 그리는 데 저항하는 환자를 독려하며 DDS를 시작하거나 계속 그리도록 하는 것이 필요하다. 그러나 이 과정에서 피검자가 그림을 그리지 못할 경우에는 빈 용지를 그대로 보관한다. 그림이 완성되었을 때, 치료사는 피검자에게 다음의 질문항목에 따라 질문하고 그것을 기록해 둔다.

〈자유화의 질문〉

- 이 그림에 대해 말해 보세요.
- 이 색은 무엇을 의미합니까?
- 이 이미지는 무엇을 표현한 것입니까?

- 그 외에 이 그림에 대해 이야기하고 싶은 것은 무엇입니까?
- 이 그림의 제목은 무엇입니까?

〈나무 그림의 질문〉

- 이 그림에 대해 말해 보세요.
- 이 나무는 당신이 알고 있는 것입니까 혹은 상상의 것입니까?
- 이것은 어디에 위치해 있습니까?
- 색의 특별한 의미는 무엇입니까?
- 나무의 어떤 부분이 가장 마음에 듭니까? 그 이유는 무엇입니까?
- 나무의 어느 부분이 가장 마음에 들지 않습니까? 그 이유는 무엇입니까?
- 그 외에 나무에 대해 이야기하고 싶은 것은 무엇입니까?

〈감정 그림의 질문〉

- 이 그림에 대해 말해 보세요.
- 이 색은 무엇을 의미합니까?
- 이 이미지는 무엇을 표현한 것인가요?
- 이 그림의 제목은 무엇입니까?

3. 평가기준 및 해석

DDS 그림은 그림분석 양식지 2판(Drawing Analysis Form II: DAF2)을 사용하여 평가한다. 그림을 평가하기 위해서는 지침서에 따라 세 가지 그림의 각각의 모든 범주를 평가하며, 각 그림의 각 범주에 하나의 항목만을 평가해야 한다.

DAF는 23개의 지표로 구성되어 있으며, 2012년에 Cohen에 의해 개정되었다. 개정된 DAF2 평가지침은 다음과 같다.

〈표 11-1〉 DDS 평가지표

항목	내 용			
색 사용 정도	1개	2~3개	4개 이상	공백
특이한 색 사용	아니요	예		
색 혼합	아니요	예	중복	
요소	선만	형태만	혼합	공백
선의 길이	짧은 선	끊어진 선	긴 선	공백
통합	해체	통합	빈약	공백
나무	알아볼 수 없음	혼란스러운 가지	해체	아님
묘사	추상	구상	공백	
가장자리	각진	곡선	혼합	공백
이미지	단일	복합	관계가 없는 복합	공백
봉합	아니요	예	포위	
선의 질/압력	약함	중간	강함	공백
움직임	함축	실제	다방면	없음
공간 사용	1~33%	34~66%	67~99%	가득 참 / 공백
기울어짐	아니요	예		
특이한 위치	아니요	예		
바닥선	아니요	예		
사람	아니요	예		
동물	아니요	예		
대상	아니요	예		
추상적 상징	아니요	예		
글자 삽입	아니요	예	글자만	
풍경	풍경만	물 있음	물 장면	없음

- 색 사용(Color)

이 지표는 그림에서 몇 가지 색을 사용했는지를 평가하는 것이다. 사용된 색의 개수에 따라 1개 사용, 2~3개 사용, 4개 이상 사용, 공백으로 구분된다.

• 특이한 색(Idiosyncratic color)

이 지표는 구상적인 이미지를 묘사할 때 부자연스러운 색을 사용하고 있는지를 평가하는 것이다. 추상화의 경우 특이한 색 사용 여부는 '아니다'로 구분한다. 단색의 선으로만 그려진 그림도 특이한 색 사용 여부는 '아니다'로 평가하지만, 그림의 전체가 노란색 또는 흰색으로 그려진 경우 특이한 색으로 평가한다. 사람의 얼굴을 평가할 때는 파란색, 자주색과 초록색을 제외한 모든 색은 사람의 피부를 표현하는 데 사용될 수 있으므로 파란색, 자주색과 초록색을 사용했다면 특이한 색으로 평가한다.

두 번째 그림인 나무 그림에서 특이한 색 사용의 평가는 나무에 국한하여 평가한다. 나무의 몸통이 검정색, 갈색과 초록색이거나 나무의 수관이 가을에 나타날 수 있는 단풍색(주황색, 빨간색, 노란색, 갈색 등)인 경우는 특이한 색으로 평가하지 않는다. 침엽수를 제외한 다른 나무에서 푸르스름한 색조는 특이한 색으로 평가한다. 대신 파란색 나무줄기는 특이한 색으로 평가한다. 잘 그려진 나무에 예술적인 기교를 위해 자연스럽지 않은 다른 색을 사용한 경우는 특이한 색으로 평가하지 않는다.

• 색 혼합(Blending)

이 지표는 '혼합 없음' '혼합 있음' '중복'으로 구분된다. 색 혼합은 두 가지 이상의 색을 사용하여 새로운 색을 만들어 내는 것으로, 2개 또는 그 이상의 색을 사용하여 제3의 분명한 새로운 색이 만들어지며, 그것이 적어도 2인치 이상이 되어야 한다. 색은 단순히 중복되는 것이 아니라 섞여야 한다. '중복'은 2개 이상의 색이 혼합된 것이 아니라 층을 이루어야 하며 적어도 2인치 이상이 되어야 한다. 그림에서 혼합과 중복이 다 포함된다면 혼합으로만 평가한다.

• 요소(Elements)

이 지표는 '선만 사용' '면만 사용' '선과 면의 복합' '공백'으로 구분된다. '선만 사용' 조건은 파스텔을 세워서 각진 부분으로 선을 그어 선적인 요소만 나타나는 경우이며 작은 점은 선과 같이 평가한다. '면만 사용' 조건은 파스텔의 옆면을 사용해서 그림을 그린 경우이며, 인식할 수 있는 형태가 적어도 1인치 이상이 되어야 한다. '선과 면의 복합'의 조건은 그림 속에 선과 면이 모두 있는 경우가 해당된다. 나무 그림의 경우 나무 자체만으로 이 항목을 평가한다. 나무줄기와 수관에 윤곽선이 있더라도 채워졌다면 '면만 사용'으로 평가한다.

• 선의 길이(Line length)

이 지표는 '짧은 선' '끊어진 선' '긴 선' '공백'으로 구분된다. '짧은 선'은 선의 길이가 주로 1/2인치(1.27cm) 이하이다. '끊어진 선'은 선의 길이는 1/2인치 이상이나 대체로 연결이 끊어져 있다. '긴 선'은 선의 길이가 2인치 이상 끊어지지 않은 선이어야 하며, 요소범주에서 '면만 사용'한 경우는 긴 선으로 평가한다.

• 통합성(integration)

이 지표는 주제 응집성이나 시각적 응집성이 있는지에 대한 평가이며 '해체' '통합' '빈약' '공백'으로 구분된다. '해체'는 그림에 어떠한 주제 혹은 시각적 응집성이 없는 경우이며, 난화(scribbles)도 이에 해당된다. '통합'은 주제가 있고 시각적 응집성이 있는 경우로서, 그림의 요소들이 어떤 구조나 조직을 보여 주는 것이어야 한다. 나무 그림에서는 나무가 '알아볼 수 없는' '혼란스러운 가지' 혹은 '해체'된 것으로 분류할 수 없는 것은 통합된 것으로 평가한다. '빈약'은 그림에 그려진 내용이 거의 없어서 그림의 통합성 정도를 평가할 수 없는 경우가 해당된다. 나무 그림에서 '단일색'으로 '선만 사용'한 나무, 거미, 열쇠구멍 혹은 막대사탕같이 그려진 경우는 빈약한 것으로 평가한다.

• 나무(Tree)

이 지표는 나무 그림과 자유화 및 감정그림에서 나무가 지배적인 이미지인 경우 평가한다. '알아볼 수 없음' '혼란스러운 가지체계' '해체' '아님'으로 구분된다. 나무의 형태가 제시된 세 가지 중 어느 하나에 해당된다면 그 하나를 채점하고 만약 어느 하나도 해당되지 않으면 이 항목은 '아님'으로 평가한다. '알아볼 수 없음'은 나무를 알아볼 수 없는 이미지로 그린 경우이다. 따라서 앞서 통합성 항목에서 통합된 것으로 평가했다면 이 항목으로 평가되지는 않는다. '혼란스러운 가지체계'는 나뭇가지가 잘 조직되어 있지 않고 난화에 가깝게 표현된 것이다. '해체'는 나무의 요소들이 서로 떨어져 있고 연결되지 않은 경우이다. 평가 시 나무줄기와 가지 사이의 연결 부분을 고려해야 한다. 두 면의 나무줄기 중 한 면이 단단하지 않거나 분명하게 그려져 있지 않고 해체된 것으로 선택되었다면 통합성 범주에서 '해체'로 평가되어야 한다. '아님'은 그림에 나무가 없거나, 그림에서 나무가 중심 이미지이지만 알아볼 수 없음, 혼란스러운 가지체계, 해체에 해당되지 않는 경우이에 해당된다.

• 묘사(Depiction)

이 지표는 '추상' '구상' '공백'으로 구분된다. 그림 속의 이미지를 쉽게 알아볼 수 없다면 '추상'으로 평가하고, 그림 속 이미지가 무엇을 그렸는지 쉽게 알아볼 수 있다면 '구상'으로 평가한다. 자유화와 감정그림에서 알아볼 수 있는 중심이미지 혹은 추상화에서 인식할 수 있는 다양한 이미지가 포함되어 있다면 '구상'으로 평가한다.

• 가장자리(Edges)

이 지표는 '각진' '곡선적' '혼합' '공백'으로 구분된다. '각진 그림'은 선, 직선성이나 각진 형태로 예리한 가장자리나 모서리의 이미지이다. 교차선, 줄무늬, 기하학적인 형태도 포함된다. '곡선적 그림'은 곡선이 주된 형태로 사용된 그림으로 흐르는 선이나 형태뿐만 아니라 곡선, 유기적인 난선이나 나선형과 같은 원으로 표현된다. '혼합'은 직선이나 곡선 중 하나가 두드러지게 우세하지 않고 두 가지가 섞인 경우이다. 만약 그림에 글씨나 숫자만 있는 경우라면 '혼합'으로 평가한다.

• 이미지(Image)

이 지표는 '단일' '복합' '관련되지 않는 복합' '공백'으로 구분된다. '단일' 이미지는 구상으로 평가된 그림에서 단일한 대상을 그린 경우이다. 추상에서 하나의 형태이나 직선의 이미지는 '단일'로 평가되며, 여러 가지를 그렸다 하더라도 단일한 색으로 그렸고 선으로 연결되어 있다면 단일 이미지에 해당된다. '복합' 이미지는 구상에서는 독립적인 두 개 이상의 대상이나 형태에 해당된다. 그 이미지에 새로운 개념을 부가한 세부묘사는 복합적인 이미지로 평가한다. 이를테면, 나무에 사과가 더해졌거나 사람이 모자를 쓰고 있다면 이는 원래 있어야 하는 대상에 추가된 것이므로 복합이미지로 분류한다. 추상에서 두 가지 이상의 색을 사용하여 선이 겹쳐져 있을 때 복합으로 분류한다. 바닥선 또는 잔디가 있는 나무는 복합적인 이미지로 분류하지 않는다. 그러나 나무 그림에서 하늘과 함께 잔디가 그려져 있거나 나무와 태양이 그려져 있다면 이것은 복합적인 이미지로 분류한다. 그림을 그리고 나서 글씨를 쓴 경우도 복합에 해당된다. '관련되지 않은 복합' 이미지는 그림에서 2개 이상의 이미지나 배열이 주제나 구성적으로 연결이 되지 않거나 발달적/문체상으로 일관적이지 않으며, 세 가지 이상의 이미지가 제시될 때, 적어도 하나가 표현된 다른 것과 관련성이 없어야 한다. 화창함 대 험악함과 같이 비교를 설명하기 위해 병치된 요소를 특징으로 하는 그림은 이것으로 평가하지 않는다. 그림에서 '복합 이미지'와 '관련되지 않은 복합' 둘 다를 포함할 경우에는 '관련되지 않은 복합'으로 평가한다.

• 봉합(Enclosure)

이 지표는 어떤 형태를 다른 형태가 완전히 둘러싼 경우를 말하는 것으로 '봉합'과 '포위'로 구분된다. '봉합'은 단지 요소의 윤곽선이 아니라 하나 혹은 그 이상의 이미지, 형태 혹은 선으로 완전하게 싸여져야 한다. '포위'는 추상이나 구상에서 하나 이상의 그림 요소가 다른 요소에 의해 시각적으로 에워싸여야 한다. 나무에 상흔이나 나뭇가지에 있는 둥지는 봉합에 해당되지 않는다. 그러나 만약 이 안에 사람이나 동물이 그려져 있다면 그것은 봉합에 해당된다. 추상에서 하나 이상의 선이나 형태가 크게 채색한 부분 위나 안에 그려져 있다면 포위로 평가한다. 그림에서 봉합과 포위 둘 다 포함되어 있다면 봉합으로 평가한다. 집의 문이나 창문,

얼굴에 있는 눈물, 해와 달에 그려진 얼굴, 창문 안에 커튼, 나무에 과일 등은 봉합에 해당되지 않는다.

• 필압(Pressure)

이 지표는 필압을 살펴보는 것으로 '약함' '중간' '강함' '공백'으로 구분된다. 이 지표를 평가할 경우에는 그림에서 가장 많이 사용한 필압을 중심으로 평가한다. '약함'은 파스텔을 칠했는데 그 아래 종이의 결이 보이는 경우이며, '강함'은 파스텔이 매우 진하게 칠해져서 그 아래 종이의 결이 전혀 보이지 않는 경우이고, 그 외에 대부분은 필압이 '중간' 정도라고 보면 된다. 노랑색과 같이 옅은 색은 잘못 평가하기 쉬우므로 유의해야 한다.

• 움직임(Movement)

이 지표는 '함축' '실제' '다방면' '없음'으로 구분된다. '함축'은 특히 추상에서 구체적으로 움직이는 사물이 그려진 것은 아니지만 움직임이 함축되어 있다. 구상에서는 나선형태라든지 기울어진 나무, 역동적으로 그려진 화살, 구부러진 꽃 등이 움직임이 함축된 것으로 분류된다. 그러나 나무 그림에서 혼란스러운 가지체계를 특징으로 하는 해체된 경우는 '없음'으로 평가한다. '실제'는 실제 움직임이 그려진 것으로 구상에서만 가능한 항목이다. 예를 들어, 물이나 물결이 흐르는 경우나 움직이는 보트, 열차, 자동차, 비, 떨어지는 낙엽, 날고 있는 새, 흔들리는 나뭇가지, 떨어지는 핏방울 등이 이에 해당된다. '다방면'은 움직임이 함축되거나, 실제 움직임이 반대방향이나 다양한 방향에서 나타난다. 구상에서는 다른 방향에서 내뿜어져 나오는 폭발적인 이미지, 혼란한 비나 날씨 이미지, 소용돌이나 고리모양의 선 등이 포함된다. 그림에서 '다방면의 움직임'과 움직임의 다른 형태 둘 다 포함될 경우 '다방면의 움직임'으로 평가한다.

• 공간 사용(Space usage)

이 지표는 공간 사용을 측정하는 것으로, '1～33%' '34～66%' '67～99%' '가득 참'

'공백'으로 구분된다. 이 평가를 위해서는 용지를 가로축과 세로축 각각을 3등분 했을 때 총 9개의 영역이 나오는데, 파스텔 마크가 표시되어 있는 열과 행의 수를 헤아린다. 선을 그었을 때 가로축과 세로축에 2인치 이상 연결되지 않으면 공간 사용을 하지 않은 것으로 본다.

'1~33%'는 용지의 하나의 열이나 행 안에 그려져 있는 경우이며, '34~66%'는 용지 위의 두 개의 열이나 행 내에 그려져 있을 경우에 평가한다. '67~99%'는 용지의 세 개의 열과 행 내에 그려진 경우이다. '가득 참'은 '67~99%'의 공간 사용 기준을 충족시키고 용지 가장자리에서 1인치 이하의 용지의 여백을 드러낸 경우에 평가한다. 이 경우 가로축과 세로축 평가 중에서 더 낮게 나온 점수를 선택한다. 예를 들면, [그림 11-1]의 경우 가로축은 1/3을 사용하였고, 세로축은 2/3만큼 사용되었다. 이 경우 더 낮게 나온 점수를 선택하면 1/3이 되어 공간 사용은 '1~33%'가 된다. [그림 11-2]의 경우는 가로축은 3/3, 세로축은 2/3를 사용하여 이 경우 공간사용은 '34~66%'가 된다.

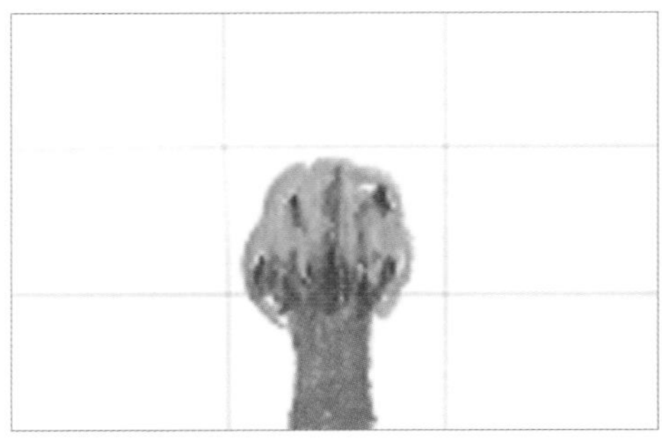

[그림 11-1]

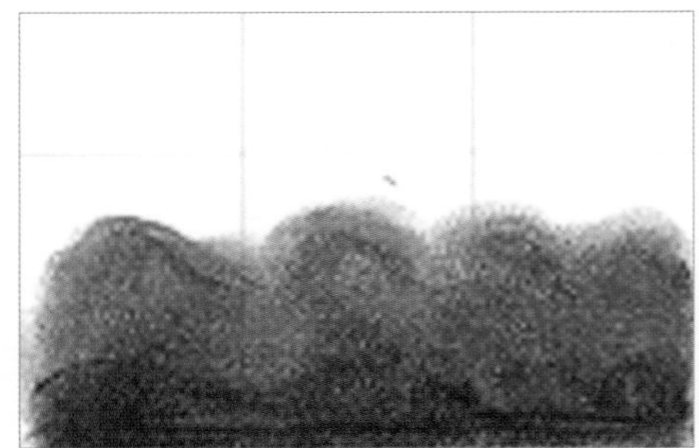

[그림 11-2]

• 기울어짐(Tilt)

이 지표는 '예' '아니요'로 구분된다. 구상으로 그려진 주된 대상의 수직축이 15도 이상 기울어진 경우이다. 추상의 경우 기울어짐은 '아니요'로 평가한다. 나무 그림의 경우 나무 기둥의 아랫부분이 기울어져야 '예'로 평가한다.

• 특이한 위치(Unusual placement)

이 지표는 '예' '아니요'로 구분된다. 도화지의 중앙선을 수평으로 그었을 때 그 위쪽에만 그림을 그린 경우라든지, 도화지 중앙선을 수직으로 그었을 때 왼쪽 혹은 오른쪽에만 그림을 그린 경우가 이에 해당된다.

• 바닥선(Groundline)

이 지표는 '예' '아니요'로 구분된다. 구상화에서 기저선(baseline)을 형성하는 수평적인 요소로 정지되어 있는 대상이나 형태의 표면, 땅, 수평선을 나타낸다. 추상의 경우 '아니요'로 평가한다. 나무 그림에서 바닥선은 줄기의 두 면에서 적어도 1인치 이상 연장되어야 하며, 정물화에서 탁상 위 선을 6인치 이상 그렸다면 바닥선으로 평가한다. 구상이나 풍경에서 울타리나 수평선은 바닥선으로 평가한다.

• 사람(People)

이 지표는 '예' '아니요'로 구분된다. 사람이나 사람 같은 이미지를 나타내는 것으로 사람의 머리, 머리와 몸을 그린 경우, 그리고 만화같이 그린 것도 포함된다. 머리만 그린 경우에는 눈, 코, 입 등이 있어야 '예'로 평가하며, 해나 달에 얼굴을 그린 것은 '아니요'로 평가한다.

• 동물(Animal)

이 지표는 '예' '아니요'로 구분된다. 사람이 아닌 실제 동물이든 상상의 동물이든 동물의 얼굴 혹은 얼굴과 몸통을 그린 것을 평가한다. 그 외 만화같이 그린 동물 이미지, 새, 물고기, 공룡, 곤충 등이 이 항목에 해당되나, 식물은 '아니요'로 평가한다.

• 대상(Object)

이 지표는 '예' '아니요'로 구분된다. 풍경내용에 구체적이고 이동시킬 수 있는 대상으로서 음식물, 식물, 자연물 등이 포함되어 있다. 일상적인 사인(sign)은 정지 사인, 달러 사인, 국기, 평화 사인, 웃는 얼굴, 물음표, 감탄부호, 화살 등이 포함된다.

나무그림에서 나무나 풀은 이 항목에 해당되지 않으나 과일이라든지 꽃, 코코넛, 그네, 분명하게 그려진 구름, 부가적으로 더 그려진 나무 등은 이 항목에 해당된다. 상징에 내재된 것(예: 피가 흐르고 있는 심장)을 제외한 피와 눈물도 '예'로 평가한다.

• 상징(symbols)

이 지표는 '예' '아니요'로 구분된다. 그려진 이미지가 보다 더 큰 개념을 대표하는 단일 이미지는 무지개나 십자가, 눈, 하트, 손, 입의 특별한 신체부위뿐만 아니라 종교적인 이미지를 포함한다.

만약 어떤 구상적 이미지를 그리고 그것이 무엇을 상징하는지 글로 쓴 경우라면 이 역시 상징이라고 본다. 이를테면, 나비를 그리고 나서 '나비는 자유를 말한다.'고 썼다면 이는 상징으로 분류한다.

• 글자 삽입(Writing)

이 지표는 글자사용이 '있다' '없다' '글자만 있다'로 구분된다. 그림에 글이나 숫자, 사인을 삽입한 경우이다. 만약 이미지는 전혀 그리지 않고 글이나 숫자만 썼다면 '글자만 사용'으로 평가한다. '글자만 사용'한 그림은 구상화로 평가되어야 하며, 가장자리 지표에서는 각진과 곡선적인 '혼합'으로 평가된다.

• 풍경(Landscape)

이 지표는 '풍경만 그림' '물 있음' '물 장면' '없음'으로 구분된다. '풍경만 있음'은 땅과 식물(나무, 선인장, 꽃, 관목)이 있어야 하고, 덧붙여 태양, 언덕, 사람, 동물, 혹은 대상 중 하나가 있어야 한다. 나무 그림에서는 잔디, 하늘을 포함하여, 하나 이상의 환경적인 대상이 포함되어야 풍경으로 평가된다. '물 있음'은 앞의 풍경항목에 물이 더해진 경우이다. 이때 물은 수영장이나 웅덩이, 개울, 호수, 비 등을 포함한다. '물 장면'은 물이 그림에서 주된 주제이며, 대상은 있을 수 있으나 풍경요소는 거의 없다. '없음'은 추상이거나 혹은 '풍경만 그림'이나 '물 있음'이 아니어야 한다.

이처럼 23개의 지표에서 나타나는 그림의 평가 및 해석기준을 바탕으로 살펴볼 때, 병리적인 사람들의 그림에서 보이는 특징은 단색이나 특이한 색을 사용하며, 색 혼합이 없고 선만 사용하며 봉합이 나타난다. 또한 그림이 해체되거나 빈약하며, 단어를 삽입하거나, 필압이 아주 약하거나 강하고, 그림을 그릴 때 용지의 33% 이하로 제한된 공간을 활용하며, 특이한 위치에 배치한다. 반면, 건강한 사람들의 그림 특징은 네 가지 이상의 색을 사용하고, 특이한 색을 사용하지 않으며, 색을 혼합하고 봉합이 없으며, 선과 면이 혼합되어 있고, 그림이 통합되어 있다. 또한 단어 삽입이 없고, 필압은 중간 정도이며, 공간을 활용하고 있고, 특이한 위치에 배치하지 않는 경향이 있다.

4. 해석의 적용

1) 조현병 환자의 사례

[그림 11-3]은 40대 여성 조현병 환자의 그림이다. 첫 번째 그림은 구상화로 사람의 얼굴을 그렸다. 얼굴의 내부표현, 즉 눈, 코, 입부분은 다 그렸으나, 그림에 표현된 인물상이 기울어져 있고 얼굴 표정은 일그러진 모습으로 우울하고 슬퍼 보인다. 두 번째 그림에서는 검정색으로 파스텔의 면을 사용하여 나무를 그렸다. 나무 그림 위에는 녹색으로 구름형태를 표현하였으며, 나무 아랫부분에는 보라색으로 바닥선을 표시하였다. 세 번째의 감정 그림에서는 검정색 단일색으로 파스텔의 면을 사용하여 두 개의 선을 그렸다.

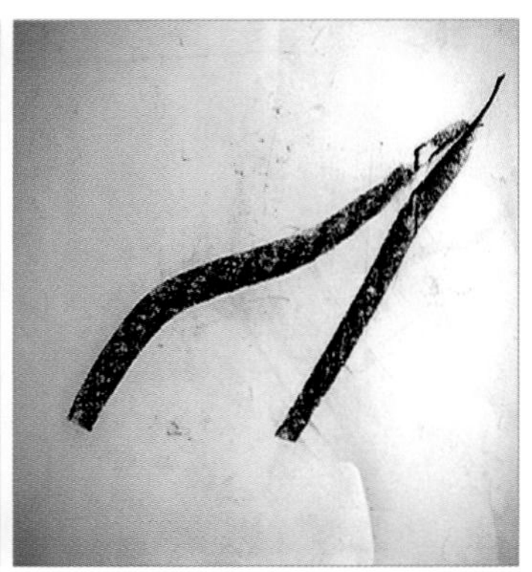

[그림 11-3] 조현병 환자의 그림

이것을 보아, 이 환자는 대체로 색의 사용이 제한적이며 색의 혼합이 없고 단일 이미지를 표현하고 있다. 특히 나무 그림에서 통합성은 떨어지지 않았지만 나무를 검정색으로 표시하거나 보라색으로 바닥선을 표현하는 등 특이함을 나타내었다. 이는 조현병 환자의 그림이 통합성이 없고 빈약하며, 색 사용이 제한적이고, 특이한 위치나 특이한 색상으로 그린다는 점을 잘 반영하고 있다.

〈표 11-2〉 조현병 환자의 DDS 반응특성

항목	첫 번째 그림	두 번째 그림	세 번째 그림
색 사용 정도	4개	3개	1개
특이한 색 사용	없음	있음	없음
색 혼합	없음	없음	없음
요소	선/면 모두 사용	면만 사용	면만 사용
선의 길이	긴 선	긴 선	긴 선
통합	통합	통합	빈약
나무	–	나무는 그렸지만 4개 분류에는 해당 안 됨	–
묘사	구상화	구상화	추상화
가장자리	혼합	곡선	곡선
이미지	단일 이미지	단일 이미지	단일 이미지
봉합	없음	없음	없음

선의 질/압력	보통	보통	보통
움직임	없음	없음	함축
공간 사용	67~99%	67~99%	34~66%
기울어짐	없음	없음	없음
특이한 위치	없음	없음	없음
바닥선	없음	있음	없음
사람	있음	없음	없음
동물	없음	없음	없음
대상	없음	있음(나무)	없음
상징	없음	없음	없음
글자 삽입	없음	없음	없음
풍경	없음	없음	없음

2) 일반성인의 사례

[그림 11-4]는 40대 여성이 그린 그림이다. 피검자는 학부에서 미술을 전공하였으며, 대학원에서 미술치료를 공부하면서 주부, 어머니, 학생, 치료사로서 일인 다역을 하며 열심히 생활하고 있다. 첫 번째 그림은 물 위에 떠 있는 연꽃을 그렸으며, 두 번째 그림에서는 튼튼하고 풍성한 나무를 그리고 무성한 나무 위에 작은 아기새 두 마리가 앉아 있다. 세 번째 감정 그림에서는 푸른색의 맑은 하늘과 그 위에 두 개의 번개와 먹구름을 그렸다.

전체적으로 다양한 색을 사용하고 있고 색의 혼합사용도 보인다. 선과 면을 모두 사용하여 복합 이미지를 표현하였고 그림이 잘 통합되어 있으며 그림에 움직임 등이 나타나고 공간 활용도도 높은 것으로 나타났다. 이러한 점을 보았을 때 이 피검자는 미술표현능력이 뛰어나며, 에너지 수준과 자아강도 및 자아의식이 아주 높은 것으로 보인다. 이것은 언어적 표현에서도 나타났는데, 첫 번째 그림에서 자신을 진흙밭에서 하늘을 향해 꿋꿋이 피어나는 강인한 연꽃으로 표현하고 이 연꽃을 만질 수도 꺾을 수도 없게 깊은 연못에 그렸다고 하였다. 이를 통해 피검자는 아무에게도 자신의 삶이 방해받지 말았으면 하는 바람을 나타내었다. 특히 감정 그림에서는 자신의 불안한 마음을 잘 표현하고 있다. 두 개의 번개와 함께 번개 윗부분을 검정색으로 칠하고, 언제 어둠의 정체가 드러날지 아무도 모른다고 하였다. 그림을 다 그린 후 바라보니 아픈 두 딸이 원망하는 듯한 생각이 든다고 하였다.

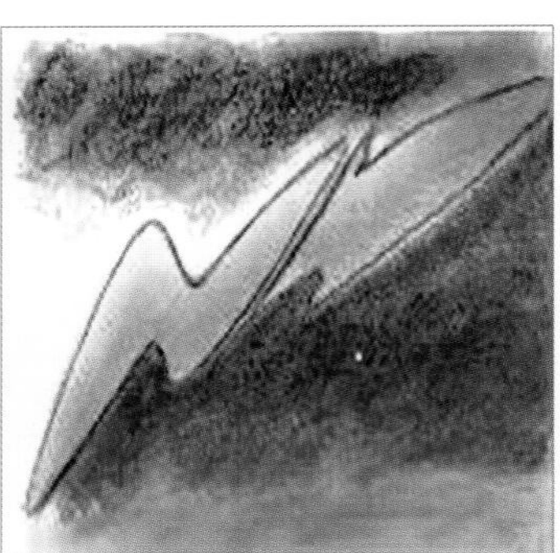

[그림 11-4] 일반성인의 그림

이 피검자는 나무 위의 새 두 마리, 두 개의 번개 등 자신의 두 딸을 상징적으로 표현하여 사랑하는 두 딸을 보호하고 양육해야 한다는 마음과 자신의 성장을 위해 학업을 방해받고 싶지 않은 양가적인 마음을 보이고 있다. 학교에 오던 도중 딸아이가 아프다는 연락을 받았지만 남편에게 아이를 부탁하고 학교에 오면서 피검자가 느꼈던 많은 갈등과 아이에 대한 미안함이 그림에 반영된 것으로 보였다.

〈표 11-3〉 일반성인의 DDS 반응특성

항목	첫 번째 그림	두 번째 그림	세 번째 그림
색 사용 정도	7개	6개	5개
특이한 색 사용	없음	없음	없음
색 혼합	있음	있음	있음
요소	선/면 모두 사용	선/면 모두 사용	선/면 모두 사용
선의 길이	긴 선	긴 선	긴 선
통합성	통합	통합	통합

나무	–	나무는 그렸지만 4개 분류에는 해당 안 됨	–
묘사	구상화	구상화	구상화
가장자리	혼합	곡선	각진
이미지	복합 이미지	단일 이미지	복합 이미지
봉합	없음	없음	없음
선의 질/압력	보통	보통	보통
움직임	실제	실제	다방면
공간 사용	가득 참	67~99%	가득 참
기울어짐	없음	없음	없음
특이한 위치	없음	없음	없음
바닥선	없음	없음	없음
사람	없음	없음	없음
동물	없음	있음	없음
대상	있음(연꽃)	있음(나무)	있음(번개)
상징	있음	없음	있음
글자 삽입	없음	없음	없음
풍경	있음	있음	있음

5. 연구동향

1) 국외 연구동향

(1) 성인용 DDS에 대한 연구

DDS에 관한 연구는 DSM 진단과 연결하여 타당도와 신뢰도에 대한 연구가 수행되었다. DDS에 대한 대부분의 연구는 우울증, 기분부전, 조현병, 경계성인격장애, 기질적 정신장애 증후군, 다중인격장애, 섭식장애 및 해리장애 등으로 진단받은 대상을 중심으로 이루어졌다.

Cohen 등(1988)은 조현병, 우울장애, 기분부전장애, 정상인 총 239명을 대상으로 DDS를 실시하였다. 연구결과, 기분부전장애 환자는 필압이 약하고 자유화에서 동물을 삽입하며, 나무 그림은 와해되어 있었다. 우울한 환자는 특이한 위치에 그림을 그리는 경우가 많았으며, 나무 그림에서 풍경까지 그리는 비율이 낮았고, 감정 그림에는 물의 이미지를 삽입하였다. 조현병 환자는 감정 그림에서 색 사용이 단색으로 제한적인 경우가 많았고, 통합이 잘 되지 않았으며, 나무를 그릴 때 기둥이 짧은 나무를 그리는 경우가 많았다. 흥미로운 결과는 조현병 환자들의 나무가 기존 나무검사와는 달리, 와해되거나 빈약하게 그려지지 않고 나무의 형태를 인식할 수 있도록 하나의 완성된 이미지로 그려 냈다는 것이었다. 이 연구를 통하여 그림의 구조와 병리적인 진단 사이에는 관계가 있다는 것을 시사하였다.

Mills, Cohen과 Meneses(1993)는 DDS에 대한 신뢰도와 타당도 검사를 고찰하였다. DDS에 대한 다섯 가지의 타당도 연구와 세 가지의 채점자 간 신뢰도 검증을 보고하고, DDS는 미술치료사들이 임상적 평가나 연구를 위해 사용할 수 있는 신뢰할 수 있고 타당한 도구임을 제시하였다.

Morris(1995)는 다중인격장애, 주요우울장애, 조현병과 정상인(각 20명씩)을 대상으로 DDS의 나무 평가기준만을 사용하여 진단범주별로 구별되는 특징이 있는지를 알아보았다. 그 결과, 다중인격장애 환자들은 많은 색을 사용하며 용지를 바닥선으로 이용하고 뿌리를 강조하며 옹이가 포함된 나무를 그렸다. 우울증 환자는 나무가 떠 있는 이미지로 그렸고, 두세 가지의 색으로 선만을 이용하여 통합되지 않은 나무를 특이한 위치에 그렸다. 조현병 환자는 두세 가지의 소수의 색으로 선만을 이용하여 옹이와 통합된 나무를 표현하였으나 빈약하였으며, 가지를 혼란하게 그리는 것으로 나타났다.

Couch(1994)는 DSM-Ⅲ-R을 범주화하여 기질적 정신장애 증상이나 장애를 가지고 있는 24명(남: 8명, 여: 16명)의 67~93세의 노인들을 대상으로 DDS 검사를 실시하였다. 그 결과, 기질적 정신장애 노인들은 단색을 사용하고 혼색 사용이 적었으며 두드러진 선을 사용하였다. 그림이 빈약하며 필압이 약하고 대부분 인지하기 어려운 나무를 표현하며, 그림의 배치가 독특하고 단일 이미지를 표현하는 것으로 나타났다. 포위와 바닥선을 그리는 경우가 적고 동물이나 사람의 이미지가 드물게 나타났다. 또한 추상적 주제의 세 번째 과제에서 아무것도 표현하지 않는 경우가 25% 정도로 나타났다.

Rankin(1994)는 나무 그림에서 상흔, 부러진 가지, 손상된 줄기, 잎 없는 나무가 외상 삽화의 표식이라는 가설에 근거하여, 성적 외상으로 해리장애를 보이는 입원한 성인 집단의 그림과 정신병원 직원으로 구성된 통제 집단의 그림을 각각 30점씩 추출하여, 그림에서 외상에 관한 표식이 나타나는지를 알아보았다. 해리장애로 진단된 사람들은 DDS의 두 번째 그림인 나무 그림에서 60% 정도가 상흔, 부러진 가지, 손상된 줄기, 잎 없는 나무 중 하나를 묘사하고 있는 반면, 통제 집단은 27% 정도가 이러한 내용을 묘사하였다. 옹이는 두 집단에게서 다 나타나 외상을 나타내는 표식이 아니라고 보고하였다. 그러나 이 연구는 소규모의 인원을 대상으로 하고 있어 일반화하는 데는 한계가 있다.

Fowler와 Ardon(2002)는 해리성 정체성 장애 환자를 대상으로 DDS에 관한 신뢰도와 타당도를 평가하였다. 환자들의 해리성 장애를 평가하기 위하여 반구조화된 면담(Structured Clinic Interview for DSM-IV Dissociative Disorders: SCID-D)을 적용하여 임상적 진단에 근거하여 해리성 정체성 장애 집단[특별하지 않은 진단적 해리성 장애(Dissociative Disorder Not Otherwise Specified: DDNOS)를 해리성 정체성 장애(Dissociative Identity Disorder: DID)에 포함]과 통제 집단(다른 정신장애로 분류)으로 분류하였다. 각각의 시리즈가 DID 환자의 그림 프로파일과 연결되는지를 확인하였다. 연구결과, 그림파일과 임상진단에서 경험이 부족한 두 평가자는 일치도에서 유의미하지 않았고 세 명의 평가자는 환자의 상당수를 다르게 분류하였다. 그러나 이 연구에서 아주 해리적인 환자들은 크고 복잡하며 다채로운 이미지를 사용하며 색 혼합이 없고 마커와 종이표면 사이를 분리하여 그리는 것이 확인되었다. 이를 보아 다양한 이미지를 봉합으로 고립시키고 몰두 수준과 움직임에서 높은 점수를 받는 것이 DID의 중요한 지표임을 발견하였다.

Kessler(1994)는 섭식장애를 가진 대상에게 DDS의 구조적 및 내용요소가 존재하는지 알아보고 신경성 식욕부진증(17명), 거식증(55명), 달리 분류되지 않은 섭식장애(9명) 간에 식별 가능한 차이가 있는지를 알아보았다. 15~54세의 섭식장애를 가진 여성에게 DDS를 실시한 결과 바닥선 사용이 적고 쓰러지는 나무와 상흔이 있는 나무를 그리는 비율이 높았다.

Billingsley(1998)는 물질관련장애로 분류된 27명의 외래 환자(남: 14명, 여: 13명) 집단의 DDS 그림들을 통제 집단과 다중인격, 우울증, 조현병, 경계선 성격장애를 포함한 다른 진단범주와 비교하였다. 비록 통제표본과 물질관련장애 집단 그림들이 다른 진단 집단과 비교했을 때 서로 비슷하였으나, 물질관련장애 집단을 구별하는 몇 가지의 그림 특징을 발견하였다. 첫 번째 그림과 세 번째 그림에서 이 그림의 50%가 물과 물음표(?) 이미지들이 있는 것으로 나타났다.

(2) 아동용 DDS에 대한 연구

DDS의 아동용 버전인 Children's Diagnostic Drawing Series(CDDS)는 발달 수준을 고려하여 Sobel과 Cox(1992)가 개발하였다. CDDS는 아동과 성인의 차이를 설명하기 위하여 재료와 표준화된 지시사항 그리고 평가지침에 약간의 차이가 있다. Neale(1994)는 CDDS에 적용된 DDS의 채점지침의 변인이 치료 집단의 아동과 통제 집단의 아동을 구별하는 데 의미가 있을 것이라는 것과 이 변인군이 적응장애로 진단받은 아동의 기준으로 드러날 것이라는 가정을 가지고 연구를 수행하였다. 이를 위하여 진단을 받은 아동과 진단을 받지 않은 5~17세 아동 총 90명(통제 집단: 50명, 치료 집단: 40명)을 대상으로 하였으며, 치료 집단에 있는 28명이 적응장애로 진단받았다. 연구결과, DDS의 23개의 범주 중 7개(색, 선/형태, 통합, 바닥선, 무생물 대상, 추상적 상징, 공간 사용)의 변인이 통제 집단과 치료 집단을 구별하였다. 전체 12개의 변인에서 채점자 간 일치도가 있었으며, 특히 7개의 변인 중 6개의 변인에서 채점자 간 일치도가 있었다(Kappa〉0.50). 또한 적응장애로 진단받은 치료 집단의 아동에게서 DDS의 23개 변인 중 20개 범주군이 유의미한 것으로 나타났다. 그러나 이러한 결과는 표본 수가 적고 다른 진단범주와 비교가 가능하지 않으며, 적응장애를 가진 아동의 군집화된 20개의 변인 중 14개가 통제 집단과 치료 집단을 의미 있게 변별하지 못하기 때문에 일반화하는 데 충분하지 못하다고 하였다.

Gulbro-Leavitt와 Schimmel(1991)은 아동을 위해 수정된 DDS를 활용하여 아동 및 청소년의 우울을 평가하고자 하였다. 대상자는 치료를 위해 아동상담소에 왔던 7~17세의 아동·청소년 100명이었으며, 우울 자기평가 척도점수를 근거로 우울 집단과 비우울 집단으로 분류되었다. 연구결과, 우울한 아동·청소년은 공간사용을 용지의 1/3보다 더 적게 사용하며, 특이한 색을 적게 사용하나 음영과 기하학적 형태를 더 많이 사용하였다. 그리고 그림에서 동물은 표현하지만 사람은 표현하지 않는 경향이 있었다. 그러나 이러한 경향은 유의성이 있을 만큼 빈도가 충분하지 않았다고 하였다.

Woodward(1998)는 아동용 DDS를 가정폭력을 목격한 아동에게 적용할 수 있는지 그 유용성을 탐색하였다. 그 결과, 사례의 그림 시리즈에서 보이는 몇 가지 특징이 외상과 학대받은 표본에서 해리경향을 보이는 아동과 통계적으로 관련성이 있는 것으로 나타나 CDDS가 임상 스펙트럼 전반에 적용할 수 있는 아동기 해리 평가도구가 될 수 있음을 밝혔다.

지금까지 DDS는 많은 진단 집단을 분류하는 데 성공적이었다고 보고되었으나, 임상표본 사이의 내담자들을 비교하고 건강한 청소년과 건강한 성인표본을 대상으로 구조적 변인과 내용 변인을 구별할 수 있는 DDS의 특성을 설명하지는 못했다. 이에 Ritnour 등(2015)은 병리적인 측면에서 벗어나 환자가 아닌 청소년과 성인의 미술작품의 차이를 조사하였다. 60명의 성인 DDS를 통제 집단으로 하고 13~17세의 10대 청소년 60명의 DDS를 비교·분석한 결과, 청소년의 그림에 나타난 의미 있는 특징을 정리하면, 그림 1에서는 단일 이미지와 특이한 위치, 그림 2에서는 각진/곡선이 혼합된 그림과 기하학적/각진 선, 그림 3에서는 선만 사용한 그림과 해체된 그림이 더 많았다. 이 연구는 DDS를 사용하여 건강한 청소년의 작품을 표준화하는 시작점이 되었다는 점에서 의미가 있다.

(3) 신뢰도에 대한 연구

DDS는 23개 범주를 포함하고 있으며 평가기준은 예, 아니요로 평가하는 항목과 몇 가지 보기 중에서 선택할 수 있는 명목 척도로 구성되어 있다. Mills(1989)는 1986년에 이루어진 DDS의 평가체계에 대한 교육을 받지 않았거나 처음으로 DDS를 사용하는 평가자 29명에 대한 일치도 연구에서 DDS의 모든 범주에 걸쳐 평균 77%의 정확도를 보였다고 하였다. 또한 Mills 등(1993)의 연구에서는 Meneses와 Cohen이 두 달 동안 평가에 대한 훈련을 받은 뒤 30 시리즈의 그림을 평가하였는데, 2명의 평가자 사이의 일치율을 산출한 결과 95.7%로 나타났으나, 23개 범주 중 추상(88%)과 구상(77%)에서는 일치율이 낮게 나타났다. Neale(1994)의 심리적 장애를 가지고 있는 아동과 통제 집단 아동을 대상으로 한 DDS 비교연구에서는 훈련받은 채점자와 훈련받지 않은 채점자 사이의 일치도를 조사하였다. 그 결과, 두 집단의 미술작품 사이에서 유의미하게 판별되는 7개 평가범주 중 6개에서 높은 신뢰도를 보였다. Fowler과 Ardon(2002)의 연구에서는 23개 범주에 대한 세 사람의 채점자 간 평균 일치도는 84.2%로 Mills 등(1993)의 연구보다는 낮게 나타났다. 이 결과를 통하여 연구에 따라 신뢰도는 차이가 있으나 DDS는 미술치료사들이 임상적 평가나 연구에 사용하는 데 신뢰성과 타당성이 있는 도구임이 밝혀졌다.

이와 같이 DDS에 대한 연구는 초기에는 병원에 입원해 있는 성인 환자군을 대상으로 실시되었으나 그 후 아동용 DDS가 개발되었고 최근에는 병리적인 측면에서 벗어나 건강한 청소년과 성인을 대상으로 연구의 방향이 확대되고 있다.

2) 국내 연구동향

국내에서는 2004년에 주리애가 박사학위논문(「그림에 사용된 색채의 임상적 의미」)을 통하여 DDS를 소개한 이래 주로 조현병(김보연, 2006; 차시연, 김갑숙, 2010; 한수진, 2015)과 우울(이숙희, 어은경, 김갑숙, 2014; 조민경, 송현주, 2011)을 중심으로 연구가 진행되었다.

주리애(2004)는 DDS에 나타난 색채지표와 여러 가지 임상적 증상차원 간의 관계를 파악하고자 3개의 연구를 제시하였다. DDS에 대한 연구 1에서는 20세 이상 49세 이하 성인 남녀 255명(남: 84명, 여: 171명)을 대상으로 DDS와 간이정신진단검사를 실시하여 색채와 임상적 증상차원 간의 관계를 조사하였다. Cohen(1986)의 채점방식(색 사용 정도, 색 혼합, 특이한 색 사용)을 기본으로 하고 추가적으로 색의 개수, 색채별 사용 여부, 두 가지 색 동시 사용 여부에 대한 지표를 사용하여 분석하였다. 연구결과, 심리적으로 건강하지 않은 사람이 색 사용이 적고, 색 혼합이 없으며, 특이한 색을 사용하는 경향이 있었다. 개별 색채 사용에 있어서는 연두색, 노란색, 녹색, 밝은 파란색 등은 심리적으로 건강한 사람이 선호하는 경향이 있으며, 검정색이나 어두운 파란색, 고동색, 빨간색 등은 여러 임상증상 차원에서 수치가 높은 사람이 더 많이 사용하는 것으로 나타났다. 연구 2에서는 내담자(우울, 불안, 대인관계 불편감 호소) 40명, 정상인 51명을 대상으로 DDS와 간이정신진단검사를 실시하여 색채 사용을 비교하였다. 연구결과, 내담자들은 정상인에 비해 색채 사용 수와 밝은색의 사용이 적고 어두운색을 많이 사용하였으며 빨간색과 검정색의 동시 사용이 많고 색 혼합은 적었다. 연구 3에서는 우울장애 환자(30명), 불안장애 환자(30명), 조현병 환자(30명) 및 정상인(30명)이 DDS의 색채지표에서 어떠한 차이를 보이는지를 분석하였다. 색 사용 개수와 각각의 색 사용에서 우울장애 환자와 조현병 환자가 비슷한 경향을 보였고, 불안장애 환자와 정상인 집단이 비슷한 경향을 보였다. 정상인 집단이 가장 많이 사용한 색은 밝은 파란색과 노란색이었고, 불안장애 환자가 많이 사용한 색은 빨간색, 노란색, 밝은 파란색, 검정색이었다. 우울장애 환자는 색 사용이 적었으며, 조현병 환자는 두드러지게 선호하는 색이 없었다. 우울장애 환자는 빨간색 사용은 적지만 빨간색과 검정색의 동시 사용은 정상인이나 조현병 환자보다 더 많았다. 조현병 환자들은 색 혼합이 가장 적고 특이한 색 사용은 가장 많았다.

김보연(2006)은 DDS를 통해 정상인(33명), 조현병 양성증상 환자(31명), 음성증상 환자(33명)의 회화적 특징을 Cohen(1986)의 채점방식으로 비교 · 분석하였다. 정상인은 환자군보다 다양하고 정교한 방식으로 그림을 그리며, 선의 길이, 통합성, 공간 사용, 기울어짐, 특이한 위치 지표에서 차이가 있었다. 특히 음성증상 환자가 양성증상 환자보다 특이한 색 사용이 적고, 짧은 선을 사용하였다. 나무 그림에서는 공간 사용 정도가 낮고 통합성이 빈약하며, 감정 그림에서는 색 사용 정도가 적은 것으로 나타났다.

차시연과 김갑숙(2010)은 조현병 환자(100명)와 일반인(100명)을 대상으로 DDS 검사를 실시하여 반응특성을 비교·분석하였다. 분석지표는 여섯 가지(색, 형태, 형식, 내용, 유무, 기타)의 유형별 지표로 분석한 결과, 조현병 환자는 일반인보다 사용한 색의 수와 색 혼합이 적은 반면 난색과 특이한 색의 사용이 많았다. 형태지표에서는 면보다는 선을 많이 사용하며 통합성이 낮았고, 형식지표에서는 공간사용이 적고 움직임이 적었다. 내용지표에서는 각진 선을 사용하고 단일 이미지와 글자삽입이 많았으며, 유무지표에서는 포위가 많고 바닥선과 동물표현이 적었다. 기타지표에서는 기울어짐, 특이한 위치사용이 많았다. 한편, 음성 환자는 공간 사용이 낮았으나, 양성 환자는 글자삽입과 숫자형태가 많이 나타났다.

우울에 관한 연구로는 DDS가 노인의 우울을 진단하는 데 유용한지를 밝히기 위하여 조민경과 송현주(2011)는 60세 이상의 노인(122명)을 대상으로 노인우울검사, 간이정신상태검사와 DDS 그림검사를 실시하였다. 23개 항목 중 8개 항목에서 통계적으로 유의미한 차이가 있었다. 우울 집단은 비우울 집단보다 색 혼합이 적고 단순과 공백 이미지가 많았으며, 나무 그림 과제에서 나무 외에 다른 무생물을 그리지 않았다. 필압이 약하며, 특이한 색 사용이 많고 통합성에서는 빈약하고 해체된 그림이 많고 바닥선은 적게 나타났다.

이숙희 등(2014)도 성인 여성(74명)을 대상으로 DDS를 통하여 우울성향을 파악하고자 다면적 인성검사(MMPI-2)와 DDS 그림검사를 실시하였다. 우울 정도에 따른 채색 에너지와 채색 안정성, 통합성, 필압에서는 세 가지 그림 모두 유의미한 차이가 나타났다. 그 외 색 사용 정도와 채색 정도, 특이한 색, 색 혼합, 선의 길이, 공간사용은 그림에 따라 부분적으로 차이가 있었다. 이와 같은 결과를 바탕으로 DDS는 임상정보를 제공하는 데 도움을 줄 수 있는 도구로 활용 가치가 있다고 하였다.

이와 같이 DDS는 해리장애, 외상후 스트레스, 우울, 조현병, 기질장애 증상이 있는 사람과 일반 집단 간에 그림의 특성이 다르게 나타나 DDS를 통해 환자 집단과 일반 집단을 구별할 수 있다는 점에서 진단과 관련된 임상치료 정보를 제공하는 데 도움을 준다.

참고문헌

김보연(2006). Diagnostic Drawing Series에 나타난 정신분열증 환자의 화화적 특징 연구. 서울여자대학교 특수치료전문대학원 석사학위논문.

이숙희, 어은경, 김갑숙(2014). 성인 여성의 우울성향에 따른 진단적 그림 시리즈(DDS) 반응 특성 연구. 예술심리치료연구, 10(4), 145-167.

조민경, 송현주(2011). 노년기 우울정도에 따른 Diagnostic Drawing Series의 반응특성연구. 심리치료, 11(1), 105-130.

주리애(2004). 그림에 사용된 색채의 임상적 의미. 서울대학교 대학원 박사학위논문.

차시연, 김갑숙(2010). 진단적 그림 시리즈에 나타난 정신분열증 환자와 정상인의 그림반응특성. 예술심리치료연구, 6(1), 145-172.

한수진(2015). 정신분열증 환자와 양극성장애 환자의 진단적 그림검사(Diagnostic Drawing Series) 그림반응 특성. 한양대학교 이노베이션대학원 석사학위논문.

Billingsley, G. (1998). *The efficacy of the Diagnostic Drawing Series with substance-related disordered clients*. Unpublished doctoral dissertation, Walden University.

Bolander, K. (1977). *Assessing personality through tree drawings*. New York: Basic Books.

Borlander, P. (1997). Chemical additives for dust control-what we have learned, *Transportation Research Record, 1589*: 42-49.

Brooke, S. (2007). 미술치료를 위한 평가도구. (김종희 역). 서울: 시그마프레스. (원서는 2004에 출판).

Buck, J. N. (1948). The H-T-P technique: A qualitative and quantitative scoring manual. *Journal of Clinical Psychology, 4*(4), 317-396.

Cohen, B. M. (2012). *The Diagnostic Drawings Series project.* (Available from Barry M. Cohen. P.0.Box 9853. Alexandria. Virginia, USA 22304)

Cohen, B. M. (Ed.). (1986). *The Diagnostic Drawing Series Handbook*. Alexandria, VA: Barry Cohen.

Cohen, B. M., & Mills, A. (2012). *The Diagnostic Drawing Series Project P. O.* Box 9853 · Alexandria, Virginia, USA 22304.

Cohen, B. M., Hammer, J. S., & Singer, S. (1988). The Diagnostic Drawing Series: A systematic approach to art therapy evaluation and research. *The Arts in Psychotherapy, 15*(1), 11–21.

Cohen, B. M., Mills, A., & Kijak, A. K. (1994). An introduction to the Diagnostic Drawing Series: A standardized tool for diagnostic and clinical use. *Art therapy: Journal of the American Art Therapy Association, 11*(2), 105–110.

Couch, J. B. (1994). Diagnostic Drawing Series: Research with older people diagnosed with organic mental syndrome and disorders. *Art Therapy: Journal of the American Art Therapy Association, 11*(2), 111–115.

Creekmore, J.(1989). *The Diagnostic Drawing Series Tree Scale*. Unpublished manuscript.

Hammer, E. F.(1958). The House–Tree–Person projective drawing technique: Content interpretation. In E. F. Hammer (Ed.), *The clinical application of projective drawings* (pp. 165–207). Springfield: Charles C. Thomas.

Fowler, J. P., & Ardon, A. M. (2002). Diagnostic Drawing Series and dissociative disorder: a Dutch study. *The Art in Psychotherapy, 29*, 221–230.

Gulbro–Leavitt, C., & Schimmel, B. (1991). Assessing depression in children and adolescents using the Diagnostic Drawing Series modified for children (DDS–C). *The Arts in Psychotherapy, 18*(4), 353–356.

Koch, K.(1952). *The tree test: The tree–drawing test as an aid in psychodiagnosis* (2nd ed.). Berne: H. Huber.

Kress, T.(1992). *The Diagnostic Drawing Series and multiple personality disorder: A validation study*(Cassette Recording No. 55). Denver, CO: National Audio–Video.

Jung, C. G.(2008). 인간과 무의식의 상징. (이부영 역). 서울: 집문당. (원서는 1964 출판).

Kessler, K. (1994). A study of the Diagnostic Drawing Series with eating disordered patients. *Art Therapy: Journal of the American Art Therapy Association, 11*(2), 116–118.

Mills, A.(1989). *A statistical study of the formal aspects of the Diagnostic Drawing Series of borderline personality disordered patients, and its context in contemporary art therapy*. Unpublished master's thesis, Concordia University, Montreal.

Mills, A., Cohen, B. M., & Meneses, J. Z. (1993). Reliability and validity tests of the Diagnostic Drawing Series. *The Arts in Psychotherapy, 20*(1), 83–88.

Morris, B. M. (1995). The Diagnostic Drawing Series and the tree rating scale: An isomorphic representation of multiple personality disorder, major and schizophrenia populations. *Art Therapy: Journal of the American Art Therapy Association, 12*(2), 118–125.

Neale, E. L. (1994). The children's Diagnostic Drawing Series. *Art Therapy: Journal of the American Art Therapy Association, 11*(2), 119–126.

Rankin, A. (1994). Tree drawings and trauma indicators: A comparison of past research with current findings from the Diagnostic Drawing Series. *Art Therapy Journal of the American Art Therapy Association, 11*(2), 127–130.

Woodward, S. (1998). Usefulness of the Child Diagnostic Drawing Series within the child witness to domestic violence population. *Canadian Art Therapy Association Journal, 12*(1), 11–33.

Ritnour, M. M., Bovingdon, M., Knutsen, C., Roy, A., Hoshino, J., & Johnson, K. (2014). An examination of differences between adults and adolescent controls using the Diagnostic Drawing Series. *The Arts in Psychotherapy, 42*, February 63–74.

Sobel, B., & Cox, C. T.(1992). Art and childhood dissociation: Research with sexually abused childhood. Denver, CO: National Audio–Video(Cassette Recording No. 59–144. Sobel, B., & Cox, C. T. (Speakers).

김갑숙(Kim Gabsook)

영남대학교 대학원 가정학과 졸업(가정학 박사)

전 한국미술치료학회 회장

한국미술치료사협회 회장

현 영남대학교 환경보건대학원 미술치료학과 교수

한국미술치료학회 수련감독 임상미술심리전문가

저서

미술치료기법(공저, 학지사, 2006)

마음을 나누는 미술치료(공저, 학지사, 2006)

미술치료 열두 달 프로그램 I-VI(공저, 학지사, 2010~2016) 등

역서

풍경구성기법(공역, 학지사, 2012)

집단미술치료 – 주제와 활동에 대한 안내서(공역, 학지사, 2013)

미술치료와 신경과학(공역, 학지사, 2018) 등

전영숙(Jeon Youngsook)

영남대학교 대학원 가정학과 졸업(생활과학 박사)

전 한국동서정신과학회 회장

대구사이버대학교 미술치료학과 교수

현 한국미술치료학회 이사

한국미술치료학회 수련감독 임상미술심리전문가

저서

미술치료 개론(공저, 동아문화사, 2004)

작은 심리이야기(공저, 이문출판사, 2004)

정신치료의 철학적 지평(공저, 철학과현실사, 2008) 등

역서

미술치료에서 본 마음의 세계-풍경구성법과 나무그림검사를 활용한 정신분열병 치료사례(공역, 이문출판사, 2008)

발테그 그림검사(공역, 이문출판사, 2011) 등

기정희(Ki Junghee)

영남대학교 대학원 철학과 졸업(철학 박사)

영남대학교 대학원 미술치료학과 졸업(미술치료학 박사)

전 영남대학교 강의전담 객원교수, 연구교수

현 동의대학교 산업문화대학원 예술치료학과 외래교수

저서

빈켈만 미학과 그리스 미술(서광사, 2000)

미술치료학개론(공저, 학지사, 2011) 등

역서

미의 법문: 야나기 무네요시의 불교미학(공역, 이학사, 2005)

풍경구성기법(공역, 학지사, 2012) 등

이미옥(Lee Miog)

영남대학교 대학원 가정학과 졸업(가정학 박사)

영남대학교 대학원 미술치료학과 졸업(미술치료학 박사)

전 영남대학교 환경보건대학원 미술치료학과 특임객원교수

대구한의대학교 아동복지학과 초빙교수

한국 사이코드라마 · 소시오드라마 학회 회장

현 동아대학교 아동학과 교수

한국미술치료학회, 예술심리치료학회 등의 이사

저서

마음을 나누는 미술치료(공저, 학지사, 2006)

미술치료기법(공저, 학지사, 2006) 등

역서

트라우마 생존자들과의 심리극(공역, 학지사, 2008)

삶을 변화시키는 예술심리치료(공역, 학지사, 2010) 등

그림을 통한
심리진단 및 평가 II

Psychological Diagnosis and
Assessment based on Drawing II

2019년 10월 10일 1판 1쇄 발행
2022년 3월 20일 1판 2쇄 발행

지은이 • 김갑숙 · 이미옥 · 전영숙 · 기정희
펴낸이 • 김진환
펴낸곳 • (주) 학지사
04031 서울특별시 마포구 양화로 15길 20 마인드월드빌딩
대표전화 • 02)330-5114 팩스 • 02)324-2345
등록번호 • 제313-2006-000265호

홈페이지 • http://www.hakjisa.co.kr
페이스북 • https://www.facebook.com/hakjisabook

ISBN 978-89-997-1953-0 93180

정가 25,000원

이 도서의 국립중앙도서관 출판시도서목록(CIP)은 서지정보유통지원시스템 홈페이지(http://seoji.nl.go.kr)와 국가자료공동목록시스템(http://www.nl.go.kr/kolisnet)에서 이용하실 수 있습니다.
(CIP 제어번호: CIP2019037851)